김상진 지음

OBJECT ORIENTED

JAVA PROGRAMING

객체지향 중심 자바 프로그래밍

도서출판 그린

Preface

이 책은 객체지향 프로그래밍을 지원하는 고급 프로그래밍 언어인 자바 학습서이다. 객체지향 프로그래밍을 지원하는 언어를 소개하는 방법은 크게 객체 먼저(object early) 방식과 객체 나중(late object) 방식이 있다. 객체 나중 방식은 객체지향을 책 후반부로 미루고 객체지향과 관련이 없는 부분을 먼저 다루는 반면에 객체 먼저 방식은 책 시작부터 객체지향을 중심으로 언어와 프로그래밍을 설명한다. 이 책은 객체 먼저 방식으로 자바를 소개한다. 또 프로그래밍 언어를 처음 접하는 분들보다는 C/C++나 다른 언어를 이미 학습한 분에 더 적합한 책이다. 특히, 자바의 기능과 문법을 설명하면서 C/C++와 비교 설명을 많이 포함하고 있다. 또 객체지향 프로그래밍 설계 원리 중 핵심 원리인 SOLID를 포함하여 객체지향 개념을 기초부터 핵심까지 자세히 설명하고 있다.

자바는 가장 인기가 있는 고급 프로그래밍 언어 중 하나이다. 프로그래밍 언어 순위를 매달 발표하는 TIOBE index(https://tiobe.com/tiobe-index/)에서 2001년 이후 2020년까지 줄곧 1위를 한 언어이며, 2023년 7월 현재 순위는 4위이다. 4위이지만 1위(파이썬 13.42%, 자바 10.50%)와의 차이가 크지 않다. 최근 인공지능의 인기와 빅데이터 처리 때문에 파이썬이 각광을 받고 있으며, 많은 대학에서 점차 첫 프로그래밍 언어로 파이썬을 강의하고 있지만 파이썬 이전에는 자바가 대학에서 첫 프로그래밍 언어로 가장 인기가 많았던 언어이다. 자바는 C++와 달리 문법이 복잡하지 않으며, 언어의 고급 기능조차 파이썬과 비교하여도 이해하기가 더 쉬운 언어이다. 또 순수 객체지향 언어이므로 객체지향을 학습하기에는 가장 효과적인 언어이며, 매우 풍부한 표준 라이브러리를 함께 제공하고 있다.

자바는 원래 임베디드 소프트웨어를 개발하기 위해 만들어진 언어이지만 웹 백앤드 언어로 자리를 잡았다. 구글이 안드로이드 SDK의 기본 언어로 자바를 채택하고 있어 지금은 안드로이드 계열 기기에서 동작하는 모바일 서비스와 앱을 개발하는 기본 언어로도 널리 사용하고 있다.

프로그래밍 언어를 학습하는 가장 좋은 방법은 너무 당연한 말인 것 같지만 프로그래밍을 많이 해보는 것이다. 보통 프로그래밍 연습을 하기 위해 leetcode(www.leetcode.com), 프로그래머스(programmers.co.kr), 프로그래밍 경시 대회 사이트 등에 있는 경시 대회 문제나 기술 면접 문제를 풀어보는 경우가 많다. 특히, 요즘 중요 전문 개발 기업에서 코딩 테스트를 통해 개발자를 채용하기 때문에 이와 같은 연습을 하는 개발자 취업 준비생이 많을 것이다. 하지만 이와 같은 문제를 풀어 보는 것만으로는 소프트웨어 개발에 필요한 모든 역량을 갖출 수 없다. 특히, 소프트웨어 설계 능력은 이와 같은 문제 풀이를 통해 얻을 수 없다.

소프트웨어 설계 능력을 기르기 위해서는 직접 소프트웨어를 개발해 보아야 한다. 그런데 콘솔 기반 응용을 만들어 보는 것은 재미가 없을 뿐만 아니라 실제 현장에서 개발하는 응용의 형태와 차이가 크다. 따라서 소프트웨어 설계 능력은 GUI 기반 응용의 개발을 통해 습득하는 것이 가장 효과적이다. 자바는 Swing이라는 GUI 라이브러리를 표준 라이브러리에 포함하여 제공할 뿐만 아니라 JavaFX(https://openjfx.io)라는 훌륭한 GUI 라이브러리가 있다. 더욱이 분산 컴퓨팅 관련 라이브러리도 잘 갖추어져 있어 네트워크 프로그래밍을 하기도 쉬우며, 데이터베이스 프로그래밍을 위한 라이브러리도 훌륭하다. 따라서 자바 언어를 잘 익히면 프로그래밍 연습하기 가장 효과적인 언어이며, 각종 현장에서 실제 사용하고 있는 서비스, 응용, 우리가 즐겨하는 간단한 게임을 흉내 내어 만들어보기 가장 좋은 언어이다.

물론 프로그래밍을 하기 위해서는 언어를 배우고, 컴퓨터 지식과 프로그래밍하기 위한 다양한 이론과 기법을 학습해야 한다. 이 책은 자바를 자세히 깊게 전문적으로 이해하기 위해 필요한 모든 내용을 다루고 있다. 저자가 현장에서 개발자로 다양한 응용을 자바로 개발해 본 것은 아니지만 오랜 기간 동안 대학에서 자바를 포함한 각종 프로그래밍 관련 교과를 강의하면서 얻은 프로그래밍 노하우가 잘 정리되어 있어 프로그래밍 학습에 매우 훌륭한 동반자가 될 수 있을 것으로 생각한다.

저자는 대학에서 강의하면서 강의 내용을 매번 녹화하여 유투브에 업로드하고 있다. 다음 유투브 채널에 오면 이 책과 관련된 자바 강의도 볼 수 있다.

https://youtube.com/SangjinKim

이 책을 통해 자바를 학습할 때 강의 영상이 조금은 도움이 될 수 있을 것으로 생각한다.

자바를 학습하기 위해서는 먼저 자바 SDK를 설치해야 한다. 최신 자바 SDK는 다음에서 다운받아 설치할 수 있다.

https://www.oracle.com/kr/java/technologies/downloads/

자바 컴파일러와 자바 바이트 코드를 실행할 수 있는 JVM을 설치한 다음에는 통합개발환경으로 설치해야 본격적으로 프로그래밍을 할 수 있다. 자바 통합개발환경으로 현재 가장 많이 사용하는 것은 Eclipse(https://www.eclipse.org), IntelliJ(https://www.jetbrains.com/idea/), NetBeans(https://netbeans.apache.org/) 등이 있다. 이 책을 학습하기 위해 특정 통합개발환경을 설치해야 하는 것은 아니다. 하지만 Eclipse와 관련된 몇 가지 개발 팁은 중간 중간에 소개한다. Eclipse의 경우 여러 버전의 통합개발환경이 있는데, 일반 자바를 개발하기 위해서는 "Eclipse IDE for Java Developer" 버전을 설치하면 된다.

이제 이 책을 통해 자바를 정복해 보길 권한다.

2023년 8월

김상진

Contents

제6장 자바 원시 타입 / 193

제7장 조건문과 반복문 / 217

제8장 배열 / 243

제9장 문자열과 열거형 / 265

제13장 범용 프로그래밍 / 363

제14장 함수형 프로그래밍과 Stream 라이브러리 / 399

제15장 파일 처리 / 437

제1장

자바 소개

제 1 장 자바 소개

1. 자바의 역사

자바(Java)는 썬마이크로시스템즈[1] 사의 James Gosling과 Patrick Naughton이 개발한 고급 프로그래밍 언어이다. 이 언어는 1991년에 "Green"이라는 프로젝트 코드명으로 "Oak"라는 이름으로 개발된 언어이다. 이 언어는 1995년에 자바라는 이름을 가지게 되었다. Gosling과 Naughton는 지능형 TV와 같은 가정용 가전제품의 임베디드 소프트웨어를 구현할 때 사용하기 위해 이 언어를 개발하였다. 이 둘은 가까운 미래에는 가전제품의 다양한 기능들이 소프트웨어를 통해 동작할 것으로 예측하였다. 이 때문에 자바 언어의 핵심적인 세 가지 특징인 해석기반, 강건성, 객체지향(object-oriented) 특성을 가지게 되었다. 지금도 비슷하지만 90년대 초에는 유럽, 미국, 일본, 대한민국 등 여러 유명한 가전제품 회사 간의 경쟁이 치열하였으며, 이들은 서로 다른 CPU를 그들의 가전제품에 사용하고 있었다. 따라서 Gosling와 Naughton은 CPU가 다르더라도 동일한 코드이면 동일한 결과를 주는 프로그래밍 언어를 개발하고 싶었다.

〈그림 1.1〉 Patrick Naughton과 James Gosling

1) 이 회사는 Solaris라는 유닉스 계열의 운영체제를 개발하였고, Sparc라는 워크스테이션급 컴퓨터를 판매한 컴퓨팅 기술 발전에 중요한 공헌을 한 1982년에 설립된 기업이다. 하지만 2009년에 자바 프로그래밍 언어와 함께 오라클에게 인수되었다.

주어진 소스 코드를 특정 CPU에서 실행하는 방법은 크게 컴파일 방식과 해석 방식, 두 가지 방식이 존재한다. 컴파일 방식은 C/C++ 언어처럼 컴파일러를 이용하여 고급 프로그래밍 언어로 작성된 소스 코드 전체를 기계어로 번역하고, 이들을 결합하여 하나의 실행 파일을 만들어 실행하는 방식이다. 반면에 해석 방식은 해석 프로그램을 이용하여 주어진 소스 코드를 순차적으로 번역하면서 실행하는 방식이다. 따라서 후자는 전자보다 본질적으로 실행 속도가 느릴 수밖에 없다. 하지만 프로그램 실행 전반에 대한 통제를 할 수 있다는 장점(프로그램의 메모리 관리, 보안 통제 등)을 가지고 있으며, 컴파일러를 여러 개 만드는 것보다 해석기를 여러 개 만든 것이 비용 측면에서 효과적인 이점도 있다. 이 때문에 Gosling과 Naughton은 후자 방식을 자바에 도입하였다.

자바는 컴파일러를 사용하여 기계어로 번역하지 않고 중간 코드(intermediate code)로 번역하며, 바이트 단위로 어떤 의미를 지니고 있기 때문에 이 중간 코드를 다른 말로 바이트 코드라 한다. 바이트 코드는 다양한 기계어와 독립적이며, JVM(Java Virtual Machine)이라는 해석기가 설치된 어떤 컴퓨팅 환경에서도 실행이 가능하며, 그 실행 결과가 정확하게 일치한다는 것을 보장할 수 있다. 이 때문에 이들은 자바를 이동 가능 언어(WORA, Write-Once Run Anywhere)라 하였다. 하지만 아무 곳에서나 실행할 수는 없고, JVM 개발되어 있고 설치되어 있는 컴퓨팅 환경에서만 실행할 수 있다.

가전제품에서 수행해야 하는 프로그램은 PC에서 수행하는 프로그램과 달리 강건성이 매우 중요하다. 프로그램의 강건성이란 오류가 없어야 한다는 것을 말한다. 냉장고, 세탁기 등에 포함된 소프트웨어에 오류가 발생하여 세탁물에 문제가 생기거나 보관된 음식물이 상하면 해당 제품의 신뢰도에 큰 문제가 생긴다. 따라서 Gosling과 Naughton은 자바 설계에 있어 강건성을 매우 중요하게 생각하였다. 따라서 기존 C에서 경고에 해당하는 것을 자바는 문법 오류로 처리하여 이들을 수정하도록 요구하고 있으며, C/C++의 요소 중 강건성에 문제가 될 수 있는 요소는 도입하지 않았다.

자바를 개발할 당시 가장 인기가 있던 프로그래밍 언어가 객체지향을 지원하도록 C를 확장한 C++ 언어이었다. Gosling과 Naughton은 기존 C++ 개발자들이 쉽게 자바 언어를 사용할 수 있도록 C++의 문법을 대부분 그대로 사용하였다. 하지만 자바는 C++와 달리 기존 다른 언어와 호환될 필요가 없었다[2]. 따라서 순수 객체지향 언어로 설계되었다. 그러나 프로그래밍의 모든 요소를 객체지향적으로 모델링할 필요가 없기 때문에 자바에서도 당연히 비객체지향적으로 프로그래밍하는 것이 가능하다. 실제 객체지향으로

2) C++는 개발할 당시 C와 호환되어야 한다는 조건을 가지고 있었기 때문에 C의 모든 문법을 포함하고 있으며, 한번 언어에 포함된 문법은 기존에 작성된 코드가 존재할 수밖에 없으므로 그 문법을 대체할 새로운 문법을 정의하여도 그대로 유지하는 특징이 있다.

모델링할 필요가 없는 수학의 sin 함수 같은 것을 객체지향으로 모델링하면 오히려 더 비효율적 형태가 될 수 있다.

자바는 이처럼 중간코드, 강건성, 객체지향이라는 특징을 가지고 있는 꽤 괜찮은 언어임에도 불구하고 산업계의 반응은 무척 냉대했다. 하지만 당시 컴퓨팅 환경은 새롭고 놀라운 변화를 맞이하고 있었다. 인터넷이 점점 대중화되고 있었으며, 월드 와이드 웹이라는 웹 페이지들이 빠른 속도로 확산하고 있었다. Naughton 등은 자바를 이용하여 그림 1.2에 제시된 HotJava라는 브라우저를 개발하여 공개하였다. 이 브라우저에는 그 당시 가장 널리 사용한 Netscape 등도 제공하지 못한 새로운 기능을 포함하고 있었다. 웹 서버에 기존 html 파일들과 함께 자바 바이트 코드를 올려놓고, html 파일 내에 해당 코드를 연결하면 브라우저 내에서 해당 코드를 실행할 수 있었다. 이와 같은 프로그램을 애플릿(applet)이라고 하였으며, 동적 웹 콘텐츠를 제공하는 새로운 방식이 되었다.

자바의 바이트 코드는 앞서 설명한 바와 같이 JVM이 설치된 어느 컴퓨팅 환경에서도 동일하게 동작할 수 있는 특징을 가지고 있다. 물론 웹 사이트에 있는 코드를 가지고 와서 내 컴퓨터에서 실행하는 것은 보안 측면에서 매우 위험하다. 하지만 JVM을 신뢰할 수 있다면 보안 문제에 대해 크게 걱정을 하지 않아도 된다. JVM은 항상 코드를 해석하면서 위험한 부분은 실행하지 않을 수 있도록 구현할 수 있는 특징을 가지고 있다. 즉, 실행 파일을 가지고 와서 운영체제를 통해 실행하는 것과는 그 위험성에 큰 차이가 있다.

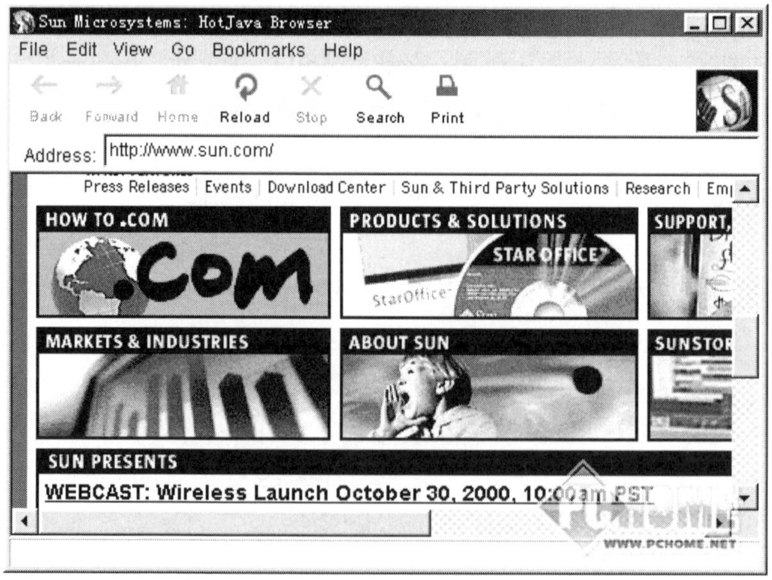

〈그림 1.2〉 HotJava 브라우저

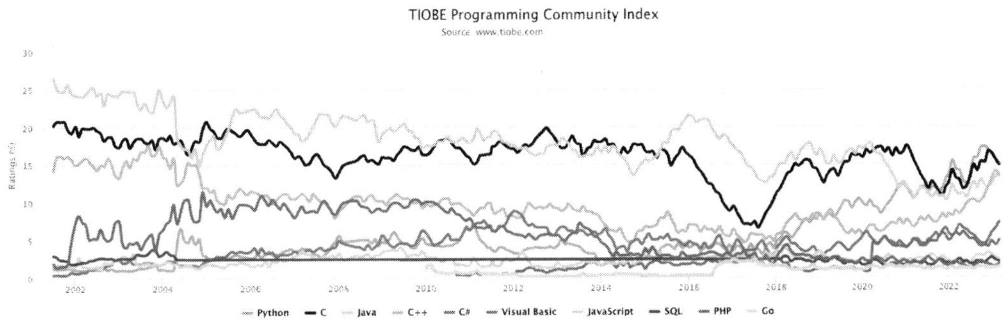

〈그림 1.3〉 TIOBE 색인 (2023년 3월)

현재에는 애플릿을 널리 사용하고 있지 않지만, 동적 콘텐츠에 대한 새로운 방법을 제시한 측면에서 매우 의미 있는 공헌있었으며, 더욱이 자바의 대중화에 결정적 역할을 하였다. HotJava와 애플릿을 계기로 산업계, 학계 모두 자바에 대한 관심이 높아졌으며, 그림 1.3을 통해 알 수 있듯이 지금도 가장 사랑받는 고급 프로그래밍 언어[3] 중 하나가 되었다. 더욱이 안드로이드가 자바 기반 API를 사용함에 따라 현재는 백앤드(back-end)[4] 개발뿐만 아니라 모바일 앱 개발을 위해 널리 사용하는 언어로 자리잡고 있다.

2. 자바 버전

〈표 1.1〉 자바 버전 역사

버전	년도	언어의 새 기능	중요 특징	라이브러리	비고
1.0.2	1996			212	
1.1	1997	내부 클래스		504	
1.2	1998		J2EE, J2SE, J2ME, Swing	1,520	Java 2
1.3	2000			1,842	

3) TIOBE index(https://tiobe.com/tiobe-index/)에 의하면 2023년 3월 자바는 4위이며, 2001년 이후 2020년까지 줄곧 1위를 하였지만 최근 IoT의 확산, 인공지능과 빅데이터의 인기 때문에 Python, C, C++에 밀린 상태이다. 하지만 이 3언어와 TIOBE 평가 점수 차이는 거의 없는 상태이다. 자바는 2005년과 2015년에는 올해의 언어로도 선정되었다.

4) 웹 서비스는 크게 프론트앤드와 백앤드로 나뉘며, 프론트앤드는 웹브라우저에서 동작하는 프로그래밍을 말하며 주로 HTML5, CSS, Javascript 등을 이용하여 개발한다. 백앤드는 서버에서 데이베이스와 연동하여 동작하는 프로그래밍을 말하며, 자바기반 JSP, PHP, Python 등 다양한 언어를 이용하여 개발한다.

1.4	2002	assert		2,991	
Java 5.0	2004	autoboxing, 열거형, 가변 인자, foreach for, generics		3,279	
Java 6	2006			3,793	
7	2011	switch String case, try-resource, 다중 예외 동시 catch		4,024	Oracle
8	2014	람다 표현식	JavaFX, Stream	4,240	
9	2017	module	jshell, jlink	6,005	
10	2018	var		6,002	
11	2018		JavaFX 분리	4,411	LTS 버전
12	2019			4,433	
13	2019			4,545	
14	2020	switch expression		4,569	
15	2020	text block		4,352	
16	2021	record, instanceof 확장		4,388	
17	2021			4,412	LTS 버전
18	2022			4,426	
19	2022			4,470	
20	2023			4,489	

자바는 1996년에 처음 발표되었지만, 첫 안정적 버전은 1.0.2이었다. 자바는 버전이 바뀌면서 언어 자체보다는 보통 JVM를 개선하고 라이브러리를 확대하고 개선하는 데 초점을 두고 있다. 표 1.1에서 알 수 있듯이 첫 버전에서는 212개의 클래스와 interface로 구성된 라이브러리를 제공하였지만 가장 최신 버전인 자바 20의 표준 라이브러리는 4,489개의 클래스와 interface로 구성되어 있다. 버전이 바뀔 때 언어 자체에 매우 의미 있는 변화를 준 경우도 있다. 대표적인 것이 자바 5.0과 자바 8이다. 특히, 자바 8에서는 함수형 프로그래밍을 지원하기 시작하였다. 더는 정수와 같은 원시 타입과 객체만 함수의 인자로 전달할 수 있는 것이 아니라 함수 자체를 인자로 전달할 수 있게 되었다.

2023년 5월 현재 자바 8은 371 update, 자바 11은 11.0.19, 자바 17은 17.0.7까지 출시되었으며, 가장 최신 버전인 자바 20은 20.0.1버전까지 출시되어 있다. 자바 11부터는 자바 11 대신에 자바 18.9 형태로 출시된 년과 월 정보를 이용하여 버전에 나타내기도 한다. 오라클은 자바 9 출시 이후부터 자바 발표 주기를 6개월(3월, 9월에 새 버전을 항상 출시)로 고정하였다. 이를 통해 신속하게 필요한 새 기능을 지연 없이 개발자들에게 제공할 수 있을 것으로 기대하고 있다. 특히, 목표한 특정 기능이 완성되지 않으면 해당 기능은 포함되지 않은 상태에서 정해진 시기에 출시하는 정책을 사용하기로 하였다. 또 새 기능을 preview 형태로 미리 사용할 수 있도록 하고 피드백을 받아 보완하여 확정하는 방식도 사용하고 있다. 자바 11에서는 표준 라이브러리에 포함된 클래스와 interface 수가 대폭 감소하였다. 이것은 기존에 제공하던 것 중 CORBA 관련 요소처럼 더 이상 사용하지 않은 클래스들을 라이브러리에서 대폭 제거하였기 때문이다.

자바는 자바 9 이후부터 LTS(Long Term Support) 버전과 non-LTS 버전으로 구분된다. 자바 9, 10, 12는 non-LTS이고, 자바 11과 17은 LTS 버전이며, LTS 버전은 지속적으로 보안 업데이트와 버그 수정을 지원한다는 것을 의미한다. LTS 버전은 3년 주기로 출시한다.

3. 자바의 장점

자바는 C++의 문법을 그대로 차용하였기 때문에 기존 C++를 알고 있는 개발자에게는 접근하기 쉬운 언어이다. 다만, 상대적으로 쉬울 수는 있으나 모든 프로그래밍 언어와 마찬가지로 배우기 쉬운 언어는 아니다. 자바는 C++의 문법을 차용하면서도 불필요하다고 생각되거나 강건성을 위협하는 요소는 도입하지 않았다. 예를 들어 자바는 연산자를 다중 정의할 수 없으며, 다중 상속이 가능하지 않다. C++와 비교하였을 때 자바의 중요 차이점은 다음과 같다.

- 타입에 대해 매우 엄격하다.
  ```
  int n = 2.5;        // 자바에서는 문법 오류
  ```
- 동적 할당된 메모리를 직접 반납하지 않는다[5].
- 포인터 타입이 없으며, 이와 유사한 참조 타입의 경우에는 C/C++와 달리 다음과 같은 포인터 연산이 가능하지 않다.
  ```
  int n[5]{0};
  int *p = n;
  *(p + 1) = 1;       // 포인터 연산
  ```

5) 이것이 가능한 이유는 JVM이 프로그램을 실행하면서 프로그램에 대한 다양한 정보를 유지할 수 있기 때문이다. C++도 C++11부터는 라이브러리를 통해 동적 할당된 메모리를 프로그래머가 직접 반납하지 않아도 되는 스마트 포인터를 제공하고 있다.

- 조건문, 반복문에 있는 조건식은 int로 평가되는 것이 아니라 반드시 boolean 타입으로 평가[6]되어야 한다.

```
if(isEven(n)) printf("ha ha");      // int isEven(int); 자바에서는 문법 오류
if(n = f()) printf("ho ho");        // int n; int f(); 자바에서는 문법 오류
```

- 자바는 값 전달 방식(call-by-value)밖에 없다. 따라서 문법이 상대적으로 단순하다. 참고로 C++에는 값 전달, 주소 전달(call-by-address), 참조 전달(call-by-reference) 방식, 총 3가지 방식이 존재한다.
- 연산자 다중 정의가 가능하지 않다.

객체지향 측면에서 자바는 C++와 비교하였을 때 중요 차이점은 다음과 같다. 여기에 등장하는 개념은 관련 장에서 자세히 설명한다.

- 다중 상속을 지원하지 않는다. 대신 interface라는 것이 있다.
- Object라는 모든 객체의 최상위 조상 타입이 있다.
- 추상 클래스를 쉽게 정의할 수 있다.
- 접근 권한의 종류가 C++보다 많다.
- 모든 객체 메소드는 기본적으로 가상 함수이며, 모든 객체는 동적으로 생성되고, 참조 변수를 통해서만 접근이 가능하다.
- 배열과 열거형 상수가 모두 객체 타입이다. 8개의 원시 타입을 제외하고 자바에서 사용하는 모든 타입은 모두 객체 타입이다.

자바는 또한 임베디드 소프트웨어를 목표로 하였으며, 이후에는 웹 프로그래밍 용도로 발전하였기 때문에 기본적으로 다중 쓰레드, TCP/IP 통신, RMI(Remote Method Invocation) 등 분산 컴퓨팅 관련 라이브러리가 잘 되어 있다.

4. 객체지향 기초

컴퓨터가 어떤 유용한 일을 하기 위해서는 그것을 할 수 있도록 방법을 알려주어야 한다. 우리는 더 편리한 방법으로 해야 할 일에 대한 절차를 알려주기 위해 고급 프로그래밍 언어를 개발하여 사용하고 있다. 따라서 초기 프로그래밍 언어는 절차를 효과적으로

---

6) C언어는 불 타입이 없었기 때문에 int로 평가하지만 C++는 논리형 타입인 bool로 평가한다.

기술하는데 초점을 두었으며, 이와 같이 절차에 중심을 두는 프로그래밍을 절차 중심 프로그래밍(imperative programming)이라 한다. 절차 중심 프로그래밍에서는 프로그램을 어떤 함수로 모듈화할 것인지가 프로그래밍 기술의 핵심이었다. 이와 같은 프로그래밍 패러다임을 구조화 프로그래밍이라 한다. 하지만 프로그램이 제공해야 하는 기능이 복잡해지고 이 기능을 위해 필요한 데이터가 많아지고 복잡해짐에 따라 다른 형태의 프로그래밍 패러다임이 필요하게 되었다. 더욱이 기존 절차 중심 프로그래밍은 컴퓨터적인 사고를 할 수 있어야 하며, 우리가 보통 생각하는 사고와는 거리가 조금 있었다. 이와 같은 문제를 극복하기 위해 등장한 것이 객체지향 프로그래밍이다.

객체지향 개념은 1950년대 후반에 처음 소개되었으며, 1970년대 smalltalk라는 언어에서 처음으로 객체지향이라는 용어를 사용하였다. 하지만 90년대 초반에 C++의 등장으로 지배적인 프로그래밍 패러다임으로 자리 잡게 되었으며, 지금까지도 가장 널리 사용하고 있는 프로그래밍 패러다임이다. 객체지향은 절차(process-oriented)보다 데이터(data-oriented)를 중심으로 생각하며, 데이터와 그것을 처리하는 절차를 객체라는 하나의 단위로 묶어 사용할 수 있도록 해준다. 이것을 캡슐화(encapsulation)라 한다.

캡슐화는 실세계에서 어떤 사물을 보는 우리의 관점을 그대로 프로그래밍 언어로 표현할 수 있도록 해준다. 예를 들어 문이 있으면 문이 가지고 있는 상태(문의 크기, 문의 위치, 문의 색깔, 문이 열려 있는지 닫혀 있는지, 잠금장치가 있는지 등)는 무엇인지 고민하게 되고, 문이 할 수 있는 행위(열고, 닫고, 잠그고 등)를 고민하게 되며, 이와 같은 행위들이 상태에 따라 어떻게 동작하는지를 프로그래밍하게 된다. 따라서 컴퓨터적 사고 대신에 우리의 사고를 그대로 프로그래밍 언어로 표현할 수 있다고 주장되고 있다.

기존 구조화 프로그래밍은 프로그램 전체를 어떤 함수로 구성할지가 핵심이었다면 객체지향 프로그래밍에서는 우리가 개발하고자 하는 프로그램에 어떤 종류의 객체(object)가 필요한지 찾는 것이 핵심이다. 우리는 프로그램에 필요한 객체를 분석하여 구현하게 되고, 이들을 필요할 때 생성하여 상호 작용하도록 하여 우리가 원하는 기능을 수행하도록 프로그래밍하게 된다. 객체는 프로그램을 실행하는 동안 수명을 가지고 있는 핵심 단위이자 유일한 프로그래밍 단위이다.

객체지향으로 구현한 한 프로그램에는 다양한 종류의 객체가 존재할 수 있다. 하지만 이들 객체는 보통 홀로 동작하기보다는 다른 객체와 상호작용을 하며, 다른 객체와 다양한 관계를 맺게 된다. 예를 들어 한 객체는 자신의 상태를 나타내기 위해 내부적으로 다른 객체를 유지할 수 있고, 어떤 기능을 수행하기 위해 다른 객체를 사용할 수 있다. 전자를 포함(has-a) 관계라 하고, 후자를 사용(use-a) 관계라 한다. 객체 간 관계는 프로그램이 실행되는 동안 바뀔 수 있으므로 동적 관계라 한다.

클래스(class)는 객체지향 프로그래밍 언어에서 객체가 어떤 상태를 가지고 있고, 어떤 행위를 할 수 있는지 정의하는 틀이다. 쉽게 비유하면 클래스는 붕어빵 틀이고, 객체는 붕어빵이다. 붕어빵 틀이 있으면 같은 종류의 붕어빵을 만들 수 있지만, 이 경우에도 빵 속에 무엇을 포함하느냐에 따라 붕어빵의 상태들은 모두 가지각색일 수 있다. 우리는 모두 사람이지만 서로 생김새도 다르고 각자 현재의 상태(배고플 수 있고, 슬플 수 있고, 힘들 수 있고 등)도 모두 다르다. 한 클래스의 객체를 그 클래스의 인스턴스(instance)라 한다.

이 측면에서 보면 C와 같은 구조화 프로그래밍 지원 언어로 작성된 프로그램은 함수로 구성되지만 객체지향 언어로 작성된 프로그램은 클래스로 구성된다. 물론 다시 언급하는 것이지만 객체지향 언어를 사용하더라도 모든 것을 객체지향으로 모델링할 수 없으며, 객체지향으로 모델링할 필요가 없는 것을 객체지향으로 모델링하는 것은 잘못된 개발 방법이다.

클래스는 객체의 상태와 행위를 정의하기 위해 멤버 변수(member variable)와 멤버 함수(member function)를 정의한다. 전자를 다른 말로 인스턴스 변수, 필드, 속성(attribute)이라 하며, 후자는 멤버 함수보다 메소드(method)라는 이름을 더 많이 사용한다. 각 객체는 자신만의 멤버 변수를 유지하며, 유지하는 값에 의해 객체의 현재 상태가 정의된다. 객체의 메소드는 이와 같은 자신만의 상태를 활용하며, 객체의 현재 상태에 따라 그 실행 결과가 다를 수 있다. 한 프로그램을 개발할 때 여러 클래스를 정의하게 되며, 이 클래스 간에도 관계가 형성된다. 하지만 객체 간 관계와 달리 클래스 간 관계는 코드 수정 없이는 변하지 않기 때문에 정적 관계이다.

보통 해당 프로그램에 필요한 클래스와 그것의 멤버 변수는 요구사항 분석에 있는 명사에서 도출하며, 메소드는 동사에서 도출[7]한다. 예를 들어 은행계좌를 모델링할 경우 계좌번호, 잔액 등을 객체의 상태로 모델링하며, 인출, 입금, 잔액조회 등을 행위로 모델링한다.

7) 프로그램의 가독성을 위해 식별자의 이름을 결정할 때 적절한 이름을 사용하여야 하며, 영어로 표현되기 때문에 영어 사전, 유사 기능을 제공하는 영문 사이트나 앱에서 사용하는 용어를 찾아보고 활용하는 것이 필요하다.

4.1 구조화 프로그래밍과 객체지향 프로그래밍의 비교

```c
typedef struct{
    int x;
    int y;
} Point;

void setPoint(Point *p, int x, int y){
    p -> x = x;
    p -> y = y;
}

void movePoint(Point* p, int x, int y){
    p -> x += x;
    p -> y += y;
}

void main(void){
    Point p;
    set(&p, 10, 5);
    move(&p, 5, 0);
}
```

(1) C 프로그램

```java
public class Point{
    private int mX;
    private int mY;
    public void set(int x, int y){
        mX = x;
        mY = y;
    }
    public void move(
        int deltaX, int deltaY){
        mX += deltaX;
        mY += deltaY;
    }
}

public class Test{
    public static void main(
        String[] args){
        Point p = new Point();
        p.set(10, 5);
        p.move(5, 0);
    }
}
```

(2) 자바 프로그램

〈그림 1.4〉 구조화 프로그래밍과 객체지향 프로그래밍의 코드 측면에서 차이점

구조화 프로그래밍과 객체지향 프로그래밍의 차이점을 그림 1.4에 제시된 코드를 통해 살펴보자. C는 데이터와 그것을 처리하는 함수가 별도로 존재한다. 따라서 해당 함수에 반드시 우리가 처리하고자 하는 데이터를 전달해야 한다. 또 이 데이터를 전달하는 비용을 줄이거나 데이터 자체를 수정하기 위해 포인터와 같은 번거로운 문법을 사용할 수밖에 없다. 더욱이 함수 이름을 중복할 수 없으므로 함수 이름을 명명하는 것도 힘들다.

반면에 객체지향에서는 데이터와 그것을 처리하는 함수들이 한 묶음으로 같이 정의된다. 또 데이터를 중심으로 함수가 호출된다. 그림 1.4.(2)를 보면 객체의 식별자인 변수 p가 중심이 되어 호출이 이루어진다. 구조화 프로그래밍과 객체지향 프로그래밍을 비교하면 객체지향에서는 동일 기능을 처리하는 함수의 인자 수가 하나 줄어든다. 메소드의

이름도 명명하기 쉽다. 또 다른 클래스를 정의할 때 set, move 이름을 중복하여 사용할 수 있다.

5. 자바 기초

5.1 자바 소스 파일의 구조

소스 파일은 고급 프로그래밍 언어로 작성된 코드가 저장된 파일을 말한다. C에서 ".c", C++에서는 ".cpp"를 사용하는 것처럼 자바는 ".java" 확장자를 사용한다. 하지만 C/C++와 달리 헤더 파일을 사용하지 않는다. 자바는 클래스를 정의할 때 선언과 정의를 나누지 않는다. 한 자바 파일에는 package 문이 필요하면 이 문이 가장 첫 번째 문이어야 하며, 오직 하나의 package 문만 올 수 있다. 자바 패키지에 대해서는 7.2절에서 자세히 설명한다.

package 문이 없지만 import 문이 필요하면 import 문이 첫 문장이 되어야 하며, package 문이 있는 경우에는 import 문은 package 문 다음에 나열되어야 한다. 여러 개의 import 문을 나열할 경우 import 문의 순서는 중요하지 않다. 두 가지 형태의 문 이후(둘 다 없을 수 있음)에는 클래스, interface, 열거형을 정의할 수 있다. 실제 자바에서 정의할 수 있는 것은 이 세 가지밖에 없으며, 각각에 대해 3장, 4장, 9장에서 자세히 설명한다, 최근에 추가된 record, sealed class 등은 특수한 클래스이며, 자바에서 실제 열거형도 특수한 클래스이다.

한 자바 파일에는 여러 개의 클래스, interface, 열거형을 정의할 수 있다. 자바는 함수를 독립적으로 정의할 수 없으며, 객체지향과 관련 없는 함수라도 특정 클래스나 interface 내에 정의해야 한다[8]. 여러 개의 클래스, interface, 열거형을 정의할 경우 이들의 순서는 중요하지 않다.

자바에서 다른 요소 내부에 정의하는 것이 아닌 클래스, interface, 열거형을 정의할 때 접근 권한 관련 수식어 public을 붙일 수 있으며, 이것이 접근 권한과 관련하여 붙일 수 있는 유일한 수식어이다. 따라서 일반 클래스, interface, 열거형의 접근 권한은 public과 기본(패키지), 두 종류만 가능하다. 한 파일에는 여러 개의 클래스, interface,

8) 객체와 관련 없이 인자만을 이용하여 기능을 모두 정의할 수 있는 함수는 자바에서는 static 수식어를 붙여 정의하며, 최초에는 클래스에만 정의할 수 있었지만 자바 8 이후에는 interface에도 정의할 수 있다.

열거형을 정의할 수 있지만, 이 중 유일하게 하나만 public 수식어를 가질 수 있으며, public 수식어를 가진 것의 이름은 파일 이름과 정확하게 일치하여야 한다. 보통 개발 환경을 이용하여 public 클래스를 정의하면 클래스 이름과 파일 이름을 자동으로 일치시켜 주기 때문에 크게 걱정해야 할 문법은 아니다.

한 파일에 하나의 public 요소만 정의할 수 있고, 이것의 이름이 정확하게 파일 이름과 일치해야 하는 이유는 패키지와 관련되어 있다. 다른 패키지에 있는 public 요소는 import 문을 이용하여 사용할 수 있는데, 한 파일에 여러 public 요소를 정의할 수 있다면 지금의 파일 이름 기반 import 문이 아니라 파일 이름, 클래스 이름을 모두 사용하는 형태로 바뀌어야 한다. 이에 대해서는 7.2절에서 더 자세히 설명한다. 한 소스 파일에 여러 개를 정의할 수 있지만 보통은 하나만 정의한다. 드문 경우이지만 public한 것이 없으면 파일명에 대한 제약이 없다.

자바 문법

한 자바 소스 파일에는 여러 개의 클래스, interface, 열거형을 정의할 수 있지만 이 중에 public 수식어를 가지는 것은 오직 하나만 있을 수 있으며, 이것의 이름은 정확하게 파일 이름과 일치하여야 한다. public으로 수식한 클래스, interface, 열거형이 정의되어 있지 않으면 파일 이름에 대한 제약은 없다.

5.2 자바 빌드 과정

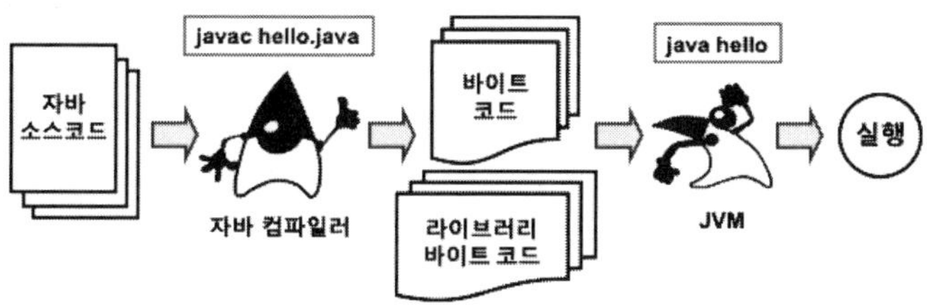

〈그림 1.5〉 자바 빌드 과정

자바 소스 파일을 자바 컴파일러로 번역하면 바이트 코드가 생성되며, 이 파일의 확장자는 ".class"이다. 소스 파일에 여러 개의 클래스, interface, 열거형이 정의되어 있으면 해당 수만큼의 ".class" 파일이 만들어진다. 자바 SDK 설치 폴더 중 bin 폴더에 보면 javac 파일이 있으며, 이 파일이 자바 컴파일러이다. 특정 ".class" 파일이 main 메소드를 가지고 있고, 해당 프로그램에서 필요로 하는 모든 바이트 코드가 준비되어 있으면 JVM은 이 프로그램을 한 줄씩 번역하면서 실행하여 준다. javac와 같은 폴더에 있는 java가 JVM에 해당하는 프로그램이다.

그림 1.5에 나타나 있듯이 우리가 작성한 프로그램을 실행하기 위해서는 우리가 만든 소스 파일뿐만 아니라 우리가 사용하는 라이브러리 파일도 필요하다. 그런데 하나의 실행 파일을 만들어 실행하는 것이 아니기 때문에 JVM은 C/C++와 달리 우리가 작성한 코드와 라이브러리 코드를 결합하는 과정에서도 최적화를 할 수 있다. 당연히 실행 파일을 만들어 실행하는 방식보다 본질적으로 느리지만 실행 파일을 만들어 실행하면 할 수 없는 최적화를 할 수 있는 이점도 있다.

자바 언어로 개발하지 않고 개발된 프로그램만 실행하기 위해서는 JRE(Java Runtime Environment)만 설치하면 된다. JVM은 번역 방식으로 프로그램을 실행하기 때문에 실행 속도가 느리다는 단점이 있다. 이를 극복하기 위해 JIT(Just-In-Time) 기술을 활용하고 있으며, 버전을 업그레이드할 때마다 실행 속도를 개선하기 위한 새로운 기술을 도입하고 있다. 자바 9부터는 AOT(Ahead-Of-Time) 컴파일[9] 기능까지 도입하였다. JIT가 사용하는 기술 중에는 매우 상식적인 기술도 있다. 한 번 번역한 코드는 다시 번역하지 않고 실행하며, 실행하는 과정에서 일부 함수는 호출하는 것이 아니라 해당 위치로 코드를 옮기는(inlining) 등 다양한 최적화 방법을 사용하고 있다. 예를 들어 반복문이 100번 반복되면서 간단한 함수를 호출할 경우, 이를 호출방식이 아니라 해당 위치로 함수 몸체 코드를 옮겨 실행하며, JIT 때문에 이 함수를 100번 번역하는 것이 아니라 처음에 한 번만 번역한다[10]. 보통 우리가 알고 있는 많은 기술의 기본적인 생각은 누구나 쉽게 생각할 수 있는 해결책인 경우가 많다.

JVM은 바이트 코드를 특정 환경에서 실행하여 주는 시스템 소프트웨어이다. 따라서 이 특성을 이용하여 새로운 프로그래밍 언어를 만들 수 있다. 새 프로그래밍 언어를 만든 후에 이 언어를 자바의 바이트 코드로 번역하는 컴파일러를 만들면 이 언어로 작성된 코드는 자바와 마찬가지로 JVM이 설치된 어느 컴퓨팅 환경에서도 실행할 수 있다. 이와 같은 방식을 사용하는 프로그래밍 언어에는 스칼라(Scala), 그루비(Groovy), 코트린(Kotlin), 클로저(Clojure) 등이 있다.

9) JIT 기술을 사용하면 한 번 번역된 코드는 다시 번역하지 않기 때문에 실행 중인 자바 프로그램의 실행 속도를 향상할 수 있지만 최초 프로그램이 구동될 때에는 번역이 필요하기 때문에 느릴 수밖에 없다. 이 부분을 개선하고자 하는 기술이 AOT이며, 이 기술은 기존 번역 방식처럼 미리 기계어로 번역한 것을 활용하여 프로그램을 실행한다.

10) JVM에 의한 바이트 코드 실행 기술이 발전하고 있으며, 프로그램을 구성하는 전체 바이트 코드를 활용할 수 있기 때문에 다른 언어가 할 수 없는 최적화도 가능하다. 하지만 본질적으로 실행 속도에 한계는 있다.

6. 첫 자바 프로그램 "안녕 친구"

```
public class Greeting{
    private String mName;
    private String mGreeting;
    public void setName(String name){
        mName = name;
    }
    public void setGreeting(String greeting){
        mGreeting = greeting;
    }
    public String sayHello(){
        return mGreeting + ", " + mName;
    }
}
```

〈그림 1.6〉 Greeting 클래스

```
public class GreetingTest{
    /*
     * Greeting 객체를 하나 생성하고 sayHello 메소드 호출
     */
    public static void main(String[] args){
        Greeting greeting = new Greeting();
        greeting.setName("길동");
        greeting.setGreeting("안녕");
        System.out.println(greeting.sayHello());
    }
}
```

〈그림 1.7〉 GreetingTest 클래스

객체는 앞서 언급한 바와 같이 상태를 가지고 있고, 행위를 할 수 있으며, 행위는 상태에 따라 결과가 달라질 수 있다. 그림 1.6과 그림 1.7에 제시된 프로그램을 첫 자바 프로그램으로 제시하기에는 약간 복잡하다. 보통 첫 프로그램으로 많이 사용하는 것은 "Hello, World"를 콘솔에 출력하는 프로그램이지만 이 프로그램은 객체지향 요소가 하

나도 없기 때문에 조금 변형된 프로그램을 가지고 자바 프로그래밍 언어를 설명하고자 한다.

그림 1.6과 그림 1.7에는 각각 하나의 클래스가 정의되어 있으며, 이들은 각각 Greeting.java, GreetingTest.java 파일에 정의되어 있고, 두 파일이 같은 폴더에 있다고 가정하자. C/C++와 마찬가지로 정의한 클래스를 컴파일한 다음 실행하기 위해서는 main 메소드를 가지고 있어야 한다. 따라서 GreetingTest 클래스만 실행할 수 있다. 참고로 둘 다 package 문도 import 문도 사용하지 않는다.

6.1 자바 코딩

자바는 기존 대부분의 언어와 마찬가지로 대소문자를 구분한다. 즉, name, Name이라는 식별자(identifier)[11]는 서로 다른 식별자로 인식한다. 식별자를 명명하는 관례에 대해서는 2장에서 자세히 설명한다. 자바로 코딩된 소스는 컴파일러가 해석만 할 수 있으면 된다. 하지만 더 중요한 것은 소스는 개발한 프로그래머가 읽고 분석하기 편해야 하며, 다른 프로그래머도 읽기 편하도록 작성해야 한다. 이를 가독성(readability)이라 하며, 소스의 가독성은 매우 중요하다.

가독성 있게 코딩하는 가장 기본은 적절한 들여쓰기(indentation)를 하는 것이다. 들여쓰기는 개발 환경에서 자동 지원하기 때문에 개발 환경의 에디터가 도와주는 대로 작성하는 것이 중요하며, 들여쓰기가 잘못되었을 경우에는 개발 환경에서 제공하여 주는 들여쓰기 고치기 기능을 사용하면 된다. Eclipse에서 사용할 수 있는 들여쓰기 관련 몇 가지 short-cut은 다음과 같다.

- WIN(Ctrl+I), MAC(Command+I): Source / Correct Indentation
- 블록을 선택한 후 tab하면 전체가 오른쪽으로 한 tab씩 이동하고, 반대로 shift+tab하면 왼쪽으로 한 tab씩 이동함

코딩 작성 팁으로 괄호처럼 쌍이 존재하는 경우((), {}, [], "", '')에는 내부 내용을 작성하기 전에 시작과 끝을 모두 타이핑한 후에 내부 내용을 작성하면 쌍의 시작과 끝의 개수가 다른 오류를 줄일 수 있다.

11) 식별자는 프로그래밍 언어에서 변수처럼 프로그래머가 명명하는 모든 것을 말한다.

6.2 주석

주석(comment)은 컴파일러가 무시하는 부분이지만 프로그램 문서화에 중요한 요소이다. 보통 하나의 프로그램을 한 사람이 개발하지 않으며, 한 사람이 개발하더라도 시간이 지나면 해당 부분을 왜 그렇게 코딩하였는지 잊을 수 있다. 따라서 프로그램 코드를 이해하는 데 도움을 주기 위해 코드에 대한 설명을 추가할 수 있으며, 이를 주석이라 한다. 자바에서 주석은 다음과 같이 기존 C++에서 사용한 두 가지 방식을 모두 사용할 수 있으며, 추가적으로 한 가지 방식이 더 있다.

- /* */: 다중 라인 주석
- //: 라인 끝 주석
- /** */: javadoc 주석

javadoc 주석은 자바에서 고유하게 사용하는 주석으로 이 형식으로 주석을 기록한 후에 javadoc 프로그램을 실행하면 자바 공식 API 문서를 보는 것과 동일한 형태의 웹 문서를 만들어준다.

주석은 문서화의 매우 중요한 요소이지만 주석이 오히려 코드를 읽는 데 방해가 될 수 있다. 따라서 javadoc 주석은 공개 라이브러리를 만들 경우에만 사용하고 일반적인 코드는 기존 주석 방식을 최소화하여 사용하는 것이 바람직하다. 또 코드가 수정되면 관련 주석도 갱신되어야 하는데, 코드만 변경하고 주석은 옛날 내용인 경우도 많다. 이것은 오해를 불러일으킬 수 있으므로 코드를 갱신하면 주석도 함께 갱신해야 한다.

이 때문에 최근 경향은 주석이 없이도 읽고 이해하기 쉬운 코드를 좋은 코드라 한다. 우리는 코드를 작성할 때 주석 없이도 누가 읽더라도 코드를 충분히 이해할 수 있도록 작성하는 것을 목표로 삼아야 한다. 예를 들어 다음과 같은 코드와 그것을 설명하는 주석이 있다고 하자.

```
// 학생이 졸업조건을 충족하는지 검사
if(student.GPA >= 2.0 && student.totalCredit >= 150){
```

주석 없이 if 문의 조건식만 보면 무엇을 검사하는 것인지 알기 어렵다. 대학생이더라도 무엇을 검사하는지 모를 수 있다. 하지만 아래처럼 주석 없이 코드를 작성하였다면 누구나 쉽게 조건식에서 무엇을 검사하고자 하는지 이해할 수 있다.

```
if(student.hasGraduationRequirementSatisfied()){
```

이렇게 하면 해당 조건을 여러 곳에서 사용할 수 있으며, 졸업 조건이 변경될 경우 프로그램에 있는 여러 조건식을 수정하지 않고 해당 메소드만 수정하면 된다. 프로그래밍 가독성 팁 중의 하나가 "don't comment bad code, rewrite it"이라는 것이 있다. 즉, 코드가 충분한 정보를 전달하지 못하면 다시 작성하는 것이 먼저이고, 그것만으로 부족할 경우에만 주석을 추가하는 것이 가장 좋은 practice이다.

6.3 클래스의 정의

자바에서 클래스를 정의하고자 할 때 class라는 키워드를 사용한다. 이 키워드 다음에 클래스 이름이 오고 중괄호 내에 클래스의 몸체를 정의한다. 이때 C++와 달리 중괄호 끝에 세미콜론을 붙이지 않는다. 클래스 이름은 관례로 대문자로 시작하며, 객체의 유일 책임을 잘 나타내도록 명명해야 한다. 자바에서 클래스, 변수, 메소드 등을 정의할 때 그 위치에 따라 몇 가지 수식어를 앞에 붙일 수 있다. 클래스 앞에 붙일 수 있는 수식어에는 public, abstract, final 등이 있다. 이 절에서는 public 수식어만 설명한다.

public 수식어는 접근 제어와 관련된 수식어이다. 기존 C에는 접근 제어라는 개념이 없다. 객체지향 프로그래밍에서는 강건성을 높이기 위해 구현된 특정 요소에 접근할 수 있는 권한을 제한할 수 있다. 자바는 총 4종류의 접근 제어 수준이 있지만 독립 클래스는 다른 패키지에서 접근 가능한 것과 가능하지 않은 것, 두 가지 수준만 존재한다. 다른 패키지에 있는 public 클래스만 import 문을 이용하여 사용할 수 있고, 이 수식어가 없는 것은 다른 패키지에서 접근할 수 없다. 패키지에 대해서는 7.2절에서 자세히 설명한다. 앞서 설명한 것처럼 한 자바 소스 파일에는 여러 개의 클래스, interface, 열거형 등을 정의할 수 있지만, 이 중 하나만 public 수식어를 가질 수 있다.

클래스는 객체가 어떤 상태를 가지고 있고, 어떤 행위를 할 수 있는지 정의하는 틀이다. 보통 객체의 상태는 데이터이며, 해당 데이터를 유지하는 변수를 정의하여 이를 나타낸다. 이 변수를 멤버 변수라 한다. 객체의 행위는 함수를 정의하여 나타내며, 이 함수를 멤버 함수 또는 메소드라 한다. 자바는 멤버 변수나 메소드를 정의할 때 3종류의 접근 제어 수식어를 이용하여 4종류의 접근 제어 수준을 나타낼 수 있다. 이를 통해 강건하게 프로그래밍할 수 있도록 해준다. 이 장에서는 우선 public, private 두 가지만 설명한다. 자바에서는 각 멤버를 정의할 때마다 그 멤버의 접근 수준을 각각 붙여 주어야 한다. public 멤버는 외부에서 직접 접근할 수 있으며, private 멤버는 외부에서 직접 접근할 수 없다.

```
public class A{
   private int mX;
   public int mY;
   private void f(){}
   public void g(){}
}
```

〈그림 1.8〉 멤버의 접근 제어

그림 1.8에 제시된 클래스 A가 있을 때, A가 아닌 다른 클래스에 foo라는 다음과 같은 함수가 정의되어 있다고 하자. 주어진 함수의 4개 문장 중 private 멤버를 접근하는 2개의 문장은 문법 오류이다.

```
public void foo(A a){
   a.mX = 1;    // error
   a.mY = 0;
   a.f();       // error
   a.g();
}
```

당연하지만 같은 클래스 내에서는 접근 수준과 무관하게 모든 멤버를 접근할 수 있다. 예를 들어 클래스 A의 f 메소드에서는 mX, mY, g를 모두 접근할 수 있다. 참고로 자바에서 객체 변수 a가 있을 때 이 변수를 이용하여 객체의 멤버를 접근할 때 사용하는 연산자는 '.' 연산자 하나밖에 없다.

6.4 멤버 변수와 메소드의 정의

자바에서 변수를 선언하는 문법은 C/C++에서 변수를 선언하는 것과 동일하다. 변수는 변수의 타입과 이름을 주어 선언하며, 같은 타입의 변수를 여러 개 선언하고 싶으면 쉼표로 구분하여 나열하여 정의할 수 있다. 하지만 보통 한 줄에 하나의 변수만 선언한다. 멤버 변수는 클래스의 객체 상태를 나타내기 위해 정의하는 변수로서 Greeting 클래스의 경우에는 두 개의 멤버 변수 mName과 mGreeting을 가지고 있다. 둘 다 String 타입이다. String은 대문자로 시작하기 때문에 클래스 이름이라는 것을 식별자의 형태로부터 알 수 있으며, 키워드가 아니기 때문에 자바 표준 라이브러리에 포함된 클래스이다. 문자열은 자바 언어에 포함된 타입이지만 이 타입을 처리하기 위해 표준 라이브러리에 포함된 String 클래스를 사용한다.

멤버 변수의 이름은 매개 변수, 지역 변수와 쉽게 구분할 수 있도록 명명하는 것이 가독성에 도움이 될 수 있다. 이 때문에 헝가리안 표기법을 사용하여 멤버 변수 이름을 명명하기도 한다. 헝가리안 표기법은 식별자에 접두사 또는 접미사를 붙이는 명명 방법을 말한다. 원래 이 표기법은 szName처럼 변수의 타입을 알 수 있도록 접두사를 사용하는 표기법이다. 이 장에서는 'm' 문자를 변수 이름 앞에 붙여 멤버 변수임을 나타내고 있다. _name, name_처럼 밑줄 문자를 붙여 식별하는 방법을 사용하는 경우도 있다. 헝가리안 표기법을 사용하지 않고 구분이 되지 않을 때에만 this 키워드를 이용하는 방법도 있다. this 키워드는 3장에서 설명하며, this 키워드를 설명한 이후에는 이 책에서는 이 방법을 사용한다. 어떤 방법을 사용할지는 개발자가 결정하거나 개발팀에서 결정하면 된다. 방법의 결정보다 더 중요한 것은 항상 통일된 방법으로 명명하는 것이다.

C/C++의 경우 라이브러리에 있는 함수를 사용하기 위해서는 컴파일러가 그것을 번역하고 문법의 올바름을 판단할 수 있도록 해당 정보가 포함된 헤더 파일을 #include 문을 이용하여 소스 파일에 포함하여야 한다. 자바도 import 문을 통해 라이브러리에 있는 클래스를 사용하고자 할 때는 컴파일러에 필요한 정보가 들어 있는 파일의 위치를 알려주어야 한다. 하지만 자바는 자주 사용하는 클래스의 경우에는 import 문 없이 사용할 수 있으며, 그림 1.5와 1.6에 제시된 두 개의 클래스에는 String 뿐만 아니라 System 클래스도 표준 라이브러리에서 제공하는 클래스이지만 import 문 없이 사용하고 있다.

메소드의 정의는 수식어들을 제외하면 C/C++에서 함수를 정의하는 것과 마찬가지로 반환 타입, 함수 이름, 함수 몸체 순으로 정의하며, 함수 몸체는 중괄호 내에 프로그래밍 문장들을 나열하여 정의한다. 각 문장은 C/C++와 동일하게 세미콜론(';')으로 끝난다. Greeting 클래스에는 3개의 메소드 setName, setGreeting, sayHello가 정의되어 있다. 반환 타입이 void이면 C/C++처럼 메소드가 종료할 때 값을 반환하지 않는다는 것을 의미한다.

setName, setGreeting은 객체지향에서 기본 수정자(setter)로 객체의 상태를 변경하기 위해 사용하는 메소드를 말하며, 보통 set 접두사를 사용하고, 그 반대로 객체 상태를 기본적으로 조회할 때 사용하는 메소드는 기본 조회자(getter)라 하며, 보통 get 접두사를 사용한다. 수정자는 인자에 대한 필요한 검사를 진행하여 각 멤버 변수가 잘못된 값으로 수정되는 것을 방지해 주어야 한다. 하지만 제시된 두 개의 수정자는 인자에 대한 아무 검사 없이 멤버 변수를 수정하고 있다. 이와 같은 수정자를 사용하는 것은 멤버 변수의 접근 권한을 public으로 설정하는 것과 차이가 없다.

sayHello은 객체의 현재 상태를 이용하여 안녕 메시지에 해당하는 문자열을 반환하여 준다. 이 메소드는 두 개의 멤버 변수를 활용하기 때문에 단순 조회자는 아니다. 이 메소드의 몸체에서는 + 연산자의 피연산자로 문자열을 사용하고 있다. 앞서 언급한 바와 같이 자바는 연산자를 다중 정의할 수 없다. 따라서 문자열에 대한 + 연산자는 String 클래스에서 제공하는 기능이 아니라 자바 언어 자체에서 제공하는 기능이다. 두 문자열을 더하면 두 문자열을 하나로 결합하여 준다.

6.5 main 메소드

GreetingTest 클래스는 main 메소드를 하나만 가지고 있다. main 메소드는 C/C++처럼 프로그램을 실행하면 가장 먼저 실행되는 메소드이다. 모든 자바 클래스에 main 메소드를 정의할 수 있다. 또한 main 메소드를 가지고 있는 클래스만 실행이 가능하다. 하지만 보통 하나의 프로젝트를 만들 경우 main을 가지는 클래스는 하나만 만들며, 보통 이 클래스에는 main만 정의하는 경우가 많다. 그림 1.6처럼 Greeting과 같은 일반적인 객체지향 클래스에는 main을 포함하지 않는다. 참고로 main은 프로그래밍 언어의 키워드는 아니지만 키워드와 같은 효과를 가지고 있다.

앞서 설명한 것과 같이 한 파일에 여러 개의 클래스를 정의할 수 있지만 파일에 정의된 여러 개 독립 요소 중 하나만 public으로 수식할 수 있다. 한 파일에 여러 개 클래스를 정의하고 이 중에 하나가 public일 경우, main은 반드시 이 public 클래스에 포함되어야 한다.

main 메소드는 반드시 public, static 수식어를 붙여 주어야 한다. main 메소드는 프로그램을 실행하면 JVM이 처음 실행하는 메소드이며, JVM도 클래스의 private 메소드는 직접 호출할 수 없다. 따라서 main은 public 메소드이어야 한다. 보통 객체 메소드는 객체를 생성한 후에 실행할 수 있다. 하지만 main을 실행하기 위해 특정 객체를 생성해야 하는 것은 아니다. 자바에서 이처럼 객체와 무관한 함수를 정의하고자 하더라도 해당 함수는 특정 클래스 내에 정의하여야 한다. 이 때문에 이와 같은 함수는 static 수식어를 붙여 일반 객체 메소드와 구분한다. static 메소드는 객체를 생성하지 않고 호출할 수 있는 메소드를 말하며, 이와 같은 메소드는 클래스 이름을 이용하여 호출한다.

자바에서 main 메소드는 반드시 String 배열 타입의 매개 변수를 하나 가져야 한다. 이 매개 변수는 프로그램을 실행할 때 프로그램 인자를 받기 위해 사용한다.

6.6 객체의 생성과 객체 변수

일반 객체지향 클래스를 정의만 하는 것은 마치 꺼져있는 컴퓨터와 마찬가지로 그 자체로는 어떤 의미 있는 기능을 수행할 수 없다. 정의된 클래스의 객체를 필요할 때 생성하여 객체가 해야 할 일을 하도록 해야 우리가 원하는 프로그램의 기능을 수행할 수 있다. 자바는 객체를 생성할 때 new 연산자를 사용한다. new는 C/C++와 동일하게 동적 할당 개념을 포함하고 있는 연산자이다. 하지만 C/C++와 달리 자바에서는 직접 반납하는 delete 기능은 없다. 이처럼 객체는 항상 동적 할당하여 생성하기 때문에 자바에서 객체를 함수 스택에 유지하는 경우는 없다. 이에 대해서는 2장에서 더 자세히 설명한다. new 연산자는 단항 연산자로 피연산자로 생성자 호출이 와야 한다. 그림 1.7의 6줄에 객체 변수의 선언과 객체의 생성이 한 줄에 다음과 같이 되어 있다.

```
6      Greeting greeting = new Greeting();
```

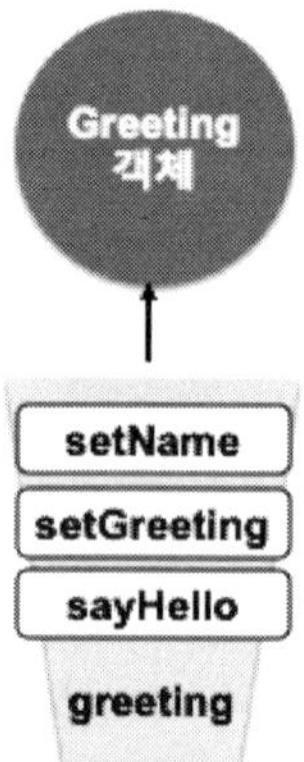

〈그림 1.9〉 객체변수의 추상화

객체 변수는 일반 변수의 선언과 마찬가지로 타입과 이름을 통해 선언하며, 생성자의 이름은 클래스 이름과 같다. 실제 Greeting 클래스에는 생성자가 정의되어 있지 않다. 이 경우 자바에서는 인자를 하나도 받지 않는 기본 생성자를 사용할 수 있도록 해준다. 생성자에 대해서는 2장에서 더 자세히 설명한다. greeting 객체 변수는 int n;과 같은 선언에서 n 변수와 달리 참조 변수이다. 추상적으로 생각하면 greeting은 객체 자체가 아니고 생성된 객체를 조작할 수 있는 리모컨이며, 그림 1.9에 제시된 것처럼 이 리모컨에는 Greeting 클래스에 정의된 모든 public 메소드를 실행할 수 있는 버튼이 있다고 생각하면 된다. 이 때문에 객체 변수를 좀 더 정확하게는 객체 참조변수(object reference variable)라 한다.

객체를 생성하여 객체 변수에 할당된 이후에는 이 변수와 '.' 연산자를 이용하여 이 객체의 각종 행위를 실행할 수 있다. GreetingTest.java의 main 메소드에서는 객체 생성 이후 객체의 이름과 인사 문자열을 설정하고, sayHello 메소드를 이용하여 설정된 객체 이름과 인사 문자열을 이용한 인사 메시지를 얻을 수 있다. 이 메시지를 라이브러리에 있는 출력 기능을 이용하여 콘솔에 출력하고 있다.

6.7 콘솔 출력

구조화 프로그래밍에서는 어떤 기능이 필요할 때 해당 기능을 제공하는 함수를 찾아 사용한다. 자바와 같은 객체지향 언어에서는 해당 기능이 객체지향으로 모델링되어 있는 기능이면 그것을 제공하는 클래스를 찾고, 그 클래스의 객체를 생성한 다음에 생성한 객체를 이용하여 해당 기능을 수행한다. 자바는 함수만 별도 존재할 수 없기 때문에 필요한 기능이 객체지향과 거리가 있는 기능이더라도 그 함수가 정의되어 있는 클래스나 interface를 찾아야 한다. 하지만 이와 같은 함수는 객체 생성 없이 클래스나 interface 이름을 이용하여 호출할 수 있다.

그림 1.7의 9줄에 있는 다음 문장을 분석하여 보자.

```
9      System.out.println(greeting.sayHello());
```

이 문장에 처음 접하는 세 가지 식별자 System, out, println이 있다. 프로그래밍 언어에서는 식별자의 형태만 보면 해당 식별자가 클래스 이름인지, 변수 이름인지, 함수 이름인지 알 수 있다. 클래스 이름은 대문자로 시작하기 때문에 System은 클래스 이름이다. out은 소문자로 시작하기 때문에 변수 이름이 아니면 함수 이름이다. 하지만 out 다음에 '.' 연산자가 있고, 함수 호출 연산자인 괄호가 없으므로 변수이다. println은 소문자로 시작하며 식별자 뒤에 바로 괄호가 오기 때문에 함수 이름이다. 함수 이름은 선언 또는 정의할 때와 호출할 때 두 가지 경우에만 사용할 수 있는데, 두 경우 모두 함수 이름 뒤에 괄호가 온다.

out을 통해 println을 호출하고 있으므로 out은 객체 변수이며, println은 out 타입의 클래스에 정의된 객체 메소드이다. out은 표준 출력을 나타내는 객체로 System 클래스에 생성되어 있으며, 직접 접근하여 사용할 수 있기 때문에 public 수식어가 붙어 있는 변수이다. 이처럼 객체를 프로그래머가 직접 생성하지 않고 라이브러리에서 생성한 객체를 사용하는 경우가 있다. 하지만 이와 같은 경우가 많은 것은 아니다.

out 객체를 이용하여 콘솔에 데이터를 출력할 때 사용할 수 있는 메소드는 크게 print, println, printf 3종류가 있다. print와 println은 둘 다 주어진 데이터를 출력하여 주지만 후자는 줄바꿈까지 해준다. printf는 자바 5.0부터 라이브러리에 추가된 메소드로 기존 C의 printf와 동일하게 형식화된 출력을 해준다. 하지만 다음과 같이 기존 C에 없는 기능도 있다.

- 줄바꿈을 할 때 \n 문자를 사용할 수 있지만 자바에서는 %n을 사용할 수 있다. %n을 사용하면 해당 컴퓨팅 환경에 맞는 줄바꿈을 해준다. 대부분의 경우 이것이 \n을 사용하는 것과 차이가 없지만 다른 경우도 있기 때문에 자바에서는 %n을 사용하는 것을 권장한다.
- 정수를 출력할 때 %,d을 사용하면 3자리마다 쉼표를 출력하여 준다.
- 날짜, 시간을 출력할 때 사용하는 별도 서식 지정자(%t)가 있다.
  `System.out.printf("%tF%n", LocalDate.now());`
- 인자 색인을 이용하여 특정 인자를 여러 번 출력할 수 있으며, 이 때문에 서식 지정자의 개수와 인자의 개수가 반드시 일치하지 않아도 된다. 인자 색인은 인자 번호와 $을 사용하며, 인자 번호는 0이 아니라 1부터 시작한다.
  `System.out.printf("%1$tY %1$tm %1$te%n", LocalDate.now());`

다음 두 문장의 결과를 생각하여 보자.

```
1     System.out.println(3 + 4);
2     System.out.println("3 + 4");
```

첫 번째 문장의 인자는 정수식이 인자로 전달되었으며, 7로 평가된 뒤에 println으로 전달된다. 따라서 콘솔에 7이 출력된다. 두 번째 문장은 문자열 타입이므로 문자열 자체가 전달되며 화면에는 "3 + 4"라는 문자열이 출력된다. 이처럼 동일 이름의 메소드가 다양한 종류의 인자를 받을 수 있으며, 다양한 개수의 인자를 받을 수 있다. 이를 다중 정의(overloading)라 한다. 동일 이름의 메소드를 같은 클래스에 여러 개 정의하기 위해서는 이들을 컴파일러가 구분할 수 있어야 한다. 따라서 개수가 다르거나 개수는 같지만 타입을 명확하게 구분할 수 있으면 다중 정의가 가능하다. 하지만 반환 타입만 다른 것은 다중 정의할 수 없다.

메소드의 다중 정의는 메소드 이름에 대한 고민을 해결해 준다. C에서처럼 printDog, printCat과 같이 함수 이름을 명명할 필요가 없다. 보통 다중 정의는 다음과 같은 두 가지 경우에 사용한다.

- 경우 1. print, println처럼 하나의 메소드가 다양한 종류의 인자를 처리해야 하는 경우
- 경우 2. 아래처럼 널리 사용하는 기본 인자 값이 있는 경우

```
int parseInt(String number){
        return parseInt(number, 10);
}
int parseInt(String number, int radix){
        // 실제 기능 구현
}
```

parseInt 메소드는 "1201"과 같은 문자열을 정수로 바꾸어 주는 메소드이다. 가장 많은 경우에는 10진수로 되어 있는 문자열을 정수로 바꾸기 때문에 문자열만 주어질 경우에는 무조건 10진수로 해석하여 바꾸도록 하고, 10진수가 아닌 다른 진법의 경우에는 해당 진법을 인자로 주도록 하여 프로그래머가 더 편리하게 메소드를 호출할 수 있도록 다중 정의하고 있다.

참고로 첫 번째 경우에는 여러 종류의 인자를 처리해야 하지만 처리하는 인자 타입에 따라 알고리즘이 바뀌지 않으면 13장에서 설명하는 template라는 기능을 이용하여 다중 정의하지 않고 하나의 범용 함수만 정의한다.

7. 두 번째 자바 프로그램: 데이터 입력

7.1 키보드 입력

기본적인 프로그래밍을 하기 위해서는 계산 결과를 출력하는 방법뿐만 아니라 다양한 입력을 프로그램에 제공할 수 있어야 한다. 프로그램에 직접 데이터를 포함하여 프로그램할 수 있지만 간단한 프로그램은 키보드로부터 데이터를 입력받아 테스트하는 것이 편하다. 자바에서는 Scanner라는 클래스를 이용하여 키보드 입력을 처리하며, 이 클래스는 동일한 메소드를 이용하여 파일이나 문자열로부터 데이터를 입력받을 수 있다. 그림 1.10은 정수 두 개를 입력받아 그것의 합을 출력하여 주는 간단한 프로그램이다.

데이터를 콘솔에 출력할 경우에는 System.out 객체를 바로 활용하여 데이터를 출력하였다. 하지만 입력을 처리할 경우에는 기본 입력장치인 키보드를 나타내는 System.in 객체를 직접 활용하지 않고, Scanner 객체를 생성하여 처리한다. 이는 버퍼 입력을 구현하기 위함이다. 우리가 키보드를 통해 입력한 데이터는 프로그램에 바로 전달하지 않고, 임시 저장소인 버퍼에 먼저 저장한다. 예를 들어 위 프로그램을 실행하고 필요한 2개의 정수보다 많은 수의 정수를 입력할 수 있다. 이렇게 입력된 데이터는 사라지는 것은 아니고 모두 버퍼에 유지된다. 프로그램에서 nextInt와 같은 입력 메소드가 실행되면 이들은 먼저 버퍼가 비어있는지 여부를 검사한다. 버퍼가 비어있는 경우에는 콘솔에 입력을 기대하는 표시가 나타난다. 반대로 버퍼가 비어있지 않으면 필요한 데이터를 버퍼로부터 취한다. 따라서 첫 번째 프롬프트인 "정수 입력: "에서 "10 20 40 50" 입력하면 "10 20 40 50"을 모두 버퍼에 저장하며, 첫 번째 nextInt에서 10을 두 번째 nextInt에서는 입력할 기회를 주지 않고 버퍼에서 20을 취하게 된다.

Scanner 객체의 생성은 기존 다른 객체와 마찬가지로 new 연산자를 이용하며, 생성자에 System.in 객체를 전달하여 생성하고 있다. System.in 대신에 파일 이름을 사용하면 파일을 열고 파일로부터 데이터를 입력받을 수 있고, 문자열을 주면 문자열로부터 데이터를 입력받을 수 있다. 파일 처리와 관련된 내용은 15장에서 자세히 설명한다. Scanner 객체를 생성한 다음에는 텍스트 데이터를 입력받을 수 있으며, 받고자 하는 데이터의 타입에 따라 next, nextLine, nextInt, nextDouble 등을 사용한다.

```java
import java.util.Scanner;

public class InputTest{
    public static void main(String[] args){
        Scanner in = new Scanner(System.in);
        System.out.print("정수 입력: ");
        int n1 = in.nextInt();
        System.out.print("정수 입력: ");
        int n2 = in.nextInt();
        System.out.printf("%d + %d = %d%n", n1, n2, n1 + n2);
        in.close();
    }
}
```

〈그림 1.10〉 InputTest.java

Scanner는 앞서 설명한 바와 같이 키보드뿐만 아니라 파일로부터 데이터를 입력 받을 수 있다. 파일로부터 데이터를 입력 받을 경우 다 처리한 후에는 반드시 닫아주어야 한다. 따라서 그림 1.10에서 in.close()를 하지 않으면 컴파일러는 경고를 준다. 키보드는 꼭 닫아 줄 필요는 없다. 더욱이 닫을 경우 프로그램에서 다시 열 수 있는 방법이 없다. 따라서 프로그램에서 더 이상 키보드로부터 입력이 필요 없는 경우에만 닫아주어야 한다. 또 프로그램의 여러 함수에서 키보드로부터 데이터를 입력받아야 할 경우 각 함수마다 Scanner 객체를 생성하지 않고, 한번만 생성하여 사용하는 것이 보통이다. 이를 위해 Scanner 객체를 3장 설명하는 static 멤버로 선언하거나 한번 생성한 객체를 계속 인자로 필요한 다른 함수에 전달해주는 방식으로 구현한다.

Scanner는 식별자의 형태를 보면 클래스 이름인 것을 알 수 있다. 또한 우리가 새롭게 정의한 클래스가 아니므로 자바 표준 라이브러리에 정의된 클래스이다. 하지만 String, System과 달리 이 클래스를 사용하기 위해서는 해당 클래스와 관련된 정보를 컴파일러가 찾을 수 있도록 해당 클래스의 패키지 위치를 알려주어야 한다. 이때 사용하는 문이 import 문이다. import 문은 C언어의 #include와 달리 세미콜론으로 끝나기 때문에 일반 프로그래밍 문장이며, 이 문장은 package 문 다음 또는 package 문이 없으면 소스 파일 맨 위에 나열해야 한다. 또 여러 개의 import 문을 사용할 경우에는 그 순서는 프로그램에 아무런 영향을 주지 않는다.

자바 문법

라이브러리에 있는 클래스를 사용하기 위해 import 문을 작성하는 경우 직접 작성하지 말고 해당 클래스를 사용하고 자동 오류 고치기 기능을 이용하여 import 문을 추가하는 것이 편리하다. 하지만 자바를 처음 학습할 때에는 이 기능을 사용하더라도 각 클래스가 어떤 패키지에 속하는지 계속 관찰하여 각 클래스의 소속 패키지를 파악해야 한다.

7.1.1 BufferedReader

보통 키보드나 파일로부터 데이터를 읽을 때 가장 편리하게 사용할 수 있는 것이 Scanner이다. 하지만 입력 속도를 조금 더 개선하고 싶으면 Scanner 대신에 BufferedReader를 이용할 수 있다. BufferedReader를 이용하고 싶으면 다음과 같이 객체를 생성해야 한다.

```
BufferedReader in = new BufferedReader(new InputStreamReader(System.in));
```

BufferedReader는 Scanner와 마찬가지로 버퍼 입력 방식을 사용하지만 그것의 버퍼 크기가 Scanner보다 훨씬 크며, 개별 데이터 단위로 입력 받는 것이 아니라 항상 줄

단위로 입력받기 때문에 Scanner보다 입력을 처리하는 것이 빠르다. 예를 들어 한 줄에 공백으로 구분된 100개의 정수를 입력받아야 할 때, Scanner의 nextInt를 100번 호출하는 것 보다 100개의 정수를 BufferedReader의 nextLine으로 한번에 입력받은 다음 StringTokenizer 등을 이용하여 100개의 정수로 바꾸는 것이 훨씬 빠르다. Scanner도 nextLine 메소드를 이용하여 줄단위 입력을 받을 수 있지만, 한 줄에 있는 입력 데이터가 많으면 내부적으로 사용하는 버퍼의 크기가 더 큰 BufferedReader가 더 효과적이다. BufferedReader를 이용한 입력 방법은 9장과 14장에서 추가로 설명한다.

7.2 패키지

자바 프로그램은 여러 개의 클래스로 구성되며, 프로그램이 커질수록 클래스 수가 많아지므로 한 폴더에 모든 클래스 파일을 유지하는 것이 어려워진다. 이것은 여러 개발자가 큰 규모의 소프트웨어를 개발할 때 더욱 그렇다. 자바는 클래스를 관리하기 위해 패키지라는 기능을 제공한다. 패키지는 관련 있는 클래스를 계층구조적 폴더를 이용하여 관리할 수 있도록 해준다. 자바에서 표준 라이브러리는 모듈과 패키지 개념을 이용하여 제공하고 있다. 그림 1.9의 첫 번째 문장을 보면 Scanner 클래스를 사용하기 위한 import 문이 주어져 있으며, Scanner 클래스는 java.util이라는 패키지에 포함된 클래스이다. 이것의 의미는 java라는 폴더 아래 util이라는 폴더가 있으며 이 폴더에 Scanner.class 파일이 있다는 것을 의미한다.

클래스를 어떤 패키지에 포함하고자 하면 소스 파일의 첫 문장에 다음과 같은 package 문을 포함해야 한다.

```
package packageName;
```

패키지 이름은 계층적 폴더 이름을 '.'으로 구분하여 표현한다. 예를 들어 koreatech. cse 라는 패키지를 만들고 싶으면 koreatech이라는 폴더 아래 cse 폴더가 있어야 하며, 자바 소스 파일들은 cse 폴더에 위치하면 된다. 더 중요한 것은 나중에 컴파일된 ".class" 파일들이 이와 같은 폴더 구조를 가지고 배포해야 실행할 수 있고, 다른 프그램에서 import하여 사용할 수 있다. 패키지를 별도 만들지 않으면 같은 폴더에 포함된 모든 자바 클래스는 같은 패키지에 자동 소속되며, 이를 기본 패키지(default package)라 한다.

패키지의 사용은 크게 다음과 같은 두 가지 이점이 있다.

- 이점 1. 여러 클래스를 관리하는 것이 편리함
- 이점 2. 이름 충돌을 피할 수 있음
  서로 다른 패키지에는 같은 이름의 클래스를 사용할 수 있으며, 완전 이름을 사용하면 이름이 같아도 혼동되지 않고 같은 이름을 가진 두 개의 클래스를 한 프로그램에서 동시에 사용할 수 있다.

보통 자바에서는 패키지의 위치는 다음 3가지 순서를 이용하여 찾는다.

- 현재 작업 폴더에서 패키지를 찾는다. 예를 들어 koreatech.cse 패키지에 있는 Test.class를 실행하고 싶으면 koreatech 폴더에서 "java koretech.cse.Test"를 실행한다.
- 환경변수 CLASSPATH를 이용한다.
- java를 실행할 때 "-classpath" 옵션을 사용한다. 예를 들어 koreatech.cse 패키지에 있는 Test.class를 실행하고 싶을 때 koreatech 폴더가 "C:\java"에 있으면 "java -classpath C:\java koreatech.cse.Test"를 실행하면 된다.

eclipse에서는 프로젝트 속성에서 "build path"에 패키지 경로를 지정하거나 참조할 다른 라이브러리의 압축 파일 전체를 프로젝트에 포함하는 방법도 있다.

자바는 같은 패키지에 있는 클래스는 서로 친밀하다는 가정을 하고 있다. 이 때문에 12장에서 설명하지만, 접근 제어와 관련하여 기본적으로 같은 패키지에 있는 클래스 간의 접근 제어와 다른 패키지에 있는 클래스 간의 접근 제어가 다르다.

7.3 import 문

한 클래스에서 다른 패키지에 있는 public 클래스를 사용하고자 하면 해당 클래스를 import하여야 한다. import 문은 다른 패키지에 있는 public 클래스를 사용할 때 해당 클래스가 소속된 패키지를 컴파일러가 알 수 있도록 해준다. 보통 우리가 많이 사용하는 클래스는 우리가 직접 정의한 클래스와 표준 라이브러리에 정의된 클래스이다. 동일 패키지에 있는 클래스는 import 문 없이 사용할 수 있으며, 표준 라이브러리 중 java.lang에 포함된 클래스는 import 문 없이 사용할 수 있다.

import 문의 문법은 다음과 같다.

```
import packageName.className;
```

예를 들어, 날짜 데이터를 다루고자 하면 자바에서는 LocalDate라는 클래스를 주로 사용하며, 이 클래스를 이용하고자 하면 Scanner와 마찬가지로 다음과 같은 import 문이 있어야 한다.

```
import java.time.LocalDate;
```

LocalDate 클래스를 사용하기 위해 import 문을 반드시 사용해야 하는 것은 아니다. 다음과 같이 코딩할 수 있다.

```
java.time.LocalDate currentDate = java.time.LocalDate.now();
```

하지만 코드의 간결성 측면에서 이렇게 사용하는 경우는 거의 없다. 그러나 서로 다른 패키지에 있는 동일 이름의 클래스를 동시에 사용하고자 할 때에는 import 문 없이 전체 이름을 사용할 수밖에 없다.

java.lang 패키지에 있지 않은 클래스를 5개 사용하면 import 문이 5개 필요하다. 하지만 이 5개의 클래스 중 2개가 java.util에 있는 클래스이면 다음과 같이 '*'을 이용하여 import 문의 개수를 줄일 수 있다.

```
import java.util.*;
```

하지만 eclipse를 사용하면서 자동 오류 수정 기능을 이용하여 import 문을 포함하면 '*'을 꼭 사용할 필요는 없다. 더욱이 학습 단계에서는 각 클래스의 패키지 정보를 숙지할 필요가 있기 때문에 클래스마다 import 문을 사용하는 것이 바람직하다. '*'은 클래스 이름 위치에만 사용할 수 있으며, 패키지 이름은 항상 전체 이름을 제시해야 하기 때문에 다음과 같은 문장은 오류이다.

```
import java.*;
```

또한 앞서 설명한 바와 같이 같은 이름의 클래스를 가지고 있는 두 개의 패키지를 import할 경우에는 '*'을 사용할 수 없다.

우리는 다른 패키지에 있는 public 클래스만 import하여 사용할 수 있다. 프로그램 내에 클래스 A를 import하는 문이 있으면 자바 컴파일러는 정해진 위치에서 A.class 파일을 찾는다. A.class 파일이 없으면 A.java 파일을 찾는다. ".class" 파일이 아니라

".java" 파일을 찾으면 이를 컴파일러하여 ".class" 파일을 생성한 후에 이를 번역 과정에서 활용한다.

자바는 한 소스 파일에 하나의 독립 요소만 public일 수 있고, 그것의 이름은 파일 이름과 같아야 한다. 앞서 살펴본 과정을 고려하여 여러 개의 public 요소를 정의할 수 있고, 파일 이름에 대한 제약이 없다면 어떤 문제가 있는지 생각하여 보자. 컴파일러가 우선적으로 찾는 것은 ".class" 파일이며, 한 소스 파일에 여러 개 클래스를 정의하더라도 이것을 번역하면 정의된 클래스의 수만큼 ".class" 파일이 생성된다. 따라서 ".class" 파일만 생각하면 굳이 한 파일에 하나의 독립 요소만 public일 필요가 없고, 소스 파일 이름을 제한할 필요가 없다. 하지만 ".class" 파일이 없고 ".java" 파일만 있는 경우도 존재할 수밖에 없다. 이 경우에는 지금처럼 패키지 이름과 클래스 이름만 주면 파일 이름을 통해 해당 클래스가 정의된 파일을 찾을 수 없다. 이와 달리 현재 규칙 때문에 컴파일러는 import하는 클래스 이름과 같은 이름의 ".java" 파일을 찾으면 해당 파일 내에 public한 요소가 있다면 그 요소의 이름은 파일 이름과 같다는 것을 확신할 수 있고, 다른 이름의 파일은 찾고자 하는 클래스와 무관하다는 것을 확신할 수 있다.

7.4 Module

자바 9부터는 패키지들을 묶어 관리할 수 있는 모듈이라는 개념이 추가되었다. 이에 따라 자바 라이브러리도 자바 9부터는 모듈 개념을 추가하여 모듈 단위로 관리하고 있다. 모듈은 여러 패키지를 모아 관리할 수 있도록 해주고, 다른 모듈에 접근을 허용할 패키지를 제어할 수 있으며, 필요한 외부 모듈을 지정할 수 있도록 해준다. 이를 위해 module, exports, requires 등 새로운 키워드들이 자바 9부터 추가되었다. 하지만 이렇게 추가된 10개의 키워드는 제한적 키워드(restricted keyword)이다. 모듈을 사용하지 않으면 이들은 키워드 목록에 포함되지 않는다. 하지만 모듈을 사용하지 않는다고 이들을 식별자로 사용하는 것은 바람직하지 않다.

eclipse의 경우 한 프로젝트에 여러 모듈을 정의할 수 없다. 한 프로젝트에 하나의 모듈만 정의할 수 있고, 다른 모듈과 상호작용이 필요하면 프로젝트에 해당 모듈의 경로를 추가해 주어야 한다. Eclipse에서 모듈 경로의 추가는 프로젝트 속성의 "Java Build Path"에서 "Projects" 탭의 "Modulepath"에 모듈이 정의되어 있는 프로젝트를 추가하면 된다. 모듈 경로를 추가하더라도 해당 모듈에서 필요한 패키지를 export해주지 않으면 사용할 수 없다.

모듈은 "module-info.java"라는 파일에 다음과 같은 내용을 포함하여 정의한다. 이 파일의 위치는 이 모듈에 포함할 패키지의 가장 최상위 폴더와 같은 폴더에 위치해야 한다. 예를 들어 이 모듈이 edu.koreatech.cse, edu.koreatech.eec 패키지를 포함하고 있으면 edu 폴더가 있는 폴더에 위치해야 한다. ".java" 파일이므로 소스 파일들이 위치한 곳에 있어야 하며, 일반 소스 파일과 마찬가지로 컴파일되어 ".class" 파일로 바뀐다. 이 파일에는 다음과 같은 형태의 내용만 들어 있어야 한다.

```
module edu.koreatech{
    exports edu.koreatech.cse;
    exports edu.koreatech.eec to edu.cnu;
    requires edu.cnu;
    requires transitive edu.snu;
}
```

여기서 edu.koreatech 모듈은 edu.koreatech.cse 패키지는 다른 모든 모듈이 사용할 수 있도록 해주고 있고, edu.koreatech.eec 패키지는 edu.cnu 모듈만 사용할 수 있도록 하고 있다. 이 모듈에 소속된 패키지들이 컴파일되기 위해서는 edu.cnu 모듈과 edu.snu 모듈이 필요하다. 따라서 이 모듈이 올바르게 동작하기 위해서는 edu.cnu 모듈과 edu.snu 모듈이 edu.koreatech 모듈이 필요한 패키지들을 export해주어야 한다.

어떤 모듈이 edu.koreatech 모듈이 필요하고, edu.koreatech은 edu.snu 모듈이 필요하다고 하자. 이때 위처럼 transitive 키워드를 포함하면 해당 모듈에서 edu.snu가 필요하더라도 직접적으로 requires 문을 사용할 필요가 없다.

자바 9 이전에 패키지를 만들지 않아도 같은 디렉토리에 있는 클래스들은 자동으로 같은 패키지에 소속되는 것처럼 자바 9 이후 버전을 사용할 때 모듈을 정의하지 않으면 시스템에서 자동으로 모듈을 생성하며, 이 모듈을 "unnamed module"이라 한다. 우리가 널리 사용하는 java.lang 패키지는 java.base 모듈에 포함되어 있으며, java.base 모듈은 해당 모듈에 소속된 대부분의 패키지를 export하고 있다. 또 requires java.base는 "unnamed module"을 포함하여 모든 모듈에 자동으로 포함된다. 이 때문에 모듈 개념을 사용하지 않고 프로그래밍하여도 문제가 없다. 하지만 java.base가 아닌 다른 모듈이 필요하면 자체 모듈을 만들고 해당 모듈과 관련된 requires 문을 포함해야 한다.

자바 모듈은 이 외에도 몇 가지 복잡한 기능들을 가지고 있지만 이 책에서는 여기까지만 설명하며, 이 책에서 프로그래밍할 때 특별한 경우를 제외하고는 패키지도 모듈도 사용하지 않는다.

8. 객체지향 프로그래밍 맛보기

Greeting 클래스를 정의하고 해당 객체를 생성하였고, 4절에서 구조화 프로그래밍과 객체지향 프로그래밍을 간단히 비교하였다. 이 절에서는 구조화 프로그래밍과 객체지향 프로그래밍의 또 다른 중요 차이점 하나를 살펴보고자 한다.

강아지를 객체지향 클래스로 모델링하여 보자. 개발하고자 하는 응용에 따라 강아지 객체가 유지해야 하는 상태와 제공해야 하는 행위가 달라질 수 있다. 예를 들어 강아지를 분양하는 웹 서비스에서 강아지를 모델링하는 것과 애완동물 기르기 게임에서 강아지를 모델링하는 것은 다르다. 이 절에서는 후자를 생각하면서 그림 1.10과 같은 강아지를 나타내는 간단한 클래스를 정의하였다고 하자. 이 클래스가 모델링하는 강아지는 이름을 가지고 있고, 짖을 수 있다.

Dog 클래스는 강아지가 이름을 유지할 수 있도록 mName 멤버 변수를 선언하고 있으며, 짖는 행위는 bark 메소드를 구현하여 제공하고 있다. 이 예제에서는 콘솔에 "멍멍"을 출력하는 것으로 짖기 행위를 모델링한다. 아래 코드를 실행하면 "미미: 멍멍"이 콘솔에 출력된다.

```
Dog dog = new Dog();
dog.setName("미미");
dog.bark();
```

또 다른 강아지 객체의 상태가 "미미"가 아니라 "주주"일 때 해당 객체의 bark 메소드를 실행하면 "주주: 멍멍"이 콘솔에 출력된다.

```
public class Dog{
   private String mName;
   public void setName(String name){
      mName = name;
   }
   public void bark(){
```

```
            System.out.printf("%s: 멍멍%n");
        }
    }
```

〈그림 1.11〉 Dog 클래스

```
    public class Dog{
        private String mName;
        private String mBreed;
        public void setName(String name){
            mName = name;
        }
        public void setBreed(String breed){
            mBreed = breed;
        }
        public void bark(){
            System.out.printf("%s: ", mName);
            if(mBreed.equals("시추")) System.out.printfln("왈왈");
            else System.out.printfln("멍멍");
        }
    }
```

〈그림 1.12〉 Dog 클래스 두 번째 버전

주어진 예제에서 강아지의 종에 따라 bark 메소드를 호출하였을 때 “멍멍” 또는 “왈왈”을 출력하도록 기존 소스를 수정하고자 한다. 기존 구조화 프로그래밍에서 조건에 따라 다른 결과를 얻어야 할 때 기본적으로 사용하는 것이 조건문이다. if 조건문을 이용하여 그림 1.12처럼 이를 구현할 수 있다.

수정된 클래스를 이용하여 다음을 실행하면 “미미: 왈왈”이 콘솔에 출력된다.

```
Dog dog = new Dog();
dog.setName("미미");
dog.setBreed("시추");
dog.bark();
```

주어진 그림 1.11의 모든 요소를 현재 이해하고 있지 않아도 된다. 각 요소를 더 정확하게 설명할 기회가 다른 장에 있을 것이다. 이 예제에서는 조건문을 이용하여 객체의 상태에 따라 다른 결과가 도출되도록 프로그래밍하였다는 것을 이해하는 것이 중요하다. 한 가지만 미리 설명하면 mBreed는 String 타입이며, 자바는 C++와 달리 연산자를 다중 정의할 수 없기 때문에 객체의 비교는 메소드를 이용하여야 하며, 자바에서 두 객체의 내부 상태가 같은지 비교할 때에는 항상 equals 메소드를 사용한다. 이것을 어떻게 강제화하는지는 추후에 다시 설명한다.

```
public class Dog{
    private String mName;
    public void setName(String name){
        mName = name;
    }
    public void bark(){
        System.out.printf("%s: ", mName);
    }
}

public class ShihTzu extends Dog{
    public void bark(){
        super.bark();
        System.out.printfln("왈왈");
    }
}
```

〈그림 1.13〉 Dog과 ShihTzu 클래스

객체지향 프로그래밍에서 상태에 따라 다른 행위를 할 경우 조건문을 사용하지 않고 다형성(polymorphism)이라는 개념을 사용할 수 있다. 다형성을 구현하는 한 가지 방법이 상속(inheritance)이다. 상속은 한 클래스를 이용하여 이를 더 구체화한 새 클래스를 정의할 수 있도록 해준다. 강아지의 경우 모든 강아지가 공통적으로 가지고 있는 특성은 강아지 클래스에 정의하고, 이를 상속받아 시추와 같은 각 종별 강아지를 정의할 수 있다. 이와 같이 상속을 이용하여 그림 1.13처럼 Dog와 ShihTzu 클래스를 정의할 수 있다. 이 클래스들을 이용하여 다음을 실행하면 바로 전과 동일한 결과를 얻을 수 있다.

```
Dog dog = new ShihTzu();
dog.setName("미미");
dog.bark();
```

이전과 달리 new Dog()이 아니라 new ShihTzu()을 이용하여 객체를 생성하고 있으며, setBreed 메소드를 사용하고 있지 않다. 그 이유는 강아지의 종 정보를 별도로 유지하는 것이 아니라 어떤 종류의 객체를 생성하는지에 따라 강아지 종이 결정된다.

그림 1.13의 소스와 실행한 코드를 보면 조건문이 하나도 등장하지 않는다. ShihTzu라는 클래스는 Dog 클래스를 상속하여 정의하였다. 따라서 ShihTzu 클래스에는 이름 상태가 없지만 부모인 Dog 클래스로부터 상속받는다. 상속은 조건식을 제거하여 주고, 확장성을 높여주며, 코드를 재사용할 수 있도록 해주는 객체지향의 핵심 개념 중 하나이다. 상속에 대해서는 4장에서 자세히 설명한다.

부록

A.1 자바 메모리 모델

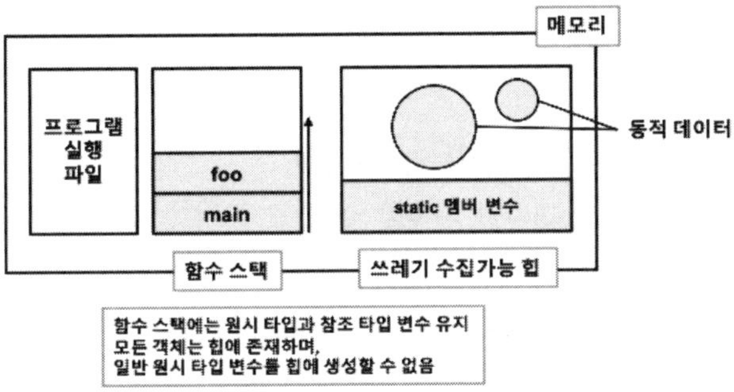

〈그림 1.14〉 자바 메모리 모델

프로그래밍 언어와 무관하게 컴퓨터 프로그램이 실행되면 프로그램을 구성하는 코드가 메모리에 적재되며, 해당 프로그램이 실행되는 동안 필요한 데이터를 유지하기 위한 공간이 확보된다. 우리가 선언한 변수는 이 공간을 사용한다.

코드 영역을 제외하고 프로그램의 데이터 영역은 크게 함수 스택과 힙으로 나누어진다. 보통 프로그램의 데이터는 크게 자동, 정적, 동적 수명을 가진다. 함수 내부에 선언된 지역 변수는 함수를 실행하면 자동으로 그 함수의 스택 공간에 할당되며, 함수가 종료하면 자동으로 사용한 공간을 반납한다. C/C++에서 전역 변수는 프로그램이 실행되면 공간이 할당되고, 프로그램이 종료할 때까지 공간을 차지한다. 이를 정적 수명이라 한다. 이렇게 자동, 정적말고 필요할 때 필요한 공간만큼 확보하여 사용할 수 있는데, 이와 같은 공간에 저장된 데이터는 동적 수명을 가지며, 보통 더 이상 필요가 없으면 사용하던 공간을 직접 반납해야 한다. 정적 데이터와 동적 데이터는 힙 공간에 확보된다.

자바는 다른 프로그램과 조금 다른 메모리 모델을 사용한다. 2장에서 자세히 설명하지만 자바는 8종류의 원시 타입을 제외하고 모두 참조 타입의 변수를 이용하여 데이터를 처리한다. 또 원시 타입은 참조 타입의 변수로 처리할 수 없다. 따라서 함수 스택에는 원시 타입 변수와 참조 타입 변수만 자리하며, 참조 타입 변수가 실제 가리키는 데이터는 모두 동적 생성되어 힙에 위치한다. 하지만 이렇게 동적 생성된 데이터를 프로그래머가 직접 반납하지 않는다. 자바는 운영체제가 프로그램의 실행을 통제하는 것이 아니라 JVM이라는 시스템 소프트웨어가 번역 방식으로 실행하기 때문에 프로그램의 실행을 면밀히 통제할 수 있으며, JVM이 더 이상 사용하지 않는 동적 생성된 데이터는 그 공간을 자동 회수한다.

퀴즈

1. 자바 소스 파일 구조와 관련된 다음 설명 중 틀린 것은?
   ① 한 파일에 여러 개 클래스, interface, 열거형을 정의할 수 있다.
   ② 한 파일에 public으로 수식된 것(클래스, interface, 열거형 중 하나)은 하나만 존재해야 한다.
   ③ import 문의 위치는 파일 어디든 위치할 수 있다.
   ④ package 문을 사용할 경우 하나만 사용할 수 있고 가장 먼저 작성해야 한다.

2. 다음은 A.java에 포함된 클래스 정의이다. 문법 오류가 없는 것은?

①
```
protected class A{}
```
②
```
class A{};
```
③
```
public class B{}
class A{}
```
④
```
public class A{}
```

3. 다음 중 자바 main 메소드의 정의가 올바르게 되어 있는 것은?

①
```
public static int main(
    String[] args){
    return 0;
}
```
②
```
static void main(
    String[] args){
}
```
③
```
public static void main(){
}
```
④
```
public static void main(
    String[] args){
}
```

4. 자바의 import 문 관련된 다음 설명 중 틀린 것은?
   ① 다른 패키지에 있는 public 클래스, interface, 열거형를 사용해야 할 때 사용한다.
   ② 특정 시스템 라이브러리 패키지에 포함된 public 클래스, interface, 열거형은 import 문 없이 사용할 수 있다.
   ③ 같은 패키지에 있는 다른 파일에 정의된 클래스, interface, 열거형을 사용할 때에도 import 문을 사용해야 한다.
   ④ package 문을 사용하지 않으면 같은 디렉토리에 있는 모든 파일에 있는 클래스, interface, 열거형은 같은 패키지에 자동으로 소속된다.

연습문제

1. 자바는 한 소스 파일에 public 클래스를 하나만 정의할 수 있고, 이 클래스의 이름은 파일 이름과 같아야 한다. 이와 같은 제약이 있는 이유를 import 문과 연관하여 설명하라.

> **힌트.** 여러 개를 정의할 수 있거나 클래스 이름과 파일 이름이 다를 수 있으면 어떤 문제가 있는지 설명하라. import하고자 하는 파일이 .class 파일로 존재하는 경우와 .java 파일로 존재하는 경우의 차이도 고려하여 답하라.

2. "csetest.java"라는 파일에 다음과 같은 내용이 들어있다. 이 코드에서 문법 오류가 있는 부분과 문법 오류는 아니지만 잘못된 부분을 모두 찾고, 오류가 없이 실행할 수 있도록 수정하라.

```
public class CSE{
    private String mTitle;
    public void setTitle(String title){
        mTitle = title;
    }
    public void getTitle(){
        return mTitle;
    }
}

public class CSETest{
    public void main(){
        CSE cse = new CSE();
        System.out.println(cse.getTitle());
    }
}
```

3. “Test.java”라는 파일에 다음과 같은 내용이 들어있다. 이 코드에서 문법 오류가 있는 부분과 문법 오류는 아니지만 잘못된 부분을 모두 찾고, 오류가 없이 실행할 수 있도록 수정하라.

```
class Main{
   static void main(String[] args){
       Test test = new Test();
       System.out.println(test.print());
   }
}

public class Test{
   public void print(){
       System.out.println("ha ha!!!");
   }
}
```

4. -1이 입력될 때까지 정수를 입력받아 입력받은 정수의 합과 평균을 출력하는 프로그램을 작성하고, 이 프로그램을 작성할 때 주의할 점은 무엇인지 제시하라.

제2장

객체 소개

제 2 장 객체 소개

1. 객체

어떤 소프트웨어를 객체지향으로 개발할 때 가장 중요한 것 중 하나는 해당 소프트웨어에서 필요한 객체가 무엇인지 찾는 것이다. 이미 1장에서 언급한 바와 같이 모든 요소를 객체로 모델링할 필요는 없다. 따라서 객체지향으로 모델링하였을 때 효과적인 요소만 객체로 설계하고 구현하는 것이 필요하다.

객체는 상태를 가지고 있고, 특정 행위를 할 수 있으며, 객체의 행위는 객체의 현재 상태에 영향을 받는다. 이것이 객체지향의 핵심 개념이다. 수학의 sin 함수는 같은 입력에 대해 항상 같은 값을 계산하여 준다. 반면에 애완동물 게임에 등장하는 강아지는 현재 상태에 따라 먹이를 주어도 맛있게 먹을 수 있고, 조금만 먹을 수 있고, 전혀 먹지 않을 수 있다. 즉, 전자는 객체로 모델링할 필요가 없지만 후자는 객체로 모델링하면 더 효과적으로 프로그래밍을 할 수 있다. 객체의 상태가 꼭 바뀌어야 하는 것은 아니다. 데이터도 상수 데이터가 있고 프로그램 실행 동안 변하는 데이터가 있듯이 객체도 처음 초기화된 상태를 프로그램이 끝날 때까지 계속 유지하는 경우도 있다.

객체지향 프로그래밍에서 객체로 모델링하기 가장 적합한 것은 학생, 강아지, 문과 같은 실세계 사물이다. 특히, 응용에서 이들을 실세계와 가깝게 모델링해야 하면 더욱 효과적이다. 또 학사 관리 응용에서 교과 정보와 같이 응용에서 필요한 복합 타입의 데이터도 객체로 모델링하기 적합하다. 응용에서 필요한 데이터뿐만 아니라 기능도 객체로 모델링할 수 있다. 하지만 앞서 설명한 sin 함수처럼 주어진 인자만 가지고 구현이 가능한 기능은 객체로 모델링하지 않는다. 그러나 주어진 인자만 가지고 구현이 가능한 기능도 인자 중 복합 타입이 있으면 해당 기능을 이 복합 타입의 메소드로 모델링할 수 있고, 여러 인자를 받는 기능이면 인자 중 일부를 묶어 새 객체를 정의하고 해당 객체의 메소드로 모델링할 수 있다.

예를 들어 문자열과 문자가 주어졌을 때 문자열에서 해당 문자가 처음 등장한 위치를 찾아주는 기능을 생각하여 보자. 이 기능은 주어진 인자만 가지고 구현할 수 있기 때문에 sin 함수처럼 함수만 정의하여 사용할 수 있다. 하지만 데이터와 그 데이터를 처리하는 함수를 하나의 틀로 만들어 데이터를 중심으로 프로그래밍한다는 측면에서 문자열을 객체로 모델링하고 문자열과 문자가 아니라 문자만 하나 입력받아 해당 문자가 현재 객체를 구성하는 문자열에 있는지, 있으면 몇 번째 있는지 찾는 형태로 만들 수 있다.

```
indexOf("apple", 'e')
"apple".indexOf('a')
```

보통 기능이 과거에 대한 기억이 필요할 때 객체로 모델링하면 매우 효과적이다. 예를 들어 1장에서 살펴본 키보드 입력은 내부 버퍼의 위치를 기억하고 있어야 하기 때문에 객체로 모델링하면 매우 효과적이다.

같은 종류의 객체가 여러 개 존재할 수 있으며, 하나의 객체를 여러 번 사용할 수 있기 때문에 식별자가 필요하다. 프로그래밍에서는 변수가 객체의 식별자 역할을 하게 된다. 특정 객체가 어떤 상태를 가지고 있고, 어떤 행위를 할 수 있는지 알려주기 위해 프로그래밍에서는 클래스를 정의한다. 따라서 객체지향 방식으로 프로그래밍 한다는 것은 프로그램에서 필요한 클래스를 정의하고 이들 클래스의 객체를 필요한 시점에 생성하여 상호작용하도록 하여 요구되는 기능을 수행하도록 하는 것을 말한다.

객체의 상태는 1장에서 설명한 바와 같이 클래스의 멤버 변수로 정의하며, 행위는 클래스의 멤버 함수로 정의한다. 멤버 함수는 다른 말로 메소드라 한다. 이와 같이 데이터와 그것을 처리하는 메소드를 하나의 틀에 함께 정의하는 것을 캡슐화라 한다. 객체가 어떤 일을 하기 위해서는 해당 객체를 생성하고, 그 일을 수행하기 위한 메소드를 호출해야 한다. 클래스에는 여러 개의 메소드를 정의할 수 있지만 모든 메소드를 호출하여 사용할 수 있는 것은 아니다. 외부에서 객체와 상호작용하기 위해 필요한 메소드만 사용할 수 있도록 해야 한다. 이를 위해 접근 제어를 사용한다. 따라서 보통 public 수식어가 붙어 있는 메소드만 호출할 수 있다.

1장에서 System.out 객체의 println 메소드를 설명할 때 언급한 바와 같이 이름이 같은 메소드를 여러 개 정의할 수 있다. 이를 다중 정의라 하며, 컴파일러가 이들을 구분할 수 있어야 한다. 이들을 구분하기 위해서는 매개 변수의 개수가 다르거나 개수가 같지만 타입이 달라야 한다. 다른 클래스는 서로 같은 이름의 메소드를 가져도 문제가 되지 않으며, 이는 다중 정의라 하지 않는다. 보통 서로 다른 클래스는 서로 다른 종류의 메소드 집합을 가지게 되지만 같은 이름의 메소드를 가질 수 있다. 예를 들어 문 객체와 창문 객체는 모두 "열다"라는 행위를 가질 수 있다. 이것이 자연스러운 것이다. 이전 C와 같은 언어에서는 같은 이름의 함수를 정의할 수 없었기 때문에 openDoor, openWindow와 같이 명명하는 작업이 매우 번거롭다. 실제 이것은 객체지향 언어가 아니기 때문에 있는 제약은 아니다.

어떤 클래스가 있을 때 우리는 원하는 만큼의 해당 클래스의 객체를 생성하여 사용할 수 있다. 하지만 경우에 따라 생성하는 개수를 제한할 필요도 있다. 이것은 논리적인 이유 때문일 수 있고, 효율성을 위해 제한하고자 하는 경우도 있다. 특히, 특정 클래스의 객체를 하나만 생성할 수 있도록 구현하는 경우가 있는데, 이와 같은 클래스의 단일 객체를 싱글톤(singleton)이라 한다. 또 특정 클래스의 객체를 매우 많이 생성해야 하거나 객체가 매우 무거우면 효율성을 위해 객체 생성을 효과적으로 하는 방법에 대한 고민이 필요하다.

2. 타입과 변수

프로그래밍에서 사용하는 데이터 값은 자료유형 또는 타입(type)이라는 개념으로 구분한다. 10은 자바에서는 int 타입이고, "CSE"는 문자열이며, System.out은 PrintStream 클래스의 객체이다. 프로그래밍에서 특정 데이터는 보통 한 번만 사용하는 것은 아니며, 해당 데이터의 값이 프로그램이 실행되는 동안 바뀔 수 있다. 예를 들어 여러 레벨로 구성되어 있는 게임에서는 현재 레벨을 나타내는 데이터가 필요하다. 이와 같은 데이터를 유지하고 처리하기 위해 프로그래밍에서는 변수(variable)라는 개념을 사용한다.

변수는 어떤 값을 저장하는 위치를 말한다. 프로그램이 실행되는 동안 각종 데이터 값이 실제 유지되는 곳은 주기억장치[12]이다. 각 값은 그 종류에 따라 필요로 하는 공간의 크기가 다르다. 토끼를 유지하기 위한 공간과 코끼리를 유지하기 위한 공간이 같을 수 없듯이 정수 10을 유지하기 위해 필요한 공간과 부동소수 3.14를 유지하기 위해 필요한 공간의 크기가 다르다. 따라서 변수를 선언할 때에는 타입 정보와 이름을 제공해야 한다. 이 정보가 있어야 필요한 시점에 필요한 크기를 확보하고, 그 공간을 해당 이름을 이용하여 접근할 수 있다. 같은 이유로 특정 변수는 변수 타입에 해당하는 값만 유지할 수 있다.

```
int age;
printf("%d\n", age);        // 경고
age = 5.5;                  // 경고
```

(1) C/C++ 프로그램

```
int age;
System.out.println(age);    // 오류
age = 5.5;                  // 오류
```

(2) 자바 프로그램

〈그림 2.1〉 자바 변수 사용의 엄격성

12) CPU가 이 데이터를 실제 처리하기 위해서는 CPU 내로 가지고 와야 한다.

변수는 선언과 동시에 초기화할 수 있으며, 자바는 강건성을 중요시 하였기 때문에 변수 선언과 사용에 대해 매우 엄격하다. 그림 2.1에 제시된 바와 같이 자바에서는 지역 변수를 초기화하지 않고 사용하면 문법 오류이며, 정보 손실이 발생할 수 있는 값(예: 2.5를 정수 변수에 대입하고자 하면 0.5 정보는 손실됨)을 변수에 대입하는 것도 문법 오류이다. 하지만 C/C++에서는 이와 같은 경우에도 문법 오류[13]는 아니다.

2.1 식별자

1장에서 설명한 바와 같이 프로그래밍에서 식별자란 프로그래머가 명명한 이름들을 말한다. 프로그래머가 명명할 수 있는 것에는 변수, 메소드, 타입 이름(클래스, interface, 열거형), 상수 등이 있다. 자바의 명명 규칙은 다음과 같다.

자바 문법

자바의 식별자는 영문자, 숫자, 밑줄 문자('_'), 달러 기호('$')만을 사용하여 명명할 수 있으며, 숫자로 시작할 수 없고, 중간에 공백문자를 포함할 수 없다. 또한 자바 키워드를 식별자로 사용할 수 없다.

이 규칙에 따라 _total, sum, box01 등은 유효한 식별자이지만 12dice, white-box 등은 유효한 식별자가 아니다. 밑줄 문자로 시작하는 것은 라이브러리에서 보통 많이 사용하며, 달러 기호는 시스템 내부적으로 많이 사용하기 때문에 일반 프로그래머가 프로그래밍할 때에는 이들을 사용하지 않는 것이 바람직하다.

명명 규칙보다 더 중요한 것은 식별자의 종류에 따라 통일성 있게 이름을 정의하여 이름의 형태만 보면 이것이 어떤 종류의 식별자인지 알 수 있도록 해야 한다. 또한 프로그램 소스의 가독성을 높이기 위해 용도를 잘 설명하는 이름으로 식별자를 명명해야 한다. 식별자의 종류에 따라 프로그래밍 언어와 상관없이 널리 사용하는 관례는 다음과 같다.

- 타입 이름: 대문자로 시작 낙타표기법 (예: GraduateStudent)
- 변수, 메소드 이름: 소문자로 시작 낙타표기법 (예: getName)
- 상수 이름: 모두 대문자 (예: MAX)

낙타표기법이란 getName처럼 두 개의 단어를 이용하여 식별자를 명명할 때 각 단어의

13) C++11 이후부터 int year = 2018.5;는 문법 오류가 아니지만 int year{2018.5};와 같은 형태를 사용하면 문법 오류이다.

첫 문자를 대문자를 사용하여 명명하는 기법을 말한다. 변수와 메소드는 모두 소문자로 시작하지만 메소드 이름은 항상 뒤에 괄호가 오기 때문에 이 둘을 구분할 수 있다. 낙타표기법 대신에 뱀표기법(snake case)이라 하여 여러 단어를 이용하여 식별자를 정의할 때 단어와 단어 사이에 밑줄 문자로 포함(예: get_name)하여 명명하는 방법도 종종 사용한다. 특히, 상수의 경우 모두 대문자로 표시하기 때문에 낙타표기법을 사용할 수 없어 상수만 뱀표기법을 사용하는 경우도 많다.

클래스를 정의할 때 멤버 변수와 다른 변수를 쉽게 구분할 수 있도록 접미사나 접두사를 붙여 명명하기도 한다. 예를 들어 1장 예제처럼 멤버 변수임을 나타내기 위해 'm' 문자를 mName처럼 접두사로 사용하는 경우도 있고, 밑줄 문자를 접두사, 접미사로 사용하는 경우도 있다. 접두사, 접미사를 사용하는 대신에 3장에서 설명할 this 키워드를 항상 붙여 멤버 변수와 다른 변수를 구분하기도 한다.

보통 타입 이름, 변수 이름은 명사를 사용하며, 메소드는 동사를 사용하여 명명한다. 참고로 배열과 같은 복합 타입의 이름에는 종종 students처럼 복수를 사용한다. 메소드 이름은 반환 타입이 있는 경우에는 보통 반환하는 값을 설명하는 이름을 사용하며, 반면에 없는 경우에는 메소드가 하는 핵심 책임/행위를 설명하는 이름을 사용한다. 많은 경우 동사+명사 형태로 메소드 이름을 명명한다. 예를 들어 학생의 이름을 반환하는 메소드는 getName, 해외배송료를 계산하는 함수는 computeShippingPrice와 같이 명명할 수 있다. 명명 과정에서는 영어사전, 영문 웹사이트 등을 참조하여 올바르고 정확하게 명명함으로써 영어 학습을 병행하는 것도 좋은 습관이 될 수 있다.

2.2 자바 키워드

자바의 키워드 목록은 표 2.1과 같다. 여기서 true, false, null은 키워드가 아니라 상수값이다, 첫 번째 행에 제시된 8개의 키워드는 자바에서 제공하는 8개의 원시 타입(primitive type)이다. 세 번째, 네 번째 행에는 클래스, interface, 열거형 정의할 때와 객체를 생성 및 처리할 때 사용하는 키워드이다. 다섯 번째와 여섯 번째 행의 continue 키워드까지는 조건문, 반복문과 관련된 키워드이며, 여섯 번째 행에 마지막 두 개는 함수를 선언 및 정의할 때 사용하는 키워드이다. 그 이후 일곱 번째 행에 있는 키워드들은 예외 처리와 관련된 키워드이다.

열 번째와 열한 번째 행의 키워드는 자바 9 이후에 도입된 module과 관련된 새로운 키워드이며, 이 키워드들은 제한적 키워드로 module를 직접적으로 사용하는 경우에만 키워드가 된다. 자바 9부터는 밑줄 문자 하나로 구성된 식별자도 사용할 수 없다. 마지막

행에 제시된 var, yield, record, sealed, permits 등은 키워드가 아니지만 특별한 용도로 사용하는 식별자이기 때문에 키워드와 마찬가지로 다른 용도로 사용하지 않는 것이 바람직하다. 이 행에 제시된 non-sealed는 특이하게 식별자에 '-' 기호를 사용하고 있다.

〈표 2.1〉 자바 키워드 목록

boolean	char	byte	short	int	long	float	double
final	static	transient	volatile			package	import
class	interface	enum	extends	implements	abstract	strictfp	
public	private	protected	super	this		new	instanceof
if	else	switch	case	default			
while	do	for	break	continue			
throw	throws	try	catch	finally	assert		
true	false	null	const	goto			
synchronized	native						
module	open	requires	transitive	exports	opens	to	uses
provides	with						
yield	var	record	sealed	non-sealed	permits		

2.3 원시 타입과 참조 타입

(1) 값 타입: 값 자체를 유지 (2) 참조 타입: 값의 위치 정보 유지

〈그림 2.2〉 값 타입 vs. 참조 타입〉

자바에 존재하는 모든 데이터의 타입은 크게 값 타입(value type)과 참조 타입(reference type)으로 나눌 수 있다. 값 타입이란 변수 위치에 값 자체를 유지하는 타입을 말하며, 참조 타입은 값 자체보다는 값이 저장된 위치를 유지하는 타입을 말한다. 하지만 C++와 달리 변수나 데이터의 주소를 직접 얻는 방법은 없다. 따라서 자바의 참조 타입은 추상적으로 값 대신에 값을 조작할 수 있는 리모컨을 유지한다고 생각하고, 참조 타입 간에 대입이나 참조 타입을 인자로 전달하면 이 리모컨이 복제된다고 생각하면 된다.

자바는 8가지 원시 타입(primitive type)을 제공하며, 이 원시 타입은 모두 값 타입 변수만을 사용하여 접근할 수 있다. 원시 타입[14)]이란 해당 타입 변수에 유지하는 값이 하나이며 더 이상 나눌 수 없는 타입을 말하며, 이것의 상대적 개념은 배열과 같이 하나의 값이 아니라 여러 개의 값을 유지하는 복합 타입(composite type)이다.

자바에서 문자열, 배열, 열거형 상수도 모두 참조 타입 변수를 이용하여 처리한다. 더 정확하게 표현하면 8개의 원시 타입을 제외한 나머지는 모두 객체로 모델링되며, 객체는 참조 변수를 통해서만 접근할 수 있다. 이와 같은 접근은 C/C++에 비해 유연성이 떨어진다고 생각할 수 있지만 문법이 단순해지며, 프로그래머의 고민(값 타입, 포인터 타입, 참조 타입 중 어느 것을 사용할지)이 줄어들기 때문에 단점보다 이점이 많다. 특히, 배열, 문자열, 열거형 상수를 모두 객체로 모델링함으로써 자바에서 프로그래머는 값 타입의 원시 타입 변수와 객체 타입의 참조 변수 두 종류에 대한 사용법만 익히면 된다.

2.4 자바의 원시 타입

〈표 2.2〉 자바의 원시 타입

타입 이름	값의 종류	메모리 크기	값의 범위
boolean	true, false	1byte	true, false
char	유니코드 문자	2byte	0 ~ 65,535
byte	정수	1byte	-128 ~ 127
short	정수	2byte	-32,768 ~ 32,767
int	정수	4byte	-2,147,483,648 ~ 2,147,483,647
long	정수	8byte	-9,223,372,036,854,775,808 ~ 9,223,372,036,854,775,807
float	부동소수	4byte	±1.40129846432481707e-45 ~ ±3.40282346638528860e+38
double	부동소수	8byte	±4.94065645841246544e-324 ~ ±1.79769313486231570e+308

자바 원시 타입에 대한 자세한 설명은 6장으로 미루고, 이 절에서 간단하게 요약하여 설명한다. 자바에는 표 2.2처럼 총 8개의 원시 타입이 존재한다. 이들은 불 타입, 문자 타입, 4개의 정수 타입, 2개의 부동소수 타입이다. 4개의 정수 타입 중 int가 기본 타입

14) 이 책에서는 원시 타입을 복합 타입의 반대되는 개념인 atomic type을 의미하는 것으로 사용하고 있다. 하지만 원시 타입이 atomic type이 아니라 언어에 포함된 타입(native type, built-in type)을 말하는 경우도 있다.

이며, 부동 소수는 double이 기본 타입이다. 기본 타입이란 접미사 없이 해당 타입의 상수가 프로그램 내에 사용되었을 때 해당 상수를 인식하는 타입을 말한다.

원시 타입과 관련하여 C/C++와 가장 큰 차이점은 다음과 같다.

- 차이점 1. 문자 타입이 사용하는 문자 코드 값의 기본이 아스키가 아니라 유니코드이다.
- 차이점 2. 정수 타입은 부호가 있는 정수 타입만 존재한다. C/C++처럼 수식어를 이용하여 부호가 없는 타입을 선언할 수 없다.
- 차이점 3. 각 타입의 물리적 크기는 표준에 정의되어 있다.

각 타입의 물리적 크기를 표준에 정의한 이유는 자바 코드는 실행한 환경과 무관하게 항상 동일한 결과를 주어야 하기 때문이다. 따라서 자바 가상 기계는 해당 기계에 최적화된 크기 대신에 표준에 정의된 크기를 사용한다.

2.5 변수의 가시영역과 수명

```
void func(){
    int a = 1;

}
```

〈그림 2.3〉 변수의 가시영역과 수명

우리가 프로그래밍 언어에서 변수를 사용할 때 꼭 알아야 하는 두 가지가 변수의 가시영역(scope)과 수명(lifetime)이다. 가시영역이란 프로그래밍에서 선언된 변수를 사용할 수 있는 영역을 말하며, 수명은 변수가 메모리에 공간을 차지하고 해당 변수를 실제 사용하는 순간을 말한다. 예를 들어 그림 2.3처럼 메소드 func에 지역 변수 a가 선언되어 있다고 하자. 이 a의 가시영역은 선언된 이후부터 함수 끝까지이다. 지역 변수는 이처럼 선언된 이후 함수 내에 어디서든지 사용이 가능하다. a의 수명은 함수 func의 수명과 같다. func 함수가 호출되면 func 함수를 위한 공간이 프로그램 스택(stack)에 만들어지며, 이 공간에 이 함수의 지역 변수가 유지된다. 이 공간은 함수가 실행되는 동안에만 존재하며, 함수가 종료되면 자동으로 반납된다. 따라서 a는 프로그램이 실행되는 동안 여러 번 살았다 죽기를 반복할 수 있다.

〈표 2.3〉 변수 종류에 따른 가시영역, 수명, 초기화

변수 종류	가시영역	수명	초기화
멤버 변수	클래스	객체	자동 초기화
지역 변수	블록영역	함수	프로그래머 초기화

자바에서 변수는 크게 지역 변수와 객체 멤버 변수로 구분할 수 있다. 각각에 대해 가시영역, 수명, 초기화 측면에서 살펴보자. 이것을 요약하여 나타내면 표 2.3과 같다. 그림 2.4와 같은 클래스 A가 정의되어 있다고 가정하자. 이 클래스는 a, b 두 개의 멤버 변수를 가지고 있다. 멤버 변수는 클래스 내에서는 전역변수처럼 클래스 내에 정의된 모든 메소드에서 사용할 수 있다. 당연히 객체 메소드는 객체 상태를 사용해야 한다. 한 가지 특이한 점은 멤버 변수를 그림 2.3과 달리 클래스 맨 아래 정의하는 경우도 있다. 맨 아래 정의하여도 그 위에 정의된 메소드에서 사용하는 데 문제가 없다.

메소드 f는 n이라는 매개 변수와 a라는 지역 변수를 가지고 있다. 자바는 지역 변수 또는 매개 변수와 멤버 변수의 이름 충돌만 허용한다. 메소드 f에서는 멤버 변수 a와 지역 변수 a가 충돌한다. 충돌할 경우 가시영역이 작은 것이 우선시 된다. 따라서 a = 3은 지역 변수 a의 값을 3으로 변경하는 것이고, g에서 a = 2는 매개 변수 a의 값을 2로 변경하는 것이다. 보통 프로그래밍에서 가시영역의 충돌을 허용하면 충돌된 것을 구분할 방법을 제공하여 준다. 자바는 3장에서 설명하는 this 키워드를 사용한다. 자바는 지역 변수의 가시영역 충돌을 허용하지 않는다. 이것도 강건성을 중요시한 자바의 철학으로부터 충분히 짐작할 수 있는 문법적 특성이다. 따라서 g에서 주석 처리된 부분을 살리면 g내에 두 개의 c 변수가 선언되는 형태가 되므로 문법적 오류가 된다. 하지만 g의 두 개의 x 변수는 각 가시영역이 선언된 블록으로 제한되기 때문에 충돌되지 않는다. 자바에서는 중괄호로 이루어진 부분을 프로그래밍 블록이라 하며, 어떤 블록 내에 선언된 변수는 그 블록에서만 사용할 수 있다.

```
public class A{
    private int a = 0;
    private int b = 1;
    public void f(int n){
        int a = 1;
        a = 3;
        b = 2;
```

```
        }
        public void g(int a){
            int c = 1;
            b = 3;
            {
                // int c = 0; error
                int x = 0;
            }
            {
                int x = 1;
            }
            a = 2;
        }
    }
```

〈그림 2.4〉 변수 종류에 따른 가시영역과 수명

2.6 지역 타입 유추

자바 10부터는 지역 변수를 선언할 때 변수의 실제 타입 대신에 var를 사용하여 다음과 같이 선언할 수 있다.

```
var n = 10;
var student = new Student("홍길동");
```

여기서 n은 int, student는 Student 타입이 된다. 참고로 C++는 C++11부터 auto라는 키워드로 이 기능을 제공하고 있다. var는 C++와 달리 키워드가 아니고, 문맥에 따라 해석되는 식별자이다.

var는 기본적으로 타입 검사를 해주기 때문에 다음 코드에서 두 번째 줄은 문법 오류이다.

```
1    var n = 10;
2    n = "Koreatech";
```

var는 초기값 없이는 사용할 수 없으며, 초기값으로 null 값을 사용할 수 없다. 다음과 같은 복합 선언도 가능하지 않으며[15),]

```
var a = 10, b = 5;   // error
```

반환 타입이나 매개 변수 타입에는 사용할 수 없다.

실제 타입 대신에 var의 사용을 통해 얻을 수 있는 장점은 다음과 같다.

- 더욱 간결한 코드를 작성할 수 있다. 복잡하고 긴 타입 이름 대신에 var 키워드를 사용할 수 있다. 이 측면에서 코드의 가독성이 향상된다고 주장하는 경우도 있다.
- 코드를 쉽게 수정할 수 있다. 타입 변경을 위해 코드를 수정할 경우 보통 관련 변수의 선언을 모두 수정해야 하지만 var 키워드를 사용하면 변경할 필요가 없을 수 있다.

var와 관련된 추가적인 내용은 여기서 설명하지 않고 관련 내용을 다룰 때 설명한다.

3. 객체 생성과 사용

3.1 객체 생성

객체는 생성해야 사용할 수 있다. 자바에서 객체는 보통 new라는 연산자를 이용하여 생성한다. 이와 관련된 문법은 다음과 같다.

자바 문법

자바는 단항 연산자 new를 이용하여 객체를 생성하며, 이 연산자는 피연산자로 생성자 호출을 사용한다.

생성자(constructor)는 클래스에 정의된 특수 메소드로 객체를 생성할 때에만 사용하는 메소드이며, 객체의 상태를 초기화하기 위해 사용한다. 생성자의 이름은 클래스 이름과

15) var a = 10, b = 2.5;와 같은 복합 선언을 하면 a와 b를 어떤 타입으로 유추해야 할지 결정하기 어렵다. 복합 선언은 같은 타입의 변수를 여러 개 선언하는 것이기 때문에 a는 int, b는 double로 유추할 수 없다. 자바의 철학을 고려하면 복잡한 규칙을 사용하기보다는 복합 선언 자체를 못하게 한 이유를 짐작할 수 있다.

동일하며, 다른 메소드의 정의와 달리 정의할 때 반환 타입을 포함하지 않는다. 보통 하나의 클래스는 여러 종류의 생성자를 제공하며, 다중 정의된 생성자는 다중 정의 조건을 충족해야 한다.

```
new Dog("스팟");
new Dog("볼트", "화이트저먼셰퍼드");
```

위 예에서 첫 번째 생성자는 이름만 받고 있으며, 두 번째 생성자는 강아지 이름과 종을 받아 객체를 생성하고 있다.

자바에서 객체를 생성하는 방법은 크게 다음과 같다.

- 방법 1. new 연산자를 이용하는 방법
- 방법 2. new 연산자를 사용하지 않고 생성하는 방법
- 방법 3. 객체를 생성하는 메소드를 사용하여 생성하는 방법
- 방법 4. clone 메소드를 사용하여 생성하는 방법

첫 번째 방법이 기본이며, 세 번째의 경우에는 해당 메소드 내에서 첫 번째 방법을 사용하여 생성하거나 이전에 첫 번째 방법으로 생성한 객체를 별도 보관한 후에 반환하는 경우가 대부분이다. 두 번째 방법은 매우 예외적인 경우이지만 우리가 가장 많이 사용하는 타입 중 하나인 문자열을 생성할 때 사용한다. 네 번째 방법은 기존 객체를 복제하여 새 객체를 만들 때 사용한다. 객체의 종류에 따라 종종 객체의 초깃값을 모두 제공하는 것보다 기존 객체를 복제한 후 그 객체와 다른 부분만 변경하여 주는 것이 효율적일 수 있다.

세 번째 경우도 많이 사용하는 방법이며, 객체지향 설계 패턴(design pattern) 중 팩토리 패턴의 한 종류라 할 수 있다. 객체를 생성하는 부분이 복잡하여 생성자 호출만으로 부족하면 이 부분을 추상화하는 함수를 만들어 사용하는 것은 매우 당연한 것이다. 더욱이 객체를 생성하는 별도 메소드를 정의하여 사용하면 생성자의 이름이 클래스 이름으로 제한된다는 한계도 극복할 수 있다. 이 극복은 가독성을 높이는 데 도움이 된다. 예를 들어 다음 코드를 살펴보자.

```
Player p = new Player("홍길동");
Player s = Player.createStriker("임꺽정");
```

축구 선수를 Player라는 클래스로 모델링하였을 때 위의 두 번째 형태처럼 생성하는 것이 가독성이 더 좋다는 것은 쉽게 이해할 수 있다. 보통 객체를 생성하는 메소드는 3장에서 자세히 설명하는 static 메소드로 정의하며, 이와 같은 메소드는 createStriker처럼 클래스 이름을 이용하여 호출한다.

3.2 객체 참조변수

앞서 설명한 바와 같이 자바에서는 8개의 원시 타입을 제외한 나머지 타입은 모두 참조변수를 이용하여 처리한다. 자바에서 원시 타입을 제외한 다른 타입은 모두 객체로 모델링하기 때문에 자바에는 원시 타입을 처리하기 위한 값 타입과 객체 참조변수 두 종류만 존재한다. 객체를 생성하면 이 객체와 여러 번 상호작용하기 위해 변수를 사용하며, 이 변수는 참조변수이기 때문에 객체 참조변수라 한다.

```
Student student = new Student("홍길동", "2023136001");
```

위 예제에서 student는 Student 타입의 객체 참조변수이다.

특정 객체에 대한 참조변수는 추상적으로는 변수에 객체 대신에 해당 객체를 조작할 수 있는 리모컨을 유지한다고 생각할 수 있다. 각 리모컨에는 공개된 메소드를 실행하기 위한 버튼들이 있다고 생각하면 되며, 이 리모컨은 같은 종류의 다른 객체를 조작하기 위해 사용할 수 있지만, 버튼의 개수와 종류가 다르기 때문에 다른 종류의 객체를 조작하기 위해 사용할 수는 없다.

C/C++와 달리 자바에서는 원시 타입에 대한 참조는 가능하지 않다. 즉, 자바에서 참조 타입은 항상 객체만 가리키며, 원시 타입들은 오직 값 타입으로만 사용이 가능하다.

3.3 쓰레기 수집

C++에서 new는 동적 할당할 때 사용하는 연산자이며, new를 이용하여 할당된 메모리 공간은 나중에 필요가 없어지면 delete 연산자를 이용하여 프로그래머가 직접 반납하여야 한다. 자바에서도 객체를 생성할 때 사용하는 new 연산자는 동적 할당 개념을 포함하고 있다. 동적 할당은 컴파일할 때 언제 어느 정도의 공간이 필요한지 결정하는 것이 아니라 실행 시간에 해당 시점이 되었을 때 필요한 공간의 크기를 결정하는 방식이다.

보통 프로그램을 실행하면 프로그램 코드가 메모리에 적재된다. 프로그램을 실행되는 동안 다양한 데이터를 사용하게 되며, 이 데이터 역시 메모리에 유지된다. 프로그램의 데이터를 유지하는 메모리 공간은 크게 광역, 스택(stack), 힙(heap)으로 구분된다. C 언어를 기준으로 설명하면 전역변수, 정적지역 변수 등은 광역 공간, 함수의 지역 변수는 스택, 동적 할당된 데이터는 힙에 할당된다. 광역 공간에 할당된 데이터는 할당된 이후 프로그램이 종료될 때까지 유지된다. 스택에 할당된 데이터는 함수가 종료되면 자동으로 반납된다. 힙에 할당된 데이터는 프로그래머가 직접 반납하거나 프로그램이 종료되면 반납된다.

보통 어떤 메소드를 실행하면 그 메소드에서 필요한 데이터를 유지하기 위한 공간이 메모리에 할당된다. 이 공간의 크기는 컴파일할 때부터 얼마만큼의 공간이 필요한지 알 수 있다. 따라서 특정 메소드가 실행되면 자동으로 이 메소드를 위한 공간이 만들어지며, 메소드가 종료되면 해당 공간은 자동 반납된다.

이와 달리 동적 할당하는 공간의 크기와 사용 기간은 예측할 수 없기 때문에 실행 시간이 되어야 결정되며, 다 사용한 후에는 직접 반납해야 한다. 이 때문에 프로그램 스택과 별도로 힙이라고 하는 공간에 유지한다. 하지만 자바는 운영체제가 아니라 JVM이라는 특수 소프트웨어가 실행을 완전히 통제할 수 있기 때문에 동적 할당을 하더라도 프로그래머가 직접 반납하지 않아도 된다. JVM은 해당 공간을 사용하는 참조의 개수를 모니터링할 수 있으며, 특정 공간이 할당된 이후 해당 공간을 참조하는 변수의 개수가 0이 되면 메소드의 지역 변수처럼 자동으로 해당 공간을 반납할 수 있다. 따라서 자바에서 사용하는 힙을 쓰레기 수집가능 힙(garbage collectable heap)이라 한다. 여기서 쓰레기란 동적 할당된 공간 중 더는 사용하지 않는 공간을 말한다.

예를 들어 다음과 같은 메소드가 정의되어 있고, 이 메소드가 실행되었다고 가정하자.

```
void f(){
    Student student1 = new Student("성춘향", "2023136001");
    Student student2 = new Student("홍길동", "2023136002");
    Student student3 = student2;
    student1 = student2;
}
```

메소드 f가 실행되면 3개의 지역 변수 student1, student2, student3을 유지할 수 있는 f를 위한 공간이 프로그램 스택에 확보된다. f 메소드의 첫 번째, 두 번째 문장이 실행되면 두 개의 학생 객체가 생성된다. 객체 자체는 쓰레기 수집 가능 힙에 생성되며, f 메소드의 프로그램 스택에 있는 student1과 student2 변수는 각각 "성춘향", "홍길동" 이라는 이름의 학생 객체가 할당된 위치 정보를 유지하게 된다. 세 번째 문장이 실행되면 student3 변수는 student2와 같은 객체를 참조하는 변수가 된다.

이 시점에서 "성춘향" 이름의 객체를 가리키는 참조는 한 개가 존재하고, "홍길동" 이름의 객체를 가리키는 참조는 두 개가 존재하게 된다. 마지막 문장이 실행되면 student1 변수도 "홍길동"이라는 이름의 학생 객체를 참조하게 되며, "성춘향" 이름의 객체를 가리키는 참조는 하나도 없게 된다. JVM은 이와 같은 공간들을 사용하고 있지 않은 영역으로 표시한 다음 적절한 시점에 반납하게 된다.

결론적으로 자바에서 객체가 함수 스택에 생성되는 경우는 절대 없다. 객체는 항상 new를 통해 힙에 생성되며, 이 객체를 조작하기 위한 주소 정보만 스택에 유지된다.

3.4 동적 할당

동적 할당은 실행 시간에 필요한 크기의 공간을 요청하여 할당받아 사용하는 방식이며, 보통 프로그래머가 직접 할당받은 메모리를 관리해야 한다. 여기서 관리해야 한다는 것은 다 사용한 후에 반납을 해야 한다는 것을 말한다. 동적 할당의 반대되는 개념은 자동 할당이며, C 언어에서 사용한 지역 변수 앞에 생략된 auto 키워드를 생각하면 된다. 메소드의 실행을 위해 필요한 공간의 크기는 컴파일할 때 계산할 수 있다. 따라서 함수가 실행되면 미리 계산된 만큼의 공간이 자동으로 스택에 확보되며, 함수가 종료하면 이 공간은 자동으로 반납된다. 프로그래머의 개입이 필요 없으므로 동적 할당을 사용하지 않고 해결할 수 있으면 동적 할당을 사용하지 않는 것이 가장 효과적이다.

그러면 왜 동적 할당이 필요한가? 첫 번째는 공간 낭비를 줄이기 위한 것이다. 다음 두 가지 예를 살펴보자.

- 예1) 대학에서 분반별 학생 성적 처리, 학생 수는 분반에 따라 최소 15명에서 최대 100명까지 가능함
- 예2) 매달 각 요일마다 한 일을 기록, 기록할 값은 오늘 마신 커피 수와 같이 요일마다 정수 값을 하나 기록함

위 예에서 첫 번째 예의 경우 분반마다 필요한 학생 수의 차이가 크기 때문에 항상 최댓값인 100명에 대한 정보를 저장할 수 있는 공간을 확보하여 사용하면 공간이 낭비될

수 있다. 반면에 두 번째 예의 경우 각 월은 최대 31일, 최소 28일이기 때문에 최댓값인 31개 정보를 유지하는 공간을 확보하여 사용하더라도 공간이 낭비되는 것이 비교적 적다. 따라서 전자의 경우에만 동적 할당할 필요가 있다. 즉, 필요한 공간이 매번 다르며, 매번 요구하는 공간의 크기에 대한 편차가 클 경우에만 동적 할당하여 사용하는 것이 효과적이다.

동적 할당은 앞서 설명한 공간 낭비를 줄이기 위한 목적 외에는 또 다른 필요성은 없나? 공간 낭비 문제 외에 메소드에서 생성한 복합 타입의 데이터를 반환하여야 할 경우에 동적 할당이 필요할 수 있다. 자동 할당된 데이터는 스택에 할당되며 메소드가 종료되면 자동 반납되므로 메소드가 종료된 이후에는 사용할 수 없게 된다. 원시 타입인 경우에는 return 문을 통해 복사 방식으로 값을 반환하는 것이 가능하지만 배열과 같은 복합 타입은 이렇게 하는 것이 비효율적이기 때문에 복사 방식으로 값을 반환하는 방식을 사용하기 어려우며, C 언어에서는 배열을 복사 방식으로 반환할 수 없다. 즉, 공간의 수명이 함수의 수명보다 길어야 하지만 공간의 수명을 프로그램과 같도록 설정할 필요가 없는 것은 동적 할당할 필요가 있다.

지금까지 설명한 동적 할당 개념은 자바에는 적용되지 않는다. 자바에서 동적 할당은 다른 언어와 조금 다르다. 자바는 동적 할당을 하더라도 프로그래머가 직접 반납할 필요가 없다. 자바에서는 JVM이 프로그램의 실행을 통제하기 때문에 동적 할당된 공간도 더 이상 사용하지 않으면 자동으로 반납하여 준다. 따라서 특별한 경우에만 동적 할당하는 것이 아니라 항상 동적 할당을 사용한다. 동적 할당이 필요 없더라도 자동 할당하는 방법이 없다. 예를 들어 위에 제시된 예2의 경우 자바로 구현할 경우 각 월마다 그 월의 요일 수만큼 배열을 동적 할당하여 사용한다. 물론 자바로 구현하더라도 주어진 월의 요일 수를 계산하여 할당하는 것이 번거로워 항상 용량이 31인 배열을 생성하여 사용할 수 있지만 이 경우에도 자바는 어차피 동적 생성하게 된다.

자바는 원시 타입을 제외한 배열, 열거형 상수를 포함한 모든 것을 객체로 모델링하며, 객체는 항상 동적 할당 방식으로 생성한다. 따라서 메소드에서 생성해서 반환하는 것에 아무런 문제가 없다. 마찬가지로 인자로 전달할 때 항상 교환되는 것은 참조 변수뿐이다. 이것이 자바의 큰 특징이자 장점이다. 이 때문에 자바에서 동적 할당은 프로그래밍을 어렵게 하는 요소가 아니다. 하지만 이 때문에 너무 자주 new를 사용하는 경향도 있다. 불필요한 new의 사용은 동적 할당에 따른 비용이 발생하기 때문에 프로그램의 효율성을 떨어뜨린다. 그러므로 과다한 불필요한 new의 사용은 하지 않는 것이 좋다.

3.5 객체 사용하기

자바에서 객체는 참조 타입을 이용해서만 접근이 가능하다. 따라서 객체를 사용할 때 알아야 하는 연산자는 '.' 연산자밖에 없다. 하지만 '.'을 이용하여 객체의 모든 멤버를 접근할 수 있는 것은 아니다. 접근 권한이 있는 멤버 변수와 메소드만 접근할 수 있다. 특히, public 수식어가 붙어 있으면 항상 접근이 가능하고, private 수식어가 붙어 있으면 절대 직접 접근할 수 없다.

```
1    Dog dog = new Dog();
2    dog.setName("미미");
3    dog.bark();
4    dog.name = "주주";        // error if name is private
```

위 예제에서 4번째 줄은 name 멤버 변수가 private 멤버이면 문법 오류이다.

3.6 생성자

객체는 문자열과 clone을 이용할 경우를 제외하고는 최초에는 new 연산자를 이용하여 생성할 수밖에 없다. new 연산자는 피연산자로 생성자를 취한다. 생성자는 클래스의 메소드 중 객체를 초기화할 때 사용하는 특수 메소드로, 이름이 클래스 이름과 같으며, 다른 메소드의 정의와 달리 반환 타입이 없다. 보통 클래스 외부에서 해당 클래스의 객체를 생성할 수 있도록 생성자 메소드는 public 메소드로 정의한다. 하지만 반드시 public이어야 하는 것은 아니며, 외부에서 필요한 또는 외부에 허용하고 싶은 생성자만 public으로 만들어주면 된다.

```
public class A{
    private A unique = null;
    private A(){}
    public static A getInstance(){
        if(unique == null) unique = new A();
        return unique;
    }
}
```

〈그림 2.5〉 싱글톤의 예

앞서 언급한 객체지향 설계 패턴 중 싱글톤 패턴(클래스의 객체를 하나만 만들 수 있도록 제한)의 경우에는 모든 생성자를 private로 정의하여 클래스 밖에서 객체를 생성할 수 없도록 만든다. 싱글톤 클래스는 그림 2.5와 같이 유일 객체에 접근할 때 사용하기 위한 getInstance와 같은 메소드를 제공하며, 이 메소드를 최초로 호출할 때 이 메소드에서 이 클래스의 유일 객체를 생성하는 방식으로 싱글톤을 보장한다.

생성자 중에 매개 변수가 하나도 없는 생성자를 기본 생성자(default constructor)라 하며, 매개 변수로 같은 클래스 타입의 객체를 받는 생성자를 복사 생성자(copy constructor)라 한다. 자바에서는 복사 생성자를 사용하지 않는다. 만들 수 없는 것은 아니지만 암묵적으로 복제가 필요한 경우에는 복사 생성자 대신에 clone 메소드를 정의하여 사용한다. clone에 대해서는 12장에서 자세히 설명한다. 특히, 자바는 C++와 달리 객체를 인자로 전달하거나 반환할 때 복사 생성자를 사용할 필요가 없다. 자바에서는 함수 간 객체를 교환할 때에는 항상 참조 변수가 유지하고 있는 위치 정보만 교환한다.

```java
public class A{
    private int val;
    public void set(int newVal){
        val = newVal;
    }
    public int get(){
        return val;
    }
}
```

```java
public class B{
    private int val;
    public B(int newVal){
        val = newVal;
    }
    public int get(){
        return val;
    }
}
```

```java
public class Test{
    public static void main(String[] args){
        A a = new A();          // ok
        B b1 = new B();         // error
        B b2 = new B(10);       // ok
    }
}
```

〈그림 2.6〉 기본 생성자가 자동 제공되는 경우

그림 2.6에 제시된 A 클래스는 생성자가 하나도 정의되어 있지 않다. 반면에 B 클래스는 기본 생성자는 정의되어 있지 않지만 정수 하나를 받는 생성자가 정의되어 있다. 따

라서 A 클래스는 시스템에서 제공하는 기본 생성자를 이용하여 객체를 생성할 수 있지만 B 클래스는 일반 생성자가 있어 시스템에서 기본 생성자를 제공해 주지 않기 때문에 기본 생성자를 이용하여 생성할 수 없다.

생성자는 반드시 new 연산자의 피연산자로만 사용이 가능하다. 따라서 다음과 같이 객체를 생성할 때 상태로 되돌리기 위해 생성자를 호출할 수는 없다.

```
BankAccount aliceAccount = new BankAccount();
aliceAccount.deposit(10000);
aliceAccount.BankAccount();        // error
```

3.7 생성자와 객체 초기화

3장에서 더 자세히 설명하겠지만 객체를 초기화하는 방법은 크게 두 가지 방법이 있다. 하나는 명백한 초기화를 이용하는 것이고, 다른 하나는 생성자에서 인자를 받아 이를 이용하여 초기화하는 것이다. 이 두 가지 경우는 코드를 읽을 때 다른 의미를 준다. 모든 객체마다 같은 값으로 초기화하는 멤버 변수의 경우에는 명백한 초기화를 하고, 객체마다 다른 값으로 초기화할 수 있는 경우에는 생성자를 통해 해당 값을 받아 초기화하여야 한다.

```
public class Hero{
   private int health = 100;
   private int level;
   public Hero(int startLevel){
       level = startLevel;
   }
}
```

〈그림 2.7〉 명백한 초기화와 생성자를 이용한 초기화

예를 들어 어떤 게임의 캐릭터가 health와 level 정보를 유지해야 하는데, health는 항상 100으로 시작하는 값이지만 level은 1부터 5까지 다양한 값으로 시작할 수 있다고 하면 이 특성을 반영하기 위해 그림 2.7과 같이 Hero 클래스를 정의할 수 있다. 그림 2.7의 Hero 클래스에서 health 멤버 변수는 모든 객체가 같은 값으로 초기화하는 멤버 변수이기 때문에 명백한 초기화를 하고 있으며, level은 객체마다 다른 값으로 초기화할 수 있기 때문에 생성자에서 초깃값을 받아 초기화하고 있다.

3.8 다중 정의

클래스를 정의할 때 여러 개의 생성자를 정의할 수 있다. 생성자의 이름은 클래스 이름과 같아야 하기 때문에 여러 개의 생성자를 정의한다는 것은 같은 이름의 메소드를 다중 정의한다는 것을 의미한다. 따라서 여러 개의 생성자를 정의할 때에도 다중 정의 규칙에 맞게 정의해야 한다. 같은 이름의 메소드를 여러 개 정의하기 위해서는 컴파일러가 이를 구분할 수 있어야 하며, 컴파일러는 인자를 이용하여 이들을 구분하기 때문에 매개 변수의 개수가 다르거나 같은 개수의 매개 변수를 사용할 경우 타입이 달라야 한다. 예를 들어 다음은 매개 변수의 수가 같지만 타입이 다르기 때문에 문법적으로 문제가 되지 않는 다중 정의이다.

```
public class A{
    public void foo(int x){}
    public void foo(long x){}
}
```

a가 A 타입의 객체일 때 a.foo(10)과 같이 호출하면 10은 기본 정수 타입인 int이기 때문에 void foo(int x)가 호출된다. 반면에 a.foo(10L)과 같이 호출하면 10L은 long 타입이기 때문에 void foo(long x)가 호출된다. 컴파일러는 다중 정의된 메소드를 선택할 때 주어진 인자와 정확하게 일치하는 매개 변수 타입을 가진 메소드가 있으면 해당 메소드를 이용하게 된다. 하지만 다음과 같은 경우에는 어떤 메소드가 호출될까?

```
short n = 5;
a.foo(n);
```

여기서 인자는 short이므로 정확하게 일치하는 타입이 없다. 이 경우 확장하였을 때 그것을 수용할 수 있는 가장 작은 타입을 이용한다. 따라서 a.foo(n)은 void foo(int x)가 호출된다. 보통 다중 정의는 다중 정의 자체가 문법 오류가 아니라 다중 정의 함수를 호출하는 문이 여러 개 함수와 연결될 수 있어 문법 오류가 된다.

퀴즈

1., 자바의 변수와 관련된 다음 설명 중 틀린 것은

① 자바는 값 타입과 참조 타입 두 종류의 변수만 존재한다.
② 자바의 원시 타입 데이터는 필요하면 참조 타입의 변수로 접근할 수 있다.
③ 자바에서 배열과 열거형 상수도 참조 타입으로 처리한다.
④ 자바에서 변수의 주소를 직접 얻어 활용하는 방법은 없다.

2. 자바 변수의 가시영역과 수명에 관한 다음 설명 중 틀린 것은?

① 자바는 같은 이름의 두 지역 변수의 가시영역 충돌을 허용한다.
② 자바는 멤버 변수와 지역 변수(매개 변수 포함)의 가시 영역 충돌을 허용한다.
③ 멤버 변수는 클래스 내의 선언 위치와 무관하게 클래스의 모든 메소드 내에서 사용할 수 있다.
④ 지역 변수는 선언된 블록 내에서만 사용할 수 있으며, 선언 이후에만 사용할 수 있다.

3. 동적 할당과 관련된 다음 설명 중 틀린 것은? 자바에서 동적 할당의 특성을 물어보는 것이 아니라 일반적인 동적 할당에 관한 질문이다.

① 미리 얼마나 많은 공간이 필요할지 예측이 되지 않거나 필요한 크기가 매우 가변적일 경우에 동적 할당한다.
② 동적 할당을 할 경우 확보되는 공간이 위치하는 곳을 힙(heap)이라 한다.
③ 동적 할당된 공간은 프로그램이 종료되어도 반납되지 않는다.
④ 데이터의 수명이 함수 수명과 일치하지 않지만 프로그램 수명을 주는 것은 적절하지 않을 때 동적 할당한다.

4. 다음 중 생성자 대신 객체를 생성하는 메소드를 정의하여 사용하면 얻을 수 있는 이점이 아닌 것은?

① 복잡한 생성 과정을 추상화할 수 있다.
② 생성자 이름은 클래스 이름으로 제한되지만 메소드의 이름은 특별한 제한이 없기 때문에 메소드 이름을 통해 가독성을 향상시킬 수 있다.
③ 객체의 생성을 조절(예: 새로 생성하지 않고 이전에 생성하여 유지하고 있는 객체를 반환하여 줌)하여 효율성을 높일 수 있다.
④ 정의해야 하는 메소드의 수를 줄일 수 있다.

연습문제

1. 다음과 같은 클래스가 있을 때 다음 각각에 대해 답변하라.

```
public class A{
    public void func(int x){
        System.out.println("void func(int);");
    }
    public int func(int x){
        System.out.println("int func(int);");
        return x + 5;
    }
    public void func(int a, int b){
        System.out.println("void func(int, int);");
    }
    public void func(float f){
        System.out.println("void func(float);");
    }
    public void func(double f){
        System.out.println("void func(double);");
    }
}
```

① 클래스 A에 func 메소드가 다중 정의되어 있다. 이 중에서 문법 오류가 발생하는 곳을 찾아라.

② ①에서 문법 오류에 해당하는 두 개의 메소드 중 두 번째로 정의된 메소드를 삭제하였다고 가정하고, 다음 메소드가 실행되었을 때 출력되는 메시지를 제시하라.

```
void test(A a){
    a.func(10);
    a.func(1.5);
}
```

③ float 타입의 인자를 하나 받는 메소드를 2.5를 인자로 사용하여 호출하고 싶으면 어떻게 해야 하는지 제시하라.

④ int 타입의 인자를 하나 받은 메소드를 모두 제거하였을 때 ②의 a.func(10)의 호출 결과를 제시하라.

2. 다음과 같은 클래스들이 별도 파일에 정의되어 있으며, 같은 패키지에 소속된 클래스이다.

```java
public class A{
    private int x;
    private int y;
    public A(int xx, int yy){ setX(xx); setY(yy); }
    public int getX(){ return x; }
    public int getY(){ return y; }
    public void setX(int xx){ x = xx; }
    public void setY(int yy){ y = yy; }
}

public class Test(){
    public static void test(A a){
        a.setX(6);
        a = new A(6, 2);
    }
    public static void main(String[] args){
        A a1 = new A(3, 5);
        A a2 = new A(4, 7);
        A a3 = new A(2, 8);
        a3 = a1;
        a3.setX(2);
        a1 = a2;
        test(a1);
        System.out.println(a1.getX() + ", " + a1.getY());
        System.out.println(a2.getX() + ", " + a2.getY());
    }
}
```

Test 클래스의 main 메소드가 실행되었을 때 출력되는 결과를 제시하라. 20번째 줄 이전, 22번째 줄 이전, 24번째 줄 이전의 메모리 모델을 그림으로 제시하라. 여기서 메모리 모델이란 main의 함수 스택 공간과 이 프로그램의 힙 공간의 모습을 말한다. 또 main에서 생성된 3개의 객체 중 프로그램이 종료되기 이전에 쓰레기 수집 대상이 된 객체가 어느 것인지 제시하라.

제3장

클래스 소개

제3장 클래스 소개

1. 클래스

객체는 상태를 가지고 있고, 이 상태를 바탕으로 특정 행위를 할 수 있다. 클래스는 특정 종류의 객체들이 어떤 상태를 유지하고 어떤 행위를 하는지 정의하기 위한 틀이다. 클래스를 정의하면 int와 같은 새로운 타입을 얻게 되며, 이 타입의 객체를 생성할 수 있다. 따라서 클래스를 정의하기 전에 다음을 분석해야 한다.

- 객체가 유지해야 하는 상태
- 객체가 해야 하는 행위
- 객체가 상호작용해야 하는 다른 클래스 객체

어떤 상태가 필요한지 알면 그것을 프로그래밍 언어로 어떻게 표현할지 결정해야 한다. 예를 들어 학생의 나이는 단순 int로 표현할 수 있지만 학생이 수강하는 과목 목록은 배열과 같은 복합 타입이 필요하며, 과목 목록에 대한 어떤 처리가 필요한지 따라 더 복잡한 자료구조를 이용하여 표현해야 할 수 있다. 행위의 구현은 행위의 복잡성에 따라 효율적인 알고리즘을 고안해야 할 수 있다. 그뿐만 아니라 해당 행위 자체에 대한 올바른 구현도 중요하지만 예외 처리 등 구현할 때 강건성도 중요한 고려 요소가 된다.

1.1 프로그램에 필요한 클래스 찾기

특정 소프트웨어를 객체지향으로 설계하고자 할 경우에는 해당 소프트웨어에서 필요한 데이터와 가능을 표현하고 처리하기 위해 정의할 클래스를 찾아야 한다. 다시 한 번 언급하지만 소프트웨어의 모든 요소를 객체지향적으로 모델링해야 하는 것은 아니다. 객체지향으로 모델링함으로써 얻어지는 이점이 있는 부분만 객체로 모델링하여야 한다.

소프트웨어를 구현하기 위해 학계와 산업계에서 연구된 개발 절차들이 있다. 하지만 이들 절차들 중 구현을 먼저 하는 경우는 없다. 구현하기 전에 문제를 정의하고, 시스템 요구사항과 사용 시나리오를 분석해야 한다. 에자일 개발방법론은 전체 기능에 대해 이와 같은 분석을 완전(실제 요구사항은 끊임없이 변화하기 때문에 완전하게 한다는 것 자체가 모순)하게 한 후에 구현하지는 않지만 전혀 분석 없이 구현하는 것은 아니다.

문제 정의, 요구사항 분석, 사용 시나리오 분석 등을 통해 만든 문서에 있는 문장에 등장하는 명사는 보통 클래스 또는 클래스의 멤버 변수로 모델링하게 되며, 동사는 클래스의 메소드로 모델링하게 된다. 물론 모든 단어를 이렇게 모델링하는 것은 아니지만, 분석된 문장들을 읽어보면 자연스럽게 어떤 명사와 동사를 소프트웨어에 실제 구현해야 하는지 알 수 있다. 이를 명사/동사 분석이라 한다. 이를 통해 클래스들을 대략적으로 모델링한 후 개발팀 회의를 통해 이를 정리함으로써 소프트웨어의 중요 설계가 시작된다.

1.2 클래스의 종류

어떤 소프트웨어를 개발할 때 그 소프트웨어에서 필요한 데이터와 기능을 분석하게 된다. 객체지향 프로그래밍에서는 이 데이터와 기능을 객체로 모델링할 수 있다. 데이터는 보통 단일 개념을 나타내도록 관련 데이터를 묶어 객체로 모델링한다. 실제 소프트웨어에서 다음과 같은 단일 개념을 클래스로 정의하여 사용한다.

- 수학적 개념: 예) Point, Rectangle
- 개체 또는 유무형 사물: 예) Dog, Door, BankAccount
- 자료구조와 같은 프로그래밍 개념: 예) Stack, Queue

프로그램에서 필요한 기능이 특정 객체가 수행해야 하는 기능이면 그 객체의 행위로 모델링할 수 있다. 수학의 sin 함수처럼 특정 객체와 연관된 기능이 아니면 함수 하나를 만들어 그 기능을 제공한다. 하지만 어떤 기능을 수행하기 위해 상태 유지가 필요하면 그 기능 자체를 객체로 모델링할 수 있다. 예를 들어 Scanner, Random과 같은 클래스는 이들 객체가 특정 상태를 유지하고 있어야 하기 때문에 단순 함수가 아니라 객체로 모델링한 것이다. Scanner는 현재까지 처리된 버퍼의 위치를 유지하여야 하며, Random은 이전에 생성된 랜덤 값을 알아야 다음 랜덤 값을 계산할 수 있다.

자바 8 이전에 메소드는 클래스 내부에 정의할 수밖에 없었다. 지금도 C/C++와 달리 함수만 존재할 수 없다. 하지만 자바 8 이후에 interface에 일반 메소드를 정의할 수 있고, static 메소드도 정의할 수 있다. static 메소드란 객체지향 메소드가 아닌 메소드를 말하며, 해당 메소드를 호출하기 위해 객체를 생성할 필요가 없는 메소드이다. 자바 라이브러리에서는 유사 기능을 하는 static 메소드를 모아 하나의 클래스에 정의하였다. 예를 들어 C의 math.h에 선언된 함수들은 자바에서는 대부분 Math라는 클래스에 정의되어 있다. 이 클래스에는 static 메소드만 정의되어 있어 Math 객체를 생성할 필요는 없지만, 여기에 정의된 메소드를 호출하기 위해 Math.pow(2, 10)[16]와 같이 클래스 이름을 사용해야 한다.

static 메소드 중 자바에서 프로그램을 실행하기 위해 반드시 필요한 메소드가 main이다. 자바의 경우에는 보통 main 함수 하나만 가지고 있는 클래스를 정의하여 사용하는 경우가 많다. main만 가지고 있는 클래스나 Math처럼 static 메소드만 정의되어 있는 클래스는 객체지향에서 말하는 객체의 틀이라는 측면에서 클래스는 아니다.

1.3 좋은 클래스의 특성

클래스는 하나의 중요한 책임만 수행하는 것이 가장 바람직하다. 이 측면에서 클래스의 크기는 작아야 한다. 클래스의 크기는 그것의 정의된 멤버 변수의 수, 메소드의 수, 클래스 이름을 이용하여 판단할 수 있다. 멤버 변수가 너무 많으면 클래스가 여러 책임을 담당하는 것일 수 있다. 서로 차별화된 기능을 하는 메소드가 있어도 여러 책임을 담당하고 있는 것으로 판단할 수 있다. 또 클래스 이름을 명명하기 어렵거나 복잡하면 클래스가 해야 하는 일이 많다는 것을 의미할 수 있다.

소프트웨어공학에서 항상 언급되는 두 가지 개념을 가지고 좋은 클래스를 논하면 클래스는 높은 응집성(high cohesion)과 낮은 결합성(low coupling)을 가져야 한다. C에서는 함수가 높은 응집성, 낮은 결합성을 가져야 한다고 하였다. 즉, 함수는 한 가지 일만 해야 하고, 이 함수가 변경되더라도 영향을 받는 다른 함수의 수가 적어야 한다. 함수의 이름이나 함수의 매개 변수의 수나 타입을 바꾸면 그 함수를 호출하는 모든 곳의 수정은 불가피하다.

객체지향도 마찬가지이다. 한 클래스는 단일 개념을 나타내야 하며, 영향을 주는 다른 클래스 수가 적어야 한다. 객체지향 개발원리 중 단일 책임 원리(SRP, Single Responsibility Principle)라는 것이 있다. 소프트웨어 개발초기와 개발하는 과정에서 클래스 관계도를 보면 한 클래스가 얼마나 많은 다른 클래스와 상호작용하는지 알 수 있다. 이 수가 많으면 적절하지 않으며, 클래스의 수준(추상클래스, 구체적 클래스 여부)

16) pow(x, y)는 x^y를 계산하여 주며, 결과는 double 타입이다. 따라서 Math.pow(2, 10)은 1024.0이다.

에 따라 해당 클래스와 상호작용해야 하는 다른 클래스의 수준이 달라야 한다. 구체적 클래스(concrete class)란 직접 객체를 생성하는 클래스를 말하며, 상속 관계에서 자식 클래스가 없는 클래스만 구체적 클래스가 되어야 한다. 보통 상위 클래스가 하위 클래스에 의존하면 잘못된 설계라 한다. 클래스 간의 관계를 맺더라도 느슨하게 연결해야 코드의 유연성을 높일 수 있다. 느슨한 연결이란 구체적 클래스에 의존하지 않고 추상 클래스나 interface에 의존하는 경우를 말한다. 구체적 클래스에 의존하면 의존 관계를 변경하기 위해 코드 수정이 필요하지만 느슨하게 연결하면 코드의 수정 없이 다양한 클래스의 객체와 의존 관계를 맺을 수 있다. 함수를 정의할 때 상속에서 상위 클래스인 Pet 타입의 매개 변수를 사용하는 것과 구체적 클래스인 Dog 타입의 매개 변수를 사용하는 것의 차이를 생각하면 느슨한 연결의 의미를 쉽게 이해할 수 있다.

1.4 잘못 선택된 클래스

어느 정도의 복잡성을 가진 소프트웨어를 만들 때 하나의 클래스만 정의하여 구현하는 것은 절대 객체지향적으로 잘 모델링하였다고 말할 수 없다. 또 상태 없이 하나의 메소드만 가지는 클래스도 잘못 만들어진 클래스일 수 있다. 하지만 객체지향 설계 패턴 중 전략 패턴(strategy pattern)에서는 실행 시간에서 조건문을 사용하지 않고 특정 메소드의 행위를 바꾸기 위해 메소드 하나만 가지는 클래스를 정의하는 경우도 종종 있다. 자바 8부터는 메소드를 하나만 가지는 클래스를 정의하지 않고 함수형 프로그래밍을 이용할 수 있다. 실제 생각하지도 못한 것을 객체로 모델링하여 매우 유연한 코드를 만드는 경우도 있다. 특히, 객체지향 설계 패턴을 학습하게 되면 이와 같은 객체를 많이 볼 수 있다.

2. 클래스 정의하기

클래스는 객체의 틀이므로 모델링된 객체의 상태를 유지하고 행위를 수행할 수 있도록 그것에 맞는 멤버 변수와 메소드를 정의하게 된다. 자바는 C/C++와 달리 멤버 변수와 메소드마다 접근 권한 수식어를 포함하여 필요한 수식어를 개별적으로 붙여 주어야 한다.

객체 메소드는 반드시 객체의 상태를 사용해야 한다. 예를 들어 문자열의 길이는 문자열이 "apple"인지 "banana"인지에 따라 다르며, 게임의 유니트가 공격을 받았을 때 받는 피해의 수준은 유니트의 상태에 따라 다를 수 있다. 객체의 상태를 전혀 사용하지 않는 메소드는 객체 메소드로 모델링할 필요가 없다. 예를 들어 배열을 받아 정렬하여 주는 메소드나 주어진 문자의 대/소문자 여부를 검사하여 주는 메소드는 상태를 활용하지 않으며 과거(이 메소드가 이전에 호출되지 여부나 이전에 호출된 횟수 등)에 영향을 받지 않는다. 이 메소드들은 주어진 인자만 가지고 필요한 모든 기능을 구현할 수 있기 때문에 객체로 모델링하지 않고 함수만 만들어 사용할 수 있다. 이 경우 자바에서는 이들을 static 메소드로 정의한다.

하지만 이와 같은 기능을 무조건 static 메소드로 정의하는 것은 아니다. 인자 중 복합 타입의 인자가 있고, 해당 기능을 이 인자를 중심으로 수행하는 것으로 모델링할 수 있다면 해당 복합 타입의 메소드로 모델링할 수 있다. 이것은 데이터와 그 데이터를 처리하는 함수를 하나의 틀로 캡슐화하여 사용한다는 객체지향 개념에 더 맞는 접근이다. 이때 한 가지 고려할 것이 있다. 앞서 설명한 정렬 예는 주어진 인자만 가지고 구현할 수 있는 기능이지만 복합 타입을 정렬하는 것이기 때문에 복합 타입의 메소드로 모델링할 수 있다. 하지만 정렬하는 알고리즘은 복합 타입에 따라 바뀌는 것이 아니기 때문에 타입마다 정렬하는 기능을 중복으로 만드는 것보다 하나의 범용 함수로 만들어 사용하는 것이 더 효과적일 수 있다.

요약하면 객체지향에서 인자만 가지고 구현할 수 있는 기능은 다음 중 하나로 구현하게 된다.

- 일반 함수로 정의함
- 복합 타입 인자의 메소드 또는 여러 인자를 묶어 클래스를 정의한 후 이 클래스의 메소드로 정의함
- 여러 타입에서 공통으로 사용할 수 있는 기능이면 일반 범용 함수로 정의함

2.1 멤버 변수

객체의 상태는 멤버 변수를 정의하여 나타내며, 필요한 수식어, 타입, 이름을 서술하여 정의한다. 일반적인 맴버 변수는 객체를 n개 생성하면 n개 생성된다. 즉, 각 객체는 자신의 고유한 상태를 유지한다. 객체의 상태는 외부에서 임의로 조작 가능하면 객체가 잘못된 상태로 진입할 수 있기 때문에 보통 private 수식어를 이용하여 정의하며, 이와 같은 private 멤버는 직접 접근할 수 없고, 객체가 제공하는 public 메소드를 이용하여 접근하여야 한다.

앞서 언급한 바와 같이 클래스의 응집성을 판단하는 기준 중 하나가 멤버 변수의 수이다. 여러 개의 멤버 변수가 하나의 정보를 구성할 경우에는 이것을 묶어 클래스를 정의한 후, 해당 타입의 멤버 변수를 하나만 사용하는 것이 클래스의 응집성, 추상화 측면에서 바람직하다. 예를 들어 사람 클래스를 정의할 때 사람의 주소 정보를 유지하기 위해 국가, 도시, 도로명, 우편번호 등을 따로 유지하는 것보다 주소라는 클래스를 정의한 후에 주소 타입의 멤버 변수를 하나 유지하는 것이 더 바람직한 방법이다.

멤버 변수를 정의할 때 또 하나 중요하게 고려해야 하는 것은 해당 변수에 유지하는 정보가 객체 수명동안 변할 수 있는 정보인지 아닌지 구분하는 것이다. 예를 들어 학생의 이름, 입학년도 등은 변하지 않는 정보인 반면에 학생의 학년, 이수한 학점 수 등은 변하는 정보이다. 물론 이것은 응용과 응용에서 고려하는 여러 가지 예외적 상황에 따라 달라질 수 있다. 하지만 특정 응용에서 해당 정보가 변하지 않는 정보이면 이 정보를 수정하는 메소드를 만들 필요가 없으며, 멤버 변수도 상수로 모델링하는 등 정보 특성을 반영하여 멤버 변수를 정의하면 더 강건한 코드를 만들 수 있다.

2.2 메소드 종류

객체 메소드는 크게 생성자, 소멸자, 접근자, 수정자로 구분할 수 있다. 생성자는 객체를 생성할 때 사용하는 메소드로 객체를 초기화하기 위해 사용한다. 생성자 메소드의 이름은 클래스 이름과 같으며, 다른 일반 메소드와 달리 반환 타입을 기술하지 않는다. 소멸자는 객체가 수명을 다하였을 때 자동으로 호출되는 메소드이다. 자바에는 소멸자가 없다.

접근자(accessor, observer) 메소드는 객체의 상태를 변경하지 않고 현재 상태를 알기 위해 사용하는 메소드로 항상 반환 타입이 있다. 예를 들어 은행계좌 객체에서 잔액을 조회하는 메소드는 접근자 메소드이다. 멤버 변수가 n개 있다고 n개의 접근자를 무조건 만들어야 하는 것은 아니다. 외부에서 꼭 알아야 하는 정보에 대해서만 접근자를 제공하는 것이 원칙이며, 여러 멤버 변수의 값을 결합하여 하나의 데이터로 만들어 제공할 수 있고, 멤버 변수의 저장된 값을 가공하여 정보를 제공할 수 있다. 예를 들어 사람의 이름을 성과 이름으로 구분하여 유지할 수 있지만 접근자는 이 둘을 결합하여 전체 이름만 제공할 수 있고, 사람의 나이는 유지하지 않고 유지하는 생년월일을 이용하여 나이를 계산하여 제공할 수 있다. 이처럼 객체의 상태를 나타내는 멤버 변수를 유지하지 않고, 접근자 메소드만 제공하여 상태를 나타낼 수 있다. 단순 접근자는 보통 getBalance처럼 get을 이용하여 명명한다.

```java
class Person{
    private String name;
    private Date birthday;
    public String getName(){
        return name;
    }
    public Date getBirthday(){
        return birthday;
    }
    //
}
```

〈그림 3.1〉 Person 클래스

객체지향에서 객체의 상태는 잘 정의된 외부에서 접근할 수 있는 수정자 메소드를 통해 갱신해야 한다. 자바에서 모든 객체는 참조 타입으로 처리한다. 따라서 객체가 다른 객체를 멤버 변수로 유지하면 이에 대한 접근자를 제공할 때 주의해야 한다. 그림 3.1에 제시된 클래스를 생각하여여 보자. 이 클래스는 Date라는 클래스 타입을 이용하여 생일 정보를 유지하고 있다. Date 클래스에 setMonth와 같이 날짜 정보를 수정할 수 있는 메소드가 있으면 Person 객체의 getBirthday를 호출한 다음에 해당 사람의 생일 정보를 다음과 같이 수정할 수 있게 된다.

```java
Person p = ...
//
Date birthday = p.getBirthday();
birthday.setMonth(12);
```

앞서 설명한 바와 같이 한 객체의 상태는 해당 객체의 수정자 메소드를 호출하여 갱신하는 것이 원칙이므로 이것은 객체지향 캡슐화의 기본 원칙에 위배된다. 이 문제 때문에 getBirthday는 생일의 복사본을 만들어 반환할 수 있다. 하지만 접근자를 호출할 때마다 객체를 복제하는 것은 효율적인 방법은 아니다. 이 때문에 해당 객체를 불변 객체로 모델링할 수 있는지 살펴볼 필요가 있다.

한번 설정된 생일은 보통 수정할 필요가 없으므로 생일 정보는 불변 객체로 모델링할 수 있다. 자바 8부터 도입된 LocalDate는 String과 마찬가지로 객체 상태를 수정할 수 없는 불변 클래스이다. 생일 정보를 LocalDate를 이용하여 모델링하면 생일 정보가 불변 객체가 되기 때문에 객체의 참조를 반환하는 형태로 접근자 메소드를 제공하여도 캡슐화에 문제가 되지 않는다. 이 때문에 getName은 getBirthday와 마찬가지로 객체에 대한 참조를 반환하지만 문제가 되지 않는다.

수정자(mutator, transformer) 메소드는 객체의 상태를 변경하는 메소드를 말한다. 보통 단순 수정자와 핵심 수정자로 수정자를 나눌 수 있다. 강아지 객체가 있고, 강아지 이름을 바꿀 때 사용하는 setName과 같은 메소드는 단순 수정자이다. 수정자 메소드는 객체가 잘못된 상태로 진입하지 못하도록 주어진 인자에 대한 엄격한 검사를 하여야 한다. 예를 들어 은행의 인출 메소드는 마이너스 통장이 아니면 잔액보다 큰 금액을 인출할 수 없도록 하여야 하며, 마이너스 통장의 경우에도 특정 한도 이하로는 인출할 수 없기 때문에 이를 검사하여야 한다. 보통 수정자의 반환 타입은 void로 정의한다. 수정의 성공 여부나 오류 정보를 알기 위해 반환 값을 활용할 수 있지만 객체지향에서는 보통 예외 처리라는 기법을 사용하기 때문에 이 용도로 반환 값을 사용하는 경우는 드물다.

private 멤버 변수에 대한 접근자와 수정자를 제공하는데, 수정자가 어떤 검사도 하지 않고 주어진 인자로 상태를 변경하는 수정자이면 굳이 접근자와 수정자를 만들어 사용할 이유가 없다. 이 경우 해당 멤버 변수의 접근 권한을 public으로 설정하여 사용하는 것과 차이가 없으므로 이렇게 사용하여도 문제가 없는지 면밀히 검토하여야 한다. 보통은 수정자에서 검사할 것이 있는데, 하지 않고 있는 경우가 더 많다. 특히, 객체 타입의 멤버 변수이면 수정자의 인자가 null인지 여부를 최소한 검사할 필요가 있다.

2.2.1 불변 객체

어떤 클래스를 정의하는데 수정자 메소드가 하나도 없다고 하자. 그러면 객체는 생성자를 통해 초기화된 상태를 해당 객체가 소멸할 때까지 그대로 유지하게 된다. 사용하는 원시 타입 데이터가 상수 데이터일 수 있고, 사용하는 동안 값이 변하는 데이터일 수 있듯이 객체도 데이터의 한 종류이기 때문에 마찬가지이다. 따라서 클래스를 정의할 때 효율성이나 강건성을 위해 수정자 메소드를 하나도 제공하지 않는 경우도 종종 있다. 대표적으로 자바에서 String 객체는 불변 객체이며, String 객체가 유지하는 문자열을 구성하는 개별 문자를 변경할 수 없다.

자바는 C++와 달리 const 키워드를 이용하여 생성한 객체를 상수화할 수 없다. 따라서 자바에서는 클래스를 설계할 때 이 클래스의 객체를 주로 상수 객체로 많이 활용한다면 불변 클래스로 정의하여 사용하는 것이 강건성에 도움이 된다. 또 불변 객체는 상태가 변하지 않기 때문에 공유할 수 있으므로 효율성에도 도움이 된다.

보통 불변 클래스를 정의하고자 하면 수정자 메소드를 제공하지 않는 것과 더불어 모든 멤버 변수를 final 멤버로 정의한다. final 멤버이기 때문에 별도 접근자를 제공하지 않고 멤버 변수의 접근 권한을 public으로 설정할 수 있다. 하지만 참조 타입의 멤버 변수는 해당 객체가 불변 객체가 아니면 복사본을 반환하여 주는 접근자를 제공해야 하며, 생성자에서 객체를 초기화할 때에도 복사본을 저장해 주어야 한다.

보통 자바에서 불변 클래스를 정의하면 그것과 대응되는 일반 클래스도 만들어 두 개를 제공하는 경우가 많다. 예를 들어 문자열의 경우 상태의 수정을 원하면 String 대신에 StringBuilder를 사용할 수 있다. 자바 16부터는 불변 클래스를 매우 간결하게 정의할 수 있도록 해주는 record라는 새 기능을 제공한다. record에 대해서는 11장에서 설명한다.

3. 캡슐화

객체가 유지하는 상태와 할 수 있는 행위를 정의하기 위해 클래스를 정의한다. 이처럼 하나의 단위에 데이터와 그 데이터를 처리하는 메소드를 함께 정의하는 것을 캡슐화(encapsulation)라 하며, 캡슐화는 객체지향과 구조화 프로그래밍을 구분하는 핵심 요소이다. 캡슐화는 정해진 방법을 통해 데이터를 접근하고 수정할 수 있도록 하여 프로그램의 강건성을 높일 수 있다.

캡슐화는 데이터와 그것을 처리하는 메소드를 하나로 묶어 정의하여 데이터 중심으로 사고하도록 해줄 뿐만 아니라 데이터의 표현과 행위의 구현을 그 클래스를 사용하는 프로그래머로부터 숨길 수 있다. 우리는 라이브러리에 있는 String 클래스를 사용하더라도 각 메소드가 어떻게 구현되어 있는지, 문자열 데이터를 내부적으로 어떻게 유지하고 있는지 몰라도 사용할 수 있다.

학생을 모델링하는 클래스가 있고 이 클래스의 객체는 학생의 성명을 상태로 유지하고 있다고 하자. 학생 객체를 사용하기 위해 학생 성명을 내부적으로 성과 이름으로 나누어 유지하는지 하나로 유지하는지 알 필요는 없다. 또한 학생의 특정 학기 평점을 알려주는 메소드가 있을 경우 내부적으로 학기별 평점이 유지된 데이터베이스에서 가지고 오는지, 각 학기별 수강한 교과의 학점을 바탕으로 요청할 때마다 매번 계산하여 주는지 학생 객체를 사용하는 프로그래머는 알 필요가 없다. 전자를 데이터 표현의 숨김이라고 하고, 후자를 행위 구현의 숨김이라 한다. 하지만 우리는 라이브러리에서 제공하는 클래스의 메소드를 사용할 때 그것이 구체적으로 어떻게 구현되어 있는지 몰라도 그것의 성능은 알고 사용해야 한다.

객체지향에서 캡슐화는 데이터와 그것을 처리하는 메소드들을 묶어주는 것으로 끝나지 않는다. 구조화 프로그래밍에서 없었던 접근 제어라는 것이 캡슐화에 포함되어 제공되고 있다. 이것은 프로그램의 강건성을 기존과 비교할 수 없을 정도로 개선할 수 있는 방법이다. 객체가 유지하는 데이터를 private 접근 제어를 가지도록 정의하면 외부에서 해당 데이터를 직접 접근할 수 없다. 이와 같은 데이터는 클래스에 정의된 public 메소드를 이용하여 접근할 수밖에 없다. 이 때문에 객체의 상태를 수정하는 public 메소드는 주어진 인자 값을 엄격하게 검사하여 해당 객체가 엉뚱한 상태가 되지 않도록 구현해야 한다.

```
public class Student{
    public int age;
}
```

〈그림 3.2〉 age 멤버가 public인 Student 클래스

```
public class Student{
    private int age;
    public void setAge(int newAge){
        if(newAge > 0 && newAge < 200) age = newAge;
    }
}
```

〈그림 3.3〉 접근 제어를 올바르게 사용한 Student 클래스

예를 들어 그림 3.2처럼 학생 클래스가 나이를 유지하는데, 이 멤버를 private이 아닌 public 멤버로 유지한다고 하자. 이 경우 다음과 같은 코딩이 가능하다.

```
Student student = new Student();
student.age = -1;
student.age = 300;
```

위 소스에서 두 번째, 세 번째 줄은 모두 논리 오류이다. 나이는 음수가 될 수 없으며 사람의 나이는 아직은 300세가 될 수 없다. Student 클래스를 그림 3.3과 같이 수정하면 위 소스의 두 번째, 세 번째 줄처럼 사용할 수 없으며, setAge 메소드를 이용하면 나이를 -1살이나 300살로 설정할 수 없다.

객체지향에서 캡슐화와 함께 제공하는 접근 제어와 관련하여 데이터 값을 숨기는 것이 목적으로 오해하는 경우도 있다. 앞서 설명한 예에서 나이는 비밀 정보가 아니다. 물론 프라이버시와 관련 있을 수 있지만 나이 데이터가 필요하기 때문에 유지하는 것이고 학생과 상호작용하는 객체 중에 학생의 나이 정보가 필요로 하는 객체가 있을 수 있다. 따라서 나이 데이터를 private 접근 제어를 가지도록 하는 것은 나이 정보를 숨기기 위한 것이 아니라 나이 정보를 외부에서 엉뚱하게 수정하지 못하도록 하는 것이다.

은행계좌를 나타내는 클래스는 보통 잔액 조회 기능을 제공한다. 이때 잔액 정보를 private 접근 제어를 설정하는 이유는 오직 은행계좌 클래스에 정의된 인출과 입금 메소드만을 이용하여 잔액을 변경할 수 있도록 하여 프로그램의 오류를 줄이기 위한 것이다. 이와 같은 효과가 올바르게 동작하기 위해서는 private 데이터를 수정할 수 있는 수정자 메소드는 주어진 인자를 엄격하게 검사하여야 한다. 이것은 공항에서 검사대는 사람을 통과 못하게 하는 것이 아니라 휴대할 수 없는 물건을 반입하지 못하도록 하는 것과 유사하다.

4. 은행계좌

각종 객체지향 프로그래밍언어에서 클래스를 설명할 때 가장 많이 사용하는 예제는 은행계좌와 직원 급여 관련 클래스이다. 우리도 간단히 은행계좌를 객체지향으로 모델링하여 구현하여 보자. 클래스를 정의할 때 행위부터 분석하기보다는 보통 해당 클래스 객체가 유지해야 하는 상태가 무엇인지부터 분석한다. 은행계좌는 계좌 소유자와 관련된 정보, 계좌번호, 잔액 등의 상태 정보를 유지해야 한다. 멤버 변수를 설명할 때 언급한 것과 같이 계좌 소유자 관련 정보를 유지할 경우 필요한 각 정보를 개별적으로 은행계좌에 유지하기보다는 계좌 소유자를 모델링하는 별도 클래스를 만들고 이 클래스의 객체를 유지하는 형태가 바람직하다.

은행계좌를 통해 할 수 있는 행위는 입금, 인출, 잔액조회, 계좌이체 등이 있다. 입금, 인출과 계좌이체 행위는 상대적으로 어떤 특이점이 있는가? 입금, 인출은 한 객체의 상태만 변경하는 행위이지만 계좌이체는 두 개의 객체 상태를 변경해야 하는 행위이며, A에서 B 계좌로 이체할 경우에는 A에서 이체할 금액이 성공적으로 인출되어야 B에 입금이 가능하다.

```
public class BankAccount{
    private int balance = 0;
    public BankAccount(){
    }
    public BankAccount(int amount){
        deposit(amount);
    }
    public int getBalance(){
        return balance;
    }
    public void deposit(int amount){
        if(amount > 0) balance += amount;
    }
    public void withdraw(int amount){
        if(0 < amount && amount <= balance) balance -= amount;
    }
}
```

〈그림 3.4〉 BankAccount 클래스

이 절에서는 구현하는 은행계좌는 잔액정보만 유지하고, 입금, 인출, 잔액조회 3가지 행위만 제공하도록 간단히 구현하여 본다. 구현 결과는 그림 3.4와 같다. 이 정의에서 잔액 정보인 balance를 명백한 초기화를 한 이유는 모든 은행계좌는 생성할 때 잔액 정보가 0으로 시작된다는 것을 소스를 통해 문서화하기 위함이다.

이 클래스에는 두 개의 생성자가 정의되어 있다. 기본 생성자는 몸체가 비어 있다. 그림 3.4에서 정수를 하나 받는 생성자가 정의되어 있기 때문에 빈 메소드의 기본 생성자를 제공하지 않으면 기본 생성자를 사용할 수 없다. 잔액은 0으로 명백한 초기화를 하였기 때문에 현재 상태에서는 기본 생성자에서 할 일은 없다. 실제 프로그래밍할 때 기본 생성자를 이처럼 빈 메소드를 정의하여 사용하는 경우가 종종 있다.

계좌 개설과 동시에 일정 금액을 입금하고 싶으면 기본 생성자를 호출한 다음 deposit

메소드를 사용하면 되지만 좀 더 편리하게 은행계좌 클래스를 사용할 수 있도록 정수 하나를 받는 생성자를 제공하고 있다. 따라서 정수 하나를 받는 생성자는 내부적으로 balance = amount;처럼 구현하지 않고, deposit 메소드를 호출하도록 하고 있다. 프로그래머가 가장 싫어 하는 것 중 하나가 코드 중복이다. 더욱이 논리적으로 모든 입금은 deposit 메소드를 통해 이루어져야 하기 때문에 이렇게 프로그래밍하는 것이 올바른 방법이다.

잔액조회는 단순한 열람자이며, 이전에 언급한 바와 같이 단순 열람자는 get을 이용하여 명명하는 경우가 일반적이다. 입금과 인출의 구현도 어려운 것은 아니다. 입금은 주어진 금액만큼 잔액을 증가시키면 되고, 인출은 주어진 금액만큼 잔액을 감소시키면 된다. 하지만 프로그래밍은 이처럼 정상적인 경우 외에 예외적인 경우도 고려할 수 있어야 한다.

예외적인 경우는 모델링하는 실제 세계에서 일어날 수 있는 예외도 있고, 프로그래밍 언어의 특성 때문에 발생할 수 있는 예외도 있다. 메소드의 구현에서 주어진 인자를 사용하기 전에 반드시 인자 값에 대한 엄격한 검사를 하여야 한다. 이때 인자 타입의 도메인을 가장 먼저 검토하여야 한다. 둘 다 인자가 하나이며, 그 타입은 int이다. 자바에서 int는 항상 음수, 0, 양수가 모두 가능하다. 인출, 입금 모두 인자 값이 음수이거나 0이면 프로그램에 논리적 오류가 발생하였다는 것을 의미한다. 실세계 은행에서 음수 인출, 음수 입금은 일어날 수 있는 행위는 아니다. 즉, amount 인자가 0 이하로 호출되는 것은 프로그래밍 언어의 특성에 때문에 발생할 수 있는 오류이며, 이 오류는 전체 소스의 다른 부분에서 잘못 프로그래밍하지 않는 이상 발생할 수 없는 오류이다.

반면에 인출에서 잔액보다 큰 금액을 인출 요청하는 것은 실제 세계에서 일어날 수 있는 오류이다. 사용자가 자신의 잔액을 정확하게 모르는 상태에서 현재 잔액보다 큰 금액에 대한 인출을 요청할 수 있다. 이 부분도 인출 메소드에서 검사하여야 한다. 마이너스 통장의 경우에는 잔액보다 큰 금액을 요청할 수 있지만 한도가 있기 때문에 마이너스 통장도 유사한 검사를 해야 한다. 이 프로그램에서는 예외적 상황이 발생하면 아무것도 하지 않는 방법을 사용하였다. 5장에서 이 예제에 예외 처리 코드를 추가하는 방법을 자세히 설명한다.

4.1 은행계좌의 사용

```
public class BankAccountTest{
    public static void main{String[] args){
        BankAccount aliceAccount = new BankAccount(10_000);
        BankAccount bobAccount = new BankAccount(5_000);
        aliceAccount.withdraw(5_000);
        bobAccount.deposit(5_000);
        System.out.println(aliceAccount.getBalance());
        System.out.println(bobAccount.getBalance());
    }
}
```

〈그림 3.5〉 BankAccountTest 클래스

그림 3.4에 정의된 BankAccount 클래스는 그림 3.5처럼 사용해 볼 수 있다. 이 예에서는 aliceAccount는 만원으로 출발하였고, bobAccount는 오천원으로 출발하였다. 인출과 입금을 통해 출력되는 잔액은 거꾸로 오천원, 만원이 된다. 참고로 자바에서는 정수 상수를 서술할 때 밑줄 문자를 사용할 수 있다.

4.2 숨겨진 매개 변수

```
public void deposit(BankAccount this, int amount){
    if(amount > 0) this.balance += amount;
}
```

〈그림 3.6〉 숨겨진 매개 변수를 포함한 BankAccount의 deposit 메소드

그림 3.4에 정의된 deposit 메소드의 몸체를 좀 더 면밀히 살펴보자. 주어진 금액만큼 잔액을 증가시키기 위해 balance += amount 문을 실행하였다. 여기서 balance는 누구의 잔액인가? 그림 3.5에서 bobAccount.deposit(5_000); 문이 실행되었을 때 증가되어야 하는 잔액은 bobAccount의 잔액이다. 이를 컴파일러가 더 쉽게 처리하기 위해 deposit 메소드는 하나의 인자만 가지고 있는 것으로 코딩하였지만 컴파일러는 이를 그림 3.6과 같이 수정한 후에 번역한다. 또 bobAccount.deposit(5_000)은 deposit(bobAccount, 5_000)와 같이 바꾸어 번역한다. deposit(bobAccount, 5_000)은 C에서 구조화 프로그래밍할 때 사용하는 형태이다. 컴파일러는 특정 객체 메소드가 실행될

때 어느 객체에 대해 해당 메소드를 적용해야 하는지 알기 위해 모든 객체 메소드에 this라는 이름의 매개 변수를 하나를 숨겨두었고, 객체 메소드를 호출할 때 현재 객체를 이 매개 변수의 인자로 사용한다. 따라서 객체 메소드 foo에서 또 다른 객체 메소드 bar를 호출하면 foo의 숨겨진 인자 this를 bar의 숨겨진 인자로 전달한다.

this는 자바 키워드이며 컴파일러를 위해 도입된 요소이지만 프로그래머도 필요하면 사용할 수 있다. 그런데 프로그래머가 직접 this를 사용해야 하는 경우는 많지 않다. 그 중 하나가 매개 변수 이름과 멤버 변수 이름이 같을 경우에 매개 변수와 멤버 변수를 구분하기 위해 그림 3.7과 같이 사용할 수 있다. 이 소스에서 setName 메소드 몸체의 this.name은 멤버 변수 name을 말하며, = 연산자 오른쪽에 있는 name은 매개 변수 name을 말한다.

```
public class Student{
   private String name;
   public void setName(String name){
       this.name = name;
   }
}
```

〈그림 3.7〉 단순 수정자에서 this의 활용

```
1   public class Test{
2      public void f(){
3      }
4      public static void main(String[] args){
5          f();
6      }
7   }
```

〈그림 3.8〉 static 메소드에서는 일반 객체 메소드를 직접 호출할 수 없음

참고로 객체와 무관한 static 메소드는 숨겨진 매개 변수가 없다. 그림 3.8에서 다섯 번째 줄 f 메소드의 호출은 오류이다. f는 객체 메소드이기 때문에 객체를 생성한 후에 호출할 수 있는 메소드이다. main은 static 메소드이기 때문에 숨겨진 매개 변수 this가 없으며, 이 때문에 f를 호출할 때 전달할 this가 없다.

4.3 this 키워드의 또 다른 용도

```java
public class Dog {
    private String name;
    private boolean isFemale;
    public Dog(String name){
        this(name, true);
    }
    public Dog(String name, boolean isFemale){
        this.name = name;
        this.isFemale = isFemale;
    }
}
```

〈그림 3.9〉 this 키워드를 이용한 한 생성자에서 다른 생성자 호출

this 키워드는 숨겨진 매개 변수로만 사용하는 것은 아니다. 이 키워드는 한 생성자에서 다른 생성자를 호출할 때에도 사용한다. 그림 3.9에 정의된 Dog 클래스에는 두 개의 생성자가 정의되어 있다. 하나는 이름만 인자로 받고, 다른 하나는 이름과 암수에 대한 정보를 받는다. 이름만 받는 생성자는 this를 이용하여 이름과 암수 정보를 모두 받는 생성자를 호출하고 있다. 이와 같은 형태의 코딩은 소스 중복을 줄이기 위한 요소이며, 보통 이름과 암수에 대한 정보도 setName, setGender와 같은 수정자를 호출하도록 구현된다. this 키워드를 이용한 다른 생성자의 호출은 생성자에서 다른 생성자를 호출할 때만 사용할 수 있으며, 사용할 경우 반드시 생성자의 첫 문장으로 사용해야 한다.

그림 3.9와 같은 클래스가 있을 때, 다음과 같이 객체를 생성하면,

```java
Dog dog = new Dog("미미");
```

문자열을 하나 받는 생성자가 호출된 뒤, this를 이용한 다른 생성자 호출에 의해 Dog (String, boolean) 생성자의 몸체가 실행된다. this 문 다음에 프로그래밍 문장이 있으면 다른 생성자 몸체가 실행된 후에 이 문장들이 실행된다. 즉, 항상 생성자 호출은 최초 호출된 생성자의 몸체 실행의 완료를 통해 마무리된다.

4.4 가시영역과 접근 방법

클래스의 메소드 내에서는 모든 멤버 변수와 메소드를 단순 이름으로 접근할 수 있다. 예를 들어 은행계좌 예에서 balance 멤버 변수는 동일 클래스에 포함된 getBalance 메소드에서 balance라는 이름으로 접근할 수 있다. 단순 이름은 실제로 숨겨진 매개 변수 this가 생략된 형태이다. 앞서 언급한 바와 같이 매개 변수와 이름이 충돌될 경우를 제외하고는 멤버를 접근하기 위해 this 키워드를 프로그래머가 직접 사용할 필요는 없다.

클래스 밖에서 객체의 메소드나 멤버 변수를 접근하기 위해서는 완전한 이름(qualified name)을 사용해야 한다. 완전한 이름이란 클래스 이름이나 객체 변수 이름과 '.' 연산자를 함께 사용하는 형태를 말한다. 예를 들어 Math.sqrt(), peterAccount.deposit(1000)은 완전한 이름을 이용하여 메소드를 호출하는 문장이다. 완전한 이름을 사용한다고 항상 접근할 수 있는 것은 아니다. 접근 권한에 따라 완전한 이름을 사용하여도 접근을 못할 수 있다. 클래스 내에서는 그 클래스의 객체인 경우(매개 변수로 받는 경우 또는 지역 변수로 생성한 경우)에는 그림 3.10처럼 완전한 이름으로 접근 권한과 무관하게 멤버 변수와 메소드를 접근할 수 있다. 접근 제어는 개별 객체에 대한 접근을 제한하는 것이 아니라 제한하는 단위는 클래스이다.

5. 메소드의 구현

객체지향적으로 소프트웨어를 개발하기 위해 필요한 분석을 한 다음 설계하는 과정에서 필요한 클래스를 선택하고, 각 클래스의 객체가 어떤 상태와 어떤 행위를 해야 하는지 결정되면 실제 구현을 시작할 수 있다. 이때 특정 클래스의 메소드를 구현하기 전에 다음 사항을 검토하여야 한다.

- 검토 1. 객체 메소드 vs. 클래스 메소드
- 검토 2. 객체 메소드의 위치
- 검토 3. 메소드의 접근 권한
- 검토 4. 메소드의 사전(precondition)/사후(postcondition) 조건
- 검토 5. 사용할 테스트 케이스
- 검토 6. 예외적인 상황
- 검토 7. 부작용 존재 여부

위 각각에 대해 좀더 자세히 살펴보자.

메소드가 객체 메소드가 되기 위해서는 해당 객체의 상태를 활용해야 한다. 객체의 상태를 전혀 사용하지 않는 메소드이면 해당 클래스의 메소드로 정의할 필요가 없다. 이 경우 해당 메소드를 어디에 정의할지 결정해야 한다. 객체 상태를 사용하지 않지만 특정 클래스와 관련이 있는 경우에는 해당 클래스에 static 메소드로 정의할 수 있고, 유사한 static 메소드를 모아 별도 interface나 유틸리티 클래스에 정의할 수 있다. 객체 상태를 사용하더라도 부작용 때문에 그림 3.11처럼 static 메소드로 정의할 수 있다.

메소드가 객체 상태를 사용하더라도 핵심적으로 사용하는 요소가 다른 객체의 상태일 수 있다. 예를 들어 메소드를 구현할 때 내부적으로 조건문이나 반복문이 있고, 이들 문의 비교식에서 사용하는 상태가 현재 정의된 A 클래스의 상태가 아니라 B 클래스의 상태이면 이 메소드는 A보다는 B에 정의해야 하는 메소드일 수 있다. 또는 그 메소드의 일부분을 모듈화하여 B에 정의하는 것이 더 적합할 수 있다. 즉, 객체 메소드가 맞더라도 종종 잘못된 클래스에 메소드를 포함하는 경우가 있다.

보통 메소드는 외부에서 객체와 상호작용하기 위해 public 접근 권한을 가진다. 하지만 외부에서 꼭 필요한 메소드만 개방해야 한다. 어떤 메소드를 구현할 때 해당 메소드가 복잡하여 그 메소드를 모듈화하는 경우도 있으며, 이 경우 한 행위를 위해 내부적으로 여러 개의 메소드를 구현하면 이들 메소드는 공개하지 않는다.

메소드의 사전 조건과 사후 조건은 다음 절에서 더 자세히 설명한다. 여기서는 메소드의 인자 개수와 메소드를 검사하기 위한 테스트 케이스에 관해서만 설명한다. 보통 사전 조건은 인자와 관련되어 있는데, 메소드의 인자 수는 적을수록 좋다. 인자 수가 많아지면 메소드가 복잡하다는 것을 의미하며, 한 가지 책임이 아니라 여러 가지 책임을 수행하는 것일 수 있다. 보통 6개 이상이 되면 메소드 설계 자체에 문제가 있을 수 있다. 이와 같이 인자가 많으면 설계를 다시 검토하여 다른 형태로 구현이 가능한지 살펴볼 필요가 있다. 예를 들어 인자가 많으면 이들 인자들 중 몇 개를 묶어 어떤 개념을 나타낼 수 있는지 살펴볼 필요가 있다. 이들 인자를 묶어 특정 개념을 표현할 수 있으면 이를 클래스로 정의하여 사용할 수 있으며, 이를 통해 인자 수를 줄일 수 있다. 특히, 이 메소드 외에 다른 메소드에서도 사용하는 인자이면 이들을 묶어 새 클래스를 정의하여 사용하면 더 효과적이다. 또 이 경우 메소드를 새 클래스의 메소드로 추가하는 것이 더 바람직한 것은 아닌지 살펴볼 필요가 있다. 참고로 자바는 JIT 기술의 하나로 메소드의 호출 빈도와 크기를 바탕으로 함수 호출이 아니라 함수 호출 위치에 대체하는 최적화 작업을 한다. 따라서 메소드의 크기를 작게 유지하는 것도 성능에 도움이 될 수 있다.

사전 조건과 사후 조건은 테스트할 케이스를 결정하고 테스트 프로그램을 작성하기 위해서도 정확하게 프로그래머가 알고 있어야 한다. 테스트 케이스는 테스트 데이터를 랜덤하게 생성하여 테스트하는 경우도 있지만 메소드가 해야 하는 기능에 따라 특정한 데이터만 조사하면 모든 데이터에 대해 올바르게 동작한다는 것을 확신할 수 있다. 또 메소드의 내부 구현을 고려하여 모든 분기를 검사하도록 테스트 케이스를 준비할 수 있다. 이를 화이트 박스 테스트라 하고, 거꾸로 내부 구현을 고려하지 않고 테스트 케이스를 준비하면 블랙 박스 테스트라 한다.

예를 들어 자바에서 절대값을 반환하여 주는 메소드를 다음과 같이 작성하였다고 하자.

```
int abs(int x){
    return x >= 0? x: -x;
}
```

이 메소드의 특성을 생각해보면 양수, 0, 음수, 3 종류의 값을 이용하여 테스트하면 될 것으로 생각할 수 있다. 보통 테스트 케이스를 생각할 때 해당 언어의 인자 타입의 범위를 고려하여야 한다. 자바에서 int 타입은 부호가 있는 타입이며, 최대 음수 값인 -2,147,483,648은 대응되는 양수 값이 존재하지 않는다. 테스트 케이스로 보통 인자 타입의 도메인에서 최대와 최소 값에 대해서도 작성된 알고리즘이 올바르게 동작하는지 테스트해 보아야 한다. 프로그래밍 경시대회 기출 문제를 많이 풀어보면 테스트 케이스에 대한 충분한 훈련을 할 수 있다.

위에서 설명한 최솟값을 예외적인 상황으로 볼 수 있지만 보통은 은행계좌 예처럼 음수 입금, 음수 인출과 같이 이 메소드의 입력으로 사용하지 않아야 하는 값이 전달되는 경우가 예외적 상황이다. 이와 같은 경우는 프로그래밍 오류에서 비롯되는 경우가 많기 때문에 개발 과정에서 예외 처리가 매우 중요하다.

5.1 사전 조건, 사후 조건

사전 조건은 메소드의 호출자가 호출하기 전에 지켜야 하는 요구사항이다. 메소드를 구현하는 입장에서는 사전 조건에 맞는 경우에 대해서만 처리하면 된다. 사전 조건은 크게 인자의 값과 관련되어 있을 수 있고, 객체의 상태와 관련되어 있을 수 있다. 은행계좌의 입금 메소드의 사전 조건은 인자인 입금액이 양수이어야 한다는 것이다. 그러면 사전 조건에 위배된 상태에서 호출된 경우에는 어떻게 해야 하나? 두 가지 방법이 있다. 하나는 예외 처리를 하는 것이고, 다른 하나도 아무것도 하지 않는 것이다. 다음 두 개의 deposit 구현 중 첫 번째는 예외 처리를 하고 있고, 두 번째는 아무것도 하지 않고 있다.

```
public void deposit(int amount){
    if(amount <= 0)
        throw new IllegalArgumentException("deposit: 음수/0 금액 입금");
    balance += amount;
}
public void deposit(int amount){
    if(amount > 0) balance += amount;
}
```

사전 조건을 위배하였을 때 예외 처리 여부와 상관없이 객체가 잘못된 상태로 진입하도록 방치하면 안 된다. 다만, 사전 조건의 위배는 보통 프로그래밍 오류에서 비롯되기 때문에 개발하는 과정에서는 예외 처리를 하여 잘못된 호출이 발생할 때 그것을 프로그래머가 인식할 수 있도록 하는 것이 필요하다.

사후 조건은 사전 조건이 충족된 상태에서 메소드가 실행되었을 때 메소드가 실행된 후에 보장해야 하는 조건을 말한다. 보통 기대하는 반환 값 또는 객체의 상태를 말한다. 은행계좌 예제에서 deposit 메소드의 사후 조건은 주어진 amount만큼 기존 잔액의 증가이며, getBalance 메소드의 사후 조건은 현재 잔액을 반환하는 것이다. 사후 조건을 정확히 알아야 메소드를 테스트할 수 있다.

5.2 불변조건

프로그램에서 변하지 않는 것(값, 조건)은 테스트의 기준이 될 수 있다. 보통 반복문과 관련하여 많이 활용하는 불변조건은 루프 불변조건(loop invariant)이다. 루프 불변조건이란 반복문이 반복하는 동안 변하지 않는 조건을 말한다. 예를 들어 다음과 같은 반복문에서 불변조건은 항상 루프의 끝 위치에서 sum 값은 1부터 i까지의 합이 된다는 것이다.

```
int sum = 0;
for(int i = 1; i <= n; ++i) sum += i;
```

우리가 위와 같은 반복문을 디버깅할 경우에는 루프가 반복될 때마다 불변조건이 그대로 유지되는지 관찰해보면 된다.

객체지향에서는 객체 불변조건이라는 것이 있다. 객체 불변조건은 클래스의 객체가 항상 만족해야 하는 조건을 말한다. 은행계좌 예에서 마이너스 통장을 고려하지 않는 경우 계좌의 잔액은 항상 0보다 커야 한다. 우리가 객체를 설계할 때 객체 불변조건을 찾을 수 있으면 이것은 하나의 메소드 구현에만 활용되는 조건이 아니라 해당 클래스의 모든 메소드를 구현할 때 유지해야 하는 조건이 되며, 테스트할 때도 유용하게 사용할 수 있는 조건이 된다.

5.3 부작용

전산학에서 전통적으로 함수가 부작용이 있다는 것은 그 함수의 데이터가 아닌 다른 데이터를 변경하는 것처럼 외부에 의미 있는 변화를 주는 경우를 말한다. 원래 함수는 전달받은 값을 가지고 처리하고 필요하면 결괏값을 반환하여 외부와 상호작용하여야 한다. 하지만 주소 전달이나 참조 전달 방식으로 인자를 전달하면 부작용이 발생할 수 있다. 대표적으로 C에서 부작용이 있는 메소드는 void swap(int*, int*)이다. 이 함수는 자신을 호출한 함수의 데이터 값을 서로 바꾼다. 부작용이 있는 함수는 디버깅을 어렵게 만들기 때문에 꼭 필요하지 않으면 부작용이 없도록 함수를 만들어야 한다. 우리는 부작용이 없는 함수를 순수 함수(pure function)라 한다. 참고로 자바에서는 이와 같은 swap 함수를 만들 수 없다.

```
public class BankAccount{
   //
   public void transfer(int amount, BankAccount other){
       balance -= amount;          // withdraw(amount)
       other.balance += amount;  // other.deposit(amount)
   }
}
```

〈그림 3.10〉 부작용이 있는 형태의 계좌이체 메소드 transfer

```
public class BankAccount{
   //
   public static void transfer(BankAccount from, BankAccount to, int amount){
```

```
            from.withdraw(amount)
            to.deposit(amount)
        }
    }
```

〈그림 3.11〉 부작용이 없는 형태의 정적 계좌이체 메소드 transfer

객체지향에서는 호출된 객체 외에 다른 객체의 상태를 변경하여도 부작용이 있다고 말하며, 특정 환경에서만 동작하는 코드도 부작용이 있다고 말한다. 예를 들어 계좌 이체를 그림 3.10과 같이 만들면 이 메소드는 부작용이 있는 메소드가 된다. aliceAccount.transfer (10_000, bobAccount)와 같이 사용하면 aliceAccount 뿐만 아니라 bobAccount의 상태도 변경된다. 이를 극복하기 위해 계좌 이체 메소드를 static 메소드로 그림 3.11과 같이 정의할 수 있다. 이 경우 이 메소드는 인자로 주어진 from과 to 객체를 모두 수정하기 때문에 전통적인 측면에서 부작용이 있는 메소드이지만 객체지향 측면에서 보았을 때에는 aliceAccount.transfer 형태로 aliceAccount를 중심으로 호출한 상태가 아니기 때문에 둘 다 변경될 수 있다는 것을 인지하기 훨씬 쉽다.

```
public class BankAccount{
   //
   public void printBalance(){
       System.out.printf("잔액: %,d원%n", balance);
   }
}
```

〈그림 3.12〉 BankAccount의 printBalance

잔액을 콘솔에 출력할 일이 많아 그림 3.12와 같이 printBalance 메소드를 BankAccount 클래스에 추가하였다고 하자. printBalance는 크게 두 가지 문제점이 있다. 첫째, 콘솔 출력을 하고 있어, 콘솔 프로그램이 아닌 경우에는 사용할 수 없는 메소드이다. 은행계좌 클래스처럼 사용자 인터페이스와 관련된 클래스가 아닌 경우에는 프로그래밍 환경(콘솔, Swing, JavaFX, 안드로이드 등)에 따라 클래스 소스 자체를 바꿀 필요가 없어야 하고, 정의된 모든 메소드는 환경과 무관하게 사용할 수 있어야 한다. 둘째, 출력하더라도 그 포맷을 내부에서 고정하였다. 따라서 다르게 출력하고 싶을 경우에는 이 메소드를 사용할 수 없다. 따라서 이와 같은 메소드는 실제 만들 필요가 없는 메소드이다. 이 객체를 사용하는 프로그래머는 언제든지 getBalance를 이용하여 잔액 정보를 얻어 올 수 있으며, 이를 이용하여 자신이 사용하는 환경에 맞게 원하는 형태로 출력하면 된다. 또 오류 처리를 위해 오류 메시지를 직접 콘솔에 출력하는 것도 환경에 제약을 받기 때문에 잘못된 프로그래밍 방식이다. 그럼에도 불구하고 실제 개발 과정에서 디버깅 목적으로 이와 같은 메소드를 많이 정의하여 사용한다.

6. 인자 전달과 반환

자바는 값 전달 방식만 지원한다. 값 전달 방식이란 인자 값이 매개 변수로 복사된다는 것을 말한다. 자바의 모든 타입은 크게 값 타입과 참조 타입으로 나눌 수 있는데 값 타입을 값 전달 방식으로 전달하는 것과 참조 타입을 값 전달 방식으로 전달하는 것에 미묘한 차이가 있다.

값 타입을 값 전달 방식으로 전달한다는 것의 의미는 매우 직관적이다. 인자 값이 매개 변수로 복사되기 때문에 전달받은 함수에서 매개 변수를 이용하여 어떤 계산을 하더라도 원래 인자에는 영향을 주지 않는다. 예를 들어 정수 인자를 하나 받는 func 함수가 있을 때, 다음 두 함수의 호출은 아무런 차이가 없다.

```
int n = 10;
func(10);
func(n);
```

하지만 참조 타입을 값 전달 방식으로 전달하는 것에 대해서는 잘못 이해하는 경우가 종종 있다. 참조 타입을 값 전달 방식으로 전달하면 인자 전달 과정에서 주소가 복사된다. 따라서 원 함수의 객체 변수와 매개 변수가 동일한 객체를 가리키게 되며, 호출된 함수에서 객체를 조작하면 그것의 영향은 함수가 종료된 후에도 그대로 남게 된다. 예를 들어 다음과 같은 경우 func 함수에서 전달받은 학생의 이름을 setName과 같은 객체 메소드를 이용하여 바꾸었다고 가정하면 func 함수가 종료된 이후 student 객체의 이름은 바뀌게 된다.

```
Student student = new Student("홍길동", 1);
func(student);
```

이처럼 함수 내부 수행 결과가 함수 종료 후에 남는다고 참조 타입을 값 전달 방식으로 전달하는 것을 참조 전달 방식으로 오해하면 안 된다. 자바에서는 값 전달 방식만 있기 때문에 특정 함수의 변수는 절대 다른 함수에서 수정할 수 없다. 즉, 특정 함수의 스택 영역에 있는 데이터는 다른 함수에서 절대 수정할 수 없다.

```java
static void swap(Student s1, Student s2){
   Student tmp = s1;
   s1 = s2;
   s2 = tmp;
}

static void swapName(Student s1, Student s2){
   String tmp = s1.getName();
   s1.setName(s2.getName());
   s2.setName(tmp);
}

static void foo(){
   Student student1 = new Student("홍길동", 1);
   Student student2 = new Student("성춘향", 1);
   swap(student1, student2);
   swapName(student1, student2);
}
```

〈그림 3.13〉 참조 타입을 값 전달로 전달하였을 때 효과

그림 3.13의 foo 함수에서 swap 함수가 호출되어도 student1, student2 변수가 실제 가리키는 객체는 바뀌지 않는다. foo 함수의 매개 변수인 student1과 student2의 변수의 값만 바뀌게 된다. 이와 달리 swapName 함수처럼 구현하면 foo 함수의 student1과 student2가 가리키는 객체의 내부 상태를 바꿀 수 있지만 여전히 student1과 student2 변수 자체를 인자 전달을 통해 다른 함수에서 바꿀 수 없다.

이처럼 자바에서는 값 전달 방식만 제공하지만 무거운 것을 복사 방식으로 전달하는 경우는 없다. 많은 정보를 유지하고 있는 객체를 인자로 전달하더라도 객체 자체가 전달(복사)되는 것이 아니라 객체의 주소가 전달되는 것이기 때문에 정수를 하나 전달하는 것과 비용 측면에서는 차이가 없다. 주소가 전달되기 때문에 자바의 참조 전달은 C/C++에서 주소 전달과 차이가 없다고 생각할 수 있다. 하지만 C/C++는 함수 스택에

있는 지역 변수의 주소를 다른 함수에 전달할 수 있는 반면에 자바는 힙에 있는 객체의 주소만 전달할 수 있어, 주소를 이용하여 간접 접근하여 할 수 있는 일의 차이가 있다.

자바에서는 참조 타입을 값 전달 방식으로 전달할 때 C/C++처럼 const 수식어를 사용하여 전달받은 함수에서 객체의 상태를 수정하지 못하도록 제한하는 방법은 없다. 강건성을 중요시 한 자바의 특성을 고려하였을 때 아직도 이 기능을 도입하지 않은 것은 이해하기 어려운 부분이다[17].

자바는 값 타입 또는 참조 타입을 메소드의 결과로 반환할 수 있다. 이 과정에서 각 변수에 유지한 값이 복사되는 것이므로 다른 언어와 달리 반환 과정에서 무거운 것이 복사될 수 없다. 또 함수 스택에 객체를 생성하는 경우가 없으므로 참조 타입을 이용하여 객체를 반환하여도 문제가 발생하지 않는다. C/C++에서는 함수 스택에 있는 데이터를 주소나 참조로 반환하면 함수 종료 후 반납되는 공간에 있는 데이터이기 때문에 심각한 문제를 발생할 수 있다. 자바는 이와 같은 문제가 발생할 수 없다. 자바는 배열도 객체로 처리하며 항상 동적으로 생성하기 때문에 배열을 인자로 전달하는 것과 일반 객체를 인자로 전달하는 것과 차이가 없으며, 배열도 일반 객체와 마찬가지로 함수의 결과로 반환할 수 있다.

7. static 멤버 변수와 메소드

7.1 상수

프로그램에서 사용하는 데이터 중 한번 값이 결정되면 더 이상 변경되지 않는 값을 상수로 모델링하면 프로그램의 강건성 향상에 도움이 된다. 자바에서는 final이라는 키워드를 이용하여 변수를 선언하면 이 변수는 상수가 된다[18]. 다음과 같이 변수 PI는 3.142로 고정되며, 향후 변경이 불가능하다.

```
final double PI = 3.142;
```

자바에서 변수는 생성과 동시에 초기화해야 한다. 초기화된 final 변수는 초기화된 값으

17) C++에서 const 포인터나 참조를 이용할 경우에는 const 메소드만 호출할 수 있다. 즉, C++처럼 const 참조 개념을 도입하고자 하면 const 메소드와 const 메소드가 아닌 것을 구분할 수 있어야 한다.
18) C++에서는 final 대신에 const 키워드를 사용한다.

로 고정되며, 그 이후 수정할 수 없다. 보통 final 변수는 선언과 동시에 초기화하지만 final인 멤버 변수는 생성자에서 초기화할 수 있다. 클래스에 멤버 변수로 정의하는 상수는 크게 프로그램 내에서 모든 객체가 동일한 값을 사용해야 하는 데이터와 객체마다 다른 값을 사용해야 하는 데이터로 구분할 수 있다. 위에서 제시한 PI 데이터는 객체마다 다른 PI를 사용할 이유가 없다. 반대로 대학생을 모델링하였을 때 학생마다 입학 연도는 다를 수 있지만 한 학생의 입학년도는 변하지 않는 값이므로 상수로 모델링할 수 있다[19].

원시 타입의 상수는 한번 값이 설정되면 바꿀 수 없기 때문에 외부에서 직접 접근하여도 문제가 될 수 없다. 따라서 다른 멤버 변수와 달리 이와 같은 상수는 public 멤버 변수로 정의하며, 단순 열람자를 제공하지 않고 완전한 이름으로 접근하여 사용한다. 하지만 불변 객체가 아닌 객체 타입의 멤버 변수는 final이어도 해당 객체 상태를 여전히 수정할 수 있으므로 public 접근 권한을 줄 수 없다. 참조 타입이 final이면 참조 변수가 유지하는 주소가 고정되는 것이지 참조하는 객체의 상태가 고정되는 것은 아니다.

객체지향 언어에서 어떤 종류의 객체를 n개 생성하면 멤버 변수도 n개가 생성되어 각 객체가 별도 유지한다. 예를 들어 학번을 유지하는 대학생을 모델링하는 객체를 100개 생성하면 객체마다 해당 객체의 학번을 유지하기 위한 별도 공간이 확보된다. 하지만 각 학생이 졸업할 때까지 이수해야 하는 최소이수학점인 150학점은 상수이며, 이를 학생 클래스에 학번과 동일한 형태로 선언하였다면 학생 객체마다 같은 150이라 정수 값을 유지하게 되기 때문에 공간적으로 낭비가 된다. 이와 같은 낭비를 해결하기 위해 static 수식어를 추가로 붙여준다. static 수식어가 붙으면 객체를 n개 생성하여도 해당 멤버 변수는 하나만 존재하며, 모든 객체가 공유하여 사용할 수 있는 값이 된다. 따라서 static 멤버 변수를 객체 멤버 변수라는 용어 대신에 클래스 멤버 변수라 한다.

최수이수학점을 static 수식어를 이용하여 Student 클래스에 유지하지 않고, 모든 학생 객체가 공유해야 하는 데이터를 별도 다른 클래스나 interface에 유지할 수 있다.

7.2 static 멤버 변수

```
public class BankAccount{
    private int balance = 0;
```

19) 입학 연도는 분명히 변할 수 없는 값이다. 하지만 오류로 잘못 설정된 경우 상수로 모델링하였다면 그 이후 바꿀 수 없으니 응용에서 이를 고려하여 결정해야 한다.

```
        private int accountNumber;
        private static int lastAssignedNumber = 0;
        public BankAccount(){
            accountNumber = ++lastAssignNumber;
        }
        public BankAccount(int amount){
            this();
            deposit(amount);
        }
    }
```

〈그림 3.14〉 static 멤버를 이용한 은행계좌 계좌번호 모델링

은행계좌에서 계좌번호를 유지하고자 한다. 이때 계좌번호는 생성한 순서에 따라 1부터 차례차례 부여하고자 한다. 이를 구현하기 위해서는 생성한 객체의 수를 유지해야 한다. clone을 이용한 복제를 고려하지 않는다면 객체의 생성은 항상 생성자를 이용하기 때문에 생성자를 호출할 때마다 생성한 수를 증가하면 한 클래스의 객체를 몇 개 생성하였는지 파악할 수 있다. 이 변수는 객체마다 유지할 필요가 없는 변수이다. 객체지향에서는 보통 동일 객체들이 하나의 변수를 공유할 수 있도록 해준다. 자바에서는 static 키워드를 이용하면 하나의 변수를 동일 객체들이 공유할 수 있다. 그림 3.14의 BankAccount는 static 멤버 변수인 lastAssignedNumber에 생성한 계좌 수를 유지한다. 계좌 수의 증가는 기본 생성자에서 하도록 하고, 초기 금액을 하나 받는 생성자는 기본 생성자를 호출하도록 하여 코드 중복을 줄이고 있다.

그림 3.14처럼 생성자에서 lastAssignedNumber를 증가하여 계좌번호를 초기화하지 않고, 다음과 같은 static 메소드를 정의한 다음

```
    private static int getNextAccountNumber(){
        return ++lastAssignNumber;
    }
```

accountNumber를 다음과 같이 명백한 초기화를 할 수도 있다.

```
private int accountNumber = getNextAccountNumber();
```

static 멤버 변수는 일반 멤버 변수와 달리 객체마다 중복되지 않으며, 객체를 하나도 생성하지 않아도 접근이 가능하다. static 멤버 변수는 상수를 모델링하기 위해 사용하거나 개별 객체가 아니라 생성한 객체 수처럼 클래스 단위에서 필요한 정보를 유지하기 위해 사용한다. 전자는 상수이기 때문에 public 멤버로 모델링하며, 후자는 외부에서 함부로 수정할 수 없도록 private 멤버로 모델링한다.

public static 멤버는 객체 변수 또는 클래스 이름을 이용하여 접근할 수 있지만 특정 객체에 소속된 것이 아니기 때문에 클래스 이름을 이용하여 보통 접근한다. 특히, 클래스 이름을 이용하여 접근하면 이 멤버가 static 멤버라는 것이 명확해지는 이점이 있다. private static 멤버는 외부에서 당연히 직접 접근할 수 없고, 필요하면 정의된 public static 메소드를 이용하여 접근하여야 한다.

7.3 static 메소드

static 메소드는 보통 크게 다음과 같은 3가지 이유로 사용한다.

- 용도 1. 객체지향과 관련이 없는 함수를 정의하기 위해 사용한다.
- 용도 2. 어떤 클래스의 private static 멤버 변수를 접근하는 메소드를 정의하기 위해 사용한다.
- 용도 3. 객체를 생성하기 위한 메소드를 정의하기 위해 사용한다.

용도 1은 자바 8 이후에는 관련된 static 메소드들을 모아 interface에 정의하는 것이 올바른 방법이고, 용도 2는 private static 멤버가 정의된 클래스에 정의한다. 용도 3은 생성하는 객체의 클래스나 별도 클래스에 정의한다. 별도 클래스에 정의하면 각 클래스의 크기를 줄이고 각 클래스의 응집성을 높일 수 있다.

static 메소드는 일반 객체 메소드와 달리 숨겨진 매개 변수 this가 없으며, 특정 객체와 관련이 있는 메소드가 아니므로 클래스 이름을 이용하여 호출한다. 또 숨겨진 매개 변수 this가 없으므로 static 메소드에서는 일반 객체 메소드를 호출할 수 없다.

자바에서 프로그램의 시작 위치를 나타내는 main 메소드가 대표적인 static 메소드이다. main 메소드는 다른 메소드에서 호출하는 메소드가 아니라 JVM이 해당 프로그램의 실행을 요청받았을 때 해당 프로그램에서 가장 먼저 실행하는 메소드이다. JVM은 스스로 어떤 객체를 생성한 다음에 그 객체의 main 메소드를 호출하는 것이 아니기 때문에

static 메소드이어야 한다. 또한 main은 특정 클래스와 관련된 메소드가 아니기 때문에 자바에서는 보통 main만 가지는 독립적인 클래스를 만들어 사용한다.

8. 객체 초기화

객체를 생성할 때 객체를 적절하게 초기화하여야 한다. 객체를 초기화한다는 것은 객체가 유지하고 있는 멤버 변수를 초기화하는 것을 말한다. 객체의 멤버 변수는 그것의 특성에 따라 다음과 같이 분류할 수 있다.

- 객체 상수: 객체마다 다른 값으로 초기화할 수 있지만 한번 초기화된 이후 변하지 않는 값
- 시작값 고정 변수: 모든 객체가 같은 값으로 초기화해야 하는 변수
- 시작값 유동 변수: 객체마다 다른 값으로 초기화할 수 있는 변수

클래스에는 클래스 멤버 변수도 있을 수 있다. 이들은 크게 클래스 상수와 클래스 변수로 구분할 수 있다. 이들도 그 특성에 맞게 클래스를 정의할 때 초기화하여야 한다.

```
public class Student{
    private int year;                               // 학년
    public final int ENTRANCEYEAR;                  // 입학 연도
    private int currentCredit = 0;                  // 이수학점
    public static final int TOTALMINCREDIT = 150;   // 졸업최소이수학점
    private static int numberOfStudents = 0;
    public Student(int year, int entraceYear){
        this.year = year;
        ENTRANCEYEAR = entraceYear;
    }
}
```

〈그림 3.15〉 멤버 변수 종류에 따른 초기화 방법

각 종류마다 어떻게 초기화해야 하는지 설명하기 위해 그림 3.15에 제시된 예를 살펴보자. 객체 상수는 객체마다 다르지만 초기화한 이후 변하지 않는 값이다. 이 예에서는 입학 연도에 해당한다. 이와 같은 멤버 변수는 객체마다 초깃값이 다를 수 있기 때문에 생

성자를 통해 값을 받아 초기화해야 한다. 시작값 고정변수는 모든 객체가 같은 값으로 초기화해야 하는 변수이므로 명백한 초기화하는 것이 바람직하다. 그 이유는 초기화를 통해 프로그래머의 의도가 명확하게 나타나기 때문이다. 이 예에서는 이수학점이 여기에 해당한다. 시작값 유동변수는 객체마다 다른 값으로 초기화해야 하는 변수이므로 생성자를 통해 값을 받아 초기화할 수밖에 없다. 이 예에서 학년이 여기에 해당한다.

이 예에서 클래스 상수에 해당하는 것은 졸업최소이수학점이다. 이 값은 학생과 관련된 상수이며, 모든 학생에게 동일하게 적용되는 값이다. 생성된 학생 수를 유지하기 위해 이 예처럼 numberOfStudents와 같은 static 변수를 사용할 수 있다. static 변수는 특정 객체에 속한 변수가 아니기 때문에 상수와 변수 모두 명백한 초기화를 할 수밖에 없다.

```java
public class A{
    private int[] list = new int[10];
    {
        for(int i = 0; i < list.length; ++i) list[i] = 1;
    }
    private static int[] sList = new int[10];
    static{
        for(int i = 0; i < sList.length; ++i) sList[i] = 1;
    }
}
```

〈그림 3.16〉 초기화 블록

자바는 멤버 변수를 초기화하는 과정이 복잡하거나 모든 객체를 생성할 때마다 실행해야 하는 코드가 있으면 초기화 블록이라는 것을 이용할 수 있다. 그림 3.16에는 두 종류의 초기화 블록을 사용하고 있다. 초기화 블록은 특정 메소드에 속하지 않은 블록을 만들고 그 블록 내부에 필요한 코드를 작성하면 된다. 이 블록 앞에 static을 사용하면 이것은 객체를 생성할 때마다 실행되는 것이 아니라 JVM이 해당 클래스를 최초로 사용할 때 한번 실행된다.

객체의 멤버 변수는 객체를 생성할 때 그것의 특성에 따라 적절히 초기화하는 것이 원칙이다. 하지만 생성 비용이 고가인 객체 타입의 멤버 변수는 그것이 필요할 때까지 생성 자체를 지연할 수 있다. 예를 들어 메모 응용에서 기록된 메모 목록을 보여 줄 때, 각 메모를 나타내는 객체는 처음에는 메모에 대한 요약 정보만 유지하고, 실제 메모 내용은 내용 읽기 요청이 있을 때 파일 시스템에서 메모 내용을 읽어 유지할 수 있다.

퀴즈

1. 데이터뿐만 아니라 기능도 객체로 모델링할 수 있다. 이와 관련된 다음 설명 중 틀린 것은?
   ① 주어진 인자만 이용하여 구현이 가능하더라도 복합 타입의 인자가 있으면 해당 인자를 중심으로 수행하는 형태(그 타입의 메소드)로 모델링할 수 있다.
   ② 과거에 대한 기억이 필요한 기능이면 필요한 기억을 상태로 유지하는 객체로 모델링하여 효과적으로 제공할 수 있다.
   ③ 인자가 원시 타입으로만 구성되어 있고, 주어진 인자만 이용하여 구현이 가능한 기능이면 일반 함수로 구현할 수밖에 없다.
   ④ 인자가 원시 타입으로만 구성되어 있는 경우에도 인자의 일부를 묶어 새 타입을 정의한 후에 그것의 메소드로 정의할 수 있는지 살펴볼 수 있다.

2. 다음 중 자바에서 불변 객체의 장점이 아닌 것은?
   ① 객체의 상태를 수정할 수 없기 때문에 디버깅에 도움이 된다.
   ② 상태가 같은 객체를 여러 개 생성하지 않고 하나만 생성하여 공유할 수 있다.
   ③ 불변 객체를 멤버 변수로 유지하면 그것을 메소드의 결과로 반환하여도 객체에 영향을 주지 않는다.
   ④ 불변 객체는 힙이 아니라 함수 스택에 생성된다.

3. 자바에서 인자 전달과 관련된 다음 설명 중 틀린 것은?
   ① 값 전달, 참조 전달 두 가지 방식이 존재한다.
   ② 참조 타입을 전달할 때 C++처럼 const로 수식하여 참조하는 것을 수정할 수 없도록 하는 방법이 없다.
   ③ 특정 함수 스택 공간에 있는 데이터를 다른 함수가 수정할 수 있는 방법이 없다.
   ④ 객체를 전달 받은 함수가 해당 객체의 수정자를 호출하여 객체를 수정하면 함수가 종료된 이후에도 수정된 결과가 계속 유지된다.

4. 클래스 멤버 변수의 종류 중 명백한 초기화를 할 수 없는 것은?
   ① 시작값 고정 변수
   ② 클래스 상수
   ③ 객체 상수
   ④ 클래스 변수

5. 원시 타입의 클래스 상수는 보통 public static final로 수식한다. 그 수식어의 용도를 맞게 연결하라.

public •	• 변수에 할당된 초깃값을 바꿀 수 없도록 하여 상수 변수로 만들기 위해
static •	• 객체마다 중복되어 유지하면 공간이 낭비되므로 하나만 만들어 모든 객체가 공유하기 위해
final •	• 상수이므로 값을 수정할 수 없기 때문에 외부에서 접근이 필요하면 직접 접근할 수 있도록 하기 위해

연습문제

1. 다음과 같은 클래스들이 주어져 있을 때,

```
public class Card{
    private int number;
    public Card(int number){
        setNumber(number);
    }
    public int getNumber(){
        return number;
    }
    public void setNumber(int number){
        if(number >= 1 && number <= 13) this.number = number;
    }
}

public class Test{
    private static void swapCs(Card x, Card y){
        Card tmp = x;
        x = y;
        y = tmp;
    }
    private static void swapNs(Card x, Card y){
        int number = x.getNumber();
        x.setNumber(y.getNumber());
        y.setNumber(number);
    }
    public static void main(String[] args){
        Card c1 = new Card(1);
        Card c2 = new Card(13);
        swapCs(c1, c2);
        System.out.println(c1.getNumber() + ", " + c2.getNumber());
        c1.setNumber(11);
        c2.setNumber(7);
        swapNs(c1, c2);
```

```
            System.out.println(c1.getNumber() + ", " + c2.getNumber());
        }
    }
```

다음 각각에 대해 답변하라.

① main이 실행되었을 때 출력 결과를 제시하고, 그 이유를 설명하라.

② 주어진 Card 클래스에 클래스 불변조건(class invariant)이 있으면 제시하라.

2. 어떤 게임에 등장하는 게임 유니트를 모델링하기 위해 Unit 클래스를 정의하고자 한다. 이 클래스는 멤버 변수로 모두 int 타입인 stamina, level, speed, space, 4가지를 유지하고자 한다. 각 멤버 변수의 특성은 다음과 같다.

- stamina: 유니트의 종류와 상관없이 항상 100으로 초기화 되어야 하며, 게임 도중에 변화하여 0이 되면 해당 유니트는 죽는다.
- level: 1부터 5 중 하나의 값을 가지고 생성할 수 있다.
- speed: 유니트의 이동속도를 나타내며, 유니트의 종류와 상관없이 항상 1이며, 게임 도중에 변하지 않는다.
- space: 유니트가 차지하는 공간이며, 유니트의 종류마다 다를 수 있지만 변하지는 않는다.

이와 같은 특성을 토대로 Unit 클래스를 정의하라. 이때 앞서 설명한 멤버 변수 4개를 정의하여야 하며, 이들을 적절히 초기화하는 생성자(생성할 때 꼭 받아야 하는 인자들을 모두 받는 생성자 1개만 정의하고, 인자의 오류 여부는 검사할 필요가 없음)를 정의하라.

3. 다음과 같이 년, 월, 일 정보를 유지하는 Date 클래스를 정의하고자 한다. 이와 관련하여 다음에 대해 각각 답변하라.

```
public class Date{
    public final int year;
    public final int month;
    public final int day;
    public Date(int year, int month, int day){}
```

```
    public Date(int year, int month){}
    public Date(int year){}
    private void setYear(int year){
        this.year = (year >= 1900 && year <= 2100)? year: 2023;
    }
    private void setMonth(int month){
        this.month = (month >= 1 && month <= 12)? month: 1;
    }
    private void setDay(int day){
    }
}
```

① 주어진 Date 클래스의 경우 기본 생성자를 이용하여 객체를 생성할 수 있는지 여부를 설명하라.

② Date 클래스는 public 수정자가 없다. 이와 같은 클래스의 객체를 불변 객체라 한다. 어떤 클래스를 불변 객체로 모델링하였을 때 장점은 무엇이고, 자바 시스템 라이브러리에서 제공하는 클래스 중 불변 클래스에 해당하는 것을 제시하라.

③ 위 클래스에 3개의 생성자를 정의하고 있다. 이와 같이 생성자를 다중 정의하더라도 코드가 중복되는 것은 바람직하지 않다. 코드가 중복되지 않도록 3개의 Date 클래스의 생성자를 완성하라.

④ setDay는 어떻게 구현해야 하는지 설명하라.

4. 다음과 같이 불변 클래스를 정의하였다.

```
public class A{
    public final int n;
    public final B b;
    public A(int n, B b){
        this.n = n;
        this.b = b;
    }
}
```

여기서 클래스 B는 불변 클래스가 아니다. 클래스 A의 객체를 불변 객체로 사용할 때의 문제점을 설명하라.

5. 숨겨진 매개 변수가 명백하게 나타나도록 다음 클래스를 수정하라.

```
public class A{
   public void foo(){
       bar(2);
   }
   public void bar(int x){
   }
}
```

6. 매일 걸은 거리를 기록하여 각종 통계를 보여주는 프로그램을 만들고 싶다. 이를 위해 특정 월 단위 기록을 유지하는 다음과 같은 클래스를 정의하였다고 하자.

```
public class MonthlyWalkLog{
   private double dailyDistance[] = new double[31];
   private final int year;
   private final int month;
   public MonthlyWalkLog(int year, int month){
   }
   public void recordDistance(int day, double distance){
   }
   public double getDistance(int day){
   }
}
```

① 위 클래스의 멤버 변수 중 dailyDistance의 용량을 31로 설정한 이유를 설명하라.

② 위 클래스의 멤버 변수 중 year, month를 final 변수로 선언한 이유를 설명하라.

③ 위 클래스의 recordDistance 메소드는 정상적인 경우에는 해당 요일에 주어진 거리를 기록하면 된다. 그러면 이 메소드를 구현할 때 발생할 수는 있는 예외적 상황을 모두 제시하라.

7. 영화관에서 특정 영화를 상영할 때 해당 영화를 당일 몇 명이 관람하였는지 통계를 내는 프로그램을 소프트웨어 회사를 통해 개발하였다. 이 소프트웨어는 특정한 날에 특정 영화를 몇 명이 관람하였는지 유지하기 위해 다음과 같은 클래스를 정의하여 사용하고 있다.

```
public class Screen{
    public final int MAX_SEATS;
    public Screen(int maxSeats){
        MAX_SEATS = maxSeats;
    }
}

public class Movie{
    public final int NUMBER_OF_SHOWS;
    private Screen screen;
    private int totalAttendance = 0;
    public Movie(Screen screen, int numberOfShows){
        this.screen = screen;
        NUMBER_OF_SHOWS = numberOfShows;
    }
    public void add(int showNumber, int attendance){
    }
}
```

다음 각각에 대해 답하라.

① Movie의 생성자는 예외 상황에 대한 검사를 하지 않고 있다. 어떤 예외적 상황이 발생할 수 있는지 모두 제시하라.

② add 함수를 완성하라. 예를 들어 "아바타2"가 최대 120명을 수용할 수 있는 2관에서 오늘 총 4회 상영한다고 가정하면 해당 영화는 다음과 같이 초기화한다.

```
Movie movie = new Movie(new Screen(120), 4);
```

이때 1회에 100명이 관람하였을 경우 다음과 같이 add 메소드를 호출한다.

```
movie.add(1, 100);
```

③ Screen의 MAX_SEATS와 Movie의 NUMBER_OF_SHOWS는 상수 변수이기 때문에 final 수식어를 사용하였다. 하지만 static 수식어는 사용하지 않았다. 그 이유를 설명하라.

④ NUMBER_OF_SHOWS는 생성자에서 초기화했지만 totalAttendance는 명백한 초기화를 하였다. 명백한 초기화를 하지 않아도 이 값은 자동으로 원하는 0값으로 초기화된다. 이와 같이 프로그래밍한 이유를 설명하라.

제4장

상속과 구체화

제 4 장 상속과 구체화

1. 클래스 간 관계, 객체 간 관계

객체지향 방식으로 하나의 프로그램을 개발할 때 보통 여러 개의 클래스를 정의하게 된다. 이들 클래스는 상호 독립적으로 존재하지 않으며, 이들 클래스의 객체도 상호 독립적으로 존재하지 않는다. 한 클래스를 정의할 때 여러 다른 클래스가 등장하며, 한 클래스는 그것의 정의에 등장하는 다른 모든 클래스에 의존하게 된다. 클래스 A가 클래스 B에 의존할 때 클래스 B를 수정해야 하면 클래스 A도 수정해야 할 수 있다. 이와 같은 의존 관계는 크게 클래스 간 관계와 객체 간 관계로 구분할 수 있다. 클래스 간 관계는 코드 수정 없이는 변하지 않기 때문에 정적 관계라 하며, 객체 간 관계는 프로그램이 수행되는 동안에 바뀔 수 있기 때문에 동적 관계라 한다.

클래스 간 관계는 크게 상속(inheritance, is-a) 관계와 구체화(realization) 관계로 구분할 수 있고, 객체 간 관계는 크게 사용(use-a) 관계와 포함(has-a) 관계로 구분할 수 있다. 클래스 간 관계를 논할 때 class와 interface를 모두 아우르는 개념으로 클래스를 사용할 때가 많으므로 각 문맥에서 클래스가 어떤 의미를 가지는지 잘 살펴 이해할 필요가 있다.

1.1 의존 관계

```
public class A extends B implements C, D {
    private E e;
    public void foo(F e){}
    public void bar(){
        G g = new G();
        //
    }
}
```

〈그림 4.3〉 의존 관계: 클래스 A는 B, C, D, E, F, G에 의존하고 있음

한 클래스를 구현할 때 다른 클래스를 사용하면 이것은 두 클래스 간 또는 두 클래스의 객체 간 관계가 있다는 것을 의미한다. 우리가 관계의 종류와 무관하게 얼마나 많은 관계를 맺고 있는지 살펴보기 위해 의존 관계(dependency relation)라는 용어를 사용한다.

그림 4.3에서 클래스 A는 B, C, D, E, F, G에 의존하고 있다. 여기서 B, C, D는 클래스 간 관계이고, 나머지는 객체 간 관계이다. 어떤 클래스 A가 B에 의존하고 있을 때, B를 수정하면 A도 수정해야 할 수 있다. 따라서 한 클래스가 의존하는 클래스의 수는 적을수록 좋다. 또 의존하더라도 구체적 클래스보다는 상속 관계에서 상위 클래스나 interface에 의존해야 수정에 대해 유연하다. 또 의존 관계는 일방향 관계이어야 바람직하다. 하지만 서로 의존하거나 의존 관계가 복잡하게 얽혀 있거나, 의존 관계가 주기를 형성하면 프로그램을 수정하기 어려워질 수 있다.

1.2 클래스 간 관계

1.2.1 상속 관계

우리는 사물을 계층적으로 분류하여 바라볼 수 있다. 예를 들어 진돗개와 푸들은 개의 한 종류이고, 개와 고양이는 애완동물의 한 종류이다. 객체지향에서 상속은 응용에서 모델링하는 것들을 계층적으로 분류할 수 있도록 해주며, 하나의 상위 개념을 통해 다양한 하위 개체를 처리할 수 있도록 해준다.

상속은 기존 클래스를 이용하여 is-a 관계가 성립하는 특수화(specialization)된 새 클래스를 정의할 수 있도록 해준다. 예를 들어 학생은 사람을 상속받아 정의할 수 있다. 이때 학생은 사람의 자식 클래스가 되며, 사람은 학생의 부모 클래스가 된다. 상속이 지원되지 않으면 모든 객체는 자신의 모든 속성을 명백하게 정의해야 한다. 반면에 상속이 지원되면 공통된 부분은 상위 클래스에 정의하고, 각 클래스는 같은 종류의 다른 클래스와 차별화되는 부분만 정의하면 된다.

물론 거꾸로 여러 클래스의 공통된 부분을 추출하여 이들을 일반화(generalization)한 새 클래스를 정의할 수 있다. 하지만 보통은 전체적인 설계에서 부모, 자식 관계를 설정하게 되며, 이것을 바탕으로 위에서 아래로 가장 최상위 클래스부터 차례 차례 구현한다. 예를 들어 주문시스템에서 모든 종류의 주문이 갖는 공통 특성을 주문 클래스에 정의한 다음, 주문 클래스를 상속하여 일반 주문과 긴급 주문을 정의할 수 있다. 또 모든 애완동물이 갖는 공통 특성을 Pet이라는 클래스로 모델링한 다음 강아지, 고양이 등을 Pet을 상속하여 정의할 수 있다.

상속을 통해 우리는 크게 두 가지 이점을 얻을 수 있다. 첫째는 기존 클래스를 상속받아 새 클래스를 정의할 때 부모에 정의된 기능 중 자식이 그대로 사용할 수 있는 기능은 별도 구현없이 모두 그대로 사용할 수 있다. 따라서 상속은 코드를 재사용할 수 있도록 해주고, 코드 중복을 없애준다. 주인 정보, 애완동물 이름 등과 같이 모든 종류의 애완동물이 공통으로 가져야 하는 상태와 행위가 Pet에 구현되어 있으면, 강아지, 고양이, 거북이 등을 정의할 때 이와 같은 상태와 행위는 다시 정의할 필요 없이 그대로 가져다 사용할 수 있다.

둘째는 여러 종류의 객체를 하나의 리모컨을 이용하여 처리할 수 있다. 예를 들어 모든 애완동물이 Pet을 상속받아 구현된다면 모든 애완동물을 Pet이라는 리모컨을 통해 처리할 수 있다. 따라서 void f(Pet p)와 같은 메소드는 모든 종류의 애완동물을 받아 처리할 수 있는 범용 메소드가 된다.

1.2.2 구체화 관계

구체화는 한 클래스가 특정 interface를 구현한 경우를 말한다. interface는 메소드만 선언되어 있으므로 코드 재사용 없이 그룹핑하는 역할만 해준다. 따라서 구체화는 서로 논리적으로 관계가 없지만 동일 이름의 메소드를 제공하는 객체를 공통으로 처리할 수 있는 리모컨을 만들어 준다. 예를 들어 open 메소드 하나만 선언되어 있는 Openable이라는 interface가 있다고 하자. 그러면 창문, 문, 서랍 클래스 등은 Openable interface를 구현할 수 있으며, void openAnything(Openable o)와 같은 메소드는 Openable 구현하고 있는 모든 클래스의 객체를 받아 처리할 수 있는 범용 메소드가 된다.

interface는 메소드만 선언되어 있으므로 interface는 무엇을 해야 하는지(what)와 어떻게 해야 하는지(how)를 구분할 수 있도록 해준다. 무엇을 해야 하는지는 interface가 정의하지만 그것을 어떻게 구체적으로 수행할 것인지는 클래스의 몫이다. 따라서 상속과 달리 코드 공유가 가능하지 않으며[20], 특정 interface를 구현할 때 클래스가 얻는 이득이 하나도 없다. 하지만 그룹핑을 통해 하나의 리모컨으로 여러 종류의 객체를 처리할 수 있는 이점은 상속과 동일하다.

interface는 계약 기반(contract-driven, contract-based) 프로그래밍할 수 있도록 해준다. interface는 메소드를 선언만 하고 그것의 구현은 클래스의 몫이 된다. 특정 interface를 정의한 다음에 이를 구현하도록 하면 해당 interface를 구현하는 모든 클래스는

20) 자바 8 이후 default의 도입으로 이 설명이 잘못되었다고 생각할 수 있지만 개념적으로는 interface는 what만 정의하는 것으로 이해하는 것이 여전히 유효하다.

동일 서명의 메소드를 가지게 된다. 예를 들어 앞서 제시한 void openAnything(Openable o) 메소드에 자신의 정의한 객체를 전달하고 싶으면 해당 객체의 틀을 정의한 클래스에 Openable interface를 구현하면 된다.

같은 이름의 메소드를 제공한다고 interface로 무조건 묶을 필요는 없다. 앞서 설명한 예제에서 창문, 문, 서랍을 Openable로 묶었지만 Openable 리모컨을 프로그래밍 내에서 범용적으로 사용할 일이 없으면 묶을 이유가 없다. 그룹핑을 통해 얻어지는 이득이 있는 경우만 구체화 관계를 구현하는 것이 보통이다. 이것은 앞서 언급한 상속도 마찬가지이다. 물론 보통 is-a 관계가 성립하면 공통 리모컨의 활용도가 없더라도 코드 중복을 제거하는 측면에서 상속을 활용하는 것은 충분한 가치가 있을 수 있다.

자바에서 한 클래스는 오직 하나의 부모만 가질 수 있다. 즉, C++처럼 다중 상속을 할 수 없다. 반면에 한 클래스는 여러 개의 interface를 구현할 수 있다.

1.2.3 Subclassing vs. Subtyping

앞서 클래스 간 관계를 상속과 구체화로 구분하였지만 이 구분은 자바에 적용되는 개념이고, 실제 객체지향에서는 클래스 간 관계를 subclassing과 subtyping으로 구분한다. Subclassing은 한 클래스의 상태와 행위의 구현을 재사용하는 것을 말하고, subtyping은 외부 모습만 재사용하는 것을 말한다. 특히, B가 A의 subtype이면 A 타입을 기대하는 어느 곳이나 B 타입의 객체를 안전하게 사용할 수 있어야 한다. 이것을 대체가능성(substitutability)이라 한다. 여기서 안전하게는 문법적으로 뿐만 아니라 논리적으로도 대체 가능해야 한다는 것이다.

Subclassing을 하면 subtyping의 효과를 얻을 수 있지만 언어마다 subclassing과 subtyping을 제공하는 방법에 따라 subclassing을 하면서 subtyping을 얻을 수 없는 경우도 많다[21]. 특히, subclassing을 하였지만 논리적으로 subtyping이 성립하지 않는 경우가 많다.

자바의 상속은 명백하게 subclassing이며, 구체화는 subtyping에 해당한다. 또 자바에서 상속을 하면 물리적 subtyping도 제공한다. 즉, B 클래스가 A 클래스의 자식 클래스이면 B 클래스 객체를 A 클래스의 객체를 요구하는 위치에 언제든지 문법적으로 오류 없이 사용할 수 있다. 하지만 하늘을 나는 공개 메소드를 가진 새를 상속하여 타조를 정의하면 날 수 없는 타조가 날 수 있게 되어 문법적으로 문제가 없지만 논리적으로 문제

21) C++에서 private으로 상속하면 subtyping이 지원되지 않는다.

가 될 수 있다.

1.3 객체 간의 관계

1.3.1 사용 관계

```java
public class Child {
    //
    public void wash(Towel towel){
        //
    }
}
```

(1) 사용할 객체를 인자로 받음

```java
public class Camera {
    //
    public Picture takePicture(){
        Picture picture = new Picture();
        //
        return picture;
    }
}
```

(2) 사용할 객체를 지역변수로 생성함

〈그림 4.1〉 사용 관계의 예

한 객체가 그것의 행위를 수행하기 위해 다른 객체를 사용하는 경우를 사용 관계라 하며, 가장 흔하고 널리 사용하는 관계이다. 한 객체가 부분 전체 관계는 아니지만 편리하게 사용하기 위해 다른 객체를 멤버 변수로 유지할 수 있으며, 이 경우에는 사용 관계인 동시에 다음에 설명할 포함 관계에도 해당한다. 한 객체가 사용할 다른 종류의 객체를 멤버 변수로 유지하지 않을 경우 사용 관계는 그림 4.1에 제시된 두 가지 형태로 나타난다. 하나는 사용할 객체를 인자로 받고 있으며, 다른 하나는 사용할 객체를 메소드 내에서 지역 변수로 생성하고 있다. 그림 4.1의 (1)에서는 아이 객체가 씻을 때 수건 객체를 사용하고 있고, (2)에서는 카메라 객체가 사진을 찍을 때 이미지 객체를 생성하여 거기에 촬영한 사진을 저장하고 있다.

1.3.2 포함 관계

```java
public class Computer {
    private CPU cpu;
    //
    public Computer(String cpuType, ...){
        this.cpu = CPU.getInstance(cpuType);
```

```java
public class Computer {
    private CPU cpu;
    //
    public Computer(CPU cpu, ...){
        this.cpu = cpu;
```

```
            //
        }
    }
```

(1) 클래스 내부에서 생성

```
            //
        }
    }
```

(2) 클래스 외부에서 생성

〈그림 4.2〉 전체 부분 관계에서 집합과 복합의 차이

포함 관계는 객체가 다른 객체를 멤버 변수로 유지하는 경우를 말한다. 포함 관계는 보통 부분 전체(whole-part) 관계를 나타내기 위해 사용하며, 부분 전체 관계가 아닌 경우에는 연관(association) 관계라 한다. 부분 전체 관계는 다시 집합(aggregation) 관계와 복합(composition) 관계로 나눌 수 있으며, 집합은 전체를 제거하여도 부분은 계속 남아 있을 수 있는 경우를 말하며, 복합은 전체를 제거하면 부분도 함께 제거해야 하는 경우를 말한다. 연관과 전체 부분 관계에는 관계의 다수성(multiplicity, cardinality)이 존재한다. 컴퓨터는 메모리를 하나 또는 여러 개를 부품으로 사용할 수 있다.

집합과 복합의 구분은 명확하지 않을 수 있으며, 응용에 따라 다를 수 있다. 하지만 구현 측면에서 그림 4.2처럼 다른 형태로 구현하여 전체가 삭제되었을 때 부분도 자동 삭제되도록 할 수 있다. 자바는 객체의 소멸을 프로그래머가 직접 해야 하는 것은 아니기 때문에 큰 영향은 없다.

연관 관계가 복잡할 경우(보통 다대다)에는 연관 정보를 유지하기 위한 별도 클래스를 정의하여 사용할 수 있다. 대학생과 수강 교과 간의 관계는 다대다 관계이다. 한 학생은 여러 교과를 수강할 수 있고, 한 교과를 여러 번 수강할 수 있다. 한 교과는 학기별 여러 개 분반을 개설할 수 있고, 분반마다 여러 학생이 수강할 수 있다. 이 경우 관계와 관련된 정보를 학생과 교과에 중복 유지하기보다는 수강정보 클래스를 정의하여 별도 객체에 유지하고 이들에 대한 참조를 학생과 교과 객체가 유지하도록 설계하는 것이 더 효과적인 접근 방법이다.

긴 클래스를 모듈화할 때에도 보통 포함관계를 활용한다. 클래스를 정의한 코드가 매우 길면 클래스 응집성에 문제가 될 수 있다. 이때 일부 멤버 변수와 이 멤버 변수와 관련된 메소드를 추출하여 새 클래스를 정의하고, 새 클래스의 객체를 기존 클래스의 멤버 변수로 추가하여 클래스를 모듈화할 수 있다. 이때 이렇게 정의한 새 클래스도 어떤 단일 개념을 나타내야 한다. 기계적으로 모듈화하기 위해 어떤 논리적 의미를 부여할 수 없는 클래스를 정의하는 것은 옳지 않다. 포함 관계를 이용하여 클래스를 모듈화하면 원래 메소드 중 일부는 새롭게 추가한 객체에 행위를 위임해야 한다.

2. 상속과 구체화 비교

2.1 Object 클래스

자바는 어떤 클래스를 정의할 때 그것의 부모 클래스를 나타내지 않으면 해당 클래스는 부모가 없는 클래스가 아니라 시스템 라이브러리 java.lang 패키지에 포함되어 있는 Object 클래스를 상속받게 된다. 따라서 자바에 존재하는 모든 클래스(시스템 라이브러리 정의 클래스, 사용자 정의 클래스)는 Object라는 공통된 조상 클래스를 가지게 된다. 따라서 Object o라는 변수에는 자바에 존재하는 모든 객체를 유지할 수 있으며, void foo(Object o)는 자바에 존재하는 모든 객체를 인자로 받을 수 있는 메소드가 된다. 이것은 매우 의미 있는 설계[22]이며, 자바의 가장 큰 매력 포인트 중 하나이다. Object 클래스에 대해서는 12장에서 자세히 설명한다.

2.2 상속 vs. 구체화

상속은 is-a 관계를 모델링하는 것으로 조상에 있는 기능을 후손들이 물려받을 수 있도록 하여 코드 중복을 줄여준다. 하지만 구체화는 이와 같은 코드 중복을 줄여주는 기능은 없다. 자바 8부터는 interface에 메소드를 정의할 수 있지만 멤버 변수를 정의할 수 없기 때문에 상속과 달리 코드 중복을 줄이는 것이 어렵다. 특히, 메소드를 정의할 수 있도록 한 것은 코드 공유보다는 기존 interface를 수정하였을 때, 이것의 파급 효과를 줄이기 위한 목적으로 도입한 요소이다. 실제 interface가 상태를 가지게 되면 클래스와 차이가 없어지므로 아마도 interface가 상태까지 가지는 경우는 앞으로 없을 것이다.

구체화는 클래스를 정의하면서 코드를 재사용할 수 있도록 해주는 기능은 약하지만 상속과 마찬가지로 그룹핑되어 있는 객체를 공통으로 처리할 수 있는 리모컨이 만들어진다는 측면에서 동일한 장점을 가지고 있다. 상속 관계에서 상위 클래스인 Pet이 있을 때 void f(Pet p)나 구체화 관계에서 Flyable interface가 있을 때 void g(Flyable f)는 둘 다 다양한 타입의 객체를 받아 처리할 수 있는 범용 메소드가 된다.

interface를 사용하는 유일한 이유는 같은 이름의 메소드를 가진 여러 다른 종류의 객체를 처리할 수 있는 공통 리모컨을 얻기 위함이다. 코드 재사용의 목적으로 is-a 관계가 성립하지 않는 것을 상속 관계로 모델링하면 코드를 읽을 때 매우 어색할 수 있다. 하지만 interface를 통해 같은 이름을 가지는 메소드를 묶는 것은 매우 자연스러우며,

22) C++는 이와 같은 클래스가 없지만 파이썬도 특정한 클래스를 상속하지 않으면 자동으로 object라는 클래스를 상속 받는다.

코드를 읽을 때 어색함이 없다. 더욱이 다형성을 통해 확장성 있는 코드를 작성할 수 있게 해주는 장점이 있다.

interface의 장점을 알아보기 위해 객체 배열을 인자로 받아 정렬하여 주는 범용 메소드를 자바에서 어떻게 구현할 수 있는지 살펴보자. 자바는 Object 클래스에 모든 종류의 객체를 유지할 수 있기 때문에 그림 4.4의 (1)처럼 Object 배열을 이용하여 범용 정렬 메소드를 구현할 수 있다. 하지만 데이터를 정렬하기 위해서는 데이터를 서로 비교할 수 있어야 한다. 타입마다 서로 다른 비교 함수를 사용한다고 하면 범용 정렬 메소드를 만들 수 없다. 이 문제를 해결하기 위해 다음과 같이 interface를 정의하여 정렬이 필요한 객체는 compareTo 메소드를 구현하도록 할 수 있다.

```
public static void sort(Object[] list){
    for(int i = 0; i < list.length - 1; ++i){
        int minLoc = i;
        for(int j = i+1; j < list.length; ++j){
            Comparable minItem = (Comparable)list[minLoc];
            if(minItem.compareTo(list[j]) > 0) minLoc = j;
        }
        if(minLoc != i){
            Object tmp = list[j];
            list[j] = list[i];
            list[i] = tmp;
        }
    }
}
```

(1) Object 타입을 이용한 범용 정렬

```
public static void sort(Comparable[] list){
    for(int i = 0; i < list.length - 1; ++i){
        int minLoc = i;
        for(int j = i+1; j < list.length; ++j)
            if(list[minLoc].compareTo(list[j]) > 0) minLoc = j;
        if(minLoc != i){
            Comparable tmp = list[j];
            list[j] = list[i];
```

```
                list[i] = tmp;
            }
        }
    }
```

(2) interface를 이용한 범용 정렬

〈그림 4.4〉 범용 정렬 메소드의 구현

```
public interface Comparable{
    int compareTo(Object other);
}
```

하지만 그림 4.4의 (1)처럼 구현하면 Comparable interface를 구현하지 않은 객체 배열을 인자로 전달할 수 있다. 이 경우 실행 시간에 예외가 발생하게 된다. 이와 달리 그림 4.4의 (2)처럼 interface 배열을 받도록 구현하면 Comparable interface를 구현한 객체의 배열만 인자로 전달할 수 있으며, 이를 문법적으로 검사할 수 있기 때문에 실행 시간에 예외가 발생할 수 없다. 따라서 이와 같이 구현하는 것이 훨씬 강건한 방법이다. 이것이 계약 기반 프로그래밍이다. 자신이 만든 클래스의 객체 배열을 이 정렬 함수에 인자로 전달하여 정렬하고 싶으면 Comparable interface를 구체화하도록 클래스를 수정하기만 하면 된다.

자바에서는 C++의 다중 상속 문제 때문에 하나의 부모로부터만 상속받을 수 있도록 하였다. 반면에 한 클래스는 여러 개의 interface를 구체화할 수 있다. 자바 8 이전에 interface는 메소드를 선언만 할 수 있었기 때문에 interface를 여러 개 구체화함에 따른 부작용이 없었다. 하지만 자바 8부터는 메소드를 정의할 수 있기 때문에 C++의 다중 상속에 존재하는 문제점이 자바에도 나타날 수 있게 되었다. 따라서 응용을 개발하는 프로그래머 입장에서는 interface에 메소드를 정의할 경우에는 그것이 꼭 필요한 것인지 검토해야 한다.

2.3 default 메소드

자바 8부터 interface에 메소드를 정의할 수 있도록 하였는데, 이때 메소드 앞에 default라는 수식어를 붙여야 하며, 이와 같은 메소드를 기본 메소드라 한다. 이 수식어가 왜 필요한 것인지 명확하지 않지만 새로운 문법의 도입으로 새로운 키워드가 필요하더라도 기존 키워드 중에 적절한 키워드가 있고 기존 키워드의 사용에 영향을 주지 않는다면 새 키워드를 도입하기보다는 기존 키워드를 사용하는 것이 보통이다. 이것은 호환성을 유지하는 측면에서도 필요하다.

한 클래스는 같은 기본 메소드가 정의되어 있는 여러 개의 interface를 구체화할 수 있다. 이 경우 이 클래스는 같은 이름의 기본 메소드를 여러 개 가지게 되어 모호성 문제가 발생한다. 따라서 동일한 기본 메소드를 가지는 여러 개 interface를 구체화할 경우 그것의 부모 클래스가 같은 메소드를 가지고 있지 않으면 해당 클래스는 반드시 해당 메소드를 재정의해 주어야 한다.

앞서 설명한 것처럼 기본 메소드를 활용하면 interface을 갱신(새 메소드의 추가 또는 기존 메소드의 삭제)하더라도 그것을 구현하고 있는 클래스의 수정을 요구하지 않는다. 보통 한 클래스를 상속한 클래스의 수는 많지 않다. 반대로 한 interface를 구체화한 클래스는 매우 많을 수 있다. 자바 시스템 라이브러리의 Comparable interface는 자바에 존재하는 모든 클래스가 다 구체화하고 있다고 보아도 과장이 아니다.

어떤 interface I에 f 메소드가 선언되어 있다고 하고, 이 interface를 n개의 클래스가 구체화하고 있다고 가정하자. 그 이후에 interface I에 g 메소드를 추가할 필요성이 생겼다고 하자. 그러면 n개의 클래스에 g를 모두 재정의하지 않으면 n개 클래스를 사용하는 모든 프로그램을 다시 컴파일하면 문법 오류가 발생한다. 이와 달리 g를 선언만 하지 않고 g 메소드를 빈 기본 메소드로 정의하면 n개의 클래스를 다시 컴파일하더라도 오류가 발생하지는 않는다.

기본 메소드는 이렇게 기존 interface에 새 메소드를 그것을 구체화하고 있는 클래스에 영향을 주지 않고 추가할 수 있도록 해줄 뿐만 아니라 기존 interface에 선언된 메소드를 점진적으로 제거하고자 할 때도 효과적이다. 예를 들어 interface I에 f와 g 메소드가 선언되어 있는데, 여기서 g를 제거하고 싶다. 이 경우 I에서 g 메소드의 선언을 제거하면 I 타입의 리모컨을 이용하여 g를 호출하는 기존 모든 코드는 문법 오류가 된다. 이와 달리 제거하고자 하는 g를 빈 기본 메소드로 바꾸거나 예외를 발생하는 기본 메소드로 바꾸면 기존 코드는 문법 오류 없이 컴파일되며, I를 구체화해야 하는 새 클래스들은 더 이상 I를 구체화할 때 g를 구현하지 않아도 된다. 실제 자바는 Iterator interface에 있던 remove 메소드를 자바 8부터는 기본 메소드로 바꾸었다. 이 때문에 자바 8 이후에 반복자를 정의할 때 remove 메소드를 고려할 필요가 없다.

3. 상속

상속은 기존 클래스를 이용하여 그것을 특수화한 새 클래스를 쉽게 정의할 수 있도록 해준다. Dog 클래스와 Dog을 특수화한 ShihTzu 클래스가 있다고 하자. 그러면 Dog 클래스는 ShihTzu 클래스의 부모, 슈퍼, 기저(base) 클래스라 하며, 반대로 ShihTzu는 Dog의 자식, 서브, 파생(derived) 클래스라 한다. 상속은 항상 논리적으로 is-a 관계가 성립하여야 한다. 즉, 자식은 부모의 특수화된 종류이어야 한다. 영어로 표현하면 "A shihtzu is a dog"이 성립해야 한다. 모든 강아지는 시츄가 아니므로 그 반대는 성립하지 않는다.

코드 재사용의 목적으로 is-a 관계가 성립하지 않는 것을 상속하면 코드를 읽을 때 매우 어색하고 혼란스럽다. 참고로 is-a 관계가 성립하더라도 객체지향 측면에서는 상속 관계로 모델링하기 적절하지 않은 경우도 있다. 보통 자식 클래스 객체는 부모 타입이 사용하는 곳에 어색함이 없이 사용할 수 있어야 한다. 즉, subclassing을 하여도 subtyping이 문법적, 논리적으로 모두 만족해야 가장 바람직하다. 예를 들어 직사각형과 정사각형이 있을 때 정사각형을 지사각형의 자식 클래스로 모델링하면 지사각형 리모컨을 이용하여 정사각형을 처리할 때 어색함이 발생할 수 있다. 지삭각형의 특성과 정사각형의 특성은 본질적으로 다르기 때문이다.

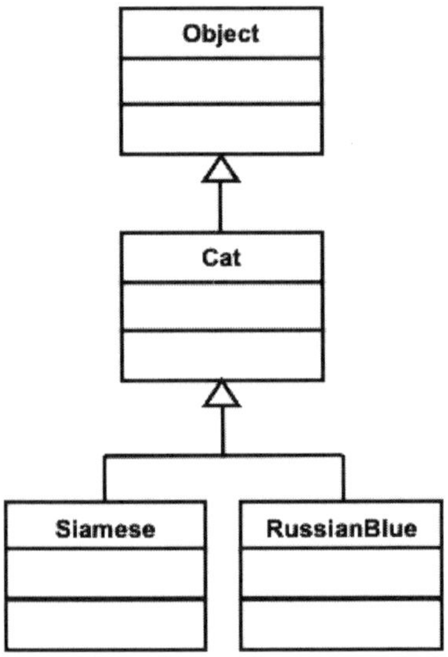

〈그림 4.5〉 Cat 클래스 상속 계층도

자바는 extends라는 키워드를 사용하여 클래스를 정의할 때 그것의 부모 클래스를 나타내며, extends 키워드를 사용하지 않고 정의하는 클래스는 부모가 없는 클래스가 아니라 부모가 Object 클래스인데 이것이 생략된 형태이다. 클래스 간의 상속 관계를 도표로 나타내는 것을 상속 계층도(inheritance hiearchy)라 하며, 자바는 단일 상속(한 클래스는 하나의 부모만 가질 수 있음)이므로 상속 계층도는 트리 형태로 표현된다. 상속 계층도는 보통 UML(Unified Modeling Language)라는 표준 방법을 사용하여 나타낸다. 그림 4.5는 Cat, Siamese, RussianBlue 클래스의 상속 계층도이다. 하위 클래스는 상위 클래스로부터 멤버 변수와 메소드를 상속받기 때문에 하위 클래스는 상위 클래스보다 유지하는 멤버 변수가 같거나 많고, 제공하는 공개 메소드는 같거나 많다.

상속의 이점은 코드의 재사용이 가능하게 해준다는 것과 여러 종류의 클래스 객체를 공통으로 처리할 수 있는 공통 리모컨이 생긴다는 것이다. Person 클래스가 있을 때 기르는 애완동물을 Pet 타입으로 유지하는 것과 Dog 타입으로 유지하는 것의 차이와 Pet을 인자로 받는 메소드와 Dog을 인자로 받는 메소드의 차이를 생각해 보면 공통 리모컨이 얼마나 프로그래밍을 효과적으로 할 수 있게 해주는 것인지 쉽게 이해할 수 있다. Person이 Dog 타입을 유지하면 애완동물로 강아지만을 기를 수 있지만 Pet 타입을 유지하면 다양한 종류의 애완동물을 유지할 수 있다. 심지어 Pet을 상속받는 새 클래스를 정의하여도 Person 클래스를 재컴파일하지 않고 해당 객체를 유지 및 사용할 수 있다. 공통 리모컨은 의존 관계의 복잡성을 줄여주는 효과도 있다. Person 클래스는 Pet의 다양한 후손 클래스는 모르는 상태에서 Pet 클래스만 알면 프로그래밍이 가능하다.

```
public class Person{
    private Pet pet;
    //
    public void setPet(Pet pet){
        this.pet = pet;
    } // 관계 주입
}
```

이와 같이 클래스를 정의하면 Person은 Pet 클래스에 의존하게 된다. 이처럼 의존하더라도 상위 타입에 의존해야 느슨한 연결이 되고, 코드가 유연하다. 이 사람이 기르는 애완동물을 설정하기 위해 다음과 같은 코드를 이용할 수 있다.

```
p.setPet(dog);
```

여기서 p는 Person 타입의 변수이며, dog은 Pet의 자식 클래스인 Dog 타입이라고 가정하면 Person 클래스 정의에는 Dog 클래스와 어떤 의존 관계도 맺고 있지 않지만 Person 타입의 객체는 Dog 타입 객체와 상호작용할 수 있다. 이것을 전문 용어로 관계 주입(dependency injection)이라 하며, 이와 같은 형태로 프로그래밍하는 것이 객체지향 코드의 유연성을 높이는 가장 기본적인 방법이다. 관계 주입은 클래스 정의에 구체적으로 의존 관계를 맺고 있는 클래스가 아니더라도 실행 시간에 관계를 맺고 상호작용할 수 있도록 해준다.

3.1 추상 클래스

보통 상속 계층도에서 단말에 있는 클래스만 객체를 생성하고 나머지 클래스는 객체를 생성하지 못하도록 하는 것이 가장 바람직하다. 예를 들어 Pet이라는 타입은 모든 애완동물을 아우르는 타입이지 자체적으로 객체를 생성하기 위해 만들어진 타입은 아니다. 객체지향에서 객체를 생성하지 못하는 클래스를 추상 클래스(abstract class)라 한다. 자바에서는 abstract 키워드를 클래스를 정의할 때 수식하여줌으로써 추상 클래스를 정의할 수 있다.

추상 클래스에는 공통 리모컨 용도로 정의되어야 하는 메소드이지만 하위 클래스가 공유할 수 있는 의미 있는 구현을 포함할 것이 없는 경우가 있다. 이때 빈 메소드로 정의하는 대신에 메소드를 선언만할 수 있다. 이 경우 해당 메소드도 abstract 키워드로 수식해 주어야 하며, 이처럼 클래스에 선언만 되어 있는 메소드를 추상 메소드라 한다.

클래스에 추상 메소드를 포함하면 하위 클래스는 이를 반드시 구현해야 한다. 구현하지 않으면 하위 클래스도 추상 클래스가 될 수밖에 없다. 이 측면에서 빈 메소드, 예외 처리, 추상 메소드를 이용하는 3가지 방법의 차이를 이해할 필요가 있다. 추상 메소드를 가지는 클래스는 반드시 추상 클래스로 정의되어야 하며, 추상 메소드가 없어도 추상 클래스로 만들어 객체를 생성할 수 없는 클래스를 정의할 수 있다.

추상 클래스와 interface는 객체를 생성하지 못하고, 둘 다 추상 메소드를 가질 수 있고, 클래스가 이들을 상속 또는 구현할 수 있다는 측면에서 유사한 측면도 있지만 한 클래스는 하나의 클래스만 상속받을 수 있다는 측면(클래스는 여러 개의 interface를 구현할 수 있음)과 추상 클래스는 상태를 가질 수 있다는 측면에서 가장 큰 차이점이 있다.

3.2 상속에서 객체의 생성

```
public class Person{
    private String name;  // 이름
    public Person(String name){
        this.name = name;
    }
}

public class Student extends Person{
    private String number;    // 학번
    private int year;         // 학년
    public Student(String name, String number){
        this(name,number,1);
    }
    public String(String name, String number, int year){
        super(name);
        this.number = number;
        this.year = year;
    }
}
```

〈그림 4.6〉 Person과 Student 클래스

그림 4.6과 같이 Person 클래스를 상속하여 정의한 Student 클래스가 있을 때, Student 타입의 객체를 생성하면 Student 객체와 Person 객체를 각각 함께 생성하는 것으로 오해하는 경우도 있다. 항상 객체를 생성하면 하나의 객체만 생성하며, 하위 클래스 객체의 경우에는 상위 객체로부터 물려받은 모든 멤버 변수를 자신의 공간에 유지한다. 즉, Student 객체는 객체마다 Person 객체로부터 상속받은 name, Student 클래스에 정의된 number와 year, 총 3가지 멤버 변수를 유지한다.

그림 4.6과 같이 하위 객체를 생성할 때에는 하위 객체 생성자에서는 해당 클래스에 정의된 멤버 변수만 초기화하고, 상위 객체로부터 물려받는 멤버 변수의 초기화는 상위 클래스의 생성자를 호출하여 초기화하여야 한다. 이때 사용하는 것이 super 키워드이다. super 키워드를 이용한 부모 생성자의 호출은 this 키워드를 이용한 호출과 마찬가지로 생성자 몸체의 첫 문장이어야 한다. 따라서 super 키워드와 this 키워드를 이용한 생성

자 호출을 동시에 이용할 수 없다. 이 때문에 Student 클래스에 여러 개 생성자를 정의할 경우 이 중 하나만 super를 이용하고, 나머지는 그림 4.6과 같이 this를 이용하도록 하여 코드 중복을 줄일 수 있다.

자식 클래스의 생성자에서 부모 생성자를 직접 호출하지 않으면 부모의 기본 생성자가 호출된다. 다음 예에서 A에 기본 생성자가 없고, B는 부모의 생성자를 직접 호출하지 않기 때문에 문법 오류이다.

```
class A{
    private int a;
    public A(int a) { this.a = a; }
}

class B extends A{
    private int b;
    public B(int b) { this.b = b; }   // error
}
```

한 객체를 생성하면 그것의 부모 클래스에 정의된 명백한 초기화와 초기화 블록을 비롯하여 부모 생성자가 먼저 실행된다. 따라서 한 객체를 생성할 때 클래스 계층 구조에서 가장 상위에 있는 클래스의 생성자를 포함한 초기화 과정이 가장 먼저 실행된다. 한 클래스 내에서는 명백한 초기화와 초기화 블록이 클래스에 정의된 순서에 따라 먼저 실행되며, 그다음에 생성자 몸체가 실행된다. 이때 생성자 내에 있는 this 또는 super는 생성자 몸체가 실행될 때 실행되는 것은 아니고 초기화 과정에서 먼저 실행되어야 하는 것을 알려주는 역할만 한다. 따라서 그림 4.6에서 매개 변수가 두 개인 Student 생성자를 이용하여 Student 객체를 생성하면 this 호출에 의해 다른 생성자를 살펴보게 된다. 이 생성자에 있는 super 호출에 의해 호출될 부모 생성자가 결정된다. 그러므로 Person 클래스의 생성자가 가장 먼저 실행된 뒤에 매개 변수가 3개인 Student 생성자가 실행되고, 마지막으로 원래 호출한 매개 변수가 2개인 생성자의 몸체가 실행된다. 실제 Person 클래스의 부모는 Object이므로 가장 먼저 실행되는 생성자는 Object의 기본 생성자이다.

상속 또는 구체화 관계에서 var를 사용할 경우 참조 변수의 타입은 생성하는 객체 타입으로 유추된다.

```
1   Pet p = new Dog();
2   p = new Cat();
3   var x = new Dog();
4   var y = p;
5   x = new Cat();  // error
6   Cat c = y;      // error
```

위 코드에서 p는 강아지를 참조하다 고양이를 참조할 수 있지만 x는 Dog 타입으로 유추되기 때문에 5번째 줄은 문법 오류이며, y는 Pet 타입이기 때문에 현재 고양이 객체를 가리키고 있더라도 Cat 타입에 대입할 수 없어 6번째 줄도 문법 오류이다. 필요하면 강제 타입 변환을 해야 한다.

다음과 같은 메소드가 정의되어 있을 때,

```
public static Pet get(int type) {
    return switch(type) {
        case 1 -> new Dog("장군");
        default -> new Cat("프리");
    };
}
```

다음과 같이 var를 사용하면 반환하는 타입과 상관없이 항상 Pet으로 유추된다.

```
var p1 = get(1);
var p2 = get(2);
```

var의 유추는 실행시간 유추 개념이 아니라 컴파일 시간에 선언된 타입을 이용한다.

3.3 상속과 객체 참조변수

상속 관계 또는 구체화 관계를 활용하는 가장 큰 이유 중 하나는 상위 타입을 공통 리모컨으로 활용하기 위함이다. 상속 계층도 또는 구체화 계층도에서 하위 타입의 객체는 상위 타입에 타입 변환 없이 대입할 수 있다. 예를 들어 Pet이 Dog의 부모 클래스이면 당연한 것이지만 다음이 가능하다.

```
Pet p = new Dog();
```

하지만 가끔 부모 타입에 유지된 변수를 원래 타입으로 변환해야 하는 경우가 있다. 이 경우에는 타입 변환하기 전에 타입 변환이 가능한지 검사하지 않으면 예외가 발생할 수 있다. 예를 들어 Cat과 Dog이 Pet의 자식 클래스일 때 위 문장의 p를 Cat으로 다음과 같이 변환하면 예외가 발생한다.

```
Cat c = (Cat)p;
```

타입의 호환 여부는 다음과 같이 instanceof 연산자를 이용하여 확인할 수 있다.

```
if(p instanceof Cat){
    Cat c = (Cat)p;
    //
}
```

위와 같이 프로그래밍하면 타입 변환 과정에서 절대 예외가 발생할 수 없다. 참고로 instanceof를 이용하여 검사하는 객체 참조변수가 null이면 NullPointerException 예외가 발생하지 않고 false로 평가한다. 타입 변환은 새 객체를 생성하는 것이 아니라 객체를 조작하는 리모컨을 바꾸는 것이다.

자바 16은 instanceof을 사용할 때 타입 검사와 변수 선언을 함께 할 수 있는 새 기능을 추가하였다. 따라서 자바 16부터는 다음과 같이 기존 instanceof을 이용한 비교식 끝에 새 변수를 추가할 수 있다.

```
if(p instanceof Cat c){
    c.meow();
}
```

여기서 c는 새 변수이어야 하며, p instanceof Cat이 참이면 p 객체를 Cat 타입의 변수 c에 할당한다. 다시 한번 반복하지만 이 경우에는 새 객체를 생성하는 것이 아니라 기존 객체를 가리키는 새 리모컨(변수)을 만드는 것이다.

instanceof는 호환 여부만 검사하기 때문에 정확한 타입을 검사할 때 사용하는 것은 적절하지 않다. Pet이 Dog의 부모 클래스이고 Dog이 ShihTzu의 부모 클래스일 때 다음 코드가 실행되면 모두 true가 출력된다.

```
Dog d = new ShihTzu();
System.out.println(d instanceof ShihTzu);
System.out.println(d instanceof Dog);
System.out.println(d instanceof Pet);
```

참고로 정확한 타입을 검사하고 싶으면 Object에 정의되어 있는 getClass 메소드를 이용한다. 이에 대해서는 12장에서 자세히 설명한다.

3.4 메소드 바인딩

특정 리모컨을 사용하여 특정 객체를 조작하는 경우 해당 리모컨에 정의 또는 선언된 메소드만 사용할 수 있다. 하지만 실제 호출되는 메소드는 리모컨 타입에 정의된 메소드가 아니라 해당 리모컨이 가리키는 객체 타입에 정의된 메소드이다. 이것이 가능하기 위해서는 컴파일 시간에 호출할 메소드를 결정하는 것이 아니라 실행 시간에 결정해야 한다. 이 기술을 늦은 바인딩(late binding) 또는 동적 메소드 실행(dynamic method dispatch)이라 한다. 늦은 바인딩은 다형성 구현[23]의 필수적인 요소이다. 우리가 어떤 메소드를 호출하면 그것의 대상에 따라 그 대상에 적합한 메소드가 호출된다는 것이 다형성(one interface, multiple methods)이다.

C++는 virtual이라는 키워드를 이용하여 해당 메소드를 가상 함수로 정의할 경우에만 늦은 바인딩을 제공하지만 자바는 별도 표시없이 모든 메소드는 기본적으로 늦은 바인딩을 한다. 이 때문에 늦은 바인딩이 필요 없는 메소드는 final 키워드[24]로 수식하거나 더 이상 상속이 필요 없는 클래스는 클래스 자체를 final 키워드로 수식하여 이른 바인딩(early binding)을 하게 하여 효율성을 높일 수 있다.

23) 메소드 다중 정의를 정적 다형성이라 하고, 상속/구체화 관계에서 메소드 재정의를 이용하는 것을 동적 다형성이라고도 한다.

24) o.foo() 호출에서 o가 A 타입이고 foo가 final 메소드가 아니면 실행시간이 되어야 실제 실행할 메소드를 결정할 수 있다. 하지만 foo가 final이면 A의 하위 타입은 foo를 재정의할 수 없기 때문에 o가 실제 어떤 객체를 가리키는지 상관없이 호출할 메소드를 컴파일 시간에 결정할 수 있다.

3.5 상속의 구현

자식 클래스에서 메소드를 정의할 때 가능한 시나리오는 다음과 같다.

- 경우 1. 부모 클래스의 메소드를 상속 받음
- 경우 2. 부모 클래스의 메소드를 재정의(override)함
- 경우 3. 부모 클래스에 없는 새 메소드를 추가함

조상 클래스에 정의된 모든 메소드는 자동으로 상속된다. 하지만 접근 권한이 없는 메소드는 하위 클래스에서 사용할 수 없고, 당연히 해당 객체 변수를 통해서도 접근할 수 없기 때문에 접근 권한이 없는 메소드는 상속되지 않는다고 하여도 틀린 말은 아니다. 보통 자식 클래스의 공개 메소드 목록은 부모의 공개 메소드 목록과 같은 경우가 가장 이상적이다. 이 경우 부모 리모컨과 자식 리모컨에 있는 버튼이 동일하다는 것이다. 반면에 경우 3처럼 부모 클래스에 없는 새 메소드를 정의하였고 이것이 외부에서 접근 가능한 메소드이면 오직 해당 타입의 리모컨만을 이용하여 호출할 수 있다. 이것은 앞서 설명한 상속의 장점 중 하나인 공통 리모컨에 대한 효과를 반감시키는 문제점이 있다. 또 재정의할 경우 부모 타입에서 해당 메소드의 의미와 자식 타입에서 해당 메소드의 의미가 확연하게 다르면 상속으로 모델링하는 것이 적절하지 않을 수 있다.

부모 클래스의 공개 메소드 목록과 자식 클래스의 공개 메소드 목록이 일치해야 가장 바람직하지만 다형성이 주목적이 아니면 두 목록이 일치하지 않아도 된다. 이 경우는 상속의 코드 재사용 이점만 활용하는 형태가 되며, 주로 각 객체를 상위 타입 리모컨으로 처리하지 않고 해당 객체의 리모컨만을 이용하여 처리하는 경우이다.

자식 클래스는 상위 클래스에 정의된 모든 멤버 변수를 상속 받는다. 이것은 해당 멤버 변수의 접근 권한과 무관하다. 메소드는 접근 권한이 없으면 하위 클래스에 아무런 의미가 없지만 조상에 정의된 모든 멤버 변수는 그것의 접근 권한과 무관하게 상속되며, 객체 상태의 중요한 일부가 된다. 따라서 한 객체를 생성하면 상위 클래스로부터 물려받은 모든 멤버 변수를 유지하기 위한 공간이 확보된다.

자식 클래스에 멤버 변수를 정의할 때 가능한 시나리오는 다음과 같다.

- 경우 1. 부모 클래스의 멤버 변수를 상속 받음
- 경우 2. 부모 클래스에 없는 새 멤버 변수를 정의함

자식 클래스에 새 멤버 변수를 정의함에 따라 이 변수를 사용하는 부모에는 없는 새 공개 메소드를 정의하는 것은 앞서 언급한 것처럼 부모 리모컨을 통해 자식의 모든 기능을 사용할 수 없기 때문에 바람직한 것은 아니다. 새 멤버 변수가 메소드의 재정의에서 필요한 것이라면 가장 적절한 형태가 될 것이다.

메소드의 경우 부모와 같은 이름의 메소드를 정의하면 재정의하거나 다중 정의하는 형태가 되지만 멤버 변수의 경우 상위 클래스에 정의된 멤버 변수와 동일한 이름의 멤버 변수를 정의하면 같은 이름의 멤버 변수가 두 개 존재하게 된다. 이것은 여러 가지 부작용을 초래할 수 있기 때문에 절대 상위 클래스에 정의된 멤버 변수와 동일한 이름의 멤버 변수를 정의하는 것은 피해야 한다. 참고로 자바는 C++와 달리 멤버 변수 이름이 메소드 이름과 같아도 된다.

3.5.1 메소드 재정의

자식에서 부모에 정의된 메소드와 다른 행동을 해야 할 경우 해당 메소드를 재정의한다. 이때 다음 규칙을 지켜야 한다.

- 규칙 1. 매개 변수의 타입은 정확하게 일치해야 한다.
- 규칙 2. 반환 타입은 더 특수한 타입을 사용할 수 있다.
- 규칙 3. 메소드의 접근 권한은 완화할 수 있어도 더 강화할 수 없다.
- 규칙 4. 공표하는 checked 예외 집합은 부모가 공표하는 checked 예외 집합의 부분집합이어야 한다.

자바 5 이전에는 반환 타입도 정확하게 일치해야 재정의 메소드로 인정하였다. 규칙 3은 12장에서 규칙 4는 5장에서 자세히 설명한다. 하지만 모든 규칙은 부모 타입의 리모컨을 이용하여 객체를 조작할 때 모순이 없도록 하기 위해 필요한 규칙이다.

일반적으로 자식에서 메소드를 재정의할 때 매개 변수 타입은 같거나 더 일반화할 수 있고, 반환 타입은 같거나 더 특수화할 수 있다. 하지만 대부분의 프로그래밍 언어는 매개 변수에 대해서는 정확하게 일치할 것을 요구한다. 자바도 마찬가지이다. 예를 들어 클래스 A에 다음과 같은 메소드가 정의되어 있다고 하자.

```
public A func(A other){}
```

B 클래스가 A를 상속한다고 하였을 때, func 메소드를 재정의한다면 다음과 같이 재정의하는 것은 가능하지만

```
@Override public B func(A other){}
```

다음과 같이 재정의하는 것은 규칙 1 때문에 재정의한 메소드로 간주하지 않는다.

```
@Override public B func(B other){}
```

참고로 @Override는 컴파일러에게 정의한 메소드가 재정의하는 메소드임을 알려줘 더 엄격한 검사를 할 수 있도록 해주는 어노테이션(annotation)이다. 자바는 자바5부터 이와 같은 어노테이션 도입하여 사용할 수 있도록 하였다.

규칙 1과 규칙 2는 논리적 측면도 고려할 필요가 있다. 규칙 1과 관련하여 메소드의 사전 조건은 강화되지 않아야 하고, 규칙 2와 관련하여 메소드의 사후 조건은 약화되지 않아야 한다. 예를 들어 부모에 정의된 메소드의 정수 인자는 음수도 처리할 수 있지만 자식에 재정의한 메소드는 같은 인자에 대해 양수만 요구하면 적절하지 않다. 거꾸로 부모에 정의된 메소드는 양의 정수만 반환하는데 자식에 재정의한 메소드가 음수도 반환할 수 있으면 적절하지 않다. 논리적 측면도 모두 부모 리모컨을 사용하여 처리할 때 기대하는 것을 생각하면 왜 적절하지 않은지 이해할 수 있다.

```
public class CheckingAccount extends BankAccount{
   private int transactionCount = 0;
   //
   @Override public void deposit(int amount){
       super.deposit(amount);
       ++transactionCount;
   }
}
```

〈그림 4.7〉 CheckingAccount 클래스

자식 클래스에서 메소드를 재정의할 때 부모 클래스의 같은 이름의 메소드를 호출해야 하는 경우가 많다. 입금과 인출이 이루어진 횟수를 계산하고 이를 바탕으로 수수료를 지불해야 하는 CheckingAccount를 생각하여 보자. BankAccount을 상속하여 CheckingAccount을

정의할 경우 BankAccount에 정의된 입금과 인출을 사용할 수 있지만 일어난 횟수를 기억하도록 이들에 대한 수정이 필요하다. 이를 위해 그림 4.7처럼 CheckingAccount의 입금 메소드를 정의할 수 있다. CheckingAccount의 deposit 메소드는 그것의 부모와 같은 이름의 메소드를 호출하기 위해 super라는 키워드를 사용하였다. 이처럼 자식과 부모에 같은 이름의 멤버가 있을 때 이들을 구분하기 위해 super라는 키워드를 사용할 수 있다. 하지만 이 키워드는 this와 큰 차이가 있다. this는 현재 객체를 가리키는 참조 변수이지만 super는 단순하게 구분하기 위한 식별자이다. 또 super는 부모에 있는 멤버를 접근하기 위해서만 사용할 수 있다. super.super와 같은 형태로는 사용할 수 없다.

3.6 문 예제

우리가 방에 들어갈 때 열고 닫는 문을 객체지향으로 모델링하여 보자. 열려 있는지 여부만 상태로 유지하고, 열고 닫는 행위만 제공하면 되는 간단한 문이 필요하여 그림 4.8처럼 정의하여 잘 사용하였다고 가정하자. 여기서 isOpen 멤버 변수를 명백한 초기화를 한 이유는 항상 문은 생성할 때 닫힌 상태로 생성한다는 것을 문서화하기 위함이다. 실제 open과 close 메소드 내의 if 문과 System.out.println 문은 모두 불필요한 요소이지만 올바르게 동작한다는 것을 확인하기 위해 추가한 것이다. 참고로 자바는 멤버 변수 이름과 메소드 이름이 같아도 문제가 되지 않는다. 이 Door 클래스를 잘 사용하다가 잠금 장치가 있는 문이 필요하게 되었다. 이때 어떻게 하는 것이 바람직한가?

```
public class Door {
    private boolean isOpen = false;
    public Door() {}
    public boolean isOpen(){
        return isOpen;
    }
    public void open(){
        if(isOpen) System.out.println("문이 열려 있음");
        else{
            System.out.println("문이 열림");
            isOpen = true;
        }
    }
    public void close(){
        if(isOpen){
```

```
                System.out.println("문이 닫힘");
                isOpen = false;
            }
            else System.out.println("문이 이미 닫혀 있음");
        }
    }
```

〈그림 4.8〉 Door 클래스

크게 3가지 방법을 생각해 볼 수 있다. 첫째, 잠금장치를 가질 수 있도록 문 클래스를 수정하는 것이고, 둘째, 잠금장치가 있는 문도 문이기 때문에 기존 문을 상속하여 잠금장치가 있는 문을 만들 수 있다. 셋째, 기존 문을 포함 관계로 이용하여 잠금장치가 있는 문을 만들 수 있다. 객체지향 방법을 고려하면 상속하여 구현하는 것이 적절하다고 생각할 수 있다. 상속을 이용하여 구현한 결과가 그림 4.9와 같다고 하자. 이와 같이 구현하여 실행하면 올바르게 동작하지 않는다. 그 이유는 lock은 잠금 장치의 상태뿐만 아니라 문이 잠겨 있는지 여부까지 고려하여야 한다. 따라서 부모의 isOpen() 메소드를 활용해야 하는데, 그렇게 하지 않고 있다. 또한 기존 open() 메소드도 잠겨 있는지 여부에 따라 다르게 동작해야 한다.

```
public class DoorWithLock extends Door {
    private boolean isLocked = false;
    public DoorWithLock() { }
    public void lock(){
        if(isLocked) System.out.println("이미 잠겨 있음");
        else{
            System.out.println("문을 잠금");
            isLocked = true;
        }
    }
    public void unlock(){
        if(isLocked){
            System.out.println("잠금을 해제함");
            isLocked = false;
        }
```

```
            else System.out.println("문이 잠겨 있지 않음");
        }
    }
```

〈그림 4.9〉 DoorWithLock 클래스

그림 4.9의 오류들을 수정하면 그림 4.10과 같다. 이 예처럼 추상 메소드가 아닌 일반 메소드를 재정의할 때에는 부모에 정의된 코드를 대부분 활용한다. 보통 이와 같은 경우 부모 메소드를 호출한 다음에 추가 작업을 하거나 추가 작업 후 부모 메소드를 호출하여 마무리하는 경우가 많다. 그림 4.10의 클래스는 이제 오류 없이 올바르게 동작하지만 사용 측면에서 문제가 있다. DoorWithLock 클래스에는 부모에 없는 두 개의 공개 메소드 lock과 unlock이 추가되었다. 이 때문에 Door 타입으로는 DoorWithLock 객체를 조작하기 어렵다. 조작하기 어렵다.

```
public class DoorWithLock extends Door {
    private boolean isLocked = false;
    public DoorWithLock() { }
    @Override public void open(){
        if(isLocked) System.out.println("잠겨 있어 열 수 없음");
        else super.open();
    }
    public void lock(){
        if(isOpen()) System.out.println("문이 열려 있어 잠글 수 없음");
        else if(isLocked) System.out.println("이미 잠겨 있음");
        else{
            System.out.println("문을 잠금");
            isLocked = true;
        }
    }
    public void unlock(){
        if(isLocked){
            System.out.println("잠금을 해제함");
            isLocked = false;
        }
        else System.out.println("문이 잠겨 있지 않음");
```

```
        }
    }
```

〈그림 4.10〉 수정된 DoorWithLock 클래스

다른 측면에서 보면 상속 계층도에서 중간에 있는 클래스도 객체를 생성해야 하고, 단말에 있는 클래스도 객체를 생성해야 하는 형태가 되었다. 잠금 장치가 없는 문이 필요할 때에는 Door 객체를 생성하고, 잠금 장치가 있는 문이 필요할 때에는 Door 객체의 자식인 DoorWithLock 객체를 생성해야 한다. 이것은 처음 Door를 설계할 때 확장에 대한 생각 없이 지금 현재에 필요한 기능만 구현하였기 때문이다.

이처럼 객체지향이라고 모든 문제를 쉽고 유연하게 해결해 주는 것은 아니다. 특히, 상속에 대한 고려없이 설계된 클래스를 상속하여 새 클래스를 정의할 때에는 여러 가지 문제가 발생할 수 있다. 문 예제는 이 측면을 강조하기 위해 소개된 예이다. 상속은 기존 클래스를 수정하지 않고 기능을 확장할 수 있는 방법이지만 상속에 대한 고려 없이 정의된 클래스를 상속하는 것 자체가 어려울 수 있고, 상속한 결과가 만족스럽지 못할 수 있다.

```
public abstract class Door {
    private boolean isOpen = false;
    public Door() {}
    public boolean isOpen(){ return isOpen; }
    public void open(){ ... }
    public void close(){ ... }
    public abstract void lock();
    public abstract void unlock();
}

public class DoorWithoutLock extends Door{
    public DoorWithoutLock() {}
    @Override public void lock() {}
    @Override public void unlock() {}
}

public class DoorWithLock extends Door {
```

```
    private boolean isLocked = false;
    public DoorWithLock() {}
    @Override public void open() { ... }
    @Override public void lock() { ... }
    @Override public void unlock() { ... }
}
```

〈그림 4.11〉 Door, DoorWithoutLock, DoorWithLock 클래스

처음부터 잠금장치가 없는 문과 잠금장치가 있는 문을 고려하여 설계하였다면 그림 4.11과 같이 설계할 수 있다. Door 타입을 이용하여 DoorWithoutLock과 DoorWithLock 객체를 모두 처리하기 위해 lock과 unlock 메소드를 Door 클래스에 추상 메소드로 선언하였다. 따라서 Door는 추상 클래스이다. DoorWithoutLock은 lock과 unlock을 상속받고 있기 때문에 이것을 재정의하지 않으면 DoorWithoutLock도 추상 클래스가 된다. 그런데 DoorWithoutLock은 lock과 unlock이 필요 없다. 이처럼 자식 클래스는 자신이 원하는 일부 메소드만 취사선택하여 상속받을 수 없다. 이 때문에 필요가 없는 일반 또는 추상 메소드를 상속받으면 빈 메소드로 해당 메소드를 재정의하여 취사선택할 수 없는 문제를 보통 처리한다. 이와 같은 이유로 DoorWithoutLock은 필요 없지만 정의하지 않으면 추상 클래스가 되기 때문에 lock과 unlock를 빈 메소드로 정의하고 있다.

실제 이와 같이 DoorWithoutLock를 정의하면 해당 클래스에 추가된 코드가 없기 때문에 불필요한 클래스처럼 보인다. Door의 lock과 unlock을 추상 메소드가 아니라 빈 메소드로 정의하면 DoorWithoutLock은 상속 받은 것을 제외하면 텅 빈 클래스로 정의할 수 있다. 이 때문에 DoorWithoutLock를 정의하지 않고 lock과 unlock을 빈 메소드로 정의한 Door를 일반 클래스로 정의하여 잠금 장치가 필요할 때 이 클래스의 객체를 생성하여 사용하도록 할 수 있다. 실제 이런 여러 가지 대안 중 어느 것이 가장 좋은 대안인지 명확한 답은 없다.

```
public class DoorWithLock{
    private Door door = new Door();
    private boolean isLocked = false;
    public DoorWithLock() {}
    public boolean isOpen(){ return door.isOpen(); }
    public void open() {
```

```
            if(isLocked) System.out.println("잠겨있어 열 수 없음");
            else door.open();
        }
        public void close() { door.close(); }
        public void lock() {
            if(door.isOpen()) System.out.println("문이 열려 있어 잠글 수 없음");
            else if(isLocked) System.out.println("이미 잠겨 있음");
            else{
                System.out.println("문을 잠금");
                isLocked = true;
            }
        }
        public void unlock() {
            if(isLocked){
                System.out.println("잠금을 해제함");
                isLocked = false;
            }
            else System.out.println("문이 잠겨 있지 않음");
        }
    }
```

〈그림 4.12〉 포함 관계를 이용한 DoorWithLock 클래스

잠금 장치가 있는 문을 상속을 통해 정의하지 않고, 포함 관계를 이용할 수 있다. 포함 관계를 이용한 잠금 장치 문은 그림 4.12와 같다. 이처럼 기존 클래스가 있을 때 해당 클래스를 수정하지 않고 확장하는 방법은 크게 상속을 이용하는 방법과 포함 관계를 이용하는 방법이 있다. 포함 관계를 이용하면 상속과 달리 자동으로 공통 리모컨이 만들어지지 않는다. interface를 이용하여 공통 리모컨을 정의할 수 있지만 이 경우 기존 Door에 대한 수정이 불가피하다. 보통 포함 관계를 이용한 확장은 is-a 관계가 성립하지 않고 전체-부분 관계도 성립하지 않지만 포함 관계를 이용하면 코드 재사용이 가능할 때 많이 사용한다.

우리가 확장하고자 하는 클래스를 수정할 수 없는 경우도 많고, final 클래스이기 때문에 상속을 통해 확장할 수 없는 경우도 많다. 특히, 라이브러리에서 제공하는 많은 클래스는 보통 final 클래스이다. 하지만 이와 같은 경우에도 언제든지 포함 관계를 이용한 확장은 가능하다.

처음에 언급한 3가지 방법 중 두 가지 방법에 대한 결과를 제시하였다. 그러면 처음부터 하나의 클래스로 잠금 장치가 없는 문과 있는 문을 모델링한다면 어떻게 구현하는 것이 효과적일까? 이것은 연습문제로 제시되어 있으니, 꼭 한번 설계 및 구현해 보는 것을 권한다.

그러면 3가지 방법 중 어느 방법이 가장 우수한 방법인가? 이 질문에 대한 답을 단정하여 말하기는 어렵다. 확실한 것은 객체지향은 기존 코드를 수정하지 않고 확장할 수 있다는 장점이 있다. 이 장점이 효과를 발휘하기 위해서는 처음부터 확장에 대한 충분한 고려가 있어야 한다.

지금 살펴본 문 예제처럼 확장에 대한 고려 없이 설계 및 구현된 클래스를 효과적으로 확장하는 것은 쉽지 않으며, 확장을 위해 원래 클래스의 수정이 불가피할 수 있다.

3.7 상속 사용 시 중요 고려사항 요약

상속 관련하여 항상 다음을 고려하여 사용하여야 한다.

- 고려사항 1. is-a 관계가 성립하고 구현하고자 하는 프로그램 내에서 상속을 통해 얻을 수 있는 이점이 충분할 경우에만 상속으로 모델링하여야 한다.
- 고려사항 2. 상속은 클래스 간 정적 관계가 맺어지는 것이며, 후손들은 자신이 물려받는 것을 취사선택할 수 없으므로 하위 클래스를 구현할 때 물려받는 모든 것들에 대한 필요한 조처를 해야 한다.
- 고려사항 3. 형제 클래스 간 차이는 메소드 수의 차이가 아니라 메소드의 내부 내용의 차이만 있는 것이 가장 이상적이며, 객체를 처리할 때에는 상위 추상 타입의 리모컨을 이용하여 처리할 수 있어야 바람직하다.
- 고려사항 4. 상속 계층도에서 단말 클래스를 제외한 나머지 클래스들은 객체를 생성하지 않고 하위 클래스 객체를 범용적으로 처리하기 위한 리모컨으로만 사용하는 것이 바람직하다.
- 고려사항 5. 상속에 대해 미리 준비하고 설계한 클래스가 아니면 이를 상속받는 자식 클래스를 정의하기가 어려울 수 있다.
- 고려사항 6. 클래스 상속의 깊이가 너무 깊으면 불필요한 복잡성이 생길 수 있기 때문에 적당한 수준의 상속 깊이를 사용하여야 한다.
- 고려사항 7. 상속과 포함 관계 중 포함 관계가 더 효과적일 수 있다.

고려사항 1에서 is-a가 성립하더라도 부모와 자식 간의 같은 메소드의 논리적 의미가 매우 상이할 경우에는 상속으로 모델링하는 것이 적절하지 않을 수 있다. 확실한 것은 is-a가 성립하지 않으면 상속으로 모델링하지 말아야 한다. 고려사항 2에서 클래스가 물려받는 메소드가 자신에게 맞지 않을 때 재정의할 수 있고, 빈 메소드나 예외 처리를 통해 해결할 수 있다. 여러 형제 클래스가 빈 메소드나 예외 처리로 해당 메소드를 사용할 수 없도록 재정의해야 할 경우에는 이들을 아우르는 중간 클래스를 정의하고 해당 클래스에서 이 메소드를 빈 메소드로 처리할 수 있다. 하지만 이와 같은 해결이 올바른 해결책이 아니라 고려사항 1에 대한 보충 설명에서 언급한 것과 같이 설계 자체가 잘못된 것일 수 있다.

고려사항 3의 경우 부모 클래스와 자식 클래스도 같은 종류의 메소드만 제공해야 바람직하다. 다르게 표현하면 부모 클래스의 공개 메소드 목록과 자식 클래스의 공개 메소드 목록이 같아야 한다. 그래야 부모 타입의 리모컨으로 자식을 처리하는데 문제가 없다. 상속이 항상 다형성을 목표로 하지 않을 수 있고, 응용에서 클래스를 상위 타입 리모컨으로 처리하지 않고 항상 해당 클래스 타입의 리모컨만으로 처리할 경우에는 부모와 자식 클래스의 공개 메소드 수가 같을 필요는 없다.

4. 구체화

interface는 그것을 구체화하는 클래스가 반드시 제공해야 하는 메소드 목록이다. 보통 해야 하는 것(what)을 interface에 정의하고, 실제 해야 하는 것을 어떻게(how) 수행할 것인지는 해당 interface를 구현하는 클래스에 정의하는 형태이다. 이를 통해 서로 논리적으로 관계가 없지만 같은 이름의 메소드를 제공하는 다른 종류의 객체를 동일 리모컨으로 조작할 수 있도록 해준다. 자바는 이를 통해 상속 외에 또 다른 형태의 다형성을 제공해 준다.

4.1 Flyable 예제

```
public interface Flyable{
   void fly();
}

public class Bird implements Flyable{
```

```
    //
    @Override public void fly() { /* 생략 */ }
}

public class Bee implements Flyable{
    //
    @Override public void fly() { /* 생략 */ }
}

public class FlyTest{
    public static void main(String[] args){
        Flyable[] list = {new Bird(), new Bee(), new Airplane(), new Bird()};
        for(Flyable f: list) f.fly();
    }
}
```

〈그림 4.13〉 Flyable interface

그림 4.13과 같이 Flyable interface를 정의하여 하늘을 날 수 있는 모든 것을 이 interface로 묶을 수 있다. 하늘을 날 수 있는 모든 것이란 Flyable interface에 선언되어 있는 fly 메소드를 가지고 있는 모든 종류의 객체를 말한다. fly 메소드를 가지고 있다고 자동으로 Flyable 리모컨으로 조작할 수 있는 것은 아니고, 그림 4.13의 Bird 클래스처럼 Flyable interface를 구체화한다고 선언하고, fly 메소드를 정의해야 Flyable 리모컨으로 해당 클래스의 객체를 처리할 수 있다.

interface에 선언된 메소드를 수식하는 수식어가 없으면 이 메소드는 기본적으로 public abstract 메소드가 된다. 물론 interface에 메소드를 선언할 때 public을 붙일 수 있지만 많은 경우 생략한다. 이 측면에서도 interface는 클래스와 차이점이 있다. 클래스의 경우 접근 제어 수식어가 없으면 default 접근 권한에 해당하지만 interface는 접근 제어 수식어가 없는 메소드의 접근 권한은 public이다. 또 클래스는 메소드를 선언만 할 경우에는 반드시 abstract 수식어를 사용해야 한다.

구체화는 서로 관련이 없지만 같은 이름의 메소드를 공유하는 서로 다른 종류의 객체를 묶어 주며, 이때 같은 행위를 하지만 내부 구현은 매우 다른 것을 그룹핑한다는 측면에서 자바를 처음 설계할 때부터 interface는 코드 공유를 생각하지 않았다. 이 때문에 클래스와 interface는 확연한 차이를 가지고 있고, 상속과 달리 interface의 구체화는

subtyping만을 목표로 만들어진 개념이다.

클래스는 객체를 생성하기 위한 목적으로 상태와 행위를 모두 정의할 수 있지만 interface는 행위만 선언할 수 있으며, 용도가 공통 리모컨으로 제한된다. 하지만 interface도 상수를 정의할 수 있으며, 자바 8부터는 기본 메소드와 static 메소드를 정의할 수 있고, 자바 9부터는 private 메소드도 정의할 수 있다. 이처럼 interface 기능이 확대되고 있지만 여전히 상태를 가질 수 없으며, 객체를 생성할 수 없기 때문에 초기 자바의 interface에 대한 철학은 그대로 유지된다고 생각하는 것이 맞다. 이 때문에 한 클래스는 하나의 부모만 가질 수 있지만 interface는 원하는 만큼 구체화할 수 있다.

한 클래스가 특정 interface를 구체화할 때 사용하는 키워드는 implements이며, 여러 개를 구체화할 경우 다음과 같이 쉼표로 구분한다.

```
public class MallardDuck extends Duck implements Flyable, Quackable{}
public class RubberDuck extends Duck implements Quackable{}
public class WoodenDuck extends Duck{}
```

이 예제에서 청둥오리는 날 수 있고, 꽥꽥 소리를 낼 수 있다. 고무오리는 날 수 없지만 삑삑 소리를 낼 수 있다. 나무오리는 날 수도 소리를 낼 수도 없다.

Duck이 다음과 같이 정의되어 있다면

```
public class Duck implements Swimmable{}
```

MallardDuck, RubberDuck, WoodenDuck은 모두 Swimmable하며, MallardDuck 등을 정의할 때 Swimmable을 구체화한다고 표시하지 않는다. 예를 들어 Swimmable interface에 swim 메소드가 하나 선언되어 있을 때 Duck이 swim 메소드를 정의하지 않으면 Duck은 추상 클래스가 되어야 한다. Duck이 swim 메소드를 가지고 있으면 그것의 후손들은 자동으로 상속 받게 되며, 후손들은 당연히 Swimmable interface를 구체화하고 있는 클래스가 된다.

한 interface는 다른 interface를 원하는 만큼 상속받아 정의할 수 있다. 이를 통해 기존 interface를 확장하는 새 interface를 정의할 수 있다. 예를 들어 다음과 같이 LivingInWater interface를 LivingThing을 이용하여 정의할 수 있으며, 어떤 클래스가

LivingInWater를 구현하면 eat와 swim을 모두 구현해야 한다. 구현하지 않으면 추상 클래스가 되어야 한다.

```
public interface LivingThing{
    void eat();
}

public interface LivingInWater extends LivingThing{
    void swim();
}
```

4.2 전략 패턴

```
public interface Flyable{
    void fly();
}

public interface FlyingStrategy{
    void doFly();
}

public class FlyWithWings implements FlyingStrategy{
    @Override public void doFly() { /* 생략 */ }
}

public class FlyWithRockets implements FlyingStrategy{
    @Override public void doFly() { /* 생략 */ }
}

public class Bird implements Flyable{
    private FlyingStrategy strategy;
    public void setFlyingStrategy(FlyingStrategy strategy){
        this.strategy = strategy;
    }
    @Override public void fly(){ strategy.doFly(); }
```

```
}

public class FlyTest{
    public static void main(String[] args){
        Bird bird = new Bird();
        bird.setFlyingStrategy(new FlyWithWings());
        bird.fly();
        bird.setFlyingStrategy(new FlyWithRockets());
        bird.fly();
    }
}
```

〈그림 4.14〉 전략 패턴 예시: FlyingStrategy interface

interface를 활용하면 그림 4.14에 제시된 것처럼 어떤 메소드의 내부 동작을 실행 시간에 코드 수정 없이 동적으로 변경할 수 있다. 이와 같이 프로그래밍하는 것을 객체지향에서는 전략 패턴(strategy pattern)이라 한다. 하늘 나는 전략 interface인 FlyingStrategy에는 doFly라는 하나의 메소드만 선언되어 있다. 하늘 나는 전략은 날개를 이용하는 방법, 로켓을 이용하는 방법 등 다양한 방법이 있을 수 있다. 각 방법들을 FlyWithWings, FlyWithRockets 클래스에 구현한 다음 Bird 클래스가 이들 객체 중 하나를 strategy 멤버 변수로 유지하여 이를 이용하여 Bird의 fly 메소드를 구현할 수 있다. Bird의 fly 메소드는 strategy 멤버 변수에 어떤 객체가 할당되어 있는지 여부에 따라 행위 방법이 결정되며, 이 멤버 변수에 유지하는 객체를 실행 시간에 바꾸어 행위 방법을 언제든지 바꿀 수 있다.

전략패턴은 상속보다 포함 관계를 우선하는 좋은 예이다. 로켓을 이용하여 나는 새, 날개를 이용하여 나는 새를 새라는 부모 클래스를 기준으로 상속을 통해 모델링할 수 있다. 하지만 나는 행위를 포함 관계를 통해 나타내면 객체의 행위를 실행 시간에 바꿀 수 있을 뿐만 아니라 새로운 나는 전략을 개발한다고 하더라도 Bird 클래스 자체는 재컴파일할 필요 없이 그대로 사용할 수 있다. 이 때문에 포함 관계를 이용하는 것이 상속을 이용하는 것보다 더 유연한다고 말한다. 관계 측면에서도 Bird 클래스는 FlyingStrategy라는 interface만 알고 있을 뿐 각종 나는 전략에 대해서는 알 필요가 없다. 따라서 전략 패턴은 관계 주입을 통해 동적으로 관계를 바꾸어 실행 시간에 메소드의 동작 방법을 바꾸고 있다.

퀴즈

1. 다음과 같은 클래스가 있을 때,

```
public class A{
    public A foo(A a){ /* 생략 */ }
}
```

다음 중 문법적으로 재정의가 올바른 것은?

①
```
public class B extends A{
    @Override public B foo(B a){
        /* 생략 */
    }
}
```

②
```
public class B extends A{
    @Override public B foo(A a){
        /* 생략 */
    }
}
```

③
```
public class B extends A{
    @Override
    protected A foo(A a){
        /* 생략 */
    }
}
```

④
```
public class B extends A{
    @Override public B foo(C c){
        /* 생략 */
    }
}
```

2. 다음 중 문법 오류가 있는 것은? 제시된 각 클래스와 interface는 같은 폴더에 해당 클래스, interface 이름과 같은 이름의 별도 파일에 정의되어 있다고 가정한다.

①
```
public abstract class A{
    public void foo(){}
}
public class B extends A{}
```

②
```
public abstract class A{
    public abstract void foo();
}
public class B extends A{
    public void foo(){}
}
```

③
```
public interface L{
    void foo();
}
public class C implements L{}
```

④
```
public abstract class A{
    public abstract void foo();
}
public abstract class B extends A{
}
```

3. 다음과 같은 클래스가 있을 때,

```
public abstract class A{
    public void foo(){}
    public void bar(){}
}
public class B extends A{
    @Override public void bar(){}
}
public class C extends A{
    @Override public final void bar(){}
}
public final class D extends A{
    @Override public void foo(){}
}
```

다음 중 이른 바인딩에 해당하는 것은?

①
```
void ham(A a){
    a.bar();
}
```

②
```
void ham(B b){
    b.bar();
}
```

③
```
void ham(C c){
    c.foo();
}
```

④
```
void ham(D d){
    d.foo();
}
```

4. 다음과 같은 클래스가 있을 때,

```
public interface L { /* 생략 */ }
public class A implements L{ /* 생략 */ }
public class B extends A{ /* 생략 */ }
```

다음과 같이 객체를 생성하였다.

```
A a = new A();
A b = new B();
```

다음 중 true로 평가되지 않는 것은?

① b **instanceof** A
② b **instanceof** B
③ b **instanceof** L
④ a **instanceof** B
⑤ a **instanceof** Object

5. 다음 클래스가 정의되어 있을 때,

```
public class A{
   { System.out.println("ha ha"); }
   public A(){
       System.out.println("ho ho");
   }
}

public class B extends A{
   { System.out.println("hi hi"); }
   public B(){
       System.out.println("gi gi");
   }
}
```

다음과 같이 객체를 생성하였다.

```
B b = new B();
```

이때 출력되는 결과는 다음 중 어느 것인가?

①
ha ha
ho ho
hi hi
gi gi

②
ho ho
ha ha
gi gi
hi hi

③
hi hi
gi gi
ha ha
ho ho

④
gi gi
hi hi
ho ho
ha ha

연습문제

1. 다음과 같은 클래스가 있을 때,

```java
public abstract class A{
    public void bar() {}
    public void foo() {}
}

public class B extends A{
    @Override public void foo() {}
    public void baz() {}
}

public class C extends A{
    @Override public final void foo() {}
    public final void baz() {}
}

public final class D extends A{
    @Override public void foo() {}
    public void baz() {}
}
```

다음에서 이른 바인딩에 해당하는 것을 모두 제시하라.

```java
void boo(B b){
    b.bar();
    b.foo();
    b.baz();
}
```

```java
void coo(C c){
    c.bar();
    c.foo();
    c.baz();
}
```

```java
void doo(D d){
    d.bar();
    d.foo();
    d.baz();
}
```

2. 두 클래스 간의 관계가 복잡할 경우에는 두 클래스의 객체 간의 관계 정보를 유지하는 별도 클래스를 정의하여 사용할 수 있다. 1.2.2절에서 설명한 학생과 교과 간의 관계를 효과적으로 처리하기 위한 클래스 설계를 제시하라. 기본적으로 학생을 나타내는 Student 클래스, 교과 정보를 유지하는 Subject 클래스가 설계 결과에 포함해야 하며, Student 객체를 통해 학생 이름, 학번, 수강한 교과 정보를 얻을 수 있어야 하고, 교과 정보를 통해서는 지금까지 개설된 해당 교과의 분반(년도, 학기, 분반, 수강학생) 정보를 얻을 수 있어야 한다.

3. 다음과 같은 interface와 클래스가 있다.

```java
public interface LivingThings{
   void eat();
}

public interface LivingInSky extends LivingThings{
   void fly();
}

public interface LivingInWater extends LivingThings{
   void swim();
}

public abstract class Bird implements LivingInSky{
   //
}
```

다음 각각에 대해 답변하라.

① Bird 클래스가 LivingInSky interface를 구현함에 따라 정의해야 하는 메소드를 제시하라.

② Duck 클래스는 eat, fly, swim를 모두 가져야 할 경우, 위에 정의된 클래스와 interface를 이용하여 어떻게 정의할 수 있는지 제시하라.

4. 원은 타원과 수학적 측면에서 is-a 관계가 성립한다. 따라서 원을 타원을 상속하여 정의할 수 있다. 하지만 이 경우 몇 가지 문제가 발생할 수 있다. 발생 가능한 문제를 제시하라. 원과 타원이 모두 불변 객체인 경우에는 제시된 문제가 해결되는지 여부도 제시하라.

5. 3.6절에서 제시된 문 예제에서 하나의 클래스를 정의하여 잠금장치가 없는 문과 있는 문을 모두 처리하고자 한다. 또한 문의 상태는 열거형을 이용하여 나타내고자 한다. 이를 바탕으로 주어진 다음 클래스를 완성하라. 이때 두 종류의 문을 어떻게 구분할 것인지 결정하고 이를 바탕으로 필요한 멤버 변수와 생성자를 추가하라.

```java
public class Door{
    public enum DoorState {CLOSED, OPEN, LOCKED};
    private DoorState currentState = DoorState.CLOSED;
    //
    public DoorState getCurrentState(){
        return currentState;
    }
    // 생성자
    public void open(){
    }
    public void close(){
    }
    public void lock(){
    }
    public void unlock(){
    }
```

6. 가입 고객을 일반 고객과 VIP 고객으로 분류하는 웹 서비스(예: 웹툰, VOD서비스 등)가 있다. 이 웹 서비스는 내부적으로 100원을 1코인으로 설정하여 사용한다. 예를 들어 고객이 코인을 충전하기 위해 10,000원을 지불하면 100코인을 얻게 된다. 그런데 일반 고객과 VIP 고객이 코인을 충전을 할 때 주는 보너스 코인이 다르다. 일반 고객은 10,000원 단위로 5코인을 추가로 충전해 준다. 반면에 VIP 고객은 충전할 때마다 충전한 코인의 10%만큼의 코인을 더 충전해 준다. 예를 들어 설명하면 다음 표와 같다.

충전액	충전 누적액	VIP 고객		일반고객	
		충전 코인	보너스 코인	충전코인	보너스 코인
5,000원	5,000원	50	5	50	0
8,000원	13,000원	80	8	80	5
8,000원	21.000원	80	8	80	5
5,000원	26,000원	50	5	50	0

고객의 코인 충전을 위해 다음과 같은 클래스를 정의하였다.

```
public abstract class Customer {
    private int coins = 0;    // 고객 보유 코인
    protected void charge(int coins) {
        this.coins += coins;
    }
    public int numberOfCoins() {
        return coins;
    }
    public void useCoins(int coins) {
        this.coins -= coins;
    }
    public abstract void pay(int amount);
}
```

고객이 코인을 충전하기 위해 돈을 지불하면 pay 메소드가 호출된다. 이 메소드는 추가로 지급해야 하는 보너스 코인을 계산한 후에 charge 메소드를 호출하여 고객의 코인을 충전한다. 즉, charge 메소드는 외부에서 호출하는 메소드가 아니라 pay 메소드에서 호출하는 메소드이다. 이와 관련하여 다음에 대해 각각 답변하라. 답변할 때 각 메소드에서 필요한 예외 처리는 고려하지 않는다. 예를 들어 pay 메소드의 인자 amount은 항상 100으로 나누어지는 금액만 주어진다고 가정한다.

① 객체지향에서는 일반 고객과 VIP 고객으로 나누어야 할 때 멤버 변수를 이용하여 구분하지 않고 상속을 이용할 수 있다. 일반 고객과 VIP 고객을 나타내기 위해 NormalCustomer와 VipCustomer를 정의하라. 이 두 클래스는 앞서 설명한 것처럼 pay 메소드를 이용하여 돈을 지불하면 고객 특성에 맞게 코인을 충전해 주어야 한다.

② ①에서는 상속을 이용하였는데, 상속 대신에 포함 관계를 이용할 수 있다. 이를 위해 다음과 같은 interface를 정의한다고 하자.

```
public interface ChargeStrategy{
    void doCharge(Customer customer, int amount);
}
```

이 interface를 활용하여 Customer 클래스를 수정하고, VIP 고객이 pay 메소드에서 활용하는 충전 전략이 정의되어 있는 VIPChargeStrategy 클래스를 제시하라.

7. 미래의 세탁기는 옷에 붙어 있는 특수 전자 태그를 이용하여 옷을 자동 분류하고, 같이 세탁하면 안 되는 옷이 있는지 검사해 준다고 가정하자. 이 세탁기를 위해 옷을 나타내는 Clothes 클래스를 정의하고자 한다. 옷을 올바르게 세탁하기 위해 다음이 필요하다고 가정하자.

- 요구사항 1. 흰옷과 색깔이 있는 옷 구분
- 요구사항 2. 손세탁이 필요한 경우
- 요구사항 3. 뜨거운 물로 세탁 가능 여부

이와 관련하여 다음 각각에 대해 답변하라.

① 보통 구조화 프로그래밍에서는 차이를 구현하기 위해 조건문을 사용한다. 또 데이터를 정의할 때 차이를 구분하기 위해 변수를 사용한다. 예를 들어 요구사항 3을 위해 다음과 같은 멤버 변수를 정의할 수 있다. 이 클래스에 hotWashable를 초기화해주는 생성자와 이 멤버 변수의 값을 얻을 수 있도록 해주는 getter 메소드를 추가하라.

```
public class Clothes{
    private boolean hotWashable;
}
```

② 객체지향 프로그래밍에서는 차이를 구현하기 위해 조건문을 사용하지 않고 다형성을 이용할 수 있다. 다형성을 구현하는 한 가지 방법은 상속을 이용하는 것이다. 예를 들어 요구사항 1을 위해 ①처럼 isWhite 같은 변수를 사용하지 않고, WhiteClothes와 ColoredClothes를 정의하여 사용할 수 있다. 이때 다음 메소드에 인자로 전달된 옷이 흰옷인지 색깔이 있는 옷인지 어떻게 구분할 수 있는지 설명하라.

```
void foo(Clothes clothes){
   if(???) System.out.println("흰 옷");
}
```

참고. 위 3가지 요구사항을 상속을 통해 모두 모델링할 경우 총 15개의 클래스를 정의해야 한다. 또 요구사항이 더 추가되면 이를 반영하기도 어렵다. 따라서 실제 이와 같은 경우는 상속을 이용하여 모델링하지 않는다.

제5장

예외 처리

제 5 장 예외 처리

1. 예외 처리 개요

예외 처리(exception handling)는 프로그램의 강건성을 보장하기 위해 사용하는 매우 중요한 프로그래밍 요소이다. 특히, 메소드를 구현할 때 적절하지 않은 인자가 전달되는 등 사전 조건이 위배된 상태에서 메소드가 호출될 수 있으므로 이에 대한 예외 처리는 반드시 필요하다. 하지만 모든 예외적인 상황을 프로그래머가 극복하고 처리할 수 있는 것은 아니며, 프로그램을 개발하는 과정과 배포 버전과는 예외 처리 방법에 차이가 있다. 이와 관련하여 프로그래머는 어떤 메소드를 구현할 때 그 메소드 실행 과정에서 발생할 수 있는 모든 예외를 생각해 낼 수 있어야 하며, 해당 메소드를 검사하기 위해 사용해야 하는 중요 테스트 케이스를 생각해 낼 수 있어야 한다. 예를 들어 3장에서 살펴본 은행계좌의 인출 메소드는 인자가 음수인 경우와 인출하고자 하는 금액이 현재 잔액보다 큰 경우에 대해 예외 처리를 해야 한다.

1.1 예외 처리의 정의

예외란 정상적인 경우에는 일어나지 않지만, 발생할 수 있는 문제를 말한다. 소프트웨어를 개발하는 과정에서는 예외 처리를 통해 프로그램의 오류를 발견하고 이를 수정해야 한다. 이것이 개발 과정에서 예외 처리의 가장 중요한 목표이다. 물론 개발 과정에서도 프로그래밍 오류가 아닌 외부 요인에 의해 발생할 수 있는 예외도 처리해야 하지만 이들은 프로그래밍 오류와 달리 프로그램을 수정하여 극복하거나 방지할 수 있는 것은 아니다. 보통 외부 요인에 의해 발생하는 문제는 대부분 사용자에게 그 사실을 알려 조치를 취하도록 하면 극복할 수 있다. 따라서 배포된 소프트웨어에서 이와 같은 외부 요인에 의한 예외가 발생하여도 프로그램이 중단되지 않고 계속 수행될 수 있도록 해주어야 한다.

하지만 예측하지 못한 예외는 소프트웨어가 이를 대비하지 않았기 때문에 프로그램이 오동작을 할 수밖에 없다. 이것은 소프트웨어에 대한 신뢰를 떨어뜨리기 때문에 프로그램 개발 과정에서 발생 가능한 모든 예외를 발견하고 이를 모두 제거 또는 처리해야 한다.

개발되어 배포된 프로그램에서도 프로그램 자체적으로 극복할 수 없는 예외가 발생할 수 있다. 이 경우에는 최소한 프로그램 사용자들에게 다음을 보장해 주어야 한다.

- 보장사항 1. 사용자에게 오류가 발생하였다는 것을 알려 주어야 함
- 보장사항 2. 현재 작업하고 있는 것을 저장해 주어야 함
- 보장사항 3. 프로그램 종료가 불가피한 경우 우아하게 종료할 수 있어야 한다.

보장사항 1이 가장 기본적인 것으로 자체적으로 극복할 수 없는 예외 중 보통 사용자의 실수가 원인인 경우가 많다. 예를 들어 인쇄하였는데 현재 프린터에 용지가 없을 수 있다. 이 경우에는 그 사실을 사용자에게 알려주면 문제를 쉽게 해결할 수 있다. 보장사항 2는 사용자 입장에서 가장 중요한 요소이다. 이와 같은 보장이 어려우면 주기적으로 현재 상태를 저장하는 방법을 사용하기도 한다. 보장사항 3에서 우아하게 종료한다는 것은 다른 프로그램이나 운영체제에 영향을 주지 않아야 한다는 것을 말한다. 이전 초기 윈도우즈 운영체제에서는 블루스크린이라는 것이 가끔 등장했다. 어떤 소프트웨어를 사용하다 해당 소프트웨어의 오동작으로 시스템 자체가 정지된 상태가 되면 파란색 화면에 오류 메시지가 출력되었는데 이를 블루 스크린이라 하였다. 이처럼 한 소프트웨어가 자신의 오동작으로 다른 프로그램까지 사용을 못하게 만들거나 시스템 자체가 불안전해지는 것은 가장 나쁜 경우이다. 우아하게 종료하지 못하는 것의 원인이 개발자가 프로그래밍을 잘못 하였기 때문일 수 있지만, 개발 언어, 운영체제의 특성 때문에 발생할 수 있다.

프로그래밍할 때 프로그래머가 고려해야 하는 예외 처리 관련 문제는 다음과 같다.

- 고려사항 1. 사용자 입력 오류
- 고려사항 2. 장치 오류
- 고려사항 3. 물리적 제한
- 고려사항 4. 실행 시간 코드 오류

고려사항 1은 프로그래밍을 통해 해결하기보다는 입력 인터페이스를 잘 만드는 것이 더 중요하다. 웹에서 날짜를 입력할 때 월 정보는 1부터 12 중 하나의 숫자만 선택할 수 있도록 하면 월 값으로 사용자가 -1, 13 등 전혀 엉뚱한 숫자를 입력할 수 없게 되어 코드에서 고려해야 하는 오류를 대폭 줄일 수 있다.

고려사항 2와 3은 프로그래밍을 통해 해결할 수 있는 문제는 아니다. 하지만 이와 같은 문제도 프로그래머가 인식하고 필요한 조치를 해야 한다. 프로그래머가 가장 신경 써야

하는 문제는 4번째 고려사항이다. 프로그래밍을 잘못하면 실행 시간에 오류가 발생하여 프로그램이 예기치 않게 종료할 수 있다. 이것은 프로그래밍을 올바르게 하여 극복할 수 있는 문제이기 때문에 이와 같은 문제가 발생하지 않도록 프로그래밍할 수 있는 역량을 갖추어야 한다. 따라서 소프트웨어를 개발한 이후에는 테스트를 충분히 하여 배포하기 전에 모든 오류를 발견하고, 이와 같은 오류들이 발생하지 않도록 프로그램을 수정해야 한다.

1.2 기존 예외 처리 기법의 문제점

기존 구조화 프로그래밍에서 널리 사용한 오류 처리 기법은 함수의 반환값을 활용하는 것이다. 필요한 작업을 수행하고 이 과정에서 문제가 발생하면 그 문제를 바로 처리하는 방식이다. 이 방식을 코드로 표현하면 다음과 같다.

```
status = func();
if(status != SUCCESS){
   error(status); return;
}
```

이와 같은 프로그래밍은 기본적으로 오류 처리 코드로 인하여 소스 코드의 가독성이 떨어지게 되는 문제점이 있다. 실제 f, g, h 3개의 함수를 연속으로 호출하는 소스 코드에 오류 처리를 추가하면 다음과 같이 복잡해져 정상적인 경우에 실행하는 코드를 읽기가 어려워진다.

```
status = f();
if(status != SUCCESS){
   error(status); return;
}
status = g();
if(status != SUCCESS){
   error(status); return;
}
status = h();
if(status != SUCCESS){
   error(status); return;
}
```

소스의 가독성 저하를 포함하여 기존 예외 처리 기법은 다음과 같은 문제점을 지니고 있다.

- 문제점 1. 오류 처리를 작성하는 것 자체가 번거롭다.
- 문제점 2. 적절한 오류 코드를 반환하는 것이 어려울 수 있다.
- 문제점 3. 오류를 처리하는 위치에 대한 유연성이 없다.
- 문제점 4. 호출하는 측에서 검사를 하지 않을 수 있다.
- 문제점 5. 프로그램의 가독성이 저하되며, 유지보수 및 디버깅이 어렵다.
- 문제점 6. 정상적인 경우에도 성능에 영향을 준다.

새 예외 처리 기법은 위 여섯 가지 문제를 모두 극복하지 못한다. 하지만 새 기법은 문제점 2와 3을 슬기롭게 극복할 수 있다. 기존의 경우에는 함수가 종료된 후에 바로 검사해야 하며, 반환 값을 사용할 수 없으면 전역 변수를 활용할 수밖에 없었다. 문제점 4의 경우에는 자바에서는 강제적으로 예외 처리할 수밖에 없도록 하는 기능이 있지만 한계가 있다. 문제점 5도 새 기법이 기존 기법에 비해 상대적으로 더 가독성 있는 코드를 작성할 수 있지만 여전히 예외 처리 코드가 기존 코드와 공존할 수밖에 없다.

1.3 객체지향적 예외 처리 기법

새 예외 처리 기법의 기본적인 생각은 예외가 발생하면 그것을 처리할 수 있는 곳으로 이동하자는 것이다. 이때 추가적으로 예외가 발생하면 함께 실행되지 않아야 하는 코드를 묶을 수 있도록 하고, 어떤 함수가 어떤 예외를 발생하는지 알릴 수 있도록 하면 더 강건한 프로그래밍이 가능하다는 것이다. 객체지향적으로 처리하는 기법이므로 예외가 발생하였을 때 예외와 관련된 정보를 가지고 있는 객체를 생성하며, 이 객체가 처리 위치로 전달된다. 따라서 기존 오류 코드에 비해 많은 정보를 처리하는 곳으로 전달할 수 있고, 반환값으로 오류 발생 여부를 나타내지 않기 때문에 적절한 반환값을 찾거나 전역 변수와 같은 것을 사용할 필요가 없다. 하지만 이와 같은 장점에도 불구하고 문제점도 여전히 있어, 기존 방법과 새 방법을 상황에 맞게 함께 활용하고 있다.

더욱이 처리하는 위치란 예외가 발생한 위치와 독립적인 위치는 아니고 함수 호출 순서에 포함된 곳에서만 처리할 수 있다. 예를 들어 f 메소드에서 g 메소드, g 메소드에서 h 메소드를 호출하였다고 가정하고, h에서 예외가 발생하면 g 또는 f에서만 이 예외를 처리할 수 있다.

독립적인 위치에서 예외를 처리할 수 있더라도 프로그래밍 오류를 발견하기 위한 예외 처리가 아니면 예외를 극복한 뒤에 다시 프로그램의 수행을 재개해야 하는데, 그 위치는 함수 호출 순서 중 하나일 수 밖에 없다. 따라서 예외를 처리할 수 있는 위치가 독립적인 위치가 아니라는 것이 오히려 당연한 것이다.

1.4 예외 처리 기법 관련 주의사항

예외 처리는 프로그램 문장을 수행할 때 발생할 수 있는 동기성 오류를 처리하기 위한 수단이다. 즉, 언제, 어디서 일어날지 모르는 예외는 처리할 수 없다. 예외 처리 기법은 프로그램 개발 과정에서 오류를 발견하는데 매우 효과적이다. 적절한 예외를 발생하도록 예외 처리가 완벽하게 되어 있는 어떤 함수를 호출하면 발생한 예외를 통해 프로그래머는 그 즉시 어떤 문제가 발생하였는지 알 수 있다. 예외 처리의 가장 큰 목적은 오류를 발견하여 그 오류가 없도록 프로그램을 수정함으로써 프로그램의 강건성을 높이는 것이다. 특히, 개발 과정에서는 이 목적이 가장 중요하다.

2. 예외 이해하기

2.1 예외의 발생

```
1    public class ExceptionTest{
2        public static void main(String[] args){
3            int x = 10;
4            int y = 0;
5            int z = 0;
6            z = x / y;
7            System.out.println("End of program");
8        }
9    }
```

〈그림 5.1〉 예외의 발생

그림 5.1에 제시된 프로그램을 실행하면 6번째 줄 z = x / y에서 0 나누기 예외가 발생한다. 프로그램에서 예외가 발생하였는데, 그것을 프로그램 내에서 처리하지 않으면 JVM은 해당 프로그램을 종료한다. JVM은 프로그램 종료와 함께 예외와 관련된 정보를

콘솔에 출력하여 준다. 이 내용을 살펴보면 java.lang.ArithmeticException 예외가 발생하였는지 알 수 있으며, 세부적으로는 산술 관련 예외 중 "/ by zero"가 원인임을 알 수 있다. 또한, 그 예외를 발생시킨 프로그램 소스의 위치[25]를 알 수 있다. 이와 같은 정보는 프로그램 디버깅에 도움이 된다.

우리는 실행 시간에 프로그램이 특정 예외가 발생하여 종료되면 어떤 종류의 예외가 발생하였는지 파악하고, 그 예외를 일으킨 위치부터 프로그램을 분석하여 다음에는 그와 같은 예외가 발생하지 않도록 프로그램을 수정하여야 한다. 이처럼 문법 오류는 없지만 프로그램에 논리 오류가 있으면 실행 시간에 예외가 발생하여 프로그램이 예기치 않게 중단될 수 있다. 참고로 어떤 계산의 결과가 그 타입이 수용할 수 있는 범위를 벗어난 경우처럼 프로그램에 논리 오류가 있지만, 예외가 발생하지 않는 경우도 있다.

2.2 예외 처리 기법의 기초

예외는 프로그램을 잘못 작성하여 프로그래머의 의도와는 무관하게 발생할 수 있고, 프로그래머가 특정 문제를 인식하고 이를 처리하기 위해 필요한 위치에서 예외를 직접 발생할 수 있다. 이때 예외의 발생으로 프로그램이 종료되지 않도록 적절한 위치에서 예외를 처리하거나 개발 과정인 경우에는 프로그램을 수정하여 다음부터는 동일한 오류가 발생하지 않도록 하여야 한다. 따라서 모든 예외를 처리해야 하는 것은 아니다. 특히, 프로그램 오류를 발견하기 위한 예외는 그 예외 때문에 프로그램이 비정상적으로 종료되는 것이 나쁜 것은 아니다. 오류를 발견한 것이기 때문에 원인을 파악하여 수정하여 다시는 같은 예외가 발생하지 않도록 하면 된다. 또 이와 같은 예외의 발생은 배포 버전에서 모두 제거하여 프로그램의 성능에 불필요한 영향을 주지 않도록 할 수 있다.

2.2.1 예외를 직접 발생하기

프로그래머가 메소드를 구현할 때 특정 문제가 발생할 수 있다는 것을 인식하고 이와 같은 문제에 대비하기 위해 해당 위치에서 직접 예외를 발생할 수 있다. 이때 시스템 라이브러리에 정의된 각종 예외 클래스를 이용할 수 있고, 프로그래머가 직접 예외 클래스를 정의하여 사용할 수 있다.

---

25) C++는 예외가 발생하여 프로그램이 비정상 종료되어도 그 예외를 발생한 프로그램 소스 위치나 프로그램의 수행 흐름(stack trace)을 제시해 주지 못한다.

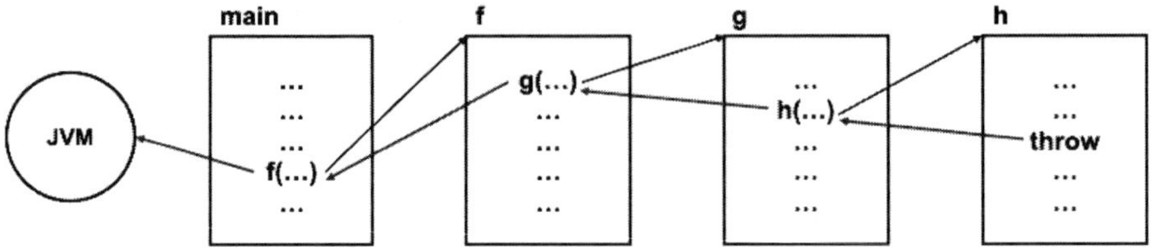

〈그림 5.2〉 예외 객체 전달 메커니즘

자바에서 특정 위치에서 예외의 발생은 throw 문을 이용한다. throw 문은 예외 객체를 해당 위치에서 던지게 되며, 이 객체는 그것을 처리하는 곳이 없으면 결국에는 JVM까지 전달된다. 예를 들어 그림 5.2처럼 main 메소드에서 f 메소드가 호출되고, f 메소드에서 g 메소드를, g에서 h 메소드가 호출되었는데, h에서 예외가 발생하였다고 하자. 어떤 함수의 문장을 실행하는 도중에 예외가 발생하면 그 함수는 즉시 종료되고, 발생한 예외 객체는 해당 함수를 호출한 메소드로 전달된다. 따라서 g가 h에서 발생한 예외를 처음으로 받게 된다. g에서 예외를 처리하지 않으면 이 함수 또한 종료되고 그 위로 전달된다. f도 main도 처리하지 않으면 결국 JVM까지 예외가 전달되며, JVM이 예외를 받으면 해당 프로그램을 종료하고 콘솔에 예외와 관련된 정보를 출력하여 준다. 이처럼 h에서 발생된 예외는 g, f, main 중 한 곳에서만 처리할 수 있다. 처리한다는 것은 그 예외를 잡아 필요한 조치를 하고 프로그램을 계속 실행하는 것을 말한다. 다시 반복하여 말하지만 프로그램 오류를 발견하기 위한 예외는 잡아서 필요한 조치를 하는 것이 아니다.

```java
public void withdraw(int amount){
    if(amount <= 0) throw new IllegalArgumentException("음수 또는 0 금액 인출");
    else if(amount > balance)
        throw new InsufficientFundException("잔액부족 인출");
    else balance -= amount;
}
```

〈그림 5.3〉 은행계좌 인출 메소드

예외 객체는 throw 문 이전에 생성할 수 있지만 보통은 throw 문에서 생성하여 전달한다. 그림 5.3에 제시된 은행계좌의 인출 메소드는 인출하고자 하는 금액이 음수이거나 0인 경우 또는 인출하고자 하는 금액이 잔액보다 클 경우 예외를 발생하고 있다. 여기서 사용하는 IllegalArgumentException은 시스템 라이브러리에 포함된 예외이며, InsufficientFundException 예외는 사용자 정의 예외이다. 보통 예외 객체를 생성할 때에는 예외와 관련된 정보를 문자열로 표현하여 예외 객체 생성자의 인자로 전달한다.

JVM이 예외 객체를 받으면 해당 문자열을 콘솔에 출력하여 준다. 이를 통해 오류의 원인을 파악하고 프로그램을 수정하면 된다. 따라서 오류의 원인을 파악할 때 도움이 되는 정보를 예외 객체 생성자의 인자로 전달해야 한다.

보통 프로그램의 오류를 발견하기 위한 예외를 위해 사용자 정의 예외를 새롭게 정의할 필요는 없다. 프로그램을 그 위치에서 중단하는 것이 목표이므로 이를 위해 특별히 새 예외를 정의할 필요가 없기 때문이다. 하지만 사용자 정의 예외를 사용하면 다음과 같은 이점을 얻을 수 있다.

- 더 적절한 명명으로 가독성이 향상됨 (예: InsufficientFundException)
- 사용자 정의 예외는 프로그래머가 직접 생성하여 던진 곳에서만 발생할 수 있음
- 필요한 새로운 기능을 추가할 수 있음

2.2.2 발생한 예외를 처리하기

```
public static void transfer(BankAccount from, BankAccount to, int amount){
    if(from == null || to == null) return;
    try{
        from.withdraw(amount);
        to.deposit(amount);
    }
    catch(InsufficientFundException | IllegalArgumentException e){
        System.out.println(e.getMessage());
    }
}
```

〈그림 5.4〉 은행계좌 계좌이체 메소드

throw 문을 이용하여 전달된 예외는 try-catch 문을 이용하여 원하는 위치에서 잡아 처리할 수 있다. try-catch 문은 하나의 try 절과 하나 이상의 catch 또는 finally 절로 구성된다. 예를 들어 은행계좌의 withdraw와 deposit 메소드의 인자 값이 음수이면 IllegalArgumentException을 발생하고, withdraw는 잔액이 부족할 때에는 InsufficientFundException을 발생한다고 가정하자. 이 경우 계좌이체 메소드를 그림 5.4와 같이 정의할 수 있다.

이처럼 정의된 상태에서 출금계좌가 주어진 금액보다 잔액이 부족한 상태로 이 메소드가 호출되었다고 하자. 그러면 from.withdraw(amount)가 실행될 때 InsufficientFundException이 발생한다. try 절의 문장 중에서 예외가 발생하면 나머지 문장은 실행되지 않고, catch 절로 이동한다. 즉, to.deposit(amount)은 바로 전 문장에서 발생한 예외 때문에 실행되지 않는다. try 블록 다음에 위치하는 catch 절은 해당 절에 명시한 예외가 발생하면 그것을 잡아 처리할 수 있다. 그림 5.4에 제시된 것처럼 이체 메소드를 작성할 필요는 없다. 특히, IllegalArgumentException은 프로그래밍 오류를 발견하기 위한 예외 처리이기 때문에 잡아서 처리할 필요가 있는 예외는 아니다. 반면에 잔액 부족 예외는 처리할 필요가 있는 예외일 수 있지만 이 위치에서 처리하는 것이 적절하지 않을 수 있으며, 그것을 처리하기 위해 콘솔에 예외 메시지를 출력하지는 않을 것이다. 이 예는 try-catch 문을 설명하기 위한 예일 뿐이다.

그림 5.4에서는 한 개의 catch 절만 정의하고 있는데, 필요하면 여러 개의 catch 절을 정의할 수 있다. 여러 개의 catch 절이 있는 경우 첫 번째 catch 절부터 발생된 예외를 처리할 수 있는지 검사하게 된다. 따라서 catch 절을 작성할 경우에는 그 순서가 매우 중요하다. 자바 7 이전에는 하나의 catch 절에서 한 종류의 예외만 잡을 수 있었지만, 자바 7 이후부터는 '|'을 이용하여 여러 종류의 예외를 하나의 catch 절에서 잡을 수 있다.

자바 시스템 라이브러리에서 제공하는 예외 클래스는 하나의 상속 계층 구조로 정의되어 있다. 즉, 모든 예외는 Exception의 후손 클래스이다. 따라서 아래 프로그램에서 IOException도 Exception 클래스의 후손 클래스이다.

```
try{
   //
}
catch(Exception e){
   System.out.println(e.getMessage());
}
catch(IOException e){
   System.out.println(e.getMessage());
}
```

상속의 특성 때문에 IOException 예외는 Exception에 해당하며, 위 코드의 try 절에서 IOException 예외가 발생하면 두 번째 catch 절 대신에 첫 번째 catch 절에서 처리하게 된다. 이와 같은 순서의 문제는 한 catch 절에서 여러 종류의 예외를 잡을 때에도 고려해야 한다. 예를 들어 다음 예의 catch 절에서 IOException의 나열은 무의미하다.

```
catch(Exception | IOException e){
```

catch 절에서 특정 예외를 잡아 어떤 조처를 하였지만 상위 위치에 다른 조처를 추가적으로 해야 할 경우에는 catch 절에서 다시 예외를 다음과 같이 발생할 수 있다. 이때 다음과 같이 발생된 예외를 재차 전달할 수 있지만 보통 그 용도에 맞는 사용자 정의 예외를 새롭게 생성하여 전달한다.

```
catch(IOException e){
    // do something
    throw e;
}
```

try-catch 문에는 finally 절이라는 것도 있으며, 이 절은 어떤 경우에도 항상 실행되는 절이다. 하지만 try-with-resource 문이라는 기능이 자바 7에 추가되면서 이 절을 거의 사용할 필요가 없게 되었다. 보통 파일을 열 경우 해당 파일 닫는 등 짝이 되는 처리를 위해 도입된 기능이다.

다음과 같은 try-catch 문의 실행 시나리오는

```
try{
    //
}
catch(IOException e){
    //
}
finally{
    //
}
```

다음과 같이 총 3가지 경우만 존재한다.

- try 절에서 예외가 발생하지 않은 경우: try 절의 모든 문장이 실행된 이후 finally 절이 실행됨
- try 절에서 IOException이 발생한 경우: try 절에서 예외 발생 이후 문장들은 실행되지 않고, catch 절이 실행된 다음에 finally 절이 실행됨
- try 절에서 IOException에 해당하지 않는 예외가 발생한 경우: try 절에서 예외 발생 이후 문장들은 실행되지 않고, finally 절이 실행된 다음에 예외가 상위 메소드로 전달됨

파일과 같이 사용한 후에 닫아야 하는 자원을 시스템에서 다 사용한 후에 자동적으로 닫아주기 위해 자바 7부터는 try-with-resource 기능을 try-catch 문에 추가하였다. 여러 개의 자원을 열 경우에는 닫는 순서는 연 순서의 반대이다. 그림 5.5처럼 파일 입출력을 할 때 try-with-resource 기능을 많이 사용한다. 그림 5.5에 제시된 코드는 텍스트 파일을 복사하는 코드이며 파일 열기 과정에서 또는 파일 처리 과정에서 오류가 발생하더라도 정상적으로 연 파일은 모두 닫아 준다. 파일 처리와 관련한 자세한 내용은 15장에서 설명한다.

```
try(
   FileReader reader = new FileReader("input.txt");
   FileWriter writer = new FileWriter("output.txt");
){
   int next = reader.read();
   while(next != -1){
       char c = (char)next;
       writer.write(c);
       next = reader.read();
   }
}
catch(IOException e) {
   e.printStackTrace();
}
```

〈그림 5.5〉 파일 복사

2.2.3 예외 공표하기

메소드에서 예외가 발생할 수 있다면 이 사실을 호출하는 프로그래머가 알 수 있도록 공표할 수 있다. 공표한다는 것은 해당 예외를 메소드 내에서 처리하지 않는다는 것을 의미한다. 메소드에서 발생 가능한 모든 예외를 공표할 필요는 없지만, 특정 종류의 예외는 직접 처리하지 않을 경우 반드시 공표하도록 되어 있다. 이에 대해서는 3.1절에서 자세히 설명한다. 예외의 공표는 throws라는 키워드를 사용하며, 메소드의 매개 변수 목록과 몸체 사이에 다음과 같이 기술한다.

```
public void foo() throws RuntimeException, IOException {
}
```

여기서 RuntimeException은 실제 공표할 필요가 없는 예외이지만 문법을 설명하기 위해 사용하였을 뿐이다.

여러 개의 예외를 공표할 때 상속 계층구조를 고려해야 한다. 아래 소스에서 FileNotFoundException 예외는 IOException의 자식 클래스이므로 IOException만 공표하여도 충분하다.

```
public void foo() throws IOException, FileNotFoundException {
}
```

3. 예외의 종류

3.1 Checked vs. Unchecked

최초 자바 개발자들은 프로그램에서 발생하는 예외를 다음과 같이 분류하였다.

- 분류 1. 처리할 수 없는 예외
- 분류 2. 처리할 수 있는 예외
  - 분류 2-1. 코드 수정을 통해 제거할 수 있는 예외
  - 분류 2-2. 코드 수정을 통해 제거할 수 없는 예외

처리할 수 없는 예외란 프로그램에서 발생을 예측할 수 없거나 알더라도 어떻게 할 수 없는 예외를 말한다. 예를 들어 JVM 자체 오류나 메모리 부족과 같은 자원 고갈이 여기에 해당한다. 자바에서는 이들을 Error라는 클래스를 통해 정의하고 있다.

처리할 수 있는 예외 중 코드 수정을 통해 제거할 수 있는 예외란 프로그램을 잘못 작성하여 논리 오류가 포함되어 프로그램의 정상 동작에 영향을 주는 경우를 말한다. 이와 같은 문제는 프로그램을 수정하여 그와 같은 오류가 발생하지 않도록 해야 한다. 따라서 이 문제들은 구현 과정에서 발견하고 제거해야 한다. 자바에서는 이들을 RuntimeException으로 분류하였다.

처리할 수 있는 예외 중 코드 수정을 통해 제거할 수 없는 예외란 사용자 실수 등 프로그램 외적인 요인에 의해 발생하며, 필요한 조치 후 다시 실행하면 정상적으로 실행될 수 있는 경우를 말한다. 예를 들어 사용자가 파일명이나 경로를 잘못 입력하여 해당 파일이나 폴더를 찾을 수 없는 경우나 프린터 용지 부족의 경우가 여기에 해당된다. 이와 같은 문제들은 사용자에게 문제의 원인을 알려주어 수정하도록 하고 해당 작업을 다시 하면 프로그램을 계속 정상적으로 수행할 수 있다.

자바 설계자들은 분류 2-2의 예외에 대한 처리를 강제화하면 프로그램의 강건성을 높일 수 있다고 생각하였다. 이에 2-1과 2-2 종류의 예외를 각각 unchecked와 checked 예외라 명명하였고, 두 종류의 예외를 처리하는 방법을 다르게 만들었다.

checked 예외가 발생할 수 있는 문장이면 프로그래머가 이를 반드시 처리하거나 해당 문장이 포함된 메소드를 호출하는 곳에서 checked 예외가 발생할 수 있다는 것을 알도록 공표해야 한다. 이처럼 프로그래밍하지 않으면 문법 오류가 된다. 이 규칙은 반복적으로 적용되며, checked 예외가 JVM까지 전달될 수 있도록 프로그래밍하는 것은 잘못된 것이다.

반면에 unchecked 예외는 그것이 발생할 수 없도록 프로그래밍이 되어야 한다. 따라서 unchecked 예외가 발생하는 문장에 대해 특별한 조치를 취하지 않아도 문법 오류가 발생하지 않는다.

예를 들어 다음과 같은 func 메소드가 정의되어 있고, func 메소드에서 호출하는 두 개의 메소드 f와 g 중 f는 AException이라는 checked 예외를 발생할 수 있고, g는 인자로 전달되는 객체가 null인 경우 unchecked 예외인 NullPointerException이 발생할 수 있다고 하자.

```
public void func(A a){
    f(a);
    g(a);
}
```

이 경우 checked 예외를 발생할 수 있는 f 메소드를 호출하고 있지만 요구되는 조치를 하지 않고 있어 func 메소드는 컴파일되지 않는다. 문법 오류를 해결하기 위해서는 checked 예외가 발생할 것을 대비하여 그림 5.6과 같이 try-catch 문을 이용할 수 있고, 예외를 공표함으로써 이 처리를 상위 메소드에 위임할 수 있다.

```
public void func(A a){
    try{
        f(a);
        g(a);
    }
    catch(AException e){
    }
}
```

(1) try-catch 문으로 직접 처리

```
public void func(A a) throws AException{
    f(a);
    g(a);
}
```

(2) 공표를 통해 위임

〈그림 5.6〉 checked 예외 처리 방법

unchecked 예외의 경우에는 어떤 조치를 하지 않아도 컴파일러가 불평하지는(문법 오류가 아님) 않는다. 보통 unchecked 예외는 try-catch 문이나 공표를 통해 처리하지 않고 프로그래밍을 통해 발생하지 않도록 해야 한다. null이 문제인 경우에는 다음과 같이 프로그래밍할 수 있다.

```
public void func(A a) throws AException{
    if(a != null){
        f(a);
        g(a);
    }
}
```

3.2 자바 라이브러리의 예외 구성

자바는 앞서 설명한 바와 같이 최초 설계부터 크게 처리할 수 없는 예외와 처리할 수 있는 예외로 구분하고, 다시 처리할 수 있는 예외는 강제 처리가 필요한 예외와 프로그래밍을 통해 예외가 발생하지 않도록 하는 예외로 나누었다. 이를 위해 자바는 그림 5.7처럼 모든 예외는 Throwable의 후손이 되도록 설계하였고, 그것의 자식으로 처리할 수 없는 예외에 해당하는 Error 클래스와 처리할 수 있는 예외인 Exception 클래스를 정의하였다. Exception의 후손으로 다양한 예외 클래스들이 정의되어 있는데, 이 중 RuntimeException은 프로그래밍을 통해 예외가 발생하지 않도록 해야 하는 예외에 해당한다.

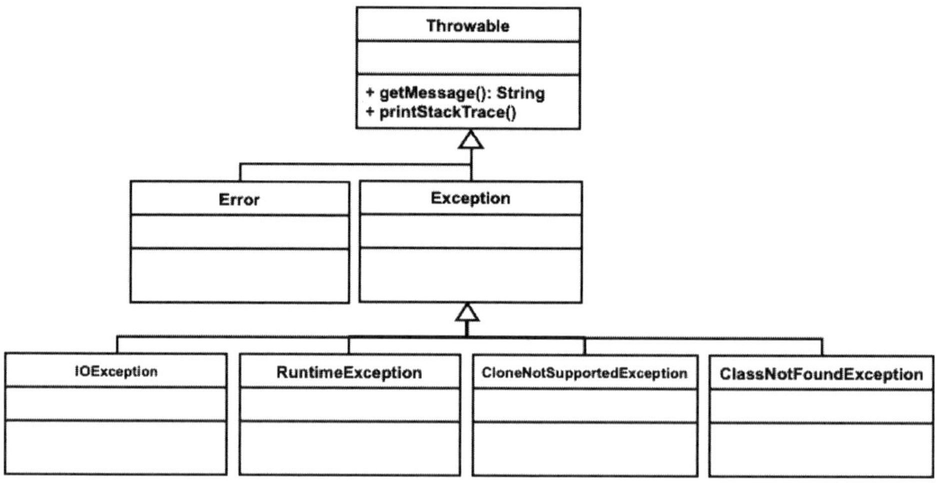

〈그림 5.7〉 자바 라이브러리의 예외 클래스 계층구조

Throwable에는 예외 처리 과정에서 널리 사용하는 getMessage와 printStackTrace 메소드가 정의되어 있다. getMessage는 예외와 관련된 정보에 해당하는 문자열을 얻는 메소드이고, printStackTrace는 어떤 메소드 호출 과정을 통해 예외가 발생하였는지 출력하여 주는 메소드이다.

IOException은 파일 입출력 과정에서 발생할 수 있는 다양한 예외의 조상 클래스이다. 후손으로 보통 파일명 오류나 경로 오류로 열고자 하는 파일이 없을 때 발생하는 FileNotFoundException, 웹 처리 과정에서 발생할 수 있는 MalformedURLException, UnknownHostException 등이 정의되어 있다.

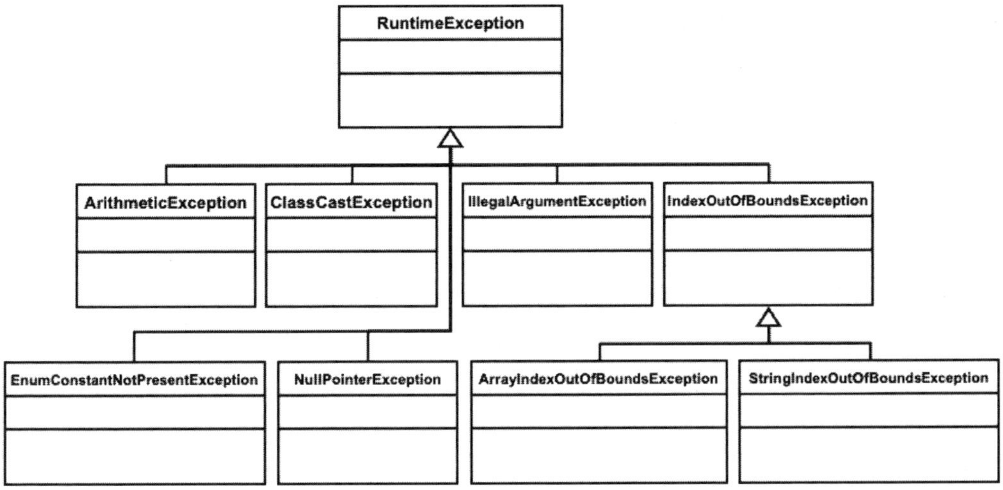

〈그림 5.8〉 RuntimeException 클래스 계층구조

RuntimeException의 후손에는 그림 5.8처럼 프로그래밍을 잘못하여 실행 시간에 발생할 수 있는 다음과 같은 예외가 정의되어 있다.

- NullPointerException: null 값인 객체 변수를 조작할 때 발생
- ArithmeticException: "0 나누기"와 같은 산술 예외 때 발생
- ArrayIndexOutofBoundsException: 배열의 색인으로 -1을 사용할 때처럼 유효하지 않은 배열 색인 값을 사용할 때 발생

4. 새 예외 클래스 정의하기

```
public class InsufficientFundException extends Exception{
    public InsufficientFundException(){
        super("잔액부족");
    }
    public InsufficientFundException(String msg){
        super(msg);
    }
}
```

〈그림 5.9〉 InsufficientFundException 예외

새로운 예외 클래스를 정의하기 위해서는 먼저 정의할 예외가 checked 예외인지 unchecked 예외인지 판단해야 한다. checked 예외는 Exception 클래스를 상속받아 정의하며, unchecked 예외는 RuntimeException 클래스를 상속받아 정의한다. 이것을 결정할 때 두 가지를 고려해야 한다. 첫째는 이 예외가 개발자의 실수로 발생하는 예외인지, 소프트웨어를 사용하는 사용자의 실수로 발생하는 예외인지 판단해야 한다. 둘째, 이 예외가 프로그래밍을 통해 수정 가능한 것인지 아닌지 판단해야 한다. 이 측면에서 보면 잔액부족과 관련된 예외는 checked 예외로도 unchecked 예외로 정의할 수 있다. Checked 예외로 분류할 수 있는 이유는 이 예외는 사용자 실수일 확률이 더 많고, 배포 버전에서도 유지할 필요가 있는 예외이기 때문이다. 반면에 withdraw 메소드를 호출할 때 발생하지 않도록 미리 확인할 수 있기 때문에 unchecked 예외로 정의할 수 있다.

프로그래밍 오류를 파악하는 것이 주목적이 아니라 배포 버전에서도 계속 사용하기 위한 것이라면 checked 예외로 정의하는 것이 올바른 방법이며, 이때에는 그림 5.9처럼 Exception 클래스를 상속받아 정의한다. Checked 예외인지 unchecked 예외인지 상관없이 새 예외를 정의할 때는 보통 두 개의 생성자를 꼭 정의한다. 기본 생성자는 예외와 관련된 기본 메시지를 상위 클래스 생성자에게 전달하는 형태로 구현하며, 문자열을 하나 받는 인자는 해당 문자열을 상위 클래스 생성자에게 전달하는 형태로 구현한다. 기본 메시지는 발생한 예외의 원인과 해당 예외가 다시 발생하지 않기 위해 줄 수 있는 최대한의 정보를 담고 있어야 한다.

보통 unchecked 예외는 생성자를 통해 전달하는 문자열을 프로그램이 비정상 종료되었을 때 출력해 주기 때문에 디버깅에 도움이 되도록 필요한 정보를 예외 객체를 생성할 때 전달해야 한다. 반면에 checked 예외인 경우에는 생성자에 전달한 문자열을 활용하지 않고 별도 프로그램에서 정한 로직에 따라 예외를 처리하기 때문에 보통 예외 발생할 때 전달한 문자열이 중요하지 않다.

예외 클래스를 정의할 때 예외 처리를 위해 필요한 정보를 추가로 유지할 수 있고, 필요한 기능을 추가할 수 있다. 예를 들어 InsufficientFundException은 부족한 금액을 유지하도록 만들 수 있고, 해당 예외를 발생한 계좌 객체를 유지하도록 만들 수 있다. 보통 unchecked 예외는 추가적인 정보를 유지하거나 기능을 추가할 이유는 없다. 이 때문에 보통 새 unchecked 예외 클래스를 정의하는 경우는 드물다. 하지만 checked 예외는 그것을 처리하기 위해 추가로 필요한 기능이 있을 수 있다. 예를 들어 잔액부족 예외가 발생하였을 때 사용자에게 보여주는 정보를 만들기 위해 필요한 내용을 유지하도록 구현할 수 있다.

새로운 예외를 반드시 정의하여 사용해야 하는 것은 아니지만 새 예외 클래스를 정의하면 가독성을 높일 수 있고, 발생하는 위치가 제한적이기 때문에 예외 발생 원인이 더 명확해질 수 있다. 또한 새로운 기능이 필요하면 새 예외 클래스를 정의할 수밖에 없다.

5. 예외와 상속

메소드를 자식 클래스(상속, interface)에서 재정의할 경우 자식 클래스에서 부모보다 많은 종류의 예외를 공표할 수 없다. 이때 공표하는 checked 예외만 영향을 준다. 이와 같은 제한은 상속과 구체화에서는 항상 부모 타입의 리모콘을 사용하여 자식 객체를 처리할 수 있기 때문이다. 그뿐만 아니라 부모 메소드가 공표하지 않은 예외를 공표할 수 없다. 따라서 아래 예에서 C는 재정의하는 부모 메소드와 호환되지 않는 예외를 공표하고 있고, D는 재정의하는 부모 메소드보다 더 많은 예외를 공표하고 있기 때문에 클래스 C와 D에서 f 메소드의 재정의는 문법 오류이다.

```
public class A{
    public void f() throws Checked1, Checked2{}
}
public class B extends A{
    @Override public void f() throws Checked1{}
}
public class C extends A{
    @Override public void f() throws Checked3{}
}
public class D extends A{
    @Override public void f() throws Checked1, Checked2, Checked3{}
}
```

6. 예외 처리 팁

프로그램의 가독성을 높이기 위해 예외 처리 부분과 실제 알고리즘 부분을 분리하여 코딩할 수 있다. 예를 들어 다음과 같은 메소드가 정의되어 있으면 try-catch 문 때문에 실제 코드를 읽기가 불편할 수 있다.

```
void f(){
   try{
       statement1;
       //
       statementn;
   }
   catch(AException e){ }
   catch(BException e){ }
}
```

이 경우 try 절에서 실행하는 문장들로만 구성된 별도 메소드를 다음과 같이 정의한 후에 try 절 대신에 해당 메소드를 통해 코드 리뷰를 할 수 있다.

```
public void f(){
   try{
       g();
   }
   catch(AException e){ }
   catch(BException e){ }
}

public void g() throws AException, BException{
   statement1;
   //
   statementn;
}
```

자바 라이브러리에 있는 메소드를 사용할 때에는 각 메소드가 어떤 예외를 발생할 수 있는지 파악한 후에 사용해야 하며, checked 예외를 발생할 경우에는 어떻게 조치해야 하는지 고민해야 하고, unchecked 예외를 발생하면 이와 같은 예외가 발생하지 않도록 메소드 호출하기 전에 객체의 상태나 인자에 대한 검사가 필요하다. 예외는 무시하는 것은 바람직하지 않으며, 예외를 다른 목적으로 사용하는 것도 바람직하지 않다. 예를 들어 다음과 같이 배열의 끝을 파악하기 위해 예외를 사용하는 것은 잘못된 프로그래밍 스타일이다.

```
try{
    for(int i = 0; ; ++i){
        a[i].play();
    }
}
catch(ArrayIndexOutofBoundsException e){}
```

try-catch 문을 이용하여 예외를 처리할 경우 너무 작은 단위로 처리하는 것은 잘못된 것이며, 어떤 예외가 발생하였을 때 함께 실행되지 말아야 하는 문장들을 try 절에 함께 포함하여야 한다.

7. assert

```
public void withdraw(int amount){
    assert(amount > 0);
    if(amount > balance) throw new InsufficientFundException("잔액부족 인출");
    else balance -= amount;
}
```

〈그림 5.10〉 assert를 이용한 은행계좌 인출 메소드

그림 5.3의 경우 인자 값에 따라 IllegalArgumentException와 InsufficientFundException 예외를 발생하고 있다. 이 중 IllegalArgumentException 예외는 프로그램 개발 과정에서 오류를 발견하기 위한 요소이기 때문에 보통 배포 버전에서는 사용하지 않을 것이다. 이 경우에는 예외를 사용하지 않고 그림 5.10처럼 assert를 대신 사용할 수 있다. assert는 assert 괄호에 포함된 조건식이 false이면 AssertionError 예외가 발생한다. eclipse의 경우 assert는 기본적으로 활성화되어 있지 않다. 활성화하고 싶으면 -ea 옵

션을 주어 실행하면 된다. eclipse의 "Run Configuration"의 "(x)= Arguments" 탭의 "VM arguments"에 해당 옵션을 포함하면 된다.

assert의 활성화는 JVM 옵션으로 이루어지기 때문에 바이트 코드에 포함되는 요소이며, assert를 일괄적으로 컴파일 과정에서 제거하거나 소스 코드에서 제거하는 방법은 없다. C/C++에서의 매크로 형태로 포함하는 assert와 성격이 조금 다르다. 따라서 간단하게 예외 처리를 할 수 있는 측면에서만 이점이 있다고 할 수 있다.

8. 프로그램의 오류 줄이기 위한 Tip

null을 반환하는 메소드는 가급적 만들지 말아야 한다. 또 절대 null 값을 메소드에 전달하지 않도록 해야 한다. 보통 객체를 반환하는 메소드의 경우 오류가 발생하였다는 것을 알리기 위해 정상적인 객체 대신에 null 값을 반환할 수 있다. 하지만 이 메소드를 사용하는 곳에서 호출 결과를 확인하지 않을 수 있으며, 확인하지 않으면 NullPointer Exception이 발생하여 프로그램이 비정상적으로 종료할 수 있다.

예를 들어 아래와 같이 복합 타입의 자료구조를 반환할 경우 null 대신에 요소 개수가 0인 자료구조를 반환하면 정상적인 경우와 오류인 경우를 나누어 프로그래밍하지 않아도 된다.

```
List<Student> seniors = getStudentByYear(student, 4);
if(seniors ! = null)
   for(Student s: seniors){
      //
   }
```

참고로 요소 개수가 0인 자료구조를 매번 만들어 반환하는 비용을 줄이기 위해 미리 만들어 놓은 것을 반환할 수 있고, 이와 같은 용도로 사용하기 위해 라이브러리에서 제공되는 것(예: Collections.emptyList())을 이용할 수 있다.

8.1 Objects

생성자 메소드나 수정자 메소드에서 객체를 받아 멤버 변수에 할당하는 경우가 종종 있다. 이때 인자가 null 값일 수 있다. 이 문제를 해결하기 위해 다음과 같이 null 검사를 직접하고 예외를 발생시킬 수 있다.

```
void setA(A a){
    if(a == null) throw new IllegalArgumentException();
    this.a = a;
}
```

여기서 A는 객체 타입이라고 가정하고, setA는 A 타입의 멤버 변수 a를 가지는 어떤 클래스의 메소드라 하자. 이 예에서는 IllegalArgumentException을 발생하였지만 NullPointerException을 발생할 수 있다. 이와 같은 검사를 하지 않으면 이 위치가 아니라 나중에 a 멤버 변수를 사용할 때 예외가 발생할 수 있다.

이와 같은 문제는 직접 검사하는 것보다 다음과 같이 Objects의 static 메소드를 활용하는 것이 더 간결하다.

```
void setName(String name){
    this.name = Objects.requireNonNull(name);
    // this.name = Objects.requireNonNullElse(name, "무명");
}
```

이 예에서 인자 name이 null이면 requireNonNull은 NullPointerException 예외를 발생한다. 주석 처리된 부분을 대신 사용하면 인자가 null인 경우에는 예외를 발생하지 않고 대신 "무명"이라는 문자열을 사용한다.

Objects는 이와 같이 객체를 처리할 때 객체가 어떤 조건을 만족하는지 검사할 수 있는 여러 static 메소드를 제공하고 있다. 예를 들어 다음과 같이 값의 범위를 검사하여 주는 checkIndex 메소드도 있다.

```
int get(int r, int c){
    Objects.checkIndex(r, matrix.length);
    Objects.checkIndex(c, matrix[0].length);
    return matrix[r][c];
}
```

checkIndex는 주어진 첫 번째 정수 인자가 0과 같거나 크거나 두 번째 정수 인자보다 작은지 검사하여 주고, 해당 범위에 있지 않으면 IndexOutOfBoundsException 예외를 발생하여 준다.

8.2 Optional

자바 8부터는 Optional 클래스를 통해 null 반환 문제에 대한 더 효과적인 해결책을 제공하고 있다. 예를 들어 자바 8 이전에는 많은 경우 다음과 같이 메소드의 반환값에 대한 null 검사를 하였을 것이다.

```
Student student = getStudentByName(students, "홍길동");
if(student != null) System.out.println(student);
```

자바 8 이후에는 다음과 같이 Optional 객체를 반환할 수 있다.

```
Optional<Student> getStudentByName(String[] students, String name){
    for(Student s: students)
        if(s.getName().equals(name)) return Optional.of(s);
    return Optional.empty();
}
```

위 예제에서 알 수 있듯이 Optional를 반환하는 함수의 작성은 of와 empty static 메소드를 활용하면 된다. of에 전달하는 인자가 null일 가능성이 있으면 ofNullable을 사용할 수 있다. 이것을 사용하면 인자가 null일 때 예외를 발생하지 않고 empty Optional 객체를 만들어 준다.

Optional를 반환할 경우에는 다음과 같이 활용할 수 있다.

```
Optional<Student> student = getStudentByName(students, "홍길동");
if(student.isPresent()) System.out.println(student.get());
```

하지만 이 예제를 보면 null를 사용하는 것과 비교하였을 때 이점이 없다고 생각할 수 있다. 실제 Optional를 사용할 때 위와 같이 사용하지는 않는다. Optional은 14장에서 설명하는 함수형 프로그래밍과 결합하면 다음과 같이 조건문 없이 프로그래밍할 수 있다. 이 형태가 일반적으로 사용하는 형태이다.

```
Optional<Student> student = getStudentByName(students, "홍길동");
student.ifPresent(System.out::println);
```

ifPresent 외에 ifPresentorElse, ifPresentorElseGet를 사용하면 더욱 효과적인 프로그래밍을 할 수 있다.

Optional를 사용하는 것의 장점은 다음과 같다.

- 문서화 측면에서 이점이 있다. 함수의 반환 타입이 Optional이면 반환할 값이 없을 수 있다는 것이 명확하다.
- 모호성이 제거된다. Optional을 사용하지 않고 null을 반환하는 메소드는 반환할 값이 없어 null을 반환할 수 있지만 오류에 의해 null을 반환할 수도 있다.
- 간결성이 향상된다. 특히, 함수형 프로그래밍과 함께 활용하면 코드가 간결해진다.

퀴즈

1. 자바 예외 처리와 관련된 다음 설명 중 틀린 것은?

   ① unchecked 예외는 catch하여 처리하는 것이 아니라 발생할 경우 코드를 수정하여 다시는 그 예외가 발생하지 않도록 해야 하는 것이다.

   ② checked 예외는 외부 요인에 의해 발생하지만 극복이 가능한 예외이기 때문에 catch하여 극복할 수 있도록 구현해야 한다.

   ③ catch 절은 여러 개 정의할 수 있으며, 정의한 순서는 중요하지 않다.

   ④ 개발 과정에서는 프로그램이 비정상 종료되는 것은 나쁜 것이 아니다. 오류가 있다는 것을 알게 된 것이므로 오히려 다행이다.

2. 다음과 같은 코드가 있을 때,

```
try{
    foo();
    bar();
    System.out.println("ha ha");
}
catch(IllegalArgumentException e){
    System.out.println("ho ho");
}
finally{
    System.out.println("ya ya");
}
System.out.println("yo yo");
```

   try 절 foo 호출에서 ArithmeticException 예외가 발생하였을 때 출력되는 결과는?

① ha ha ho ho ya ya yo yo	② ya ya
③ ho ho ya ya	④ ya ya yo yo

3. 다음과 같은 코드가 있을 때,

```
try{
   foo();
   bar();
   System.out.println("ha ha");
}
catch(IllegalArgumentException e){
   System.out.println("ho ho");
}
finally{
   System.out.println("ya ya");
}
System.out.println("yo yo");
```

try 절에서 예외가 발생하지 않은 경우 출력되는 결과는?

① ha ha
yo yo

② ha ha
ya ya
yo yo

③ ha ha
ho ho
ya ya
yo yo

④ yo yo

4. checked와 unchecked 예외에 대한 다음 설명 중 틀린 것은?

① unchecked 예외는 프로그래밍 논리 오류 때문에 발생한다.
② checked 예외는 보통 프로그램 외적인 요인에 의해 발생한다.
③ checked 예외는 처리하여 극복할 수 있는 예외이다.
④ unchecked 예외는 코드를 수정하여 발생하지 않도록 해야 하는 예외이며, 이 예외는 반드시 처리(처리하지 않으면 문법 오류)하도록 되어 있다.

5. 새 예외 클래스를 정의하고자 한다. 이와 관련된 다음 설명 중 틀린 것은?

① 새 예외 클래스를 이용하여 처리할 예외가 unchecked 예외인지 checked 예외인지 판단해야 한다.

② 프로그래밍 오류에 의한 예외는 unchecked 예외에 해당하며, 보통 unchecked 예외는 오류의 발견과 수정이 목적이므로 새 예외 클래스의 정의가 필수적인 것은 아니다.

③ checked 예외로 새 클래스를 정의하고 싶으면 RuntimeException 클래스를 상속하여 정의한다.

④ checked 예외는 외부적 요인에 의해 발생하며 극복이 가능한 예외이기 때문에 catch하여 처리할 때 필요한 기능이 있으면 그 기능이 추가된 새 예외 클래스를 정의하여 사용할 수 있다.

연습문제

1. ArrayIndexOutOfBoundsException은 unchecked 예외이고, FileNotFoundException은 checked 예외이다. 각 예외가 그와 같이 분류된 이유와 각 종류의 예외를 어떻게 처리해야 하는지 설명하라.

2. 계정명과 패스워드를 통해 사용자를 인증하는 웹 서비스가 있다고 가정하자. 이와 관련하여 다음 각각에 대해 답변하라.

   ① 새 사용자의 가입을 처리할 때 사용하는 다음 함수에서 발생 가능한 예외를 모두 제시하라.

```
void verifyUserID(String id);
void verifyPasswd(String passwd);
```

   매개 변수 id와 passwd는 사용자가 등록 과정에서 입력한 계정명과 패스워드이다.

   ② 기존 사용자를 인증하는 다음 함수에서 발생 가능한 예외를 모두 제시하라.

```
boolean verifyUserLogin(String id, String passwd);
```

3. 방문객의 수를 관리하는 프로그램을 만들고 싶다. 이 프로그램을 통해 현재 방문 중인 방문객의 수와 오늘 총 방문한 방문객의 수를 유지하고 싶다. 이를 위해 다음과 같은 클래스를 정의하여 사용하고 있다. 해당 응용은 이 클래스의 객체를 매일 하나 생성하여 방문객의 수를 파악하고 관리한다.

```
public class VisitorStatistics{
    public final int MAX_ALLOWED;          // 동시 최대 허용 방문객 수
    private int currentVisitors = 0;       // 현재 방문객 수
    private int totalVisitors = 0;         // 오늘 방문한 총 방문객 수
    //
    public void visitorsEntering(int numVisitors) {
```

```
            //
        }
        public void visitorsLeaving(int numVisitors) {
            //
        }
        public int getCurrentNumberOfVisitors() {
            return currentVisitors;
        }
        public int getTotalNumberOfVisitors() {
            return totalVisitors;
        }
    }
```

여기서 currentVisitors는 현재 방문객의 수를 나타내며, totalVisitors는 오늘 총 방문한 방문객의 수를 나타낸다. 이 공간은 동시에 최대 허용하는 방문객의 수가 제한되어 있다. 동시 최대 허용하는 방문객의 수는 당일 여건에 따라 변하지만 한번 결정되면 바뀌지 않는다. 이 때문에 이 정보를 유지하는 MAX_ALLOWED를 객체 상수로 모델링하였다. 이와 관련하여 다음 각각에 대해 답변하라.

① visitorsEntering 메소드에서 numVisitors는 새로 방문한 방문객 수이다. visitors Entering의 경우 동시 최대 허용 인원이 있기 때문에 이번 방문객의 출입을 모두 허용하지 못할 수 있다. 이 경우는 예외 상황은 아닐 수 있지만 이 상황을 특별하게 처리하고 싶을 수 있다. 이를 위해 새로운 예외 MaxExceededException 정의하여 사용하고 싶다. 이 예외는 checked와 unchecked 중 어떤 종류의 예외로 정의하여야 하는지 설명하라.

② 개발 과정에서는 프로그래밍 오류를 발견하기 위한 예외 처리가 매우 중요하다. 프로그래밍 예외 오류에 대해서는 IllegalArgumentException 예외를 발생하고, ①에서 설명한 이번 방문객을 모두 허용하지 못한 경우에는 MaxExceeded Exception 예외를 발생하도록 visitorsEntering 메소드를 완성하라.

4. 날씨 정보를 분석하는 프로그램을 만들고자 다음과 같은 클래스를 정의하였다.

```
public class Weather{
   private double temperature;
   private boolean isRaining = false;
   private boolean isSnowing = false;
   public void setWeatherInfo(
       double temperature, boolean isRaining, boolean isSnowing){
       this.temperature = temperature;
       this.isRaining = isRaining;
       this.isSnowing = isSnowing;
   }
   public void analyzeWeather(){
       // 1) 현재 온도 검사
       // -30.0도 이하, 40도 이상은 예외
       // 2) 온도가 영하인 경우 (<0)
       // isRaining이 참이면 예외
       // 3) 온도가 영상인 경우 (>0)
       // isSnowing이 참이면 예외
   }
}
```

① 주어진 클래스의 analyzeWeather 메소드를 구현하라. 이때 다음 조건이 만족하면 예외를 발생해야 한다.

- ImpossibleTemperatureException: 온도가 -30.0도 이하, 40도 이상인 경우
- ImpossibleWeatherException: 비와 눈 정보가 잘못된 경우 (예: 영하가 아니면 눈이 올 수 없음)

이 메소드는 -10.0도 이하이면 "너무 추워", 30도 이상이면 "너무 더워"를 콘솔에 출력해야 한다.

② ① 문제에서 사용된 두 가지 예외는 사용자 정의 예외이다. 이 예외는 checked 예외, unchecked 예외 중 어떤 예외가 되어야 하는지 설명하라.

제6장

자바 원시 타입

제 6 장 자바 원시 타입

1. 자바 원시 타입

자바는 총 8가지 원시 타입을 지원한다. 이 중 byte, short, int, long이 정수형이고, float, double이 부동소수형이다. 나머지 둘 중 char는 문자형이고, boolean은 논리형이다. 4개의 정수형 중에 int가 기본 타입이고, 2개의 부동소수형 중에는 double이 기본 타입이다. 기본 타입이란 해당 타입의 상수를 접미사 없이 사용하였을 때 해당 상수를 처리하는 타입을 말한다. 예를 들어 10+n이라는 표현식이 있을 때, 여기서 10은 int 타입이 된다[26]. 자바의 원시 타입은 자바의 설계 원칙에 의해 해당 타입이 차지하는 공간의 크기가 표준에 정의되어 있으며, 어떤 환경에서나 동일한 크기로 처리한다. 또 자바의 원시 타입은 값 타입 변수로만 처리할 수 있다. 자바에서 원시 타입에 대한 참조는 가능하지 않다.

2. 정수 타입

자바의 정수 타입은 C/C++와 달리 부호가 있는 정수 타입만 있으며, 각 타입이 차지하는 공간이 표준에 정의되어 있다. 총 4종류의 정수 타입을 제공하며, 이 중에 int가 기본 타입이다. int가 차지하는 크기는 4바이트이며, 범위는 -2,147,483,648에서 2,147,483,647이다. 이 두 값은 Integer 클래스에 MIN_VALUE, MAX_VALUE 상수로 정의되어 있다. 당연하지만 특정 바이트로 표현할 수 있는 정수의 개수는 짝수이며, 여기에 0이 포함되므로 양수의 개수와 음수의 개수가 다르다. 정수를 표현하는 방식 때문에 항상 음수가 하나 많다.

정수 상수는 2진수, 8진수, 10진수, 16진수로 표현할 수 있으며, 2진수, 8진수, 16진수로 표현할 때에는 0b, 0, 0x 접두사를 붙인다. 2진수는 자바 7부터 추가된 것이며, 자바 7부터는 정수 상수, 부동소수 상수 중간에 다음과 같이 '_'을 사용할 수 있다.

26) C++의 경우는 상수값에 따라 해석하는 타입이 int, long, long long이 될 수 있다

```
int price = 100_000;
```

2.1 오버플로우

각 정수 타입은 크기가 고정되어 있으므로 범위가 제한적이다. 따라서 정수를 처리할 때 가장 주의해야 하는 것은 계산 결과가 해당 변수가 유지할 수 있는 범위를 벗어나지 않도록 하는 것이다. 계산 결과가 해당 타입의 범위를 벗어나는 현상을 오버플로우라 한다. 예를 들어 다음을 수행하면 오버플로우가 발생하여 생각한 결과와 다른 값이 출력된다.

```
int n = 1_000_000;
System.out.println(n * n);   // -727,379,968
```

하지만 위 코드를 실행해 보면 알 수 있지만 오버플로우가 발생한다고 0 나누기처럼 실행 시간 예외가 발생하지는 않는다.

다음 코드에서 두 번째, 네 번째, 다섯 번째 줄은 자바에서 문법 오류이다.

```
1   int m = 100;
2   byte b1 = 200;        // error
3   byte n = 100;
4   byte b2 = m;          // error
5   n = n * n:            // error
```

세 번째 줄의 경우 상수 100은 기본 타입인 int로 평가되기 때문에 세 번째 문장도 오류라고 생각할 수 있다. 하지만 자바는 정수 상수를 byte 또는 short 타입의 변수에 상수식을 이용하여 초기화하거나 대입할 때에는 결과 값이 해당 타입 범위 내에 있는 값이면 문법 오류 없이 사용할 수 있다. 하지만 n = 100 * 2는 상수식이지만 결과 값이 범위를 벗어나기 때문에 문법 오류이다.

세 번째와 네 번째는 내용 측면에서 차이가 없지만 상수가 아닌 변수를 대입할 경우에는 변수의 현재 값과 무관하게 오류를 준다. 다섯 번째 줄이 문법 오류인 이유는 정수 계산에서 타입이 byte이거나 short인 경우 해당 타입을 이용하여 계산하지 않고 int로 자동타입 변환하여 계산한다. 참고로 char을 이용하여 산술 연산을 할 경우에도 자동으로 int로 타입 변환되어 계산이 이루어진다. 다섯 번째 줄에서 n * n의 결과는 int이며,

변수식이므로 결괏값과 무관하게 문법 오류이다.

다음과 같이 절댓값을 구하는 메소드를 구현하였다고 하자.

```
int abs(int n){
    return n < 0? -n: n;
}
```

구현 내용을 보면 아무 문제가 없는 코드로 보인다. 하지만 매개 변수 n의 범위를 생각해보면 이 코드도 오버플로우와 관련된 문제가 있다는 것을 알 수 있다. 인자로 Integer.MIN_VALUE를 전달하면 그것에 대응하는 양수가 없으므로 오버플로우가 발생한다.

두 개의 정수가 있을 때 이들을 비교하기 위해 연산자 대신에 뺄셈을 사용하는 경우가 많다. 하지만 a - b는 a와 b 값에 따라 오버플로우가 발생하여 생각한 것과 다른 결과를 얻을 수 있다. 이 경우에는 Integer.compare(a, b)를 사용하면 오버플로우를 걱정하지 않고 비교할 수 있다.

그림 6.1은 정렬된 배열에 대한 이진 검색(binary search)을 하는 메소드이다. 이 메소드의 구현 내용도 면밀히 분석하지 않으면 아무 문제가 없는 것으로 생각할 수 있다. 하지만 list.length의 범위를 생각하여 보면 이 코드에도 오버플로우 문제가 있다는 것을 알 수 있다. list.length는 int 타입이므로 0보다 크고 최대 Integer.MAX_VALUE까지 가능하다. low와 high가 모두 Integer.MAX_VALUE/2보다 클 때 이 두 값을 더하면 정수 범위를 벗어나 오버플로우가 발생할 수 있다. 이를 극복하기 위해 low, high, mid 변수 타입을 long으로 바꿀 수 있다. 하지만 이것은 속도에 영향을 주기 때문에 여섯 번째 줄을 다음과 같이 바꾸는 것이 훨씬 효과적이다.

```
int mid = low + (high - low) / 2;
```

```
1    boolean find(int[] list, int val){
2        if(list == null || list.length == 0) return false;
3        int low = 0;
4        int high = list.length - 1;
```

```
        while(low <= high){
            int mid = (low + high) / 2;
            if(list[mid] == val) return true;
            else if(list[mid] < val) high = mid - 1;
            else low = mid + 1;
        }
        return false;
    }
```

〈그림 6.1〉 정렬된 정수 배열에 대한 이진 검색

오버플로우가 발생할 수 있는 코드를 작성할 때 자바에서 이를 극복하는 방법은 크게 다음과 같이 3가지 방법이 있다.

- 방법 1. 해당 타입보다 범위가 큰 타입을 사용한다.
- 방법 2. 동일한 결과를 얻을 수 있지만 오버플로우가 발생하지 않는 계산식을 사용한다.
- 방법 3. BigInteger 클래스를 사용한다.

방법 1과 3은 원래 타입을 이용한 계산보다 성능이 떨어지는 문제점이 있다. 앞서 살펴본 이진 검색 예제에서 식을 바꾼 것이 방법 2에 해당한다.

2.2 int 외에 정수 타입

자바에서 byte, short, long은 각각 1, 2, 8바이트를 차지한다. 프로그래밍할 때 기본 정수 상수는 int 타입으로 처리되며, byte와 short 타입은 실제 계산할 때에는 int 타입으로 자동 변환(promoted)되어 처리되기 때문에 이들 타입으로 상수를 표현하는 방법은 없다. 이와 같은 이유로 작은 범위의 수를 다루더라도 byte나 short를 사용할 필요는 없다. 물론 데이터를 파일시스템에 저장하거나 원격에 있는 컴퓨터로 전달할 때에는 byte와 short의 사용이 의미가 있다. 이것은 저장되는 또는 전송되는 데이터의 용량과 관련이 있기 때문이다. long 타입으로 정수 상수를 처리하고 싶으면 L 또는 l 접미사를 사용해야 한다.

byte, short, char에 정수 상수식을 이용하여 대입할 경우에는 식의 평가 값이 해당 타입 범위 내에 있으면 문법 오류가 아니다.

```
1   byte b = 0;
2   int n = 100;
3   b = 100 + 2;        // ok
4   b = 100 + 100;      // error
5   b = n + 2;          // error
```

위에 주어진 코드에서 세 번째와 네 번째 줄의 대입문 오른쪽에 온 식은 모두 상수식이다. 두 식 모두 int 타입이지만 세 번째 상수식의 평갓값은 102이고, 이 값은 byte 도메인 범위 내에 있는 값이므로 오류가 아니다. 마지막 문장의 식의 평갓값도 102이지만 이 값은 변수가 포함된 식이므로 실제 평갓값과 무관하게 문법 오류이다.

2.3 정수 산술 연산

정수를 이용하여 기본적인 사칙 연산을 할 수 있다. 하지만 나눗셈의 두 피연산자가 모두 정수일 때와 피연산자 중 하나가 부동소수일 때 그 결과가 다르기 때문에 주의가 필요하다. 기본 사칙 연산 외에 정수를 이용한 나머지 연산도 할 수 있다. 나머지 연산은 두 피연산자 모두 양의 정수일 때에만 사용하는 것이 직관적이다. 나머지 연산의 두 피연산자 중 하나가 음수일 때의 결과는 다음과 같다.

```
a % b = a - (a / b) ×b
```

예를 들어 -11 % 2는 -11 - (-11 / 2) × 2 = -11 + 10 = -1이다.

게임을 개발할 때 난수를 발생해야 하는 경우가 많다. 자바에서는 java.util에 있는 Random 클래스의 객체를 생성하여 난수를 발생할 수 있다. 예를 들어 주사위를 구현하기 위해 1에서 6사이에 난수를 생성하고 싶으면 다음과 같은 코드를 활용할 수 있다.

```
Random randGen = new Random();
int d = 1 + randGen.nextInt(6);
```

Random의 nextInt 메소드는 주어진 정수가 n일 때 0부터 n-1 사이의 난수를 발생시켜 준다. 최근에는 Random 객체를 직접 생성하지 않고, 다음과 같이 ThreadLocalRandom 클래스를 더 많이 이용한다.

```
int d = 1 + ThreadLocalRandom.current().nextInt(6);
```

ThreadLocalRandom는 다중 쓰레드 환경에서 Random의 사용이 비효율적인 문제를 해결하기 위해 도입된 요소이지만 객체를 직접 생성할 필요가 없으므로 다중 쓰레드 환경이 아니더라도 최근에는 널리 사용하고 있다.

2.4 비트 연산

상위 수준의 응용을 개발할 때에는 비트 연산을 사용할 일은 별로 없다. 하지만 내부적으로 정수가 어떻게 표현되는지 알고 있으면 비트 연산을 이용하여 일반적인 정수 산술 연산보다 빠르게 계산할 수 있다. 예를 들어 정수가 짝수인지 판단하고 싶으면 보통 나머지 연산을 사용한다.

```
boolean isEven(int n){
    return n % 2 == 0;
}
```

정수의 비트 표현을 생각해보면 마지막 비트가 0이면 짝수이고, 1이면 홀수이다. 이 특징을 이용하면 정수가 홀수인지 검사하는 메소드를 다음과 같이 정의할 수 있다.

```
boolean isOdd(int n){
    return (n & 1) == 1;
}
```

이 메소드는 나머지 연산자를 이용하는 것과 달리 음수일 때에도 올바르게 동작한다.

주어진 정수가 2의 거듭제곱인지 판단하는 메소드를 만들어야 할 경우 반복문과 나눗셈, 나머지 연산 등을 이용하여 구현할 수 있다. 하지만 2의 거듭제곱인 수의 비트 표현의 특징을 알면 더 쉽게 구현할 수 있다. 2의 거듭제곱인 수는 비트 표현을 하였을 때 비트값이 1인 비트가 정확하게 하나만 존재해야 한다. 하나만 존재하는지 여부를 반복문을 이용하여 직관적으로 구현하면 다음과 같다.

```java
boolean isPowerOf2(int n){
    int count = 0;
    for(int i = 0; i < 32; ++i){
        if((n & 1) == 1) ++count;
        if(count > 1) return false;
        n = n >>> 1;
    }
    return true;
}
```

위 메소드에서 if(count > 1) 부분을 사용하면 중간에 중단할 수 있어 더 효율적일 것으로 생각할 수 있지만 2의 거듭제곱인 경우에는 불필요한 비교가 32번 이루어지므로 오히려 효율성을 나쁘게 하는 요소가 될 수 있다. 따라서 해당 문을 제거하고 마지막에 count가 1인지 여부를 검사하는 것이 평균적으로 더 효율적일 수 있다.

주어진 정수가 2의 거듭제곱인지 판단하는 더 효과적인 방법은 n과 n-1을 이용하여 다음과 같이 구현하는 것이다.

```java
boolean isPowerOf2(int n){
    return (n != 0) && ((n & (n - 1)) == 0);
}
```

이 외에도 비트 연산과 관련하여 왼쪽으로 한 비트 이동하면 2를 곱하는 것과 같으며, 거꾸로 오른쪽으로 한 비트 이동하면 2로 나누는 것과 같다는 것을 활용할 수 있다.

비트 연산을 사용할 때 한 가지 주의해야 할 부분은 자바에서 정수는 2의 보수 표현법을 사용한다는 것이다. 따라서 왼쪽 이동의 경우 부호 있는 이동과 부호 없는 이동 연산자가 따로 존재한다. 다음을 실행하면 이들 연산자의 차이를 쉽게 이해할 수 있다.

```java
int n1 = 0x40000000;
n1 = n1 << 1;
System.out.printf("%x%n", n1); // 0x80000000
int n2 = 0x80000000;
```

```
n2 = n2 >> 2;
System.out.printf("%x%n", n2);    // 0xe0000000
int n3 = 0x80000000;
n3 = n3 >>> 2;
System.out.printf("%x%n", n3);    // 0x20000000
```

여기서 n1은 원래 양수이었지만 왼쪽 이동으로 음수가 되었다. 왼쪽 이동을 통해 최상위 비트가 0에서 1로 바뀌면 부호가 바뀌므로 주의가 필요하다.

이동 연산자를 이용할 때 주의할 또 다른 점은 byte나 short 타입에 이동 연산자를 적용하면 int로 자동 타입 변환하여 처리하기 때문에 기대하였던 것과는 다른 결과가 나올 수 있다.

3. 부동소수 타입

자바는 float와 double 두 종류의 부동소수 타입을 제공하며, 이 중 double이 기본 타입이다. double은 8바이트이며, float는 4바이트를 차지한다. 부동소수도 정수와 마찬가지로 크기가 고정되어 있으므로 나타낼 수 있는 범위는 제한적이다. 따라서 부동소수에서도 오버플로우가 발생할 수 있다. 하지만 범위가 매우 크기 때문에 부동소수에서는 오버플로우에 대한 고려는 거의 하지 않는다. 그러나 부동소수에는 그보다 더 중요한 다른 문제가 존재한다.

```
double p = 3E16;               // 30,000,000,000,000,000
double d = p - 5;              // 29,999,999,999,999,995
System.out.println(p);         // 3.0E16
System.out.println(d);         // 2.9999999999999996E16
System.out.println(p - d);     // 4.0 (?)
```

〈그림 6.2〉 부동소수의 정확성 문제

특정한 구간만 생각하여도 해당 구간에 존재하는 부동소수는 무한하다. 따라서 정수와 달리 부동소수 타입은 나타낼 수 있는 범위 내에 있는 모든 값을 표현할 수 없다. 이 때문에 특정 수를 표현하고자 할 때 해당 수를 정확하게 표현하지 못하고 가장 가까운 값으로 대신 표현할 수밖에 없다. 이때 발생하는 오류를 반올림 오차(round-off) 오류라 한다. 예를 들어 그림 6.2에 제시된 코드를 실행하면 이 오류 때문에 기대되는 5.0 대신에 4.0이 출력된다. 따라서 부동소수를 사용할 때에는 반올림 오차 오류를 주의해야 한다. 특히, 이 때문에 부동소수는 가급적 비교식에 사용하지 않는 것이 바람직하다.

부동소수의 경우에는 오버플로우의 반대 개념인 언더플로우도 발생할 수 있다. 0과 매우 가까운 수이지만 표현할 수 없는 수이면 언더플로우가 발생하였다고 한다. 정수에서는 오버플로우가 발생하면 엉뚱한 값을 가지게 되지만 부동소수에서는 오버플로우나 언더플로우가 발생하더라도 엉뚱한 값을 가지지 않는다. 오버플로우의 경우에는 무한대라는 값을 가지게 되고, 언더플로우의 경우에는 0이 된다.

double과 관련된 주요 상수는 Double 클래스에 다음과 같이 정의되어 있다.

- Double.MAX_VALUE: $(2-2^{-52})\times 2^{1023}$
- Double.MIN_VALUE: 2^{-1074}
- Double.NEGATIVE_INFINITY
- Double.POSITIVE_INFINITY
- Double.NaN

정수와 비교하여 MIN_VALUE가 가장 작은 음의 부동소수가 아니라 0에 가장 가까운 작은 수를 나타낸다. 이와 같이 정의한 이유는 부동소수는 정수와 달리 대칭적이기 때문이다. 따라서 가장 작은 음의 부동소수를 원하면 -Double.MAX_VALUE를 사용하면 된다. 또 대칭적이기 때문에 0의 표현이 하나가 아니라 두 개(0과 -0)가 존재한다. 여기서 NaN(Not A Number)은 0/0이나 허수처럼 존재하지 않는 수를 나타낸다.

float와 double은 원시 타입이기 때문에 보통 비교할 때 비교 연산자를 사용한다. 하지만 다음과 같은 이유 때문에 Float.compare나 Double.compare을 이용하여 비교하는 것이 더 안전하다.

```
double d = Double.MIN_VALUE;
double e = -d;
d = d / 10;
```

```
4    e = e / 10;
5    System.out.println(d);
6    System.out.println(e);
7    System.out.println(d == e);
8    System.out.println(Double.compare(d, e) == 0);
```

여기서 4번째 줄 이후 d는 0.0이며 e는 -0.0이다. 일반 비교 연산자는 0.0과 -0.0을 비교하면 true이지만, Double.compare는 false를 출력한다. 즉, Double.compare가 더 정확하게 비교하여 준다.

정수 타입의 경우에는 기본 타입이 int이며, int보다 작은 타입은 int로 처리하기 때문에 long 타입의 상수를 표현하는 접미사만 제공하고 있다. 부동소수 타입의 경우에는 double이 기본 타입이므로 이 타입보다 작은 타입인 float 타입의 상수를 표현하는 접미사 F(또는 f)를 제공하고 있다. 부동소수 상수는 숫자와 점으로만 구성된 표준 표기법(예: 72.5), e, E를 사용하는 과학적 표기법(예: 7.25e1)을 이용하여 표현할 수 있으며, 자바 5부터 p, P를 이용하여 16진수를 이용한 표기법(예: 0x12.2p2)을 이용할 수도 있다.

void foo(double n)과 같은 메소드가 있다고 하자. 이 메소드를 foo(10)과 같이 호출하면 정수인 인자 10을 부동소수로 변환하여 함수로 전달하게 된다. 이 변환 과정을 없애기 위해 foo(10.0)과 같이 호출할 수 있고, 접미사 d, D를 이용하여 foo(10d)와 같이 호출할 수 있다.

3.1 BigInteger, BigDecimal

```
BigDecimal d1 = BigDecimal.valueOf(3E16);
BigDecimal d2 = BigDecimal.valueOf(5);
BigDecimal d3 = d1.substract(d2);
BigDecimal d4 = d1.substract(d3);
System.out.println(d4);
```

〈그림 6.3〉 BigDecimal을 이용한 계산의 예

정수 타입의 원시 타입을 사용할 경우에는 오버플로우를 주의해야 하며, 부동소수 타입의 원시 타입을 사용할 경우에는 정확성을 주의해야 한다. 두 문제는 java.math 패키지에 있는 BigInteger와 BigDecimal을 사용하면 오버플로우와 정확성에 대한 걱정없이

정수 계산과 부동소수 계산을 할 수 있다. 하지만 이들은 별도 자료구조와 별도 알고리즘을 사용하기 때문에 원시 타입을 이용한 계산에 비해 느리며, 연산자를 사용하여 계산식을 작성할 수 없기 때문에 불편한 측면도 있다. 그림 6.3은 그림 6.2에 제시된 코드를 BigDecimal를 이용하여 구현한 코드이다. 이 코드가 실행되면 반올림 오차 없이 기대한 5.0이 출력된다.

3.2 부동소수 연산

부동소수도 기본적인 사칙연산을 할 수 있으며, C/C++와 달리 %을 이용하여 나머지 연산도 할 수 있다. 참고로 정수 나눗셈에서 0 나눗셈을 하면 예외가 발생하지만 부동소수 나눗셈에서는 예외가 발생하지 않고 무한대 값을 가지거나 Double.NaN이 된다. 자바의 경우 부동소수 연산을 할 때 자주 사용하는 수학 함수는 java.lang.Math 클래스에 정의되어 있으며, 이 클래스에는 Math.PI, Math.E와 같이 자주 사용하는 상수도 정의되어 있다.

정수 연산이거나 부동소수 연산이거나 중복된 연산은 그것을 제거함으로써 성능을 높일 수 있다. 특히, 반복문 내에 동일 계산이 반복적으로 이루어지는 것은 꼭 제거해야 한다. 중복 계산을 제거하기 위해서는 해당 계산 결과를 변수에 저장한 후에 동일 계산이 필요할 때 이 변수를 사용하면 된다.

4. 문자 타입

자바에서 문자를 처리하는 원시 타입은 C/C++와 마찬가지로 char이다. 하지만 C/C++의 char와 달리 ASCII 코드를 사용하지 않고, 유니코드를 사용한다. 따라서 자바에서 char의 크기는 2바이트이다. 유니코드는 다중 언어를 하나의 코드로 표현하기 위해 개발된 코드이지만 중국어의 한자 표현 등의 문제 때문에 모든 언어를 2바이트로 처리하지 못하고 있다. 문자 상수는 작은 따옴표를 사용하며, 유니코드 자체를 이용하고 싶으면 \u로 시작하는 확장 문자열을 사용한다. 하지만 유니코드 자체를 외울 필요는 없고, 그것의 특징만 알고 있으면 된다. 유니코드는 ASCII 코드를 포함하고 있으므로 영소문자, 영대문자, 숫자 들이 연속된 코드 값을 가지고 있다. 즉, 'a' +1은 'b'에 해당하며, '0' + 1은 '1'에 해당한다.

문자 타입을 사용할 때 코드값과 인코딩은을 이해해야 한다. 코드값은 각 문자에 해당하는 정수값을 말한다. 예를 들어 유니코드에서 'A' 문자의 코드값은 65이다. 인코딩은 주어진 코드값을 표현하는 방법이다. 이전 ASCII 코드는 코드값과 표현하는 방법의 차이가 없지만 유니코드는 코드값을 표현하는 방법이 다양하다. 유니코드를 표현하는 방법 중 UTF8은 코드를 항상 바이트 단위로 표현한다. 이렇게 다양한 표현 방법을 사용하는 이유는 유니코드는 최대 4바이트가 필요하지만 항상 모든 문자를 4바이트로 표현하는 것은 효율적이지 않기 때문이다.

보통 코드값과 인코딩에 대해 크게 신경쓰지 않고 프로그래밍할 수 있지만 파일 처리를 할 경우에는 인코딩을 고려해야 한다. 현재 처리할 파일이 어떤 인코딩으로 데이터가 저장되어 있는지 알아야 올바르게 데이터를 읽을 수 있다. 자바 18부터는 운영체제에서 사용하는 기본 인코딩을 사용하지 않고 항상 UTF8을 기본 인코딩으로 사용한다.

char 타입은 기본적으로 문자를 처리하기 위한 타입이지만 정수 타입 중 하나로 분류할 수 있다. 특이한 점은 기존 4가지 정수 타입과 달리 이 타입은 부호가 없는 정수 타입이며, 그것의 범위는 0부터 65,535이다. 하지만 일반 정수 연산을 할 때는 char 타입을 사용하기보다는 앞서 살펴본 4가지 정수 타입을 사용하는 것이 바람직하다.

char를 이용하여 사칙 연산을 하면 앞서 설명한 바와 같이 자동으로 int로 변환하여 계산한다. 따라서 'a' + 1의 결과는 char가 아니라 int가 된다. 이 때문에 다음 선언에서 x 변수는 char가 아니라 int 변수로 유추된다.

```
var x = 'a'+2;
```

Character 클래스에 영문자를 처리할 때 자주 사용하는 다음과 같은 메소드들이 정의되어 있다.

- **char** toLowerCase(**char** ch): 주어진 문자의 소문자를 반환하여 준다.
- **char** toUpperCase(**char** ch): 주어진 문자의 대문자를 반환하여 준다.
- **int** digit(**char** ch, **int** radix): 주어진 문자를 정수로 바꾸어 준다.
- **boolean** isDigit(**char** ch): 주어진 문자가 숫자인지 검사하여 준다.
- **boolean** isLetter(**char** ch): 주어진 문자가 영문자 대소문자인지 검사하여 준다.
- **boolean** isLetterOrDigit(**char** ch): 주어진 문자가 영문자 대소문자 또는 숫자인지 검사하여 준다.

- **boolean** isLowerCase(**char** ch): 주어진 문자가 영문자 소문자인지 검사하여 준다.
- **boolean** isUpperCase(**char** ch): 주어진 문자가 영문자 대문자인지 검사하여 준다.

5. 논리형 타입

자바에서는 true, false 두 가지 값 중 하나를 유지하는 boolean 타입을 제공한다. boolean 타입의 변수를 System.out의 print 메소드로 출력하면 "true" 또는 "false" 문자열을 출력하여 준다.

자바의 모든 조건식은 항상 boolean 타입으로 평가된다. 또 자바의 다른 원시 타입 중 boolean으로 자동 타입 변환되는 타입은 없다. boolean 타입을 사용할 때 해당 값이 어떤 값을 유지하고 있는지 검사하기 위해 다음과 같이 연산자를 사용하는 것은 바람직하지 않다.

```
boolean flag = false;
//
if(flag == true){
```

대신에 if(flag) 또는 if(!flag)을 사용해야 한다.

앞서 언급하였듯이 자바에서 모든 조건식은 boolean 타입으로 평가되어야 하며, 자바의 어떤 타입도 자동으로 boolean으로 변환되지 않는다. 그러므로 C/C++와 달리 n이 정수 변수일 때 if(n)는 오류이며, 같은 이유로 다음 함수에 포함된 if 문은 문법 오류이다. 문법 오류가 아니더라도 if 문의 조건식에 따라 true 또는 false를 반환해야 할 경우에는 if 문을 사용하지 않고 if 문의 조건식을 return 문의 반환값으로 사용하면 된다.

```
boolean isNonZero(int n){
    if(n) return true;
    else return false;
}
```

따라서 위 함수는 다음과 같이 작성해야 한다.

```
boolean isNonZero(int n){
    return n != 0;
}
```

6. 타입 변환

자바는 강건성을 중시하였기 때문에 타입 검사를 매우 엄격하게 한다. 원시 타입의 경우에는 축소 변환(narrowing conversion)해야 하는 대입은 문법 오류이다. byte, short, int, long, float, double 순서로 범위가 작은 타입에서 큰 타입으로 확장 변환(widening conversion)하는 대입은 가능하지만 반대 방향으로 대입은 문법 오류가 된다. 예를 들어 다음에서 두 번째 줄은 문법 오류이다.

```
1   double f = 2.0;
2   int n = f;  // error
```

축소 변환을 하면 정보 손실이 발생할 수 있다. 그런데 확장 변환의 경우에도 정보 손실이 발생할 수 있다.

int나 long을 float에 대입하거나 long을 double에 대입할 경우 확장 변환에 해당하지만 정보 손실이 발생할 수 있다[27]. 정보 손실이 발생할 수 있지만 확장 변환이기 때문에 문법 오류가 아니다. 예를 들어 다음을 실행하면 정보 손실이 발생한다.

```
int n = 123456789;
float f = n; // f = 123456792
```

강제 타입 변환은 단항 연산자인 타입 변환 연산자[28]를 이용하며, 타입 변환 연산자는 괄호 안에 변환하고자 하는 타입 이름을 다음과 같이 포함한다.

27) C++는 이와 같은 이유로 정수에서 부동소수 변환도 축소 변환으로 분류하고 있다.
28) 객체 타입을 변환할 경우에는 Class 클래스에 있는 cast 메소드를 이용할 수 있지만 거의 사용하지 않는다.

```
double f = 2.0;
int n = (double)f;
```

참고로 자바에서는 어떤 원시 타입도 boolean으로 강제 타입 변환할 수 없다.

자바에서는 다른 고급 언어와 유사하게 다음 4가지 경우에 자동 타입 변환이 이루어진다.

- 경우 1. 대입 연산에서 오른쪽 표현식의 평가 결과 타입이 왼쪽 피연산자의 타입과 다르면 오른쪽 표현식의 평가 결과를 왼쪽 피연산자 타입으로 자동 타입 변환한다.
- 경우 2. 원시 타입을 인자로 전달할 때, 인자 타입과 매개 변수 타입이 다르면 인자를 매개 변수 타입으로 자동 타입 변환한다.
- 경우 3. 원시 타입을 반환할 때, 반환하는 값의 타입과 함수의 반환 타입이 다르면 반환하는 값을 함수의 반환 타입으로 자동 타입 변환한다.
- 경우 4. 이항 연산에서 두 피연산자가 다르면 이 중 하나가 자동 타입 변환되어 두 타입을 일치시킨 후 평가한다.
- 경우 5. char, byte, short 타입의 값이 표현식에 포함되면 int 타입으로 자동 타입 변환한다.

경우 1부터 4의 경우에는 자동 타입 변환이 가능하지 않으면 문법 오류이다.

7. Wrapper 클래스

자바는 8가지 원시 타입을 제외하면 모두 객체 타입이다. 따라서 종종 원시 타입을 객체로 바꾸어 처리해야 할 때가 있다. 자바는 이를 위해 8가지 wrapper 클래스를 제공한다. 각 wrapper 클래스의 이름은 Integer, Character를 제외하고는 원시 타입 이름에서 첫 문자만 대문자를 바꾼 것이다. Wrapper 클래스의 객체는 불변 객체이며, 원시 타입을 객체 타입으로 처리할 때 뿐만 아니라 wrapper 클래스에는 각 원시 타입과 관련된 유용한 메소드와 상수가 많이 정의되어 있다. 자바 5부터는 자동 포장(autoboxing/unboxing) 기능을 제공하기 때문에 쉽게 원시 타입을 객체로 객체를 원시 타입으로 변환할 수 있다. 다만, 원시 타입 배열은 자동으로 객체 타입의 배열로 바뀌지는 않는다.

자동 포장을 사용하지 않고 Wrapper 클래스의 객체를 생성할 때에는 자바 9부터는 생성자 대신에 다음과 같이 static 메소드인 valueOf 메소드를 사용해야 한다.

```
int n = 10;
Integer x = Integer.valueOf(n);
int a = x.intValue();
```

거꾸로 wrapper 객체로부터 자동 포장을 사용하지 않고 객체가 가지고 있는 원시 타입 값을 얻고자 할 경우 intValue처럼 원시 타입 이름에 Value가 붙은 메소드를 이용한다.

원시 타입을 문자열로 바꾸거나 문자열을 원시 타입으로 바꿀 때에 다음과 같이 wrapper 클래스를 활용할 수 있다.

```
int n = 10;
String s = "21";
int x1 = Integer.valueOf(s).intValue();
int x2 = Integer.valueOf(s);
int x3 = Integer.parseInt(s);
String str1 = "" + n;
String str2 = Integer.toString(n);
String str3 = Integer.valueOf(n).toString();
```

자동포장 기능 때문에 원시 타입을 사용하지 않고 모든 타입을 wrapper로 사용할 수 있지만 프로그램 성능에 나쁜 영향을 주기 때문에 꼭 필요한 경우에만 원시 타입 대신에 wrapper 객체를 사용해야 한다. Wrapper 클래스 중 수 타입에 해당하는 Byte, Short, Integer, Long, Float, Double을 아우르는 Number라는 클래스가 있으며, BigInteger와 BigDecimal도 이 클래스의 자식 클래스이다.

8. 표현식의 평가

표현식을 올바르게 작성하거나 작성된 표현식을 올바르게 이해하기 위해서는 연산자의 우선순위와 결합순서를 알아야 한다. 연산자의 우선순위와 결합순서는 C/C++와 차이가 없다. 우선순위는 단항 연산자가 이항 연산자보다 우선순위가 높다. 단항 연산자의 경우에는 피연산자가 앞에 오는 것이 뒤에 오는 것보다 우선순위가 높으며, 이항 연산자는 산술, 비교, 논리, 대입 순이며, 산술 중에는 곱셈 계열이 덧셈 계열보다 높다. 또 비트 연산 중 이동 연산은 산술 연산으로 분류된다. 결합순서의 경우 피연산자가 뒤에 오는 단항 연산자와 대입 계열 연산자만 역방향이고, 나머지는 모두 작성된 순서대로 평가가 이루어진다.

자바에서 표현식 평가의 특이점은 다음과 같다.

- 특이점 1. 자바에서 비교 연산자의 평가 결과는 boolean이다.
- 특이점 2. 자바의 복합 대입연산자는 평가 과정에 타입 변환이 포함되어 있다.
- 특이점 3. 자바의 WORA 특성 때문에 모든 평가 순서가 표준화되어 있다.

C에서 비교연산자는 정수로 평가되지만 자바와 C++는 논리형 타입으로 평가한다. C++는 다른 원시 타입을 자동으로 bool 타입으로 변화하여 주지만, 자바는 다른 원시 타입을 자동으로 boolean 타입으로 변환하여 주지 않으며, 강제 변환도 가능하지 않다. 따라서 C/C++에서는 a, b, c가 모두 int 타입일 때, a 〈 b 〈 c는 문법 오류가 아니지만 자바는 문법 오류이다. 자바와 C/C++는 모두 평가 순서에 따라 a 〈 b부터 평가하게 되는데, C는 그 결과가 0 또는 1이지만 자바는 true 아니면 false이다. C++도 true 아니면 false로 평가되지만 자바와 달리 bool 타입과 정수 타입을 서로 비교할 수 있다. 자바에서는 boolean 타입과 int 타입을 비교할 수 없기 때문에 a 〈 b 〈 c는 문법 오류이다. 이 때문에 자바에서 비교 연산자는 결합성이 없는(non-associative) 연산자이다.

특이점 2 때문에 다음 코드에서 두 번째 줄은 문법 오류이지만 세 번째 줄은 오류가 아니다.

```
1    int n = 1;
2    n = 2.5;
3    n + = 2.5;
```

자바에서 a의 타입이 T이면 복합 대입연산자를 이용한 표현식 a op= b는 a = (T)(a op b)를 이용하여 평가된다. C++와 다른 또 한 가지 특성은 C++에서 전위 증감 연산자의 결과는 Lvalue이지만 자바에서는 그렇지 않다. 다음은 C++에서 모두 문법 오류가 아니지만 자바에서는 오류이다.

```
int n = 0;
++++n;
++n = 5;
```

물론 두 언어 모두 위와 같이 사용할 이유는 없다.

자바 코드는 최초 설계 목적 때문에 실행되는 컴퓨팅 환경과 무관하게 늘 동일한 결과를 주어야 한다. 이 때문에 C/C++처럼 일부 요소는 컴파일러가 결정할 수 있도록 하지 않고 모든 평가 방법을 표준에 정의하고 있다. 이와 관련된 자바에 정의된 몇 가지 평가 순서를 살펴보면 다음과 같다. 자바에서는 이항 연산자를 이용한 표현식에서 왼쪽 피연산자를 항상 먼저 평가하며, 인자 전달의 경우에는 왼쪽 인자부터 차례로 평가한다.

```
1   int n = 9;
2   String s = "good";
3   n = n + (n = 3);
4   func(s, s, s = "bad");
```

이 때문에 위 코드에서 세 번째 줄이 실행되면 n의 값은 12가 되며, func에 전달되는 문자열은 "good", "good", "bad"이다.

자바 연산자의 우선순위와 결합 순서는 표 6.1과 같다. 앞서 설명한 것처럼 단항 연산자가 이항 연산자보다 우선순위가 높으며, 단항 연산자 중에서는 피연산자가 앞에 오는 것이 뒤에 오는 것보다 우선순위가 높다. 이항 연산자는 산술, 비교, 논리, 대입 순이다. 이때 주의할 것은 비트 이동 연산자는 산술 연산자로 분류된다. 논리곱, 논리합, 삼항 조건 연산자는 지연 평가를 하며, 가장 나중에 도입된 람다 연산자는 대입 연산자와 함께 가장 우선순위가 낮은 연산자이다. 결합순서는 대부분 순방향(작성한 순서대로)이지만 피연산자가 앞에 오는 단항 연산자, 삼항 조건 연산자, 대입 연산자만 역방향이다.

〈표 6.1〉 자바 우선순위

우선순위	연산자	결합순서	종류
1 (postfix)	. () []	순방향	멤버접근, 함수, 배열접근
2	++ --		증감 연산자

<table>
<tr><td>3
(prefix)</td><td>++ --
+ - ! ~</td><td>역방향</td><td>증감 연산자
단항 산술, 단항 논리</td></tr>
<tr><td>4</td><td>(type) new</td><td>역방향</td><td>타입 변환, 동적 할당</td></tr>
<tr><td>5</td><td>* / %</td><td>순방향</td><td>곱셈계열 산술</td></tr>
<tr><td>6</td><td>+ -</td><td>순방향</td><td>덧셈계열 산술</td></tr>
<tr><td>7</td><td><< >> >>></td><td>순방향</td><td>비트 이동</td></tr>
<tr><td>8</td><td>< <= > >= instanceof</td><td></td><td>비교</td></tr>
<tr><td>9</td><td>== !=</td><td>순방향</td><td>비교</td></tr>
<tr><td>10</td><td>&</td><td>순방향</td><td>비트 논리곱</td></tr>
<tr><td>11</td><td>^</td><td>순방향</td><td>비트 XOR</td></tr>
<tr><td>12</td><td>|</td><td>순방향</td><td>비트 논리합</td></tr>
<tr><td>13</td><td>&&</td><td>순방향</td><td>논리곱 (지연평가)</td></tr>
<tr><td>14</td><td>||</td><td>순방향</td><td>논리합 (지연평가)</td></tr>
<tr><td>15</td><td>?=</td><td>역방향</td><td>조건 (지연평가)</td></tr>
<tr><td rowspan="2">16</td><td>= += -= *= /= %=
&= ^= |= <<= >>= >>>=</td><td>역방향</td><td>복합대입</td></tr>
<tr><td>-></td><td>역방향</td><td>람다 연산자</td></tr>
</table>

퀴즈

1. 다음 중 문법 오류가 없는 것은?

①
```
byte n = 10;
n = n * n;
```

②
```
int n = 10;
n += 1.5;
```

③
```
int n = 1;
char c = 'a' + n;
```

④
```
int n = 0, a = 1;
n = 2_147_483_650 + a;
```

2. a가 int 타입 변수일 때, 다음 중 결과가 a가 아닌 것은?

① a | 0 ② a & 0xFFFFFFFF
③ a ^ 0 ④ a ^ 0xFFFFFFFF

3. 주어진 문장이 수행된 후 변수 d의 값을 올바르게 연결하라.

`double d = Double.MAX_VALUE;` `d *= 10;`	• •	Double.NEGATIVE_INFINITY
`double d = Double.MIN_VALUE;` `d /= 10;`	• •	Double.POSITIVE_INFINITY
`double d = -25.5;` `d /= 0.0;`	• •	0.0

4. 자바 타입 변환 관련 다음 설명 중 틀린 것은?

① char, byte, short 타입의 변수를 이항 연산의 피연산자로 사용하면 자동으로 int로 타입 변환된다.

② byte, short, int, long, float, double 순으로 도메인이 더 크며, 도메인이 작은 타입을 큰 타입에 대입하면 자동 확장 변환되며, 문법 오류가 아니다.

③ boolean 타입이 필요한 곳에 정수 타입을 사용하면 자동으로 boolean 타입으로 변환된다.

④ int나 long을 float, long을 double에 대입하면 반올림 오차 오류 때문에 값이 바뀔 수 있다.

연습문제

1. 양의 정수를 유지하고 있는 int 타입의 변수 n의 최하위 i번째 비트값을 구하는 다음 메소드를 완성하라.

```java
int getBit(int n, int i){
}
```

2. 양의 정수를 유지하고 있는 int 타입의 변수 n을 8로 나누었을 때 나머지를 비트 연산을 이용하여 구하는 표현식을 제시하라.

3. 다음 프로그램의 실행 결과가 무엇인지 설명하라.

```java
int count = 0;
for(byte b = 0; b < 128; b++){
    ++count;
}
System.out.println(count);
```

4. 다음 프로그램의 실행 결과가 무엇인지 설명하라.

```java
int n = 0;
int a = (++n) + (n--) + n;
System.out.println(a);
```

5. 다음 프로그램의 실행 결과가 무엇인지 설명하라.

```java
int a = (int)5.1f;
```

```java
int b = (int)-3.9f;
System.out.println(a + b);
```

6. 두 개의 정수 a와 b가 주어졌을 때, 비트 연산만 사용하여 두 값의 덧셈을 구하는 다음 함수를 완성하라.

```java
int sum(int a, int b);
```

7. ThreadLocalRandom을 이용하여 동전 던지기 메소드를 구현하면 다음과 같다.

```java
int flipcoin(){
   return ThreadLocalRandom.current().nextInt(2);
}
```

이 경우 0 또는 1이 나올 확률은 50%이다. 확률 p가 주어졌을 때 이 확률만큼 1을 반환하고, 확률 1 - p만큼 0을 반환하는 다음 메소드를 완성하라.

```java
int biasedFlipcoin(float p){
}
```

8. 윷놀이 게임에서 윷을 던질 때 사용할 다음 throwYut 메소드를 완성하라.

```java
int throwYut(){
}
```

이때, 도, 개, 걸, 윷, 모에 대해 각각 1, 2, 3, 0, 4를 반환하여야 한다. ThreadLocalRandom.current()의 nextInt 메소드를 이용하여 구현하라.

9. 주어진 정수의 비트 표현에서 비트 값이 1인 것의 개수를 계산하는 다음 함수를 완성하라.

```
int countNumberOfOneBits(int n){
}
```

제7장

조건문과 반복문

제 7 장 조건문과 반복문

1. 개요

프로그래밍 코드는 기본적으로 코드를 구성하는 문장들을 순차적으로 실행한다. 하지만 순차적 실행만 가능하면 프로그래밍하기가 매우 불편하고 번거로울 것이다. 따라서 대부분의 프로그래밍 언어는 순차적으로 실행하지 않고 다음에 실행할 문장을 지정할 수 있도록 해준다. 이를 제어의 이동(transfer of control)이라 한다. 하지만 초창기 프로그래밍 언어들은 goto라는 것으로 대표되는 무계획적인 제어의 이동 때문에 디버깅의 어려움 등 많은 문제점이 발생하였다. Bohm과 Jacopini는 goto 문을 사용하지 않고, 순차적 실행, 조건문, 반복문만을 이용하여 동일한 프로그래밍을 할 수 있다는 것을 증명하였으며, 구조화 프로그래밍이 프로그래밍 패러다임으로 자리 잡으면서 그 이후부터 goto 문을 프로그래밍할 때 사용하는 경우는 거의 없다. 자바와 같은 최신 언어들은 goto 문 자체를 제공하지 않고 있다.

자바는 다음과 같이 4종류의 제어 이동 방법을 제공하고 있다.

- 종류 1. 조건문: if, switch
- 종류 2. 반복문: while, do while, for
- 종류 3. 분기문: break, continue
- 종류 4. 함수호출

이 외에 예외 메커니즘에 의해 제어가 이동할 수 있다. 이 때문에 예외 메커니즘을 이용하여 예외 처리가 아니라 제어의 이동을 하는 경우도 있지만 이것은 바람직하지 않다. 이 절에서는 조건문, 반복문, 그리고 해당 문에서 사용하는 분기문에 대해 설명한다.

2. 조건문

조건문은 조건에 따라 실행하는 문장을 다르게 할 수 있게 해주는 문으로 자바는 C/C++와 마찬가지로 if와 switch 두 가지 조건문을 제공한다. 이 중에 if 문이 기본 조건문이며, if 문이 있으면 필요한 모든 조건문을 작성할 수 있다. 하지만 어떤 형태의 조건문은 switch 문을 사용하면 더 간결하게 프로그래밍할 수 있다.

2.1 if 문

자바의 if 문은 그 구조가 C/C++의 if 문과 같다. if 키워드 다음에 괄호 안에 조건식이 오고, 이 조건식이 참일 때 실행할 문장 또는 블록을 작성한다. 예를 들어 은행계좌 클래스의 인출 메소드를 구현할 때 다음과 같은 if 문을 사용하였다.

```
if(amount > 0 && amount <= balance) balance -= amount;
```

자바의 if 문과 C/C++의 if 문의 한 가지 중요한 차이점은 자바의 if 문의 조건식은 반드시 boolean으로 평가[29]되어야 한다. 따라서 n이 정수 변수일 때 다음은 C/C++에서는 오류가 아니지만 자바에서는 오류이다.

```
if(n & 1) System.out.println("홀수"); // error in Java
```

자바에서는 위 문장을 다음과 같이 작성해야 한다.

```
if((n & 1) == 1) System.out.println("홀수");
```

if 문을 작성할 때 조건식이 true일 때 실행해야 하는 문 또는 블록과 false일 때 실행해야 하는 문 또는 블록이 다르면 else 절을 다음과 같이 이용한다.

```
if(amount <= 0) throw new IllegalArgumentException();
else balance += amount;
```

29) C는 논리형이 없어 정수로 평가하지만 C++는 자바와 마찬가지로 논리형인 bool로 평가한다. C++와 자바의 차이점은 자바는 정수나 다른 타입의 값을 자동으로 논리형으로 타입 변환해주지 않지만 C++는 자동으로 타입 변환해 준다.

이 예는 은행계좌의 입금 메소드의 몸체로서 입금액이 0보다 클 경우에만 잔액에 반영하고 0보다 같거나 작으면 예외를 발생하고 있다. 실제 위 문장은 else를 제거하여도 차이가 없다. if 문을 작성할 때 if 절과 else 절에 공통 코드가 포함될 경우에는 이를 if 문 이전 또는 이후로 옮길 수 있는지 살펴볼 필요가 있다.

항상 프로그래밍할 때에는 가독성을 위해 적절한 들여쓰기를 해야 한다. if 문을 작성할 때에는 이것이 더욱 중요하다. 또 중괄호가 필요 없더라도 사용하는 것이 향후 문장을 추가하기 위해 또는 가독성을 위해 좋을 수 있다. 예를 들어 다음과 같이 중첩 if 문을 작성하면 else가 어떤 if와 연관된 것인지 시각적으로 보이지 않는다.

```
if(x <= 0) if(x == 0) sign = 0; else sign = -1;
```

이를 dangling-else 문제라 한다. 자바도 다른 언어와 마찬가지로 else를 항상 가장 가까운 if와 연관하여 이 문제를 해결한다. 즉, 위 예는 다음과 동일한 코드이다.

```
if(x <= 0){
    if(x == 0) sign = 0;
    else sign = -1;
}
```

위 예제에서는 x가 0 또는 음수일 때 실행되는 내부 if 문은 전형적으로 다음과 같이 삼항 선택연산자를 이용하여 작성할 수 있는 형태이다.

```
sign = (x == 0)? 0: -1;
```

if 문의 조건에 따라 동일 변수에 대입되는 값이 다른 경우에는 if 문 대신에 선택연산자를 사용할 수 있다. 하지만 다음과 같은 if 문도 선택연산자를 이용할 수 있다는 것을 생각 못하는 경우가 종종 있다.

```
if(grade >= 60) System.out.println("passed");
else System.out.println("failed");
```

위 문장은 다음과 같이 선택연산자를 이용하여 작성할 수 있다.

```
System.out.println((grade >= 60)? "passed": "failed");
```

또 삼항 연산자를 다음과 같이 중복하여 사용할 수 있다는 것도 생각 못하는 경우가 종종 있다.

```
System.out.println((n > 0)? "양수": (n < 0)? "음수": "0");
```

```
if(grade == 'A')
   System.out.println("very good");
else if(grade == 'B')
   System.out.println("good");
else System.out.println("poor");
```

(1) 다중 선택 if 문

```
if(grade == 'A')
   System.out.println("very good");
if(grade == 'B')
   System.out.println("good");
if(grade == 'F')
   System.out.println("poor");
```

(2) 일련의 if 문

〈그림 7.1〉 다중 선택과 일련의 if 문 비교

세부 조건에 따라 실행해야 할 문장이 다른 경우에는 else if를 다음과 같이 활용할 수 있다.

```
if(score >= 90) return "A";
else if(score >= 80) return "B";
else if(score >= 70) return "C";
else return "F";
```

이와 같은 다중 선택은 일련의 if 문을 사용하여 구현할 수 있다. 하지만 그림 7.1.(1)과 그림 7.1.(2)는 결과는 같더라도 효율성은 차이가 있다. 그림 7.1.(2)는 항상 3번의 비교가 이루어지지만 그림 7.1.(1)은 상황에 따라 1번 또는 2번만 이루어진다. 또 우리가 처리해야 하는 데이터의 특성을 알 경우에는 다중 선택문을 작성할 때 순서를 바꾸어 효율을 높일 수 있다. 예를 들어 F 학점 학생들이 더 많은 경우에는 그림 7.1.(1)에서 'F'부터 비교하도록 바꿀 수 있다.

2.1.1 객체의 비교

자바에서는 연산자 다중 정의가 가능하지 않기 때문에 객체를 비교하기 위해서는 메소드를 활용해야 한다. 하지만 객체 변수를 ==, !=을 이용하여 비교할 수 있으며, 이들 연산자를 이용할 경우에는 내부 상태가 같은지 비교하는 것이 아니라 두 참조 변수가 같은 객체를 가리키는지 검사하는 것이다. 또 참조 변수는 키워드 null과 비교할 수 있다. 참조 변수의 값이 null이라는 것은 어떤 객체도 가리키고 있지 않다는 것을 의미한다.

자바에서 객체의 내부 상태가 같은지 비교할 때 equals 메소드를 사용하며, 이 메소드는 Object에 정의되어 있기 때문에 모든 객체가 기본적으로 가지고 있는 메소드이다. 하지만 각 클래스에 맞게 재정의하지 않으면 올바른 비교를 할 수 없다. 다음 코드가 실행되면 box1과 box2는 내부 상태는 같지만 다른 객체이기 때문에 4번째 문장은 false가 된다.

```
1   Rectangle box1 = new Rectangle(10, 10, 100, 100);
2   Rectangle box2 = new Rectangle(10, 10, 100, 100);
3   Rectangle box3 = box1;
4   System.out.println(box1 == box2);          // false
5   System.out.println(box1 == box3);          // true
6   System.out.println(box1.equals(box2));     // true
```

객체가 어떤 기준에 따라 크고 작은지 비교할 때 사용하는 메소드는 compareTo이다. 이 메소드는 java.util.Comparable<T> interface에 선언되어 있으며, 각 클래스가 비교 함수가 필요할 경우 이 interface를 구현해야 한다.

2.1.2 if 문 작성 팁 및 주의사항

if 문을 작성할 때에는 가능한 모든 경우를 충분히 분석한 다음에 작성하는 것이 바람직하다. 다음과 같이 코딩을 하고자 할 때,

```
if(condition){
    //
}
```

해당 조건식이 false인 경우는 어떤 경우이며, else 절이 실제 필요 없는 것이 맞는 것인지 검토하여야 한다.

if 문의 조건식이 복잡할 경우에는 충분한 분석이 더욱 중요해진다. 다음과 같이 코딩을 하고자 할 때,

```
if(c1 && c2){
    //
}
```

c1과 c2 중 하나가 false인 경우와 둘 다 false인 나머지 3가지 경우에 어떤 처리가 필요한 것인지 면밀하게 검토하여야 한다.

초보적인 실수이지만 if 절과 연결된 else 절에 코드를 중복하여 작성하는 경우도 있다. 이 경우에는 중복된 코드를 if 문 전이나 후로 옮기는 것이 바람직하다. 코드 작성을 완료(테스트를 통해 정확성까지 검증한 상태)한 후에 항상 코드 리뷰를 통해 코드를 개선할 수 없는지 살펴볼 필요가 있다. 이를 전문 용어로 리펙토링(refactoring)이라 한다. 이와 같은 중복은 이런 리뷰 과정에서 제거하는 것이 가장 좋다.

보통 조건문을 작성할 때 가장 흔하게 하는 실수는 조건식을 작성할 때 비교 연산자를 잘못 선택하는 것이다. 특히, 〉와 〉=, 〈와 〈= 중 하나를 선택해야 할 때 잘못 선택하는 경우가 가장 많다. 예를 들어 프랑스 국기를 그리는 프로그램을 생각하여보자. 프랑스 국기는 직사각형을 삼등분하여 파란, 하얀, 빨간색으로 채우기를 해야 한다. 직사각형의 폭 width가 정확하게 삼등분으로 나누어진다고 가정하여 보자. 이 경우 프랑스 국기를 그리기 위한 다중 선택 if 문의 조건식은 다음과 같다.

```
if(x < width / 3){}
else if(x < width / 3 * 2){}
else{}
```

여기서 비교 연산자의 선택이 올바르게 선택했는지 확인하는 방법은 간단한 예를 통해 검사해 보면 된다. width가 30이면 0부터 9까지는 파란색으로 그려야 하고, 10부터 19까지 하얀색으로 그려야 한다. width/3과 width/3*2를 계산해 보면 제시한 if 문이 올바르다는 것을 알 수 있다.

삼등분으로 나누어지지 않을 수 있다고 하면 이때 어떤 방법으로 그릴지 결정하고 그것에 맞게 프로그래밍해야 한다. 정확하게 나누어지지 않는 경우에는 폭의 크기를 줄이는

방법도 있고, 폭이 3k + 1이면 하얀색을 하나 더, 3k + 2이면 하얀색만 다른 색들보다 하나 적게 그리는 것으로 결정할 수 있다.

복잡한 조건식을 작성하기 위해 사용하는 논리곱(&&)과 논리합(||) 연산자는 단축 회로 평가(short-circuit evaluation)를 한다. 보통 이항 연산자는 두 피연산자를 모두 평가한 다음 이항 연산자를 적용하여 전체 표편식을 평가한다. 하지만 단축회로 평가를 하는 논리곱과 논리합 연산자는 왼쪽 피연산자를 먼저 평가한 다음 그것을 통해 최종 평가 결과를 알 수 있으면 오른쪽 피연산자를 평가하지 않고 평가를 종료한다. 이처럼 피연산자를 필요할 때까지 평가를 하지 않기 때문에 논리곱과 논리합은 지연 평가(lazy evaluation)에 해당한다.

예를 들어 다음 if 문의 경우

```
if(n != 0 && x % n == 0) ...
```

n이 0이 아닌 경우에만 x % n을 수행하여 x가 n의 배수인지 검사하게 된다. 앞서 살펴본 삼항 연산자도 지연 평가를 하는 연산자이다.

논리합과 논리곱은 다음과 같이 분배 법칙이 성립한다.

```
A && (B || C) == (A && B) || (A && C)
A || (B && C) == (A || B) && (B || C)
```

분배 법칙과 함께 복잡한 조건식을 작성하다 보면 수학 시간에 배운 드모르간의 법칙을 유용하게 사용할 때가 있다. 특히, 작성된 조건식을 바꾸어 더 간결하게 표현할 수 있다. 예를 들어 다음과 같은 조건식은

```
!(n >= 0 && n <= 10)
!(x < 0 || x > 10)
```

드모르간 법칙을 이용하여 다음과 같이 바꿀 수 있다.

```
n < 0 || n > 10
x >= 0 && x <= 10
```

논리곱, 논리합 연산자는 지연 평가를 하는데, 지연 평가가 아니라 두 피연산자를 무조건 항상 평가하고 싶으면 논리곱, 논리합 대신에 비트 논리곱, 비트 논리합 연산자를 사용할 수 있다. 하지만 조건식 작성에서 비트 논리곱, 비트 논리합을 사용할 경우는 거의 없다. 다만, XOR 연산자는 특수한 경우를 나타내기 위해 충분히 사용할 수 있다. c1 ^ c2이면 c1과 c2가 서로 반대인 경우에 전체가 true가 된다.

부동 소수는 반올림 오차 때문에 가급적 비교하지 않는 것이 바람직하다. 아래 코드의 경우 false가 출력된다.

```java
double r = Math.sqrt(2);
double d = r * r - 2;
System.out.println(d == 0);
```

이와 같은 문제는 매우 작은 수를 정의하여 두 수의 차이가 이 수보다 작으면 같은 것으로 처리하는 다음과 같은 방법도 종종 사용한다.

```java
final double E = 1E-14;
double r = Math.sqrt(2);
double d = r * r - 2;
System.out.println(Math.abs(d) <= E);
```

또 부동 소수를 비교할 때에는 연산자 대신에 Double에 있는 compare 메소드를 활용하는 경우도 많다. compare 메소드를 사용하면 비교 과정에서 오버플로우가 발생하지 않으며, 0과 -0을 다른 값으로 취급한다.

2.2 switch 문

하나의 변수를 여러 개의 정수 상수와 비교해야 하면 다중 선택 if 문보다는 다음과 같이 switch 문을 사용하면 더 간결하게 작성할 수 있다.

```java
switch(operator){
case '+':
    result = operand1 + operand2; break;
```

```
case '-':
    result = operand1 - operand2; break;
case '*':
    result = operand1 * operand2; break;
case '/':
    result = operand1 / operand2; break;
}
```

switch 문은 일련의 case 절과 선택적 default 절로 구성된다. switch 문은 switch 키워드 다음에 괄호 안에 있는 표현식을 먼저 평가한다. 그다음 이 평가의 결과값과 각 case 절마다 제시된 상수와 비교하여 일치하는 case 절을 찾게 된다. 일치된 것이 있으면 해당 case 절이 실행된다. 이 때문에 중복된 case 절은 사용할 수 없으며, 표현식의 평가 결과 값의 타입과 case 절에 제시된 상수의 타입이 일치해야 한다.

case 절 상수로 문자 상수, 정수 상수, 문자열 상수, 열거형 상수를 사용할 수 있다. 참고로 문자열과 열거형은 객체이지만 자바에서는 case 절 상수로 사용할 수 있다. 문자열을 case 절의 상수로 사용할 수 있지만 정수 상수를 사용할 때와 비교하면 상대적으로 비용이 높기 때문에 사용에 대해 신중해야 한다.

case 절이 여러 개 문장으로 구성하더라도 블록을 나타내는 중괄호를 사용하지 않는다. switch 문 괄호 표현식의 평가 값과 일치하는 case 절이 없을 때 default 절이 정의되어 있으면 해당 절이 실행된다. 이 때문에 default 절은 선택 사항이지만 항상 포함하여 작성하는 것이 바람직하다. default 절을 사용하지 않으면 switch 문의 어떤 절도 실행되지 않을 수 있다.

특정 case 절이 실행된 후에 case 절 끝에 break이나 return 문이 없으면 다음 case 절이 실행된다. 이 현상을 "fall through"라 한다. "fall through" 현상을 적극 활용하면 다음과 같이 조건문을 더 간결하게 작성할 수 있다.

```
switch(month){
case 4: case 6: case 9: case 11: return 30;
case 2: return 28;
default: return 31;
}
```

자바 14부터는 하나의 case 절에 쉼표를 이용하여 여러 개의 상수를 나열할 수 있다. 따라서 위 switch 문은 자바 14부터는 다음과 같이 작성할 수 있다.

```
switch(month){
case 4, 6, 9, 11: return 30;
case 2: return 28;
default: return 31;
}
```

switch 문은 코드의 간결성 뿐만 아니라 동일한 기능을 if 문으로 구현하였을 때보다 보통 효율성도 더 높다. 이것은 컴파일러가 case 절의 상수가 모두 같은 타입이라는 정보를 이용하여 더 최적화된 코드를 만들 수 있기 때문이다.

2.3 switch 표현식

자바 14부터는 switch 문을 표현식 형태로 작성할 수 있다. 조건에 따라 특정 변수의 값을 다르게 바꿀 경우 if 문 대신에 선택 연산자를 주로 사용한다. 특정 변수의 값을 조건에 따라 다양하게 바꾸어야 할 경우 자바 14부터는 switch 표현식을 사용할 수 있다. 예를 들어 이전 절에서 제시한 switch 문은 다음과 같이 작성할 수 있다.

```
int numberOfDays = switch(month){
    case 4, 6, 9, 11 -> 30;
    case 2 -> 28;
    default -> 31;
};
```

이와 같은 표현식을 switch 표현식이라 한다.

switch 표현식은 기존 switch 문과 마찬가지로 switch 문 괄호 표현식의 평가 값과 case 절 상수를 비교한다. 일치하는 case 절이 있으면 해당 case 절이 실행되어 하나의 값을 만들어 내며, 이 값이 switch 표현식의 최종 평가 값이 된다. switch 표현식에서는 화살표 연산자를 이용하며 위에 제시된 예처럼 일치된 case 절이 생산하는 값을 프로그래밍할 수 있도록 하고 있다.

기존 switch 문과 달리 switch 표현식에서는 다음 case 절이 수행되지 않도록 break 문을 사용하지 않는다. 화살표 연산자에 의해 실행되는 문장들이 종료되어 값이 생산되면 switch 표현식의 실행도 종료되고, case 절에서 생산한 값이 switch 표현식의 최종 값이 된다.

switch 표현식은 최종적으로 하나의 값으로 평가되어야 하기 때문에 항상 값을 생산하도록 프로그래밍해야 한다. 이 때문에 많은 경우 switch 표현식은 default 절을 사용한다. 또 같은 이유로 가능한 모든 경우를 고려하지 않으면 문법 오류가 된다. 열거형의 경우에는 default 절을 사용하지 않아도 모든 열거형 상수를 고려하였으면 문법 오류가 아니다.

case 절에서 생산하는 값을 만들기 위해 복잡한 과정이 필요하면 화살표 연산자 다음에 중괄호를 사용할 수 있고, 이 경우에는 최종적으로 yield 문으로 종료해야 한다. 실제 이 문법이 처음 제안되었을 때는 break expression과 같은 형태를 이 용도로 사용하였지만 최종적으로는 yield 문으로 바뀌었다.

아래 예처럼 함수에서 return 문을 이용하여 값을 반환하는 것처럼 switch 표현식을 종료하기 위해 yield 문을 사용한다. switch 표현식에서 yield 문이 실행되면 switch 표현식은 종료한다.

```
String result = switch(day){
    case "MON", "TUE", "WED", "THU", "FRI" -> "근무일";
    default -> {
        if(day.isEmpty()) yield "유효한 요일이 아님";
        else yield "휴일";
    }
};
```

switch 표현식은 항상 화살표 연산자를 이용하여 case 절을 작성해야 하는 것은 아니다. 기존처럼 case 절 상수 다음에 ':'을 사용하고 프로그램 문장을 작성한 후 이 블록의 마지막 문장으로 yield 문을 다음과 같이 사용하면 된다.

```
int numOfLetters = switch(day){
    case MON, FRI, SUN: yield 6;
```

```
        case TUE: yield 7;
        case THU, SAT: yield 8;
        case WED: yield 9;
    };
```

3. 반복문

반복문이란 일련의 문장을 반복적으로 실행할 수 있도록 해주는 프로그램 구조를 말한다. 반복문의 반복은 보통 특정 조건이 만족하면 종료되도록 프로그래밍한다. 하지만 잘못 프로그래밍할 경우 의도하지 않게 반복문이 종료하지 않고, 계속 해당 문장들만 실행할 수 있다. 이와 같은 현상을 무한루프라 하며, 반복문을 작성할 경우에는 의도하지 않은 무한루프가 발생하지 않도록 프로그래밍해야 한다.

반복문은 크게 제어줄(control line)과 몸체로 구성된다. 제어줄은 반복을 종료하는 조건을 제어한다. 하지만 반드시 제어줄을 통해 반복문을 종료해야 하는 것은 아니다. 몸체 내에서 break 문을 이용하여 반복문을 종료할 수 있다. 자바는 while, do while, for 3종류의 반복문을 제공한다. 이 중 while이 기본 반복문이며, while 문만으로 필요한 모든 반복문을 작성할 수 있다.

3.1 while 문

while 문의 구조는 다음과 같다.

```
while(condition){
    body
}
```

while 문이 실행되는 순서는 조건을 먼저 검사한 후에 조건이 true이면 while 문의 몸체가 실행된다. 이 과정은 조건이 false가 될 때까지 반복한다. 따라서 while 문의 몸체는 한 번도 실행되지 않을 수 있다.

while 문의 조건식은 조건문의 조건식과 동일하게 boolean으로 평가되어야 하며, 무한루프를 작성하고 싶으면 다음과 같이 작성하여야 한다.

```
while(true){
    body
}
```

```
int countDigitFrequency(int number, int digit){
    int count = 0;
    while(number > 0){
        if(number % 10 == digit) ++count;
        number /= 10;
    }
    return count;
}
```

〈그림 7.2〉 주어진 정수에서 특정 수의 등장 횟수를 계산하는 메소드

주어진 정수에 특정 숫자가 몇 번 등장하였는지 계산하여 주는 메소드를 구현하면 그림 7.2와 같다. 어떤 수에서 마지막 자리의 숫자는 나머지 연산을 이용하여 얻을 수 있다. 그다음 자리의 숫자를 얻기 위해 먼저 해당 수를 10으로 나누어 해당 숫자가 마지막 자리에 오도록 하면 이전과 같은 방법으로 얻을 수 있다. 그림 7.2에 제시된 메소드는 예외 처리를 하나도 하지 않고 있다. 특히, number가 음수인 경우에 대한 고려가 없으며, 문제의 정의에 의해 digit은 0부터 9사이의 수이어야 하지만 이에 대한 검사도 하고 있지 않다.

3.2 do while 문

do while 문의 구조는 다음과 같다.

```
do{
    body
}while(condition);
```

do while 문이 실행되는 순서는 먼저 몸체가 실행된 다음 조건을 검사하며, 조건이 true이면 몸체가 다시 실행된다. 따라서 while 문과 달리 몸체가 최소 한 번은 실행된다.

3.3 for 문

자바 5부터는 두 종류의 for 문이 제공된다. 전통적인 for 문의 구조는 다음과 같다.

```
for(init; condition; step){
    body
}
```

for 문은 init 부분이 가장 먼저 실행되며, 이 부분은 한 번만 실행된다. 그다음 조건을 검사하게 되는데, 조건이 true이면 몸체가 실행된다. 몸체가 실행된 후에는 step 부분이 실행되고 그 이후 다시 조건 검사부터 반복된다. 따라서 for 문은 while 문과 동일하게 몸체가 한 번도 실행되지 않을 수 있다.

모든 for 문은 다음과 같이 while 문으로 바꿀 수 있다.

```
init;
while(condition){
    body
    step;
}
```

```
int charFrequency(String s, char c){
    int count = 0;
    for(int i = 0; i < s.length(); ++i){
        if(s.charAt(i) == c) ++count;
    }
    return count;
}
```

〈그림 7.3〉 주어진 문자열에서 특정 문자의 등장 빈도를 계산하여주는 메소드

주어진 문자열에서 특정 문자가 몇 번 등장하였는지 계산하여주는 메소드는 그림 7.3과 같이 구현할 수 있다. 그림 7.3에서 사용한 for 문은 전형적인 for 문으로 반복문의 반복 횟수를 제어하는 i라는 루프 제어 변수를 사용하고 있다. for 문을 작성할 때 루프

제어 변수 이름은 i, j, k 순으로 가장 많이 사용한다. 특히, 배열과 함께 사용할 때에는 이 변수를 색인 변수라 한다.

10장 문자열에서 살펴보지만 문자열에 있는 개별 문자를 반복적으로 접근할 경우 charAt 메소드를 활용하는 것은 효율적이지 못하다. 이 메소드는 당연히 내부에서 주어진 색인이 유효한 범위인지 검사할 것이다. 따라서 다음과 같이 문자열을 문자 배열로 변환한 후에 색인 연산자를 이용하여 접근하는 것이 더 효과적이며,

```
char[] S = s.toCharArray();
for(int i = 0; i < S.length; ++i){
    if(S[i] == c) ++count;
}
```

9장에서 설명하는 foreach for 문을 이용하면 더 간결하게 작성할 수 있다.

```
for(var ch: s.toCharArray()) if(ch == c) ++count;
```

자바에서 루프 제어 변수는 보통 for 문의 init 부분에서 선언한다. 이렇게 선언된 변수의 가시영역은 for 문 내로 제한된다. 이것이 for 문의 장점 중 하나다. 반복문 관련된 변수를 다른 두 반복문과 달리 반복문 내로 쉽게 제한할 수 있다. 이렇게 제한되기 때문에 한 메소드에 일련의 for 문을 작성하면서 같은 이름의 루프 제어 변수를 계속 사용할 수 있다.

for 문의 init 부분에는 하나의 선언문이 오거나 쉼표를 이용하여 여러 개의 표현식을 포함할 수 있고, step 부분도 쉼표를 이용하여 여러 개의 표현식을 작성할 수 있다.

```
for(int i = 0, j = 10; i < 10; ++i, --j){}
```

하지만 init 부분에 표현식 대신에 변수 선언문을 사용할 경우 하나의 선언문만 올 수 있다. 따라서 복합 선언문을 통해 같은 타입의 여러 개 변수를 선언할 수 있지만 서로 다른 타입의 변수를 init 부분에서 선언할 수 없다. 쉼표를 이용하여 for 문을 복잡하게 작성하는 것은 가독성을 저해할 수 있으므로 for 문의 제어줄은 루프 반복과 관련된 루프 제어 변수만 선언하는 것이 바람직하다.

3.4 break와 continue 문

반복문을 작성할 때 break 문을 통해 반복문을 종료할 수 있고, continue 문을 사용하여 현재 루프를 끝낼 수 있다. break 문은 반복문 외에 switch 문에서도 사용하며, break 문은 항상 자신이 포함된 문을 종료한다. continue 문을 실행하면 루프의 시작으로 이동하는 것으로 알고 있는 경우가 있지만, 이것은 틀린 것이다. continue 문은 루프의 시작이 아니라 루프의 끝으로 이동한다. 따라서 continue는 do while에서는 조건을 검사하게 되고, for 문에서는 step 부분으로 이동하게 된다.

모든 반복문은 break와 continue 문 없이 작성할 수 있다. 이 때문에 이전에는 break과 continue 문 없이 작성하는 것이 올바른 반복문 작성 방법이라고 주장된 적이 있다. 하지만 이들을 이용하면 더 간결하게 작성할 수 있고, 가독성도 높일 수 있다. 그러나 과도하게 사용하거나 가독성을 오히려 악화시키는 경우는 피해야 한다.

```
FOUND: for(int r = 0; r < data.length; ++r){
    for(int c = 0; c < data[r].length; ++c){
        if(data[r][c] == 1){
            R = r;
            C = c;
            break FOUND;
        }
    }
}
```

〈그림 7.4〉 레이블 break 문의 사용 예

보통 중첩 반복문에서 break를 사용하면 break가 포함된 가장 내부 반복문만 종료된다. 중첩 반복문을 프로그래밍을 하다 보면 내부 반복문에서 전체 반복문을 종료하고 싶을 경우가 있다. 이것을 위해 자바는 레이블 break를 제공한다. 예를 들어 2차원 정수 배열에서 요소의 값이 1인 곳을 찾으면 검색을 종료하고 해당 위치를 알고 싶으면 그림 7.4와 같이 구현할 수 있다. 레이블 break에서 레이블은 종료하고 싶은 루프의 끝이 아니라 시작에 붙인다. 레이블 break를 사용하지 않고 그림 7.4의 반복문을 작성할 경우 추가 변수가 필요하며 내부 for 루프 다음에 조건문이 필요하다. 참고로 continue도 레이블 continue가 있다.

3.5 반복문 작성 팁과 주의사항

반복문의 종료 조건을 검사할 때에는 !=를 사용하지 않는 것이 바람직하다. 예를 들어 다음과 같은 for 문의 경우에 n이 홀수이면 무한 루프가 된다. 따라서 동일한 효과를 얻을 수 있으면 크거나 작음을 비교하는 연산자를 사용하는 것이 무한 루프를 방지할 수 있는 좋은 방법이다.

```
for(int i = 0, i != n; i += 2){}
```

for 문의 경우 반목문의 반복 횟수를 제어하는 제어 변수를 for 문 몸체에서 수정하지 않는 것이 중요하다. 제어 변수를 몸체에서 수정하면 제어줄을 통해 인식된 루프의 반복 횟수와 다르게 동작하여 프로그램 가독성에 나쁜 영향을 준다.

반복문 내에 변하지 않는 계산식은 반복문이 시작되기 전에 미리 계산한 다음 결괏값만 반복문 내에 활용하는 것이 바람직하다. 이를 위해 추가적인 변수의 선언은 불가피하다. 하지만 반복하는 횟수가 많으면 효율성을 위해 꼭 필요하다.

반복문 내에 조건문이 필요한 경우 해당 조건문 없이 작성이 가능한지 살펴볼 필요가 있다. 이를 효과적으로 제거할 수 있다면 더 효율적인 코드의 작성이 가능하다. 특히, 매번 필요한 조건문이 아니라 특정 반복에서만 필요한 조건문은 가급적 제거하는 것이 필요하다. 다음의 경우 i가 0일 경우에만 필요한 조건문을 반복문 내에서 사용하고 있다.

```
for(int i = 0; i < n; ++i){
    if(i == 0) statementA;
    statementB;
}
```

이 경우 반복의 시작을 다음과 같이 1부터 시작하면 반복문 내에 매번 불필요하게 검사하는 조건문을 제거할 수 있다.

```
statementA;
for(int i = 1; i < n; ++i) statementB;
```

또 6장 비트 연산을 이용한 2의 거듭제곱 판별 예제에서 살펴본 것처럼 반복 중간에 중단하기 위해 조건문을 반복문 내에 포함하는 경우도 많다. 이 경우에도 이것이 실제 효과적인지 고민해 볼 필요가 있다. 전체 반복 횟수가 적은 경우, 중간에 중단하는 경우가 적은 경우 등은 이 조건문이 성능에 오히려 나쁜 영향을 줄 수 있다.

일반적으로 반복문을 작성하다 보면 생각하였던 결과를 얻지 못하는 경우가 종종 있다. 이것의 원인은 대부분 초깃값을 잘못 설정하거나 종료 조건에 해당하는 조건식의 비교 연산자를 잘못 사용한 경우이다. 이 때문에 원하는 횟수보다 많게 반복하거나 적게 반복하게 되는데, 많은 경우 매우 큰 격차를 보이지 않고 원래 의도보다 한 번 더 반복하거나 한 번 적게 반복한다. 이와 같은 오류를 하나 차이 오류(off-by-one error) 또는 펜스 기둥 오류(fence-post error)라 한다.

```
int years = 0;
while(balance < targetBalance){
   ++years;
   double interest = balance * rate / 100;
   balance = balance + interest;
}
```

〈그림 7.5〉 년 이자율이 주어졌을 때 투자금이 두 배가 되는데 걸리년 년 수 계산하기

예를 들어 년 이자율이 주어졌을 때 투자금이 두 배가 되는데 걸리는 년 수를 계산하는 반복문을 작성하여 보자. 이때 계산하고자 하는 연수의 초깃값이 0이 되어야 하는지 1이 되어야 하는지 고민될 수 있고, 조건식 작성에서 〈와 〈= 연산자 중 어느 것을 사용하는지 고민이 될 수 있다. 고민의 결과로 그림 7.5와 같이 작성하였다고 하자.

이 코드가 정확한 것인지는 테스트 프로그램을 작성하여 확인할 수 있지만 더 간편한 방법은 실제 데이터와 거리가 있지만 쉽게 손으로 검사할 수 있는 데이터를 이용하여 테스트하는 것이다. 예를 들어 다음과 같이 이자율이 50%라 하고 투자금이 100원이라 가정한 다음 지금의 코드를 검사해 보는 것이다.

- 초기값) year: 0, balance: 100
- 루프 1) year: 1, balance: 150
- 루프 2) year: 2, balance: 225

이를 통해 작성된 코드에서 초깃값이 올바르게 작성된 것임을 확인할 수 있다.

하지만 이를 통해서는 조건식이 올바른 것인지는 확인되지 않는다. 해당 조건식이 올바른 것인지는 확인하기 위해서는 balance와 targetBalance가 같아지는 테스트 케이스가 필요하다. 이를 위해 이자율은 100%, 투자금은 100원이라 하고 테스트해 볼 수 있다.

- 초기값) year: 0, balance: 100
- 루프 1) year: 1, balance: 200

〈 대신에 〈= 사용할 경우에는 루프가 한 번 더 실행되게 되며, 앞서 언급한 하나 차이 오류가 발생하게 된다. 이처럼 반복문뿐만 아니라 어떤 종류의 프로그래밍을 하던지 해당 코드를 검증할 테스트 케이스를 잘 선택하는 것도 프로그래머가 갖추어야 하는 중요한 역량이다.

우리가 직관적으로 생각하는 반복의 구조에서 반복의 종료 조건을 검사하는 위치가 반복의 중간에 위치할 수 있다. 이를 loop-and-a-half 문제라 한다. break을 사용하는 것이 바람직하지 않다고 주장된 시기에는 우리가 생각하는 반복의 구조를 바꾸어야 했다. 하지만 가독성이나 간결성 측면에서 우리의 직관과 동일하게 구현하는 것이 바람직하다. 예를 들어 -1이 입력될 때까지 정수를 입력받아 그것의 평균을 구하는 반복문은 그림 7.6과 같이 무한루프와 break을 사용하여 구현할 수 있다.

```
Scanner in = new Scanner(System.in);
int sum = 0;
int count = 0;
while(true){
   int n = in.nextInt();
   if(n == -1) break;
   ++count;
   sum += n;
}
double average = (count>0)? (double)sum/count: 0.0;
```

〈그림 7.6〉 -1이 입력될 때까지 정수를 받아 평균 구하기

```
int n = in.nextInt();
while(n != -1){
    ++count;
    sum += n;
    n = in.nextInt();
}
```

(1) 코드 중복 방법

```
boolean done = false;
while(!done){
    int n = in.nextInt();
    if(n == -1) done = true;
    else{
        ++count;
        sum += n;
    }
}
```

(2) 종료 조건 변수 사용 방법

〈그림 7.7〉 그림 7.6을 break을 사용하지 않고 작성하는 방법

break 문을 사용하지 않고 이것을 프로그래밍 하기 위해서는 그림 7.7처럼 종료 조건을 검사하기 전에 해야 하는 일을 루프 밖과 루프 내에 중복하는 방법이 있고, 종료 조건을 유지하는 별도 변수를 사용하는 방법이 있다. 전자의 경우에는 변수 n의 가시영역이 최초 작성한 코드와 달리 반복문 내로 제한되지 않는다.

프로그래머가 자유롭게 3개의 반복문(while, do while, for) 중 하나를 선택하여 필요한 반복문을 구현할 수 있다. 하지만 관례로 루프를 시작하기 전에 반복해야 하는 횟수를 알고 있는 경우 또는 배열을 처리하는 경우에는 for 문을 사용하고, 반대로 반복하는 횟수가 가변적인 경우(알 수 없는 경우)에는 while 문을 사용하여 구현한다. 또 while 문을 사용하여 구현할 때 최소 한 번은 몸체가 수행된다는 것을 강조하고 싶으면 do while 문을 이용하여 구현한다. while 문과 for 문을 비교하였을 때, for 문은 루프 내에서만 사용하는 변수의 가시영역을 제어줄을 이용하여 제한하기 쉽다는 이점이 있다. 하지만 이 경우 제어줄을 너무 복잡하게 작성할 수 있는 단점도 있다.

기존에 프로그래밍할 때에는 반복문을 많이 작성했다. 하지만 자바 8 이후에는 람다 표현식과 Stream 라이브러리의 도입으로 기존에 반복문으로 작성했던 것을 반복문을 사용하지 않고 작성할 수 있다. 물론 모든 반복문을 Stream 라이브러리를 이용하여 작성할 수 있는 것은 아니지만 복합 타입의 각 요소를 차례로 방문하는 형태의 반복문은 모두 Stream 라이브러리를 이용하여 매우 간결하게 작성할 수 있다. 이들에 대해서는 14장에서 자세히 설명한다.

퀴즈

1. 다음 중 자바의 switch 문의 특성이 아닌 것은?
   ① 문자열을 case 절 상수로 사용할 수 있다.
   ② 한 case 절에 여러 상수를 쉼표로 구분하여 나열할 수 있다.
   ③ switch 키워드 다음에 오는 괄호 안에 switch 문으로 제한이 되는 변수를 선언할 수 있다.
   ④ 자바에서 열거형 상수는 객체이지만 case 절 상수로 사용할 수 있다.

2. switch 표현식에 관한 다음 설명 중 잘못된 것은?
   ① switch 문은 default 절이 없으면 어떤 case 절도 실행하지 않고 종료할 수 있지만 switch 표현식은 가능한 모든 경우를 고려하여 항상 평가 결과 값을 줄 수 있어야 한다.
   ② switch 표현식은 case 절 상수 다음에 ':'을 사용할 수 없고 항상 '->'을 사용해야 한다.
   ③ switch 표현식에서 평가 결과 값을 계산하는 과정이 복잡하면 그 과정을 여러 문장으로 작성할 수 있으며, 이 문장을 실행하는 중 yield 문을 만나면 yield 다음에 있는 표현식의 평가 값이 switch 표현식의 최종 평가 값이 된다.
   ④ switch 표현식은 특정 case 절이 수행된 후 다음 case 절이 자동으로 실행되는 것을 방지하기 위해 break 등을 사용할 필요가 없다. yield 등을 통해 평가 결과 값이 결정되면 switch 표현식의 평가는 거기서 자동 종료한다.

3. 주어진 다음 프로그램과 동일하게 동작하지 않는 것은?

```java
Scanner in = new Scanner(System.in);
int sum = 0;
int n = in.nextInt();
while(n != -1){
    sum += n;
    n = in.nextInt();
}
```

①
```java
int sum = 0;
while(true){
    int n = in.nextInt();
    if(n == -1) break;
    sum += n;
}
```

②
```java
int sum = 0;
boolean done = false;
while(!done){
    int n = in.nextInt();
    if(n == -1) done = true;
    else sum += n;
}
```

③
```java
int sum = 0;
int n = 0;
while((n = in.nextInt()) != -1){
    sum += n;
}
```

④
```java
int sum = 0;
for(boolean done = false; !done; ){
    int n = in.nextInt();
    if(n == -1) done = true;
    sum += n;
}
```

4. 자바 반복문과 관련된 다음 설명 중 틀린 것은?

① for 문은 반복문 관련 변수의 가시영역을 반복문 내로 제한하는데 효과적이다.
② continue는 반복문 몸체의 시작이 아니라 몸체의 끝으로 이동하여 준다.
③ do while 문은 무조건 최소 1번은 그것의 몸체가 실행된다.
④ for 문 제어줄의 3가지 요소를 모두 생략할 수 없다.

연습문제

1. 학생이 수강한 과목마다 학생 활동 내역을 유지하는 정보 시스템을 구축하였다. 학생은 다음 조건 중 하나에 해당하면 과목 이수를 실패하게 된다.

   - 조건 1. 학기 중 중간, 기말시험처럼 공식 시험에 결시하거나 100점 만점의 최종 합계 점수가 40점에 미달한 경우
   - 조건 2. 출석을 4회 이상 하지 않은 경우

   학생의 과목마다 활동 내역을 유지하는 객체에는 이들 정보를 알기 위해 다음과 같은 멤버 변수 또는 메소드가 정의되어 있다.

   - **boolean** missedTest: 공식 시험의 결시 여부를 유지함 (결시한 경우가 있으면 true)
   - **int** absentCount: 결석 횟수를 유지함
   - **int** getFinalScore(): 헤당 교과의 최종 합계 점수를 반환하여 줌

   특정 학생이 실패하지 않았는지 판단하여 주는 다음 메소드를 완성하라. 이때 논리곱과 논리부정만 사용하여 구현해야 한다.

```
boolean passed(){
    return ????;
}
```

2. 11월부터 2월은 “겨울”, 3월부터 5월은 “봄”, 6월부터 9월은 “여름”, 10월은 “가을”을 반환하여 주는 다음 메소드를 switch 문을 이용하여 작성하라.

```
String determineSeason(int month){
}
```

3. java.time.LocalDate의 static 메소드인 now를 이용하면 오늘 날짜에 해당하는 날짜 정보를 유지하는 객체를 얻을 수 있다. 이를 이용하여 오늘 날짜가 2022년 8월 2일이면 이번 달의 달력을 다음과 같이 출력하는

```
S U N    M O N    T U E    W E D    T H U    F R I    S A T
            1       2 *      3        4        5        6
   7        8       9      1 0      1 1      1 2      1 3
1 4      1 5     1 6      1 7      1 8      1 9      2 0
2 1      2 2     2 3      2 4      2 5      2 6      2 7
2 8      2 9     3 0      3 1
```

다음 메소드를 완성하라.

```
void monthOutput(){
}
```

힌트. LocalDate의 getMonthValue, getDayOfMonth, getDayOfWeek, plusDays, minusDays 등의 메소드 사용이 필요하다.

4. 택배 상자 크기(가로, 세로, 높이)와 무게가 주어진다. 가로, 세로, 높이 중 하나가 35cm 이상이거나 부피가 3,500 이상이면 "대형" 박스로 분류하며, 무게가 10kg 이상이면 "과중량"으로 분류한다. 택배 상자 정보(가로, 세로, 높이 무게)가 주어졌을 때 대형인 동시에 과중량이면 "특", 대형이지만 과중량이 아니면 "대형", 대형은 아니지만 과중량이면 "과중량", 대형도 과중량도 아니면 "일반"을 반환하는 함수를 완성하라.

```
String determineSeason(int length, int width, int height, int weight){
}
```

5. 주어진 양의 정수 배열의 합계를 계산하라. 이때, 교차로 양수를 음수로 바꾸어 합계를 계산하여야 한다. 예를 들어 [5, 3, 4, 6, 1]이 주어지면 5 - 3 + 4 - 6 + 1 = 1를 결과로 주어야 한다.

6. 길동이는 마법에 걸려 수시로 걸린 마법에 영향을 받는다. 이 마법이 발휘되면 길동은 d분 동안 움직일 수 없다. 마법이 발휘되는 일련의 시간이 주어지면 길동이가 총 몇 분 동안 움직이지 못하였는지 계산하는 다음 함수를 완성하라.

```
int findTotalMinutes(int startTime[], int d){
}
```

예를 들어 [1, 5]가 주어지고 d = 3이면 1, 2, 3분 때 움직일 수 없고, 5, 6, 7분 때 움직일 수 없으므로 총 6분 동안 움직일 수 없다. [1, 3]이 주어지고 d = 3이면, 1, 2, 3분 때 움직일 수 없고, 3, 4, 5분 때 움직일 수 없으므로 총 5분 동안 움직일 수 없다. 주어진 배열은 순증가 배열이다. 즉, A[i] < A[i + 1]이다. 이 문제를 앞에서부터 반복하는 반복문을 이용하여 해결해 보고, 반대로 뒤에서부터 앞으로 반복하는 반복문을 이용하여 해결해 보라.

7. n명이 수건 돌리기 게임을 진행하고 있다. 각 참여자는 일렬로 서 있으며, 첫 번째 참여자부터 번호를 차례로 할당 받는다. 따라서 첫 줄 참여자는 1번을, 줄 끝에 있는 참여자는 n번을 할당 받는다. 1번 참여자가 수건을 가지고 있는 상태에서 게임은 시작한다. 게임이 시작하면 숫자 t(≥1)가 주어지며, 숫자만큼 수건을 돌린다. 수건을 돌리는 방법은 그다음 번호 참여자에게 수건을 건내는 것이다. n번 번호 참여자가 받으면 수건을 거꾸로 돌린다. 즉, n번 참여자는 n − 1번 참여자에게 수건을 건내며, 이것이 반복되어 1번 참여자까지 전달될 수 있다. n과 t가 주어졌을 때, 수건을 받는 참여자의 번호를 출력하는 다음 함수를 완성하라. 예를 들어 n = 5, m = 6이면 답은 3이다.

```
int passTheTowel(int n, int m)
}
```

이 함수를 구현할 때 반복문을 사용하여 실제 수건을 돌리는 것을 재현하여 답을 구하지 않아야 한다.

제8장

배열

제 8 장 배열

1. 배열 소개

40명 수강생의 100점 만점의 시험 점수를 처리해야 한다. 이때 복합 타입이 없다면 40개의 정수 변수를 선언해야 한다. 변수를 40개 선언해야 하는 것도 문제이지만 평균 점수와 같은 통계 점수를 계산하는 프로그램을 작성하는 것도 매우 불편하다. 복합 타입이란 데이터 값을 하나만 유지하는 것이 아니라 여러 개를 유지하는 타입을 말하며, 하나의 이름으로 이들 데이터에 접근할 수 있게 해준다. 배열(array)은 대부분의 고급 프로그래밍언어가 언어 자체에 포함하여 제공하는 동질 구조(homogeneous structure)의 복합 타입이다.

배열은 대부분의 프로그래밍 언어에서 제공하며, 다음과 같은 특징을 동일하게 가지고 있다.

- 특징 1. 물리적으로 동질 구조이다.
- 특징 2. 저장된 요소 간의 순서가 존재한다.
- 특징 3. 배열의 요소는 위치를 이용해 접근한다.
- 특징 4. 생성한 이후에는 배열의 용량(capacity)을 해당 자리에서 바꿀 수 없다.
- 특징 5. 각 요소에 대한 임의 접근(random access)을 제공한다.

배열은 물리적으로 동질 구조이지만 논리적으로 동질 구조가 아닐 수 있다. 예를 들어 C에서 문자열은 문자열 끝에 널 문자로 문자열의 끝을 나타낸다. 따라서 C 문자열은 문자배열에 유지할 수 있지만 문자열 데이터를 나타내는 문자와 문자열 끝을 나타내는 널 문자는 논리적으로 다른 종류의 값이다. 정수 배열에서 배열의 첫 요소에 배열에 현재 저장되어 있는 요소의 개수를 유지할 수 있다. 이 경우에도 첫 요소와 나머지 요소는 논리적으로 같은 종류가 아니다. 자바에서 객체 배열은 배열에 객체를 유지하는 것이 아니라 주소만 유지하지만 다형성을 지원하는 배열의 경우에는 배열의 각 요소가 가리키는 객체의 종류는 매우 다양할 수 있다. 예를 들어 Flyable interface 배열의 각 요소는 모두 fly 메소드를 가지고 있지만 매우 다양한 종류의 객체를 배열이 유지할 수 있다.

보통 위치는 색인 값을 이용하게 되며, 이 색인 값은 0부터 시작한다. 이것은 임의 접근을 하기 위해 각 요소의 위치를 계산하는 방식 때문이다. 보통 배열에서는 용량과 크기를 구분한다. 용량은 배열을 생성할 때 확보한 저장할 수 있는 요소의 최대 개수이고, 크기는 배열에 현재 저장된 요소의 개수이다.

특징 5에서 임의 접근이란 배열의 각 요소를 접근하는데 소요되는 비용이 같다는 것을 말한다. 배열은 특징 1에 의해 물리적 동질 구조이므로 각 요소가 차지하는 공간의 크기가 같으며, 전체 배열을 연속 공간에 할당하기 때문에 임의 접근이 가능하다. 하지만 배열은 현재 할당된 위치에서 그것의 용량을 늘릴 수 없다. 이 때문에 보통 배열의 용량은 컴파일 시간에 결정되고 바꿀 수 없다고 한다. 하지만 동적 배열의 경우에는 용량을 실행 시간에 결정하며, 필요하면 다른 위치에 더 큰 공간을 확보하여 배열의 용량을 바꿀 수 있다.

1.1 배열의 생성과 선언

자바에서는 C/C++와 달리 함수 스택에 배열을 생성할 수 없다. 따라서 자바는 자동으로 함수가 호출되면 생성되고 함수가 종료하면 사라지는 배열을 생성할 수 없다. 자바에서 모든 배열은 일반 객체처럼 new를 이용하여 동적으로 생성한다. 다음은 용량이 10인 정수 배열을 생성하여 numbers 변수에 유지하는 자바 코드이다.

```
int[] numbers = new int[10];
```

위 예에서 알 수 있듯이 자바는 해당 변수가 배열임을 나타내는 [] 기호를 보통 변수 대신에 타입 정보에 붙인다. 물론 자바에서도 [] 기호를 배열 변수 이름에 붙일 수 있다. 배열을 생성할 때에는 일반 객체와 달리 생성자 호출이 오지 않고 타입 정보와 배열의 용량 정보가 온다.

자바에서 new를 이용하여 생성한 배열은 기본값으로 자동 초기화된다. 자바는 기본값으로 0(객체 배열의 경우 null)을 사용한다. 또한 동적 배열이기 때문에 변수를 이용하여 용량을 지정할 수 있다. 배열도 var를 이용하여 다음과 같이 생성할 수 있다.

```
var numbers = new int[10];
```

var를 이용하여 배열을 생성할 때에는 var에도 배열 이름에도 [] 기호를 사용할 수 없다.

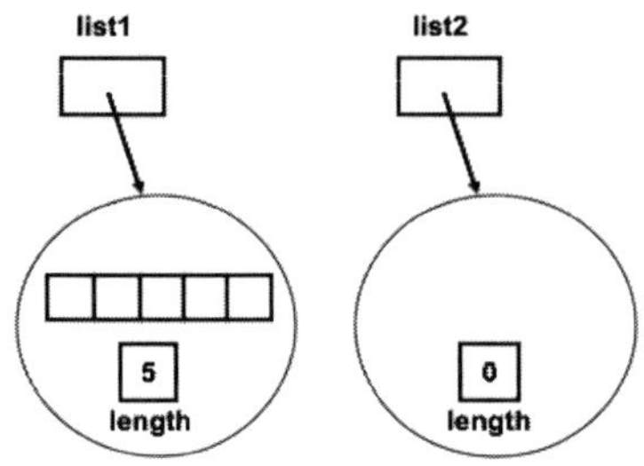


```
int[] list1 = new int[5];
int[] list2 = new int[0]
int[] list3 = null;
```

〈그림 8.1〉 자바 배열 모습

자바에서 배열은 그림 8.1과 같이 내부적으로 객체로 모델링한다. 이 때문에 객체를 인자로 전달하는 것과 배열을 전달하는 것의 차이가 없으며, 배열 객체는 배열의 용량을 나타내는 public 멤버인 length를 가지고 있다. 이 멤버 변수의 타입은 int이다. 따라서 자바에서 배열의 최대 용량은 Integer.MAX_VALUE이며, 배열의 색인은 int 타입으로 처리한다.

배열을 객체로 모델링하기 때문에 용량이 0인 배열을 다음과 같이 선언할 수 있다.

```
int[] numbers = new int[0];
```

용량이 0인 배열은 함수에서 배열을 반환해야 할 때 null 대신 활용할 수 있다.

배열의 용량을 나타내는 length 멤버는 final 멤버이기 때문에 외부에서 수정할 수 없다. 참고로 문자열은 길이를 제공하는 length라는 멤버 변수 대신에 length라는 메소드를 제공한다.

자바에서 모든 배열은 동적 배열이고, 객체로 모델링하며, 용량을 나타내는 length 멤버를 가지고 있기 때문에 자바에서는 배열의 용량과 크기를 가급적 일치시켜 사용한다. 자바는 항상 동적 배열이므로 배열을 생성할 때 해당 시점에서 필요한 크기만큼의 용량을 확보하고 필요한 데이터로 채운 후에 사용한다. 이와 같은 특성 때문에 자바에서 배열을 처리할 때에는 특별한 경우가 아니면 현재의 크기를 유지하는 변수를 별도로 유지하지 않으며, 배열을 전달할 때에도 많은 경우 배열의 크기 정보를 전달하지 않는다.

배열 변수는 일반 객체 변수와 차이가 없으며, C/C++처럼 상수 포인터(constant pointer)가 아니다. 배열 변수는 특정 배열을 가리키도록 하다가 다른 배열을 가리키도록 다음과 같이 변경할 수 있다. 이것이 가능한 이유도 자바의 모든 배열은 동적으로 생성하기 때문이다.

```
int[] a = new int[4];
int[] b = new int[10];
a = b;
```

a = b가 실행되면 a는 b와 동일한 배열을 가리키게 되며, 기존 a가 가리키는 배열은 쓰레기가 된다.

배열을 생성할 때 다음과 같이 final을 사용할 수 있다.

```
final int[] numbers = new int[5];
numbers[3] = 4;          // ok
numbers = new int[3];    // error
```

이 경우 배열의 요소를 수정할 수 없게 되는 것이 아니라 배열 변수가 상수화되기 때문에 numbers는 다른 배열을 가리키도록 바꿀 수 없다.

원시 타입 배열이 아닌 객체 배열을 생성하면 배열의 용량만큼 객체를 생성하는 것은 아니다. 예를 들어 다음과 같이 용량이 10인 학생 배열을 생성하면 학생 객체를 10개 생성하는 것은 아니고, 학생 객체를 가리킬 수 있는 참조 타입 10개를 유지할 수 있는 배열을 생성한다.

```
Student[] students = new Student[10];
```

이 경우 각 요소는 null 값으로 초기화된다.

원시 타입 배열은 연속 공간에 데이터 자체를 유지하기 때문에 배열을 처리할 때 배열 전체가 CPU 캐시에 유지될 가능성이 높아 효과적으로 처리할 수 있다. 이것을 캐싱 효과라 한다. 하지만 객체 배열은 객체 자체가 아니라 객체의 주소를 유지한다. 따라서 객체 배열은 배열에 접근한 다음에 실제 객체는 또 한번의 메모리 접근이 필요하므로 원시 타입 배열과 달리 캐싱의 효과가 떨어진다.

1.2 초깃값 목록을 이용한 배열의 생성

자바에서 배열은 객체이기 때문에 배열을 생성하면 기본값으로 모든 요소를 초기화한다. 기본값이 아닌 다른 값으로 초기화하고 싶으면 다음과 같이 초깃값 목록을 제시하여 객체를 생성할 수 있다.

```
int[] numbers = new int[]{5, 7, 4, 3, 10, 22, -6, -2};
```

자바에서 초깃값 목록을 사용할 경우 용량을 지정할 수 없으며, 배열의 용량은 나열된 초깃값의 수에 의해 결정된다. 따라서 위에서 numbers의 용량은 8이다. 이 때문에 자바는 초깃값 목록을 사용할 때에는 아래와 같이 new int[] 부분을 생략할 수 있다.

```
int[] numbers = {5, 7, 4, 3, 10, 22, -6, -2};
```

하지만 초깃값 목록은 var와 함께 사용할 수는 없다. 따라서 다음은 오류이다.

```
var numbers = {1, 2, 3, 4};        // error
```

중괄호에 초깃값만 나열한다고 배열이 생성되는 것은 아니다. 초깃값 목록을 이용하여 배열을 생성하여 인자로 전달하고 싶으면 다음과 같이 new를 여전히 사용해야 한다.

```
foo(new int[] {1, 2, 3, 4});
```

객체 배열도 다음과 같이 초깃값 목록을 사용하여 생성할 수 있다.

```
Student[] students = {
    new Student("장보고", 1), new Student("장길산", 3),
    new Student("임꺽정", 2), new Student("홍길동", 4)};
```

1.3 다차원 배열

배열을 생성할 때 사용하는 []을 여러 개 사용함으로써 원하는 차원의 배열을 생성할 수 있다. 하지만 프로그래밍할 때 3차원 이상의 배열을 사용하는 경우는 극히 드물다. 다음은 자바에서 2차원 정수 배열을 생성한 예이다.

```
int[][] matrix = new int[20][10];
```

보통 2차원 배열은 행과 열로 구성된 테이블을 나타내기 위해 종종 사용한다. 위 예에서 matrix는 행이 20이고 열이 10인 2차원 배열이다. 이때 행의 용량은 matrix.length로, 열의 용량은 matrix[0].length로 접근할 수 있다.

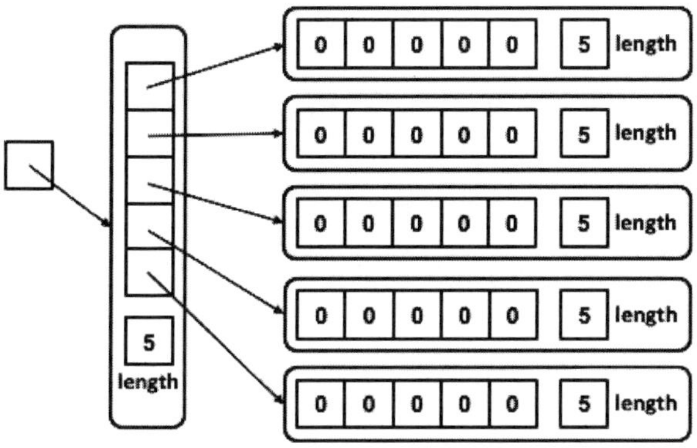


```
int[][] numbers = new int[5][5];
```

〈그림 8.2〉 2차원 배열의 논리적 모습

C/C++에서는 다차원 배열도 임의 접근을 제공하기 위해 연속된 공간으로 배열의 공간을 확보한다. 하지만 자바에서 배열은 객체이기 때문에 다차원 배열은 연속된 공간으로 확보되지 않는다. 연속된 공간으로 확보되지 않지만 여전히 임의 접근을 제공한다. 이 때문에 2차원 배열도 객체 배열처럼 캐싱 효과가 반감된다. 자바에서 2차원 배열의 실제 모습은 그림 8.2와 같다. 이 때문에 자바의 다차원 배열은 C/C++와 달리 각 행의 용량을 다음과 같이 다르게 만들 수 있다[30].

```
int[][] a = new int[2][];
a[0] = new int[5];
a[1] = new int[2];
```

또한 초깃값 목록을 이용하여 다음과 같이 행의 용량이 다른 2차원 배열을 생성할 수 있다.

```
int[][] a = {{1,0,0,2,1}, {0,1,0}, {0, 0}};
```

30) C/C++에서도 포인터 배열을 통해 자바와 유사한 형태의 2차원 배열을 만들 수 있다.

1.4 배열의 복사

자바에서 배열 변수는 다른 일반 객체 변수처럼 대입문의 왼쪽에 위치할 수 있다. 하지만 단순 대입을 통해서는 기존 배열과 동일한 배열을 만들 수는 없다. 예를 들어 다음과 같은 코드가 실행되면

```
int[] list = {1,2,3,4,5};
int[] copy = list;
```

배열이 두 개 만들어지는 것은 아니고, 두 개의 변수가 같은 배열을 가리키게 된다.

기존 배열과 동일한 내용의 또 다른 배열을 만들고 싶으면 다음과 같이 clone을 이용하는 방법, Arrays.copyOf를 이용하는 방법, System.arraycopy를 이용하는 방법이 있다.

```
int[] list = {1,2,3,4,5};
int[] copy1 = list.clone();
int[] copy2 = Arrays.copyOf(list, list.length);
int[] copy3 = new int[list.length];
System.arraycopy(list, 0, copy3, 0, list.length);
```

Arrays의 copyOf는 배열을 복사하면서 새 배열의 용량을 원하는 크기가 되도록 바꿀 수 있다는 이점이 있고, System의 arraycopy는 배열의 특정 부분을 원하는 위치로 복사할 수 있다는 이점이 있다. 보통 기존 배열과 용량까지 동일한 배열을 복제하고 싶으면 clone을 사용하고, 기존 배열을 복제하면서 용량을 바꾸고 싶으면 Arrays의 copyOf를 이용한다. 기존 배열의 내용을 또 다른 배열의 일부(또는 전체)로 바꾸고 싶으면 System의 arraycopy를 이용한다.

1.5 배열의 인자 전달과 반환

자바에서 배열은 객체이며, 배열 변수는 참조 타입이므로 배열을 인자로 전달하는 것과 어떤 객체를 인자로 전달하는 것은 차이가 없다. 또 자바에서 모든 배열은 동적 배열이기 때문에 메소드의 반환 값으로 사용할 수 있다. 자세한 것은 3장에 이미 설명하였다. 따라서 다음에서 f 함수가 실행되면 출력 값은 10이 된다.

```
void g(int[] a){
   a[2] = 10;
}
void f(){
   int[] A = {1,2,3,4};
```

```
   g(A);
   System.out.println(A[2]);
}
```

그러나 다음이 실행되면 3이 출력된다.

```
void g(int[] a){
   int[] b = {1,2,10,4};
   a = b;
}
void f(){
   int[] A = {1,2,3,4};
   g(A);
   System.out.println(A[2]);
}
```

g에서 a를 새로운 배열을 가리키도록 바꾸더라도 자바는 값 전달만 있으므로 f의 A 변수에는 영향을 줄 수 없다.

자바에서 모든 배열은 동적 배열이기 때문에 아무 문제없이 메소드에서 배열을 반환할 수 있다. 예를 들어 다음과 같은 메소드를 이용하여 기존 배열의 용량을 2배로 늘릴 수 있다.

```
int[] doubleTheCapacity(int[] array){
   int[] tmp = new int[array.length * 2];
   System.arraycopy(array, 0, tmp, 0, array.length);
   return tmp;
}
```

이 예에서도 알 수 있듯이 자바는 값 전달 방식만 제공하기 때문에 이와 같이 새 배열을 반환하는 형태를 사용하지 않고는 배열을 함수에 전달하여 기존 배열의 용량을 두 배로 늘릴 수 있는 방법은 없다. 실제 배열의 용량을 두 배로 확장하고 싶으면 이전 절에서 설명한 Arrays의 copyOf 메소드를 이용하면 된다.

1.6 foreach for 문

배열과 같은 복합 타입의 경우에는 종종 복합 타입에 저장되어 있는 모든 요소를 차례로 방문하여 어떤 계산을 해야 할 때가 많다. 이와 같은 계산을 할 때 사용하는 메소드를 보통 반복자(iterator)라 한다. 배열은 별도 반복자가 없기 때문에 보통 다음과 같은 for 문을 사용한다.

```
int[] numbers = {5, 1, 3, 7, 4};
int sum = 0;
for(int i = 0; i < numbers.length; ++i){
    sum += numbers[i];
}
```

참고로 자바는 배열을 객체로 모델링하였기 때문에 처음부터 배열에 반복자를 포함할 수 있었지만 그렇게 하지 않았다.

자바에서 배열은 크기와 용량을 가급적 일치시켜 사용하기 때문에 이전 예처럼 배열을 처리할 때 배열의 용량만큼 반복해야 하는 경우가 많다. 이것을 더 간결하게 작성할 수 있도록 자바 5부터는 다음과 같은 새로운 형태의 for 문이 자바에 추가되었다.

```
int[] numbers = {5, 1, 3, 7, 4};
int sum = 0;
for(int n: numbers){
    sum += n;
}
```

이와 같은 for 문을 보통 foreach for 문이라 한다. 그것의 문법은 다음과 같다.

자바 문법

자바의 foreach for 문의 구조는 다음과 같다.

```
for(type variable: collection_variable) block
```

여기서 collection_variable은 배열 객체이거나 java.util.Iterable를 구현하는 클래스의 객체이어야 하며, type은 collection_variable의 개별 요소 타입과 일치하거나 호환(자동 대입할 수 있는)되는 타입이어야 한다. 이 for 문의 각 반복에서 variable은 복합 타입의 개별 요소를 차례로 가리킨다. 하지만 해당 변수에 복합 타입의 요소가 복사되는 형태이기 때문에 해당 변수를 수정한다고 복합 타입의 개별 요소가 바뀌는 것은 아니다. 참조 타입은 variable이 가리키는 것과 복합 타입 요소가 가리키는 것이 같게 되므로 variable를 이용한 조작은 배열이 가리키는 요소에 영향을 준다.

보통 전통 for 문에서 반복 횟수를 제어하기 위해 사용하는 변수를 제어 변수라 하며, 배열을 반복할 때 for 문을 사용할 경우에는 색인 변수라 한다. Foreach for 문에서 사용하는 변수는 루프 변수 또는 반복 변수라 한다.

Foreach for 문은 배열을 처리할 때만 사용할 수 있는 것은 아니고, 반복자를 제공하는 모든 복합 타입의 클래스를 처리할 때도 사용할 수 있다. Foreach for 문은 반복마다 반복문의 몸체를 실행하기 전에 제어줄에 선언된 루프 변수에 배열의 요소를 차례차례 대입한다. 따라서 변수 n을 반복문 내에서 수정하더라도 배열에는 아무런 영향을 주지 않는다. 이 때문에 다음을 실행하여도 배열의 요소 중 바뀌는 요소는 없다.

```
int[] numbers = {5, 1, 3, 7, 4};
for(int n: numbers){
    n = 1;
}
```

Foreach for 문의 경우에는 복합 타입의 실제 타입 대신에 var를 많이 사용한다. 이 경우 나중에 복합 타입의 타입이 바뀌더라도 foreach for 문을 수정하지 않고 사용할 수 있다.

원시 타입 배열과 달리 foreach for을 이용하여 객체 배열을 처리하면 객체 배열이 유지하는 객체에 영향을 주게 된다. 따라서 다음에서 accounts가 BankAccount 객체 배열이면 배열의 모든 계좌에 1,000원을 입금하는 효과가 있다.

```
for(var account: accounts)
    account.deposit(1000);
```

이것은 기존 예에서 n 변수와 달리 account가 참조 변수이기 때문이다. 이 변수는 루프를 반복할 때마다 배열의 요소와 같은 객체를 가리키게 된다.

기존 전통 for 문을 이용하여 구현하였던 모든 반복문을 foreach for 문을 이용하여 구현할 수는 없다. 특히, 다음과 같은 경우에는 여전히 전통 for 문을 사용해야 한다.

- 경우 1. 복합 타입에 유지된 모든 요소를 방문할 필요가 없는 경우
- 경우 2. 처음부터 차례로 방문하는 것이 아닌 경우
- 경우 3. 색인 변수가 필요한 경우
- 경우 4. 원시 타입 배열에서 특정 요소를 수정해야 하는 경우[31]
- 경우 5. 여러 개의 복합 타입을 병행으로 방문해야 하는 경우

경우 1은 배열의 용량과 크기가 다른 경우를 말한다. 하지만 자바에서는 대부분 일치시켜 사용할 수 있다. 맨 끝부터 거꾸로 방문하고 싶은 경우나 짝수 색인에 위치한 요소만 방문하고자 할 경우가 경우 2에 해당한다. 또 java.util.Iterable를 구현한 클래스에서 제공하는 방문 순서와 다른 순서로 방문하고 싶으면 foreach for 문을 사용할 수 없다. 여러 개의 배열을 동시에 차례대로 방문해야 할 경우에는 색인 변수를 직접 사용할 수밖에 없다.

2차원 배열에 있는 모든 요소를 차례대로 방문하는 반복문을 foreach for 문으로 작성하면 다음과 같다. 여기서 matrix는 2차원 int 배열이다.

```
for(int[] row: matrix)
    for(int n: row){
        //
    }
```

31) C++에서는 참조 변수를 이용하면 가능하다.

1.7 기타

상속 계층구조에서 상위 타입의 변수에 하위 타입 객체를 유지할 수 있다. 배열의 경우도 상속 계층구조에서 상위 타입의 배열에 하위 타입의 배열을 유지할 수 있다. 따라서 Object 배열을 인자로 받는 메소드가 있으면 이 메소드에는 모든 종류의 객체 배열을 전달할 수 있다.

대부분의 고급 프로그래밍 언어와 마찬가지로 문자 배열과 문자열은 다른 것이다. C에서는 문자 배열과 문자열이 물리적으로는 같은 타입이지만 자바에서 문자열은 String 타입으로 처리되고 배열은 라이브러리에 나타나지 않은 특수 타입의 객체로 처리되기 때문에 전혀 다른 것이다. 하지만 문자 배열을 인자로 사용하여 문자열 객체를 다음과 같이 생성할 수 있다.

```
char[] fruit = {'a', 'p', 'p', 'l', 'e'};
String s1 = new String(fruit);
String s2 = new String(fruit, 2, 3);  // "ple"
```

```
public static int max(int... list){
   if(list.length == 0) throw new IllegalArgumentException();
   int maxVal = list[0];
   for(int i = 1; i < list.length; ++i)
      if(maxVal < list[i]) maxVal = list[i];
   return maxVal;
} // max
```

〈그림 8.3〉 가변 인자를 받는 max 함수

자바 5부터는 가변의 인자를 받는 메소드를 정의할 수 있다. 자바 5 이전에는 여러 메소드를 다중 정의하거나 배열을 이용할 수밖에 없었다. 전자는 코드가 중복되고, 후자는 전달해야 하는 데이터를 반드시 배열에 저장해서 전달해야 하므로 모두 불편했다. 가변 매개 변수는 그림 8.3과 같이 type...를 이용하여 정의하며, 메소드 내부적으로는 가변 매개 변수는 배열로 처리한다. 이 때문에 가변 매개 변수 자리에 배열을 전달할 수 있다.

```
public static int max(int x, int... list){
    int maxVal = x;
    for(int n: list)
        if(maxVal < n) n = maxVal;
    return maxVal;
}
```

〈그림 8.4〉 가변 인자를 받는 max 함수: 인자의 개수는 1이상

그림 8.3의 max 함수는 인자를 하나도 없이 호출하는 것을 예외로 처리하고 있다. 이처럼 가변 인자를 사용하는 함수는 인자를 하나도 없이 호출할 수 있다. 가변 인자 함수를 정의할 때 반드시 하나 이상의 인자를 받아야 하는 함수이면 그림 8.4와 같이 구현하는 것이 더 효과적이다. 하지만 이처럼 구현하면 정수 배열을 이 메소드의 인자로 전달할 수 없는 단점이 있다.

당연한 것이지만 가변 매개 변수는 항상 매개 변수 목록 끝에 와야 하며, 여러 개의 가변 매개 변수를 사용할 수 없다. 하지만 다음과 같이 가변 인자를 받는 메소드를 다중 정의할 수 있다.

```
public static int max(int... list){}
public static double max(double... list){}
```

이 예의 경우에는 두 메소드의 알고리즘이 같기 때문에 다중 정의보다는 template을 이용하여 하나의 메소드만 정의하는 것이 더 효과적이다.

또한 다음과 같이 다중 정의하는 것은 오류이다.

```
public static int max(int[] list){}
public static int max(int... list){}
```

특히, 가변 매개 변수를 받는 메소드는 배열을 인자로 전달할 수 있다. 거꾸로 배열을 인자로 받는 메소드에 가변 인자를 전달할 수 없다. 이 때문에 최근에는 다음과 같이 main 함수를 정의하는 개발자도 있다.

```
public static void main(String... args){}
```

가변 인자를 전달할 경우 시스템에서 자동으로 인자로 구성된 배열을 생성하여 전달하기 때문에 성능이 매우 중요한 응용에서는 가변 인자를 사용하지 않는 것이 바람직할 수 있다. 특히, 적은 개수의 인자를 주로 사용할 경우에는 성능을 위해 각 개수를 받는 메소드를 다중 정의하는 것도 한 가지 방법이다.

1.8 C/C++ 배열과 차이점

이 절에서는 C/C++ 배열과 자바 배열의 차이점을 설명함으로써 자바 배열의 특징을 요약 정리하고자 한다. 자바 배열과 C/C++의 차이점은 다음과 같다.

- 차이점 1. 자바에서 배열은 객체이다. C++11부터는 C++에서도 std::array를 이용하여 배열을 객체로 처리할 수 있다.
- 차이점 2. 자바에서 배열은 객체이기 때문에 배열을 인자로 전달하는 것은 일반 객체를 인자로 전달하는 것과 차이가 없다.
- 차이점 3. 자바에서 배열은 객체이기 때문에 인자로 받은 함수에서도 해당 변수를 배열로 인식할 수 있고 별도 값을 전달하지 않아도 length 멤버로 배열의 용량을 알 수 있다. C++에서는 주소로 전달하면 인자를 배열로 인식 못하지만 참조 전달을 하면 배열을 인식할 수 있다. 물론 참조 전달하면 정해진 용량의 배열만 해당 함수로 전달할 수 있다.
- 차이점 4. 자바에서 배열은 객체이기 때문에 배열의 이름은 수정 가능한 L-value이다. C/C++에서 정적 배열의 이름은 상수 포인터이다.
- 차이점 5. 자바에서 배열은 객체이기 때문에 다차원 배열의 공간은 연속적 공간으로 확보하지 않는다. 또한 이 때문에 각 열의 크기가 다른 2차원 배열을 생성할 수 있다. C/C++는 다차원 배열도 임의 접근을 지원하기 위해 연속적 공간에 할당한다.
- 차이점 6. 자바에서 초깃값 목록을 사용하여 배열을 생성할 때에는 용량을 지정할 수 없다. C/C++는 초깃값 목록에 제시한 요소의 개수가 배열의 용량보다 작을 수 있다.
- 차이점 7. 자바의 모든 배열은 동적으로 생성한다. C/C++는 정적배열, 동적배열 두 가지 모두 가능하다. 자바는 모든 배열이 동적 배열이기 때문에 가급적 배열의 용량과 크기가 일치되도록 프로그래밍한다.
- 차이점 8. 자바의 모든 배열은 동적 배열이기 때문에 생성할 때 변수를 이용하여 용량을 지정할 수 있다. C/C++에서는 정적 배열은 그것을 선언할 때 변수를 이용하여 용량을 지정할 수 없다. 자바는 심지어 용량이 0인 배열을 생성할 수 있지만 C/C++는 가능

하지 않다.

- 차이점 9. 자바의 모든 배열은 동적으로 생성하기 때문에 함수의 결과로 배열을 반환할 수 있다. C/C++에서는 정적 배열은 절대 반환할 수 없다.

2. java.util.Arrays

배열은 자바 언어 자체에 포함된 복합 타입이므로 배열을 조작할 때 필요한 기능을 별도 만들어 사용해야 한다. 이 때문에 자바에서는 java.util.Arrays에 배열을 사용할 때 유용하게 사용할 수 있는 다음과 같은 여러 가지 static 메소드를 제공하고 있다.

- **void** sort(type[] a): 원시 타입 배열을 오름차순으로 정렬을 하기 위해 사용한다.
- **void** sort(type[] a, **int** fromIndex, **int** toIndex): 특정 범위만 오름차순으로 정렬하기 위해 사용한다.
- **int** binarySearch(type[] a, type v): 이진 검색을 하기 위해 사용할 수 있다. 이진 검색은 데이터가 정렬되어 있을 경우에만 사용할 수 있다.
- **void** fill(type[] a, type v): 배열의 모든 요소를 v로 바꾼다.
- **boolean** equals(type[] a1, type[] a2): 두 배열을 비교한다.
- type[] copyOf(type[] original, **int** newLength): 용량이 newLength인 배열을 생성하고, 새 배열에 기존 데이터를 복사하여 반환하여 준다.
- String toString(type[] a): 배열을 간단하게 출력할 때 사용할 수 있다.

Arrays에는 위에 제시된 원시 타입 배열을 처리할 때 사용할 수 있는 메소드 외에 객체 배열을 처리할 수 있도록 Object 배열을 인자로 사용하거나 template을 이용하는 메소드도 정의되어 있다. 객체 배열을 처리할 때는 객체 배열에 실제 유지하는 것이 객체가 아니라 객체의 주소라는 점을 항상 인식해야 한다. 예를 들어 다음 코드가 실행되면 배열의 모든 요소가 같은 객체를 가리키게 된다.

```
Arrays.fill(pets, new Dog());
```

원시 타입 배열은 sort 함수를 이용하여 오름차순으로만 정렬할 수 있다. 내림차순으로 정렬이 필요하면 오름차순으로 정렬한 다음에 뒤에서부터 사용하면 된다. 또 다른 방법은 배열을 뒤집는 함수를 만들어 오름차순으로 정렬한 다음 이 함수를 이용하여 뒤집은 다음 사용하거나, 정수 배열의 경우에는 각 값의 부호를 바꾼 후 정렬한 다음 다시 부호를 바꿀 수 있다. 객체 배열은 정렬할 때 사용할 비교 함수를 통해 원하는 차순으로 정렬할 수 있다. 이 때문에 원시 타입 배열을 wrapper 객체 타입 배열로 바꾸고 정렬하여 사용하는 방법도 있지만 앞서 설명한 방법보다 효율적인 방법은 아니다.

3. ArrayList

앞서 여러 차례 언급한 바와 같이 배열은 언어 자체에 포함된 복합 타입이므로 배열을 조작하기 위해 필요한 여러 기능을 함께 제공하지 않는다. 이에 대부분의 고급 프로그래밍 언어는 배열 대신에 사용할 수 있는 배열 기반의 리스트 자료구조를 라이브러리를 통해 제공하고 있다. 이를 위해 C++는 std::vector라는 클래스를 제공하고 있고, 자바는 java.util.ArrayList라는 클래스를 제공하고 있다. 자바 5부터는 11장에서 설명하는 template 기능이 ArrayList에 추가되어, 더 강건하고 편리하게 사용할 수 있다.

하지만 자바는 C++와 달리 항상 배열 대신에 ArrayList를 사용하지 않는다. 자바는 연산자를 다중 정의할 수 없으므로 색인 연산자[32]를 이용하여 ArrayList를 조작할 수 없다. 더욱이 다차원 ArrayList를 색인 연산자 없이 처리하는 것은 매우 불편하다. 또 원시 타입을 직접 유지할 수 없고, 원시 타입 대신에 wrapper 클래스 객체를 유지해야 한다. 따라서 코드의 간결성 측면을 보면 ArrayList를 사용하는 것보다 배열이 편리하며, 원시 타입의 경우에는 배열이 더 효율적이다. 또 자바의 배열은 항상 동적 배열이므로 배열을 생성할 때 항상 필요한 용량만큼 확보하여 사용할 수 있다. 따라서 자바에서는 배열을 생성할 때 필요한 용량을 알 수 없는 경우처럼 ArrayList를 사용할 수밖에 없는 경우에만 배열 대신 ArrayList를 사용한다.

3.1 ArrayList 객체 생성

문자열을 유지하는 ArrayList 객체는 다음과 같이 생성한다.

```
ArrayList<String> list = new ArrayList<String>();
```

여기서 <String>은 template 클래스의 타입 인자이다. 특정 타입의 객체를 유지하는

32) C++의 경우 std::vector는 연산자 다중 정의가 가능하기 때문에 선언 이후에는 배열과 동일하게 [] 연산자를 사용하여 처리할 수 있다.

ArrayList 객체를 생성하고자 하면 타입 인자에 해당 타입을 포함하면 된다. 위 문장에서는 타입 인자를 타입과 생성자 호출에 모두 사용하였지만 아래처럼 생성자 호출에서는 생략할 수 있다.

```
ArrayList<Student> students = new ArrayList<>();
```

ArrayList 객체는 객체 타입만 유지할 수 있다. 이것은 자바의 template 특성이다. 따라서 원시 타입을 유지하는 ArrayList 객체를 생성하고자 하면 다음과 같이 wrapper 클래스 타입을 사용해야 한다.

```
ArrayList<Integer> numbers = new ArrayList<>(31);
```

이 예처럼 ArrayList 객체를 생성할 때 초기 용량을 지정할 수 있다. ArrayList 객체는 데이터가 추가됨에 따라 자동으로 용량을 늘린다. 용량을 늘리는 것은 비용이 소요되기 때문에 실제 몇 개의 데이터를 유지할 것인지 미리 알면 위 예처럼 용량을 지정하는 것이 효과적이다. 참고로 이렇게 생성하면 용량은 31이지만 크기는 0이다. 실제 ArrayList 객체를 기본 생성자를 이용하여 생성하면 용량은 0이 아니라 10이다.

ArrayList는 다차원이 가능하지 않다고 생각할 수 있지만 다음과 같이 다차원도 가능하다.

```
ArrayList<ArrayList<Integer>> matrix = new ArrayList<>();
```

하지만 실제 위와 같이 정의하여 사용하는 것은 matrix.get(0).get(0)와 같이 간결하지 못하여 불편하다. 자바는 위 대신에 다음과 같이 사용할 수도 있다. 원시 타입은 범용 클래스의 타입 인자로 사용할 수 없지만 원시 타입 배열은 객체 타입이므로 타입 인자로 사용할 수 있다.

```
ArrayList<int[]> matrix = new ArrayList<>();
```

여전히 matrix.get(0)[0]과 같이 사용해야 하기 때문에 다차원 배열을 사용할 수 있으면 ArrayList를 활용하는 것보다 더 효율적이고 간결한 방법이다.

3.2 ArrayList 객체의 사용

자바는 연산자를 다중 정의할 수 없기 때문에 ArrayList 객체를 조작할 때 메소드를 이용해야 한다. 가장 많이 사용하는 메소드는 다음과 같다.

- **void** add(T o): 주어진 객체를 ArrayList 맨 뒤에 추가한다.
- **void** add(**int** index, T o): 주어진 객체를 주어진 색인 위치에 추가하고, 해당 위치부터 ArrayList 끝까지 있던 기존 요소들을 하나씩 뒤로 이동한다.
- T set(**int** index, T o): 주어진 객체를 주어진 색인에 있는 위치에 있는 객체와 바꾸고, 기존 위치에 있던 객체를 반환한다. 이 메소드는 해당 위치에 요소가 있는 경우에만 사용할 수 있다.
- T get(**int** index): 주어진 색인에 있는 객체를 반환한다.
- T remove(**int** index): 주어진 색인 위치에 있는 객체를 제거하고 그것을 반환하여 준다. 해당 위치 뒤에 있는 모든 요소는 하나씩 앞으로 이동한다.
- **boolean** remove(Object o): 주어진 객체와 동일한 첫 객체를 제거한다. 해당 객체 이후에 있는 모든 요소는 하나씩 앞으로 이동한다.
- **boolean** contains(Object o): 주어진 객체와 동일한 객체가 있는지 검사하여 준다.
- **int** indexOf(Object o): 주어진 객체와 동일한 객체가 있을 경우에는 해당 객체가 등장하는 첫 번째 색인을 반환하고 없으면 -1을 반환하여 준다.
- **void** clear(): ArrayList에 있는 모든 객체를 제거한다.
- **int** size(): ArrayList의 현재 크기를 반환하여 준다.
- **boolean** isEmpty(): ArrayList의 현재 크기가 0인지 여부를 검사하여 준다.

remove(Object), contains(Object), indexOf(Object)은 모두 주어진 객체와 내부 객체를 비교할 때 equals 메소드를 사용한다.

퀴즈

1. 자바 배열에 관한 다음 설명 중 틀린 것은?
   ① 자바에서 모든 배열은 동적으로 생성한다.
   ② 용량이 0인 배열은 생성할 수 없다.
   ③ 자바에서 배열은 객체이다.
   ④ 자바에서 다차원 배열은 연속 공간으로 확보되지 않는다.

2. 자바에서 배열은 객체이고 항상 동적 생성한다. 다음은 이 때문에 얻어지는 이점들이다. 이 중에 항상 동적 생성하기 때문에 얻어지는 이점이 아니라 배열이 객체이기 때문에 얻어지는 이점은?
   ① 배열을 인자로 받은 함수에서도 인자를 배열로 인식할 수 있으며, 그것의 용량을 length 멤버로 통해 알 수 있다.
   ② 배열을 생성할 때 변수를 이용하여 용량을 지정할 수 있다.
   ③ 함수의 반환 값으로 배열을 반환할 수 있다.
   ④ 배열의 용량과 크기를 일치하여 사용하기 쉽다.

3. 다음 중 foreach for 문을 사용할 수 있는 경우는?
   ① 배열의 용량과 크기가 다른 경우
   ② 거꾸로(뒤에서부터 차례로) 방문해야 하는 경우
   ③ 여러 개의 배열을 동시에 반복해야 하는 경우
   ④ 배열에 특정 요소가 있는지 판단해야 하는 경우

4. 자바는 매개 변수 타입으로 type...을 사용하여 가변 인자를 받는 메소드를 쉽게 정의할 수 있다. 자바에서 가변 인자를 받는 메소드 정의와 관련된 다음 설명 중 틀린 것은?
   ① 가변 인자는 매개 변수 목록 끝에 하나만 올 수 있다.
   ② 가변 인자를 사용할 경우 인자를 하나도 전달하지 않아도 된다.
   ③ 가변 인자를 받는 인자에 인자를 나열하지 않고 대신 배열을 전달하는 것은 가능하지 않다.
   ④ 가변 인자를 받는 함수에서는 가변 인자를 배열로 처리한다.
   ⑤ 가변 인자 매개 변수가 null이 되는 경우는 존재하지 않는다.

연습문제

1. 홍길동 교수는 담당하고 있는 분반 학생들의 발표순서를 임의로 정하고 싶다. 이를 위해 간단한 함수를 만들어 사용하고자 한다. 분반 학생 수가 n명이 주어졌을 때 1부터 n까지 수가 임의로 한 번씩만 등장하는 발표순서를 나타내는 배열을 반환하여 주는 다음 메소드를 완성하라.

```
int[] createRandomOrder(int n){
}
```

2. n명의 학생이 m개 과제마다 받은 점수를 n × m 2차원 배열 scores에 유지하고 있다. 학생 중 가장 높은 점수를 받은 학생의 점수를 반환하는 다음 메소드를 완성하라.

```
int findMaxScores(int[][] scores){
}
```

3. 1에서 100사이 정수로 구성된 배열 nums가 주어졌을 때, 같은 수를 짝으로 묶어 배열에서 제거할 수 있다. 이 과정을 반복하여 짝들을 모두 제거하였을 때 제거한 짝의 수와 배열에 남아 있는 수의 개수를 유지하는 용량이 2인 배열을 반환하는 다음 메소드를 완성하라.

```
int[] numPairs(int[] nums){
}
```

예를 들어 배열이 [1, 4, 4, 4, 1, 2, 4]가 주어지면 짝이 3개 존재하고 이 짝들을 제거하면 남는 수가 하나이므로 배열 [3, 1]을 반환해야 한다.

제9장

문자열과 열거형

제 9 장 문자열과 열거형

1. 문자열

프로그래밍할 때 정수 타입만큼 아니면 더 많이 사용하는 타입이 문자열이다. 문자열은 자바 언어에 포함된 타입이지만 이를 처리할 때에는 표준 라이브러리에 포함된 String 클래스를 사용한다. String 클래스는 C++와 비교하여 매우 풍부한 다양한 종류의 메소드를 제공하고 있다.

1.1 String의 특징

문자열은 기본적으로 문자로 구성된 복합 타입이며, 자바에서는 객체로 처리한다. 자바에서 String 객체는 불변 객체이다. 따라서 객체가 유지하는 개별 문자를 수정할 수 없다. 개별 문자를 수정하는 것이 필요하면 String 대신에 StringBuffer나 StringBuilder를 사용하면 된다. StringBuffer는 다중 쓰레드를 지원하기 때문에 다중 쓰레드 환경이 아니면 StringBuilder를 사용하는 것이 더 효과적이다. 두 클래스는 다중 쓰레드 지원 여부를 제외하면 동일한 클래스이다.

문자열은 다른 객체와 달리 보통 new 연산자를 이용하여 생성하지 않는다. new를 이용하여 생성할 수 있지만, 최적화를 위해 보통 new를 이용하지 않는다. new를 이용하지 않고 생성하면 자바는 해당 문자열이 현재 유지되고 있는 문자열 풀에 존재하는지 검사하고, 있으면 새롭게 생성하지 않고 풀에 있는 문자열을 사용한다. 문자열 풀에 없는 새 문자열을 사용하면 이 문자열을 풀에 추가한다. 따라서 다음 코드가 실행되면 true가 출력된다.

```
String s1 = "apple";
String s2 = "apple";
System.out.println(s1 == s2);
```

참고로 new를 이용하여 생성하면 이 풀을 활용하지 않는다. + 연산자를 이용한 문자열 결합[33]의 결과도 이 풀을 활용하지 않으며, 각종 String 클래스 메소드에서 반환하는 문자열도 이 풀을 사용하지 않는다. 당연한 것이지만 이 풀은 힙에 유지된다.

JVM은 프로그램을 실행하면 문자열 풀을 준비한다. 이 풀은 맵(map) 자료구조로 구현된다. 맵은 키와 값을 매핑하여 주는 자료구조이며, 키가 주어졌을 때 빠르게 값을 찾아준다. 맵은 해싱(hashing) 기술을 이용할 수 있고, 균형 이진 검색 트리를 이용할 수 있는데, 문자열 풀은 해싱 기술 기반 맵으로 구현되어 있다. 위에 제시한 예처럼 s1 객체를 만들면 JVM은 "apple" 문자열이 풀에 있는지 검사한다. 이를 위해 먼저 해당 문자열의 해시값을 계산한다. 해시값의 계산은 문자열 길이에 비례하지만 맵을 사용할 때 해시값 계산 비용은 맵 접근 비용을 고려할 때 무시하는 측면이 있다.

문자열을 이렇게 문자열 풀을 만들어 최적화할 수 있는 중요한 이유는 문자열이 불변 객체이기 때문이다. 불변 객체이므로 여러 참조 변수가 같은 객체를 참조하더라도 문제가 되지 않는다. 불변 객체가 아니면 한 참조 변수에 의한 수정이 동일 객체를 가리키는 다른 참조 변수에 영향을 줄 수 있다. 문자열 풀을 사용하므로 동일 문자열을 프로그램 내에 여러 번 생성하더라도 객체는 오직 하나만 존재하기 때문에 공간 낭비 문제를 해결할 수 있다. 이렇게 풀을 사용하는 것이 효과적이기 위해서는 한번 사용한 문자열을 자주 사용해야 한다. 자주 사용하지 않으면 오히려 접근할 때 풀을 검색하는 비용만 소요된다. 이 때문에 프로그램에서 사용하는 모든 문자열을 문자열 풀에 유지하지 않는다.

자바는 문자열을 객체로 처리하기 때문에 문자열 끝을 식별하기 위한 널 문자를 사용하지 않는다. 대신에 문자열의 길이가 필요하면 String 클래스의 length 메소드를 활용한다.

자바의 문자열은 + 연산자를 이용하여 결합할 수 있으며, + 연산자의 이항 피연산자 중 하나가 문자열이면 나머지 하나도 자동으로 문자열로 변환하여 준다. 따라서 자바에서 원시 타입을 문자열로 바꾸는 가장 쉬운 방법은 아래와 같이 해당 원시 타입 값을 빈 문자열과 더하면 된다.

```
int n = 2023;
String year = "" + n;    // "2023"
```

33) 두 개의 문자열 리터럴을 + 연산자로 결합하면 그 결과는 풀에 저장된다.

참고로 문자열에 있는 데이터를 원시 타입으로 바꿀 때에는 위와 같은 간단한 방법이 없고, wrapper 클래스에 있는 parse로 시작하는 메소드를 다음과 같이 활용하면 된다.

```
String y = "2023";
String g = "3.5";
int n = Integer.parseInt(y);          // Integer.valueOf(y).intValue();
double gpa = Double.parseInt(g);      // Double.valueOf(g).doubleValue();
```

문자열에 대한 + 연산자는 문자열 자체가 불변 객체이기 때문에 새 공간을 확보하고 기존 두 개의 문자열 데이터를 새 공간으로 복사하는 과정이 필요하다. 따라서 연속적으로 + 연산자를 이용하여 문자열을 만드는 것이 필요하면 충분한 공간이 확보된 StringBuilder를 이용하는 것이 더 효과적이다. 같은 이유로 문자열에 대한 + 연산을 불필요하게 남용하는 것은 바람직하지 않다.

1.2 Text Block

자바 15부터는 3개의 큰 따옴표를 이용하여 문자열을 생성할 수 있으며, 이와 같은 문자열을 텍스트 블록이라 한다. 텍스트 블록은 3개의 큰 따옴표 다음에 바로 등장한 줄 바꿈 문자는 무시하며, 각 줄에서 공통된 들여쓰기도 무시한다. 이렇게 하는 이유는 프로그래밍 들여쓰기에 어울려 텍스트 블록을 작성할 수 있도록 하기 위함이다. 따라서 다음과 같은 텍스트 블록은

```
String block = """
    <html>
        <body>
        </body>
    </html>""";
```

다음과 동일하다.

```
String block =
"""<html>
```

```
        <body>
        </body>
    </html>""";
```

텍스트 블록 내에서 기본적으로 제외되는 것을 빼면 타이핑한 모든 것(줄바꿈 문자, 탭, 따옴표 등)을 포함하여 문자열로 만들어 준다. 텍스트 블록도 기존 문자열 객체와 마찬가지로 문자열 풀에 저장된다. 텍스트 블록은 이전에 다음과 같이 작성해야 했던 불편함과 비효율성을 극복하고 가독성도 높이기 위해 도입한 요소이다.

```
String block = "<html>\n"
+ "\t<body>\n"
+ "\t</body>\n"
+ "</html>";
```

참고로 위 처럼 + 연산자를 이용하면 비용도 많이 소요된다.

1.3 String 클래스의 주요 메소드

문자열의 모든 영문자를 소문자로 또는 대문자로 바꾸고자 할 때는 toLowerCase 또는 toUpperCase를 사용하면 된다. String 객체는 불변 객체이기 때문에 이 두 메소드도 기존 문자열을 변경하지 않고 새로운 문자열을 만들어 준다.

```
String s1 = "hello";
String s2 = "HELLO";
String s3 = s1.toUpperCase();
System.out.println(s2.equals(s3));   // true
System.out.println(s2 == s3);        // false
```

문자열에서 특정 위치에 있는 문자는 char charAt(int index) 메소드[34]를 이용한다. 당연하지만 색인 값의 시작은 0이다. 하지만 charAt을 이용하여 개별 문자를 처리하기는 불편할 수 있다. 이때에는 다음과 같이 문자열을 문자 배열로 바꾸어 처리하면 된다.

34) 자바는 기본적으로 유니코드를 사용하며, 특수한 문자는 2개의 char 타입이 필요할 수 있다. 이 때문에 charAt 대신에 codePointAt을 사용하는 등 개별 문자를 접근할 때에는 주의해야 한다.

물론 배열로 바꾸는 과정에 비용이 소요되지만, 그 이후 더 간결하게 프로그래밍할 수 있다. 특히, charAt 메소드를 여러 번 호출해야 하면 배열로 바꾸는 비용을 포함하더라도 배열로 바꾸고 색인 연산자로 접근하는 것이 훨씬 효과적이다. 이것은 함수 호출 비용 뿐만 아니라 charAt 메소드는 내부적으로 매번 인자의 범위를 검사하기 때문이다.

```
String s = "elephant";
char[] list = s.toCharArray();
int count = 0;
for(var c: list)
    if(c == 'e') ++count;
```

문자열에서 부분 문자열은 다음과 같이 substring 메소드를 이용하여 얻을 수 있다.

```
String s = "Hello World";
String sub1 = s.substring(0,5);  // "Hello"
String sub2 = s.substring(6);    // "World"
```

인자를 두 개를 받는 버전은 시작 색인과 끝 색인이 주어지며, 끝 색인에 위치한 문자는 포함하지 않는다. 한 개를 받는 버전은 시작 색인만 주어지며, 시작 색인부터 원래 문자열의 끝까지 포함하는 부분 문자열을 반환하여 준다.

한 문자열을 연속적으로 여러 번 반복한 문자열을 얻고 싶으면 Java 11부터는 다음과 같이 repeat 메소드를 이용할 수 있다.

```
String s = "CSE".repeat(5);         // "CSECSECSECSECSE"
String blanks = " ".repeat(10);  // "          "
```

문자열이 특정 부분 문자열로 시작하거나 특정 부분 문자열로 끝나는지 검사하고 싶으면 startsWith, endsWith를 사용할 수 있다. 예를 들어 다음은 모두 true를 출력한다.

```
String fruit = "apple";
System.out.println(fruits.startsWith("a"));
System.out.println(fruits.endsWith("e"));
```

두 개의 문자열의 내부 내용이 같은지 비교하는 것은 기본적으로 equals 메소드를 이용하며, 대소문자 구분 없이 비교하고자 하면 equalsIgnoreCase 메소드를 사용할 수 있다. 반면에 사전 위치를 비교하고자 하면 compareTo 메소드를 사용하며, 대소문자 구분 없이 사전 위치 비교는 compareToIgnoreCase 메소드를 사용할 수 있다. compareTo 메소드의 비교는 숫자, 대문자, 소문자 순이며, 긴 문자가 뒤에 있는 것으로 간주한다. 따라서 아래 조건식들은 모두 true이다.

```
if("banana".compareTo("apple") > 0) ...         // true
if("banana".compareTo("banana") == 0) ...       // true
if("banana".compareTo("grape") < 0) ...         // true
if("lesson10".compareTo("lesson2") < 0) ...     // true
if("Apple".compareTo("apple") < 0) ...          // true
if("123".compareTo("apple") < 0) ...            // true
if("apples".compareTo("apple") > 0) ...         // true
```

```
int charFrequency(String s, int ch){
   int count = 0;
   int index = s.indexOf(ch);
   while(index != -1){
      count++;
      index = s.indexOf(ch, index + 1);
   }
   return count;
}
```

〈그림 9.1〉 문자열에서 주어진 문자의 빈도수 계산하기: indexOf 이용

문자열의 특정 문자의 등장 위치는 indexOf 메소드를 이용하여 찾을 수 있다. 이를 이용하여 문자열에서 특정 문자가 등장한 횟수는 그림 9.1과 같이 계산할 수 있다. 이처럼 indexOf 메소드는 두 가지 버전이 있다. 문자 인자를 하나만 받으면 문자열의 처음부터 해당 문자를 찾으며, 문자 인자와 색인 위치가 주어지면 해당 색인 위치부터 해당 문자를 찾는다.

```
int vowelFrequency(String s){
   int count = 0;
```

```
        char[] list = s.toLowerCase().toCharArray();
        for(var c: list) if("aeiou".indexOf(c) != -1) ++count;
        return count;
    }
```

〈그림 9.2〉 문자열에 등장하는 모음 수 계산하기

자바에서는 상수 문자열 자체도 String 객체이며, 상수 문자열 자체를 이용하여 String 클래스의 메소드를 호출할 수 있다. 이를 이용하여 모음이 문자열에 몇 번 등장하는지 그림 9.2와 같이 계산할 수 있다.

```
1   int stringFrequency(String s, String sub){
2       int count = 0;
3       int index = -1;
4       do{
5           index = s.indexOf(sub, index+1);
6           if(index != -1) count++
7       }while(index != -1);
8       return count;
9   }
```

〈그림 9.3〉 문자열에서 주어진 문자열의 빈도수 계산하기: indexOf 이용

indexOf 메소드를 이용하여 부분 문자열을 검색할 수 있다. 문자열에서 특정 문자열이 등장한 횟수는 그림 9.3처럼 indexOf 메소드를 이용하여 구현할 수 있다. 중복 안 되게 검색하고 싶으면 네 번째 줄을 다음과 같이 변경하면 된다.

```
index = s.indexOf(ch, index + sub.length());
```

첫 번째 버전에서 "aaaa"에서 "aa"를 찾으면 3개를 찾고, 두 번째 버전에서는 2개를 찾는다.

문자열에 등장한 특정 문자를 다른 문자로 모두 바꾸고 싶으면 replace 메소드를 활용할 수 있으며, 이 메소드는 부분 문자열을 특정 부분 문자열로 바꾸어 주는 버전도 있다. 두 번째 버전을 이용하면 charFrequency 메소드를 다음과 같이 더 간결하게 작성할 수 있다.

```
int charFrequency(String s, int ch){
    return s.length() - s.replace((char)ch + "", "").length();
}
```

하지만 더 간결한 것과 성능은 별개라는 점은 이해하고 있어야 한다. 문자 빈도는 문자열을 선형 검색하면 기본적으로 파악할 수 있다. 하지만 replace를 이용하면 보통 새 공간을 확보하여 작업이 이루어지며, 제시된 예는 문자 대신에 문자열을 인자로 이용하여 처리하고 있어 기존에 제시한 해결책보다 성능은 떨어진다.

문자열 앞과 뒤에 있는 공백 문자를 제거하고 싶으면 strip 메소드를 사용할 수 있다. 자바 11 이전에는 이 메소드 대신에 trim 메소드를 사용하였다. 문자열 앞 또는 뒤에 있는 공백 문자만 제거하고 싶으면 stripLeading이나 stripTrailing을 이용하면 된다.

1.4 String의 중요 static 메소드

String에는 이전 절에서 살펴본 객체 메소드 외에 유용한 static 메소드도 있다. 특히, 많이 활용하는 것이 format 메소드이다. format 메소드는 C의 sprintf와 동일한 기능을 제공해 준다. 즉, 형식화된 출력을 문자열에 하고 싶으면 이 메소드를 다음과 같이 활용하면 된다.

```
int y = 2023;
String year = String.format("%d", y); // year = "" + y
```

물론 위와 같은 단순 변환은 빈 문자열에 더하는 형태로 구현하는 것이 더 간결한 방법이다.

문자열 결합은 + 연산자를 사용할 수 있지만 앞서 언급한 바와 같이 비용이 많이 소요된다. 따라서 연속적인 결합이나 많은 문자열의 결합은 StringBuilder를 이용하거나 String의 join 메소드를 이용할 수 있다. 특히, join은 문자열을 결합할 때 분리자를 포함할 수 있어 유용하게 사용할 수 있다. 참고로 join은 내부적으로 StringBuilder를 활용하며, 인자를 활용해 충분한 공간을 한번 확보하고 처리해주기 때문에 + 연산자를 이용하는 것보다 훨씬 효과적이다.

```
String fruits = String.join(", ", "apple", "banana", "grape");
```

join은 두 번째 인자부터는 가변 인자를 이용하므로 fruitNames가 문자열 배열일 때 다음과 같이 사용할 수 있다.

```
String fruits = String.join(", ", fruitNames);
```

또 원시 타입을 문자열로 바꿀 때 사용할 수 있는 valueOf 메소드가 다중 정의되어 있다.

1.5 StringBuffer, StringBuilder

String은 불변 객체이므로 문자열의 개별 문자를 수정할 수 없다. 개별 문자를 수정할 필요가 있거나 여러 문자열을 결합하여 큰 문자열을 만들어야 할 경우에는 String 대신에 StringBuffer나 StringBuilder를 사용할 수 있다. 이들은 특정 위치에 있는 개별 문자를 바꾸는 setCharAt 메소드를 가지고 있으며, 새 문자열을 끝에 추가할 수 있는 append 메소드를 가지고 있다. 또한 이들 외에도 유용하게 사용할 수 있는 여러 메소드가 있다. 예를 들어 StringBuilder의 reverse 메소드를 이용하여 주어진 문자열이 palindrome인지 다음과 같이 검사할 수 있다.

```
boolean isPalindrome(String s){
    return s.equals((new StringBuilder(s)).reverse().toString());
}
```

StringBuffer의 각 메소드는 다중 쓰레드 환경에서도 문제가 없도록 구현되어 있기 때문에 다중 쓰레드에 대한 고려가 필요 없는 환경에서는 불필요한 요소를 가지고 있어 성능에 나쁜 영향을 주는 문제점을 가지고 있다. 이 때문에 자바는 다중 쓰레드에 대한 고려가 필요 없을 때 효과적으로 사용할 수 있는 StringBuffer와 같은 종류의 메소드를 제공하는 StringBuilder를 자바 5.0부터 제공하고 있다. 따라서 다중 쓰레드에 대한 고려가 필요 없으면 StringBuilder를 사용하는 것이 바람직하다.

String 객체를 배열로 바꾼 다음 필요한 조작을 하고 다시 String을 바꾸는 방법을 사용하면 StringBuffer나 StringBuilder를 사용하지 않고 문자열의 개별 문자를 조작할 수 있다.

```
String g1 = "KoreaTech";
char[] g2 = g1.toCharArray();
```

```
g2[6] = 't';
String g3 = new String(g2);
```

2. 문자열 분석

보통 문자열에 한 단어가 아니라 한 문장을 유지하는 경우도 있다. 이 경우 이 문장을 개별 단어로 쪼개어 분석할 필요가 종종 있거나 특정 형태의 부분 문자열을 찾아야 하는 경우가 있다. 여러 단어로 구성된 문자열에서 개별 단어를 추출하는 가장 간단한 방법은 String의 split 메소드를 다음과 같이 활용하는 것이다.

```
String input = "apple banana grape";
String[] tokens = input.split(" ");
for(String token: tokens){
    System.out.println(token);
}
```

하지만 split 메소드는 정규 표현식(regular expression)을 인자로 받기 때문에 이를 활용하기 위해서는 정규 표현식을 이해하여야 한다. 정규 표현식은 다음 절에서 설명한다.

String의 split 메소드 대신에 java.util.StringTokenizer 클래스를 다음과 같이 활용할 수 있다.

```
StringTokenizer tokenizer = new StringTokenizer("michael|jane|john", "|");
while(tokenizer.hasMoreTokens()){
    System.out.println(tokenizer.nextToken());
}
```

StringTokenizer는 분리자를 제시할 때 정규 표현식을 사용하지 않고, 각 분리하고 싶은 문자를 다음과 같이 나열하면 된다.

```
StringTokenizer tokenizer = new StringTokenizer("michael|jane,john", "|,");
```

이 예에서는 '|' 뿐만 아니라 ','도 분리자로 사용한다.

1장에서 언급한 바와 같이 데이터 입력 처리의 속도를 높이기 위해 Scanner 대신에 BufferedReader를 사용할 수 있다. 하지만 BufferedReader는 nextLine를 이용하여 줄단위로 데이터를 입력받기 때문에 줄단위로 입력받은 문자열을 필요한 데이터로 다시 바꾸어 주어야 한다. 이때 다음과 같이 split을 이용할 수 있다.

```
BufferedReader in = new BufferedReader(new InputStreamReader(System.in))
String[] data = in.nextLine().split("\\s");
int a = Integer.parseInt(data[0]);
int b = Integer.parseInt(data[1]);
```

위 예에서 공백 문자만 분리자로 사용할 경우에는 "\\s"를 사용하는 것보다 " "를 사용하는 것이 더 효과적이다. 보통 2, 3개의 데이터만 추출해야 하는 경우에는 split 대신에 다음과 같이 StringTokenizer를 이용할 수 있다.

```
StringTokenizer st = new StringTokenizer(in.nextLine());
int a = Integer.parseInt(st.nextToken());
int b = Integer.parseInt(st.nextToken());
```

2.1 정규 표현식

정규 표현식은 문자열의 규칙을 표현하기 위해 사용하는 형식 언어이다. 정규 표현식은 문자열 검색하기 위한 검색 패턴을 정의하기 위해 많이 사용한다. 정규 표현식을 나타내는 방법은 표 9.1과 같으며, 언어마다 차이가 없지만 언어마다 정규 표현식을 처리하기 위한 라이브러리는 다르다. 예를 들어 [ab]는 a 또는 b 문자를 나타내며, [^ab]는 a와 b를 제외한 임의의 문자를 나타낸다.

〈표 9.1〉 정규 표현식 구성 방법

표현	의미	표현	의미
^	문자열의 시작	a|b	a 또는 b
$	문자열의 끝	re	정규 표현
.	임의의 단일 문자	\w	대소문자 또는 숫자

[...]	대괄호 내 임의의 단일 문자	\W	대소문자와 숫자 제외
[^...]	대괄호 내 임의의 문자 제외	\s	공백문자(\t, \n, \r, \f)
re*	0개 이상 일치	\S	공백문자 제외
re+	최소 하나 이상 일치	\d	숫자
re?	0개 또는 1개 일치	\D	숫자 제외
re{n}	n개 일치	\b	단어 단위로 일치
re{n,}	n개 이상 일치	\	확장 문자

정규 표현식을 이용하여 문자열 내에 특정 패턴의 부분 문자열을 검색하고 싶으면 String 클래스의 matches 메소드를 사용하면 된다. 예를 들어 길이가 5인 부분 문자열은 찾을 때 사용하는 예는 다음과 같다.

```
String input = "apple grape banana cherry melon";
String[] words = input.split(" ");
for(String s: words) {
    if(s.matches(".....")) System.out.println(s);
    // if(s.matches(".{5}")) System.out.println(s);
    // if(s.matches("[^a]\\w*")) System.out.println(s);
    // if(s.matches("[ab]\\w*")) System.out.println(s);
    // if(s.matches("\\w[^e]")) System.out.println(s);
}
```

주석처리된 3번째, 4번째, 5번째 문장은 각각 a 문자로 시작되는 것 제외, a 또는 b로 시작하는 것, e로 끝나지 않는 것을 찾을 수 있다. 위 예에서 알 수 있듯이 정규 표현식 표기법을 이용할 때 '\'을 하나 더 추가적으로 사용해야 한다. 따라서 \w를 사용하고 싶으면 \\w를 사용해야 한다. 하지만 [] 내에 문자를 나타낼 경우에는 그 안에서 의미가 있는 ^, -, \,]을 제외하고는 +와 ?처럼 정규 표현식에서 특별한 의미가 있는 문자를 나타내기 위해 '\'을 추가로 사용할 필요가 없다.

이전에 살펴본 예제는 java.util.regex.Pattern 클래스와 java.util.regex.Matcher 클래스를 이용하여 구현할 수 있다.

```
String input = "apple grape banana cherry melon";
Pattern p = Pattern.compile("\\b.{5}\\b");
```

```
// Pattern p = Pattern.compile("\\b[^\\s]{5}\\b");
Matcher m = p.matcher(input);
while(m.find()){
   System.out.println(m.group());
}
```

위 코드에서 m.find()가 true이면, m.start(), m.end() 등을 이용하여 찾은 위치 정보를 추가적으로 얻을 수 있다. 여기서 \b는 단어 경계를 나타낼 때 사용하는 메타 문자이다.

더 실용적인 예를 살펴보면 전화번호 매칭하는 간단한 정규 표현식은 다음과 같다.

```
"\\d{3}-\\d{4}-\\d{4}"
```

물론 이 예는 3자리, 4자리, 4자리로 구성되어 있고 중간에 공백이 없고 '-'로 구분된 전화번호만 인식한다. 이메일 주소를 매칭하는 정규 표현식은 다음과 같다.

```
"\\w+(\\.\\w+)*@\\w+(\\.\\w+)*"
```

정규 표현식과 replaceAll 메소드를 사용하면 문자열에서 특정 부분 패턴을 쉽게 제거할 수 있다. 예를 들어 인접한 같은 문자는 다음과 같이 제거할 수 있다.

```
String input = "aaabbcac";
input = input.replaceAll("(\\w)\\1", "");     // "acac"
```

여기서 "\\1"은 괄호에 있는 정규 표현식의 반복을 나타낸다. replaceAll을 이용하여 다음과 같이 특정 HTML 태그를 제거할 수 있다.

```
String input = "<H1>The Title</H1>";
input = input.replaceAll("<H1>([^<]+)<\H1>", "$1");    // "The Title"
```

3. 열거형

3.1 자바 5 이전

열거형이란 타입 도메인의 모든 값을 나열하여 타입을 정의하는 타입을 말한다. 자바는 자바 5 이전까지는 특이하게 열거형을 제공하지 않았다. 하지만 열거형은 강건성을 높이는 가장 기본적인 방법이므로 프로그래머들은 스스로 열거형을 만들어 사용하였다. 이 절에서는 이 방법을 살펴본다.

열거형을 정의하는 가장 쉬운 방법은 열거해야 하는 값을 다음과 같이 상수로 정의하는 것이다.

```
public class Alignment{
   public static final int LEFT = 0;
   public static final int CENTER = 1;
   public static final int RIGHT = 2;
}
```

하지만 이렇게 정의하면 가독성은 높일 수 있어도 강건성을 높여주는 효과는 없다. 아래와 같은 메소드의 경우에는 인자로 어떤 정수도 올 수 있기 때문에 예외 처리가 필요하다.

```
void setAlignment(int align){
   if(align == Alignment.LEFT){
      //
   }
}
```

가독성과 강건성을 모두 갖춘 형태는 다음과 같다.

```
public class Alignment{
   private Alignment() {}
   public static final Alignment LEFT = new Alignment();
```

```java
        public static final Alignment CENTER = new Alignment();
        public static final Alignment RIGHT = new Alignment();
    }
```

이 예에서 생성자의 접근 권한이 private이기 때문에 외부에서는 해당 클래스의 객체를 생성할 수 없다. 따라서 Alignment 객체는 클래스 내에 정의된 3개 객체 뿐이다. 또한 3개 객체 모두 static final 변수이므로 이들이 가리키는 객체는 고정된다. 이와 같이 정의하면 다음과 같이 사용할 수 있다.

```java
    void setAlignment(Alignment align){
        if(align == Alignment.LEFT){
            //
        }
    }
```

위 메소드는 Alignment 객체를 인자로 받으며, 이 타입의 객체는 오직 3개만 존재하기 때문에 Alignment 클래스 내에 생성된 3개의 객체 외에는 다른 것은 인자로 사용할 수 없어 열거형이 지원해야 하는 타입 안전성(type-safety)을 제공한다.

자바 5부터는 열거형을 자바 언어에 추가하였는데, 이때 앞서 살펴본 두 번째 예제를 그대로 구현하였다. 즉, 자바에서 열거형 상수는 객체이다.

3.2 열거형

자바 5부터 enum이라는 키워드를 사용하여 다음과 같이 열거형 정의할 수 있다.

```java
public enum Alignment{ LEFT, CENTER, RIGHT }
```

자바 열거형은 메소드 내에 정의할 수 없고, 독립적으로 또는 다른 클래스 내부에 정의할 수 있다. 클래스 내부에 정의하면 자동으로 중첩 클래스가 된다. 위 열거형에 정의된 3개의 열거형 상수는 Alignment 클래스의 public static final 타입의 객체이다. 이와 같이 정의된 열거형은 다음과 같이 사용할 수 있으며, 당연하지만 타입 안전성을 제공한다. 나열된 열거형 상수만 해당 타입의 변수에 유지할 수 있다.

```
Alignment align = Alignment.LEFT;
```

여기서 align 자체는 참조 변수이기 때문에 다른 참조 변수와 마찬가지로 null 값을 유지할 수 있다.

열거형 상수들은 static final 객체이기 때문에 ==, !=을 이용하여 비교할 수 있다. 열거형 상수는 객체임에도 불구하고 switch 문의 case 절 상수로 사용할 수 있다. 이때 주의할 점은 아래와 같이 열거형 상수를 사용할 때 열거형 이름을 사용하지 않는다. 열거형 상수를 사용할 때 열거형 이름을 앞에 붙이지 않는 유일한 곳이다.

```
switch(align){
case LEFT:
case RIGHT:
default:
}
```

C/C++에서 열거형 상수는 정수형 타입이며, 각 열거형 상수에 특정 정수값이 할당된다. 열거형을 정의할 때 특정 정수값을 할당하지 않으면 선언된 순서대로 0부터 차례로 할당된다. 자바의 열거형 상수는 객체이지만 C/C++처럼 이 객체도 특정 정수값이 할당된다. 할당된 정수 값은 선언된 순서에 따라 0부터 차례로 할당되며, C/C++와 달리 정의할 때 바꿀 수 없다.

자바에서 열거형은 클래스를 정의하는 또 다른 방법이다. 다른 점은 class라는 키워드 대신에 enum을 사용하며, 클래스와 달리 외부에서 해당 클래스의 객체를 생성할 수 없다. 하지만 클래스와 마찬가지로 메소드를 정의할 수 있고, 멤버 변수를 정의할 수 있다. 이것이 자바 열거형의 가장 큰 장점이다.

열거형은 공통으로 필요한 기능들이 있으며, 이 기능들을 제공하기 위해 자바는 Enum이라는 클래스를 사용한다. enum을 이용하여 정의하는 클래스는 다른 일반 클래스와 달리 그것의 부모가 Object가 아니라 java.lang.Enum이 된다. 이 클래스의 부모는 당연히 Object이다. 참고로 배열도 객체로 처리되지만, 배열은 라이브러리에 배열 타입을 처리하는 클래스가 별도 없다.

3.2.1 Enum 클래스

Enum 클래스는 Comparable interface를 구현하고 있다. Enum의 compareTo 메소드는 열거형 상수에 할당된 정수 값을 이용하여 비교한다. 열거형 상수에 할당된 정수 값은 ordinal 메소드를 이용하여 얻을 수 있다. 앞서 설명한 것처럼 할당되는 값은 선언된 순서에 의해 결정되므로 compareTo 메소드는 정의된 순서에 대한 비교를 제공해 준다. Enum에 정의된 compareTo 메소드는 final 메소드이기 때문에 사용자가 재정의할 수 없다.

이 외에 열거형을 사용할 때 유용하게 사용할 수 있는 다음과 같은 메소드가 정의되어 있다.

- **int** ordinal(): 열거형 상수에 할당된 정수 값을 반환하여 준다. ordinal은 final 메소드이기 때문에 재정의할 수 없다.
- String name(): 정의된 열거형 상수의 이름을 문자열로 반환하여 준다. String toString()을 호출하여도 같은 결과를 얻는다. 이 때문에 열거형 상수를 콘솔에 출력하면 열거형 상수 이름이 출력된다.

다음과 같이 월 정보를 나타내는 열거형을 정의하였을 때,

```
public enum Month{
    JAN, FEB, MAR, APR, MAY, JUN, JUL, AUG, SEP, OCT, NOV, DEC
}
```

다음과 같은 코드를 실행하면

```
1   Month m1 = Month.JAN;
2   System.out.println(m1.ordinal());    // 0 출력
3   Month m2 = Month.APR;
4   int comp = m1.compareTo(m2);         // comp = -3
```

열거형 상수의 ordinal 값은 0부터 시작되기 때문에 0이 출력되고, Enum의 compareTo 메소드는 열거형 상수의 ordinal 값을 사용하기 때문에 네 번째 줄의 comp의 값은 -3이 된다.

정의된 열거형 상수를 차례대로 유지하는 배열을 반환하여 주는 T[] values() 메소드도 Enum 클래스에 정의되어 있는 것으로 오해하는 경우가 있다. 이 static 메소드는 컴파일러가 열거형 클래스를 정의할 때 자동으로 추가해 주는 메소드이다. 주어진 문자열에 해당하는 열거형 상수를 반환하여 주는 T valueOf(String name)도 자동으로 추가해주는 메소드이다. 열거형을 이용하여 프로그래밍할 경우 열거형 상수의 ordinal 값에 해당하는 열거형 상수가 필요할 때가 많다. 이를 위해 그림 9.5처럼 valueOf(int) 메소드를 열거형을 정의할 때 많이 정의하여 사용한다.

3.2.2 열거형 클래스에 멤버 변수와 메소드 추가하기

```
public enum Size{
    SMALL("S"), MEDIUM("M"), LARGE("L"), XLARGE("XL");
    private String abbreviation;
    private Size(String abbreviation){
        this.abbreviation = abbreviation;
    }
    public String getAbbreviation(){
        return abbreviation;
    }
}
```

〈그림 9.4〉 Size 열거형

그림 9.4처럼 열거형에 생성자, 메소드, 멤버 변수를 정의할 경우에는 항상 열거형 상수를 정의한 후에 정의해야 하며, 마지막 열거형 상수를 정의한 뒤에는 세미콜론을 추가해야 한다. 열거형에 생성자를 정의할 경우 반드시 private으로 정의해야 하며, 모든 열거형 상수는 추가한 생성자 중 하나를 이용하여 정의해야 한다. 이 때문에 보통 열거형의 생성자를 정의할 경우 하나만 정의하여 사용한다. 열거형을 위한 생성자를 정의할 때 접근 권한 수식어를 사용하지 않으면 default 접근 권한을 가지는 것이 아니라 private 접근 권한을 가진다. 그림 9.4에서 abbreviation 멤버 변수는 final public 멤버로 모델링하고 접근자를 제공하지 않는 것이 더 효과적인 구현 방법이다.

```
public enum Weekday{
    SUN, MON, TUE, WED, THU, FRI, SAT;
    public Weekday nextDay(){
```

```
            return values()[(this.ordinal() + 1) % 7];
        }
        public Weekday prevDay(){
            return values()[(this.ordinal() + 6) % 7];
        }
        public static Weekday valueOf(int ordinal){
            Weekday[] weekdays = Weekday.values();
            assert(ordinal >= 0  && ordinal < weekdays.length);
            return weekdays[ordinal];
        }
    }
```

〈그림 9.5〉 Weekday 열거형

요일을 나타내는 Weekday 열거형에 다음 요일 또는 이전 요일을 주는 메소드는 그림 9.5와 같이 ordinal과 values 메소드를 이용하여 구현할 수 있다. 참고로 항상 정수 n을 이용하여 나머지 연산을 이용할 경우 k(〈n)를 어떤 수에서 빼고자 하면 n - k를 더하면 된다.

3.2.3 열거형 상수를 자식 클래스 객체로 사용하기

```
public enum Weekday{
    SUN, MON, TUE, WED, THU, FRI, SAT;
    @Override public String toString(){
        switch(this){
        case SUN: return "일요일";
        //
        }
    }
}
```

〈그림 9.6〉 Weekday 열거형의 toString 메소드

```
public enum Weekday{
    SUN{
        @Override public String toString() { return "일요일"; }
```

```
        },
        MON{
            @Override public String toString() { return "월요일"; }
        },
        //
    }
```

〈그림 9.7〉 열거형 상수를 하위 객체로 취급하여 메소드를 추가하기

```
    public enum Weekday{
        SUN, MON, TUE, WED, THU, FRI, SAT;
        private static final String[] koNames = {
            "일요일", "월요일", "화요일", "수요일", "목요일", "금요일", "토요일"};
        @Override public String toString(){
            return koNames[this.ordinal()];
        }
    }
```

〈그림 9.8〉 열거형 상수에 대한 한글 이름 반환 방법

요일을 나타내는 Weekday 열거형의 name 메소드나 toString 메소드는 열거형을 정의할 때 사용한 이름을 문자열로 반환하여 준다. "SUN" 대신에 "일요일"을 원하면 보통 그림 9.6과 같이 정의할 수 있다.

자바의 열거형 상수는 정의된 열거형 타입의 하위 클래스 객체로 취급할 수 있다. 따라서 그림 9.6 대신에 그림 9.7과 같이 정의할 수 있다. 즉, 열거형 상수 이름 뒤에 중괄호를 이용하여 해당 상수 전용 메소드를 정의할 수 있다. 이를 통해 해당 열거형 상수만 다르게 동작하는 메소드를 구현할 수 있다. 참고로 그림 9.7의 예는 각 상수마다 반환해야 하는 값만 다르고 단순하기 때문에 실제 하위 클래스 객체로 활용하여 정의하지 않을 것이다. 실제 요일에 대한 한글 이름을 반환하는 toString 메소드는 그림 9.8과 같이 정의하는 것이 가장 효과적이다. 자바에서 실제 응용을 개발하다 보면 자주 열거형에 해당 열거형을 처리하기 위한 다양한 메소드를 정의하여 사용하는 경우가 많다.

퀴즈

1. 자바 문자열과 관련된 다음 설명 중 틀린 것은?
   ① 자바에서 문자열은 불변 객체이다.
   ② + 연산자를 이용하여 결합할 수 있다.
   ③ new 연산자를 이용하여 생성하지 않아도 된다.
   ④ length라는 멤버 변수를 통해 문자열의 길이를 알 수 있다.

2. "bcdabcdabcd" 문자열이 있을 때 정규표현식 ".*cd"를 매칭한 결과는? 즉, 다음 코드를 실행하였을 때 출력된 결과는?

```
Pattern p = Pattern.compile(".*cd");
Matcher m = p.matcher("bcdabcdabcd");
m.find();
System.out.println(m.group());
```

   ① cd
   ② bcd
   ③ bcdabcd
   ④ bcdabcdabcd

3. 자바 열거형과 관련된 다음 설명 중 틀린 것은?
   ① 열거형 상수는 객체이다.
   ② 열거형은 클래스를 정의하는 또 다른 방법이다.
   ③ 열거형의 부모 클래스는 Object이다.
   ④ 열거형 상수는 선언된 순서로 0부터 차례로 정수값이 할당되며, 이 값은 ordinal 메소드를 통해 얻을 수 있다.

4. 자바 열거형과 관련된 다음 설명 중 틀린 것은?
   ① 열거형은 compareTo 메소드를 이용하여 비교할 수 있고, 이 비교는 각 열거형 상수에 할당된 정수값을 이용한다. 하지만 compareTo를 필요에 맞게 재정의하여 사용할 수 없다.

② 열거형에 생성자를 추가할 수 있지만 이 생성자는 private이어야 하며, 생성자를 추가할 경우 각 열거형 상수는 정의된 생성자 중 하나를 이용하여 생성해야 한다.
③ 자바는 열거형을 정의하면 열거형 상수를 차례로 유지하는 배열을 반환하여 주는 values() 메소드와 문자열 이름에 해당하는 열거형 상수를 반환하여 주는 valueOf(String) 메소드를 자동으로 추가해 준다.
④ 열거형 상수를 사용할 때는 반드시 열거형 이름을 상수 이름 앞에 붙여야 한다. switch 문의 case 절 상수로 사용할 때에도 붙여야 한다.

연습문제

1. 문자열에서 첫 유일 문자를 찾아 주는 메소드를 String 클래스의 indexOf(char, int)를 활용하여 아래와 같이 구현하였다. 제시되어 있지 않은 부분을 완성하라.

```
int firstUniqueCharacter(String s){
   if(s == null || s.length() == 0) return -1;
   if(s.length() == 1) return 0;
   boolean[] flags = new boolean[26];
   for(int i = 0; i < s.length(); ++i{
      char curr = s.charAt(i);
      int index = curr - 'a';
      // 완성해야 하는 부분
   }
   return -1;
}
```

힌트. "ababc" 문자열을 가지고 검증해보세요.

2. String 라이브러리에는 replace 메소드가 있다. 다음과 같은 코드를 실행하면

```
String s = "abbc".replace("b", "z");
```

s는 “azzc”라는 문자열을 참조하게 된다. 이를 이용하여 해당 문자열에 특정 단어가 몇 번 등장하는지 계산하는 다음 메소드를 완성하라.

```
int countNumberOfWords(String input, String word){
}
```

예외적인 상황도 모두 고려하여 구현해야 한다.

3. 여러 문자열을 결합해야 할 경우 + 연산자 대신에 String의 join 메소드를 활용하는 것이 훨씬 효과적이다. 이 메소드는 내부적으로 StringBuilder를 이용한다. 다음에 주어진 String의 join 메소드를 직접 완성하라.

```
public static String join(CharSequence delimiter, CharSequence... elements){
}
```

참고로 CharSequence는 String의 부모 클래스이다.

4. 영문 대소문자와 공백으로 이루어진 문자열이 주어진다. 이 문자열은 단어와 단어 사이에 하나의 공백 문자로 구분한다. 주어진 문자열이 순환 문장인지 판단하는 다음 함수를 완성하라.

```
boolean isCircularSentence(String sentence){
}
```

순환 문장이기 위해서는 단어의 끝 문자와 시작 문자가 계속 같아야 한다. 예를 들어 "koreatech heaven nice enjoy yes student top pick"은 순환 문장이다. 하지만 "Pandemic corona asap"은 순환 문장이 아니다. split 메소드를 이용하지 않고 구현해야 한다. split을 이용하면 단어를 나누는 비용과 추가 공간을 사용하기 때문에 비효율적이다.

힌트. indexOf 메소드를 이용하면 효과적으로 구현할 수 있다.

5. 문자열 s, 정수 k, 채우기 문자 c가 주어지면 문자열 s를 k 문자 단위로 분리하라. 이때 마지막 분리의 길이가 k보다 작으면 주어진 c 문자로 채워 길이가 k가 되도록 만들어야 한다. 예를 들어 "abcde", 4, 'z'가 주어지면 ["abcd", "ezzz"]를 반환해 주어야 한다.

```
String[] partitionString(String s, int k, char c){
}
```

6. 커피에 추가하는 첨가물들의 종류를 열거형으로 다음과 같이 정의하였다.

```
public enum CoffeeTopping{
    WHIP, ICECREAM, MILK, SOY, MOCHA
}
```

각 첨가물을 커피에 추가할 때 지불해야 하는 가격을 열거형 자체에 정의하고자 한다. 예를 들어 CoffeeTopping.WHIP.cost()를 호출하면 크림을 추가하였을 때 지불해야 하는 금액을 반환하여 준다. 이때 ICECREAM만 700원이고, 나머지는 모두 500원이라 하자. 조건문을 사용하지 않고 구현하라.

7. 이 장에서 여러 차례 제시된 Weekday 열거형에 다음 메소드를 추가하고자 한다.

```
public int pay(int hoursWorked, int payRate){
}
```

이 메소드는 근무한 시간에 따라 급여를 계산하여 주는 메소드이다. 이때, 월요일부터 금요일은 근무시간 6시간을 초과한 경우 각 시간마다 1.5배로 시간당 급여를 계산하고, 토요일과 일요일은 근무시간마다 1.5배로 시간당 급여를 계산한다고 가정하자. 이 메소드를 완성하라. 이 메소드를 구현할 때 값이 6로 초기화된 HOURS_PER_DAY라는 정수 상수가 Weekday에 정의되어 있다고 가정하고 구현하라.

8. “a”, “ab”, “abc”, “abcd”를 인식하는 정규 표현식을 작성하라,

9. 로마숫자 1부터 10까지(I, II, III, IV, V, VI, VII, VIII IX, X)를 인식하는 정규표현식을 작성하라.

10. 괄호와 4개의 사칙 이항 연산자, 단항 뺄셈 연산자로만 구성된 문자열 표현식이 유효한 지 검사하는 메소드를 구현하라. 다음은 유효하지 않은 식들의 예임

- 예 1) "1 20 +": 피연산자가 연속으로 등장할 수 없음
- 예 2) "20 + * 10": 두 개의 이항 연산자가 연속으로 등장할 수 없음
- 예 3) "20a + 3", "(20+3) # 2": 유효하지 않은 문자 사용
- 예 4) "(20+3) * 32)": 유효하지 않은 괄호

11. 자바의 열거형은 타입 안전성을 제공한다. 특정 열거형 인자를 하나 받는 메소드가 있다고 하자. 타입 안전성을 제공함에도 불구하고 여전히 이 메소드는 예외 처리가 필요할 수 있다. 어떤 경우에 예외 처리가 필요한지 설명하라.

12. 마블 만화에 등장하는 캐릭터들이 서로 싸우는 게임을 개발하고자 하였다. 이를 위해 마블 만화에 등장하는 무기를 다음과 같이 열거형으로 정의하였다.

```
public enum Weapon{
    Mjolnir, CapShield, StormBreaker, YakaArrow
}
```

각 캐릭터는 이들 무기를 기본적으로 소유하거나 싸움에서 이기면 상대방이 소유한 무기를 획득할 수 있다. 이와 관련하여 다음 각각에 대해 답변하라.

① 각 무기는 고유한 공격파워와 방어파워를 가지고 있으며, 이 값은 변하지 않는 고정된 값이다. 이것을 모델링하기 위해 final int 타입의 AttackPower, DefensePower를 각 열거형이 유지하도록 멤버 변수를 추가하고, 이들 값을 생성자를 통해 설정할 수 있도록 생성자를 추가하라. 또 각 열거형 상수는 이 생성자를 통해 생성하도록 수정해야 하며, 이때 각 무기의 AttackPower, DefensePower는 5에서 20 사이의 임의의 수를 사용한다.

② 각 무기 중 일부 무기는 특수 공격이 가능하다. 이를 모델링하기 위해 다음과 같은 메소드를 추가하였다.

```
public boolean hasSpecialAttack(){
    return false;
```

```
}
```

현재 나열된 무기 중 Mjolnir만 특수 공격이 가능하다고 하자. 즉, 이 무기만 위 메소드에 대해 true를 반환해야 한다. 이것을 반영하는 2가지 방법을 설명하고, 이 중 하나를 제시하라.

13. 가위바위보 게임을 구현하기 위해 다음과 같은 열거형을 정의하였다.

```
public enum Hand{
    GAWI, BAWI, BO;
    public Hand getRandom(){
        // ② 완성하라.
    }
}
```

다음 각각에 대해 답변하라.

① Enum에 compareTo 메소드가 정의되어 있으며, 이를 이용하면 열거형 상수를 비교할 수 있다. 하지만 이것을 재정의할 수 없다. 이 때문에 compareTo 메소드를 이용하여 가위바위보의 결과를 판단할 수 없다. 가위바위보의 결과를 판단하기 위한 방법을 제시하라.

② 가위, 바위, 보 열거형 상수 중 임의의 하나를 반환하여 주는 getRandom 메소드를 완성하라.

제10장

인터페이스

제 10 장 인터페이스

1. 개요

interface의 기본적인 개념은 4장에서 이미 설명하였다. 이 장에서는 interface에 대해 조금 더 깊숙이 살펴본다. 특히, 범용 메소드 구현에서 interface의 필요성, 가장 많이 구현하는 Comparable interface, 표시(marker) interface, 자바 8 이후 interface에 추가된 새 기능 등에 대해 더 자세히 살펴본다.

2. 범용 메소드의 강건성

배열을 정렬하여 주는 범용 메소드를 효과적으로 강건하게 구현하기 위해 필요한 것이 무엇인지 생각하여 보자. 범용 정렬 메소드는 다양한 타입의 배열을 정렬할 수 있어야 한다. 하지만 타입에 따라 다른 정렬 알고리즘이 필요한 것은 아니다. 정렬 알고리즘은 타입에 따라 비교하는 방법만 달라질 뿐 정렬하고자 하는 요소의 타입과 무관하다. 자바는 Object 클래스가 있으므로 다양한 타입의 배열을 받기 위해 다음과 같이 범용 메소드를 정의할 수 있다.

```
public static void sort(Object[] list){}
```

실제 이렇게 정의하면 모든 종류(원시 타입 배열을 제외하고)의 배열을 받을 수 있다. 하지만 몸체를 구현하다 보면 Object 배열로는 구현할 수가 없다는 것을 알 수 있다. 데이터를 정렬하기 위해서는 데이터를 서로 비교하여 누가 더 앞에 와야 하는지 판단할 수 있어야 한다. 원시 타입은 연산자를 이용하여 이 비교를 할 수 있지만 객체 타입은 메소드를 사용해야 한다. 그런데 매개 변수의 타입이 Object이기 때문에 Object에 있는 메소드를 사용하여 비교하여야 한다. 불행하게도 Object 타입에는 비교 메소드가 정의되어 있지 않다. 보통 다른 범용 메소드를 만들어야 할 경우에도 이와 유사한 문제가 발생한다.

이 문제는 거꾸로 접근하여 해결할 수 있다. compareTo라는 비교 메소드가 선언되어 있는 Comparable interface를 정의한 후에 범용 정렬 메소드를 다음과 같이 정의하고, 내부적으로는 compareTo 메소드를 사용하여 정렬 알고리즘을 구현할 수 있다.

```
public static void sort(Comparable[] list){}
```

이 메소드를 사용하여 특정 타입의 객체 배열을 정렬하고 싶으면 해당 객체의 클래스에 Comparable interface를 구현하면 된다. 이와 같은 방식의 프로그래밍을 계약 기반 프로그래밍이라 한다. 위와 같이 정의하면 compareTo를 정의한(또는 가지고 있는) 타입의 객체 배열만 이 메소드를 사용할 수 있다. 실제 이 메소드는 다음과 같이 정의되어야 하지만 이와 같이 정의하더라도 interface의 역할은 변하지 않는다.

```
public static <T extends Comparable<? super T>> void sort(T[] list){}
```

보통 범용 정렬 메소드처럼 범용 메소드는 모든 타입을 처리할 수 있는 것이 아니라 특정 기능을 가진 타입만 처리할 수 있으며, 이들만 인자로 받을 수 있도록 제한할 수 있어야 강건한 프로그래밍이 가능해진다[35]. 자바에서는 이를 위해 interface를 사용할 수 있다. 예를 들어 임의 배열에서 최댓값을 찾는 범용 메소드, 최솟값을 찾는 범용 메소드들도 모두 Comparable 타입을 매개 변수로 사용하여 비교 메소드를 가지고 있는 객체만 인자로 받을 수 있도록 제한할 수 있다.

그런데 다음과 같이 범용 함수를 만들면 인자를 compareTo를 가진 객체로 제한할 수 있지만 다음과 같은 두 가지 문제점이 있다.

```
public static Comparable max(Comparable a, Comparable b){
    return a.compareTo(b) >= 0? a: b;
}
```

첫 번째 문제는 a와 b의 타입이 다를 수 있다. 이 범용 함수는 같은 종류의 두 개의 객체를 비교하고자 하는 것인데, 그것을 보장해 주지 못한다. 두 번째 문제는 반환 타입이

35) C++는 template 기능을 이용하면 컴파일 시간에 주어진 타입 인자에 해당하는 코드를 만든 후에 문법 검사를 한다. 이 때문에 처리할 수 없는 타입 인자를 사용하면 실행 시간에 예외가 발생하는 것이 아니라 문법 오류가 발생한다. 자바는 이와 같은 방식을 사용하지 않기 때문에 범용 프로그래밍할 때 적합하지 않은 타입 인자를 사용하면 문법 오류가 발생하는 것이 아니라 실행 시간에 오류가 발생하며, 자바는 이 문제를 해소하기 위해 interface를 사용한다.

Comparable이다. 따라서 이 메소드를 사용할 경우 반환 값을 원래의 타입으로 타입 변환해 주어야 하는 번거로움이 있다.

이 두 가지 문제점은 13장에서 살펴볼 template 기능을 이용하면 해결할 수 있다. 하지만 template 기능을 사용한다고 interface가 필요 없어지는 것은 아니다.

```
public static <T> T max(T a, T b){
    return a.compareTo(b) >= 0? a: b;     // error
}
```

이와 같이 범용 함수를 정의하면 타입 인자로 지정한 타입의 객체만 전달할 수 있고, 반환 값의 타입도 전달한 인자의 타입과 같아지며, 타입 변환이 필요 없다. 참고로 template을 이용한 범용 프로그래밍은 위처럼 T라는 타입 매개 변수를 이용하여 프로그래밍할 수 있도록 해주며, 이 함수를 호출할 때 T를 대신할 타입 인자를 제시해 주어야 한다. 하지만 어떤 타입 인자를 사용할지 알 수 없기 때문에 타입 매개 변수 T를 이용할 경우 compareTo 메소드를 사용하여 프로그래밍할 수 없다.

그러므로 자바에서 위 max와 같은 범용 메소드는 다음과 같이 정의한다.

```
public static <T extends Comparable<? super T>> T max(T a, T b){
    return a.compareTo(b) >= 0? a: b;
}
```

여기서 타입 매개 변수 T는 Comparable<? super T>를 구체화한 타입으로 제한하고 있기 때문에 이전 예와 달리 compareTo 메소드를 사용하여 프로그래밍할 수 있다. 참고로 ? super T는 T이거나 T의 조상 타입을 말한다. 이것이 필요한 이유를 포함하여 template과 관련한 자세한 내용은 13장에서 설명한다. 이 장에서는 template를 이용하더라도 강건한 범용 함수 구현에서 interface의 역할이 매우 중요하다는 것을 강조하기 위해 template를 이용한 예시를 제시하고 있다.

3. Comparable interface

3.1 compareTo 메소드

Comparable interface는 java.lang 패키지에 포함되어 있는 interface로 자바에서 객체를 비교해야 할 때 구현하여 사용하는 interface이다. 자바에서 클래스를 정의할 때 아마 가장 많이 구현하는 interface 중 하나이다. 자바 5부터 이 interface는 template을 사용한 범용 interface로 바뀌었으며, 이 interface에 선언되어 있는 유일 메소드는 다음과 같다.

```
int compareTo(T o);
```

compareTo 메소드의 반환 값이 양수, 0, 음수인지에 따라 다음과 같이 비교 결과가 결정된다.

- 음수: this 객체가 인자 객체보다 앞에 위치한 경우
- 0: this 객체와 인자 객체의 순위가 같은 경우
- 양수: this 객체가 인자 객체보다 뒤에 위치한 경우

compareTo 메소드는 객체의 멤버 변수 중 하나의 멤버 변수만 이용하여 비교할 수 있고, 여러 개의 멤버 변수를 이용하여 비교할 수도 있다. 이때 이 메소드의 구현 결과는 다음 3가지 조건을 만족해야 한다.

- R1 (비대칭성). 같은 객체의 비교는 항상 0을 반환해야 한다.
- R2 (3분법). 두 객체의 비교 결과는 순위가 같거나, 한 객체가 앞에 또는 뒤에 있어야 한다.
- R3 (추이성). 객체 o1이 o2 앞에 있고, o2가 o3 앞에 있으면 o1은 o3 앞에 있어야 한다.

3.2 Comparable interface의 구현

은행계좌에 Comparable interface를 구현하여 보자. 이때 잔액 정보만을 이용하여 구현한다고 하면 다음과 같다.

```java
public class BankAccount implements Comparable{
    //
    @Override public int compareTo(Object other){
        BankAccount o = (BankAccount)other;
        return balance - o.balance;
    }
}
```

이 버전은 자바 5 이전 template을 사용하지 않는 Comparable interface를 구현한 것이다. 위 예에서 알 수 있듯이 매개 변수 타입이 Object이며, 이 때문에 몸체에서 타입 변환이 필요하다.

자바 5 이후 template을 사용하는 Comparable interface를 구현하면 다음과 같다.

```java
public class BankAccount implements Comparable<BankAccount>{
    //
    @Override public int compareTo(BankAccount other){
        return balance - other.balance;
    }
}
```

template을 사용하면 앞서 설명한 바와 같이 타입 변환 없이 프로그래밍할 수 있다. 보통 compareTo 메소드를 구현할 때 원시 타입을 비교해야 하는 경우에는 뺄셈을 이용하여 구현할 수 있다. 위 예에서 비교하는 balance는 양수이기 때문에 사용된 뺄셈식에서 오버플로우가 발생할 수 없다. 뺄셈식을 이용하여 compareTo 메소드를 구현할 때 오버플로우가 걱정된다면 Integer.compare 메소드를 활용할 수 있다.

```java
public class Student implements Comparable<Student>{
    private String name;
    private String number;
    private int year;
    //
    @Override public int compareTo(Student other){
        int comp = name.compareTo(other.name);
```

```
            return (comp == 0)? number.compareTo(other.number): comp;
        }
    }
```

〈그림 10.1〉 Student 클래스의 compareTo 메소드

그림 10.1과 같이 여러 멤버 변수를 이용하여 비교할 수 있다. 이 예에서는 먼저 이름을 비교하고 같으면 학번을 이용하여 비교하고 있다.

3.3 compareTo 메소드의 문제점

compareTo 메소드에서 어떤 멤버 변수 또는 멤버 변수들을 이용하여 비교할 것인지는 응용에 따라 다를 수 있지만 한번 구현되면 고정된다는 문제가 있다. 예를 들어 Arrays의 sort를 이용하여 학생 배열을 정렬하면 학생 클래스에 정의된 compareTo 메소드를 이용하게 된다. Student 클래스의 compareTo가 학년을 이용하여 비교하지 않을 때, 학년을 이용하여 학생 배열을 정렬하고 싶으면 다음과 같은 클래스를 정의한 후에

```
class StudentYearComparator implements Comparator<Student>{
   @Override public int compare(Student s1, Student s2) {
       return s1.getYear() - s2.getYear();
   }
}
```

이 클래스의 객체를 sort 함수에 다음과 같이 학생 배열과 함께 전달해야 한다.

```
Arrays.sort(students, new StudentYearComparator());
```

여기서 students는 학생 객체 배열이다. 이 버전의 sort 함수는 학생 클래스에 정의된 compareTo를 이용하지 않고, 전달된 객체의 compare 함수를 이용하여 배열을 정렬한다.

객체 배열은 이처럼 정렬할 때 정렬에 사용할 비교 함수를 만들어 전달함으로써 원하는 기준으로 정렬할 수 있다. 비교 함수를 정의한 방법에 따라 오름차순으로 정렬할 수 있고, 내림차순으로도 정렬할 수 있다. 원시 타입 배열은 compareTo를 이용하는 것이 아니라 연산자를 이용하여 비교하기 때문에 정렬에 사용할 비교 함수를 전달하여 정렬

할 수 없다. 원시 타입은 실제 정렬 기준을 바꿀 필요는 없지만 Arrays의 sort는 오름차순으로 정렬해 주기 때문에 내림차순으로 정렬하기 위해 기준을 바꾸고 싶을 수 있다. 원시 타입 배열을 내림차순으로 정렬하고 싶으면 오름차순으로 정렬한 다음 거꾸로 사용하는 것이 가장 일반적인 방법이다. 거꾸로 사용하지 않고 오름차순으로 정렬한 다음 배열을 뒤집는 방법을 사용할 수도 있다. 간혹 원시 타입 배열을 객체 배열로 바꾸어 정렬 기준을 전달하여 내림차순으로 정렬하는 경우도 볼 수 있는데, 이는 효과적인 방법은 아니다.

StudentYearComparator 클래스는 일반적인 클래스로 보기 힘들다. 멤버 변수가 하나도 없으며, 메소드만 하나 정의되어 있고, 이 메소드는 인자만 이용하여 모든 계산이 가능하기 때문에 객체 메소드도 아니다. 하지만 자바 8 이전까지는 함수를 다른 함수에 전달하는 방법이 없었기 때문에 함수를 전달하고자 하면 해당 함수를 포함하는 클래스를 정의한 다음 그것의 객체를 생성하여 전달하였다. 참고로 14장에서 자세히 설명하지만 자바 8부터는 이 방식 대신에 다음과 같이 람다 표현식(lambda expression)을 사용하여 함수만 간단히 전달할 수 있다.

```
Arrays.sort(students, (s1, s2) -> s1.getYear() - s2.getYear());
```

자바 5부터는 Comparable interface는 template를 사용하는 범용 interface이기 때문에 구현할 때 타입 변환이 보통 필요 없다. 하지만 compareTo가 구현되어 있는 클래스를 상속하면서 compareTo를 재정의하고 싶으면, 재정의 문법에 따라 재정의 메소드의 매개 변수는 부모 타입이 된다.

예를 들어 Person이 Comparable interface를 구현하고 있을 때, 이를 상속하여 Student 클래스를 정의하면서 compareTo 메소드를 재정의할 경우 compareTo의 서명은 다음과 같다.

```
@Override public int compareTo(Person Other)
```

따라서 이 경우에는 받은 인자를 Student 타입으로 타입 변환해야 한다. 이 때문에 앞서 소개한 범용 프로그래밍에서 ? super T의 사용이 필요한 것이다. 이 경우 Student 클래스가 구현하고 있는 interface는 Comparable〈Student〉가 아니라 Comparable〈Person〉이다.

참고로 compareTo 메소드의 유일 인자는 참조 타입이므로 null이 전달될 수 있고, 위 예처럼 상속 관계에서는 잘못된 타입의 인자가 전달되어 타입 변환 과정에서는 예외가 발생할 수 있다. 이 두 가지 문제에 대해서는 별도 처리할 것은 없다. 둘 다 프로그래밍 오류에 해당하므로 해당 상황이 발생하면 자연스럽게 예외를 발생하도록 하여 잘못 호출하는 곳의 코드를 수정하면 된다.

4. 표시 Interface

interface를 정의하면서 메소드를 하나도 선언하지 않을 수 있다. 깊게 생각하지 않으면 빈 interface는 어떤 유용한 역할을 못할 것으로 생각할 수 있다. 빈 interface의 용도를 생각해보기 위해 어떤 클래스가 빈 interface를 구현할 때 해야 하는 것과 이를 통해 할 수 있는 것이 무엇인지 검토하여 보자.

어떤 클래스가 빈 interface를 구현하기 위해 해야 하는 것은 클래스를 정의할 때 implements 뒤에 해당 interface 이름을 추가만 하면 된다. 어떤 메소드도 정의할 필요가 없다. 빈 interface를 구현한 클래스는 기본적으로 다른 interface를 구현하는 것과 동일하게 해당 interface를 구현하고 있는지 검사할 수 있다. 예를 들어 홍길동이라는 프로그래머가 GilDongable이라는 빈 interface를 정의한 다음, 자신이 정의한 모든 클래스가 구현하도록 하였다면 우리는 특정 클래스가 해당 프로그래머가 구현한 클래스인지 실행 시간에 검사할 수 있다. 물론 이와 같은 기능은 프로그래밍에서 실제 필요한 기능은 아니다. 하지만 유사한 용도로 빈 interface를 활용할 수 있다.

보통 어떤 클래스가 특정 interface를 구현하면 해당 클래스의 객체는 특정 메소드를 가지게 되며, 이것은 앞서 살펴본 것처럼 범용 메소드를 구현할 때 매우 유용하다. 즉, 특정 메소드를 가진 객체만 인자로 받을 수 있도록 할 수 있다. 어떤 특성을 가진 객체만 인자로 받아야 하는데, 이 특성은 특정 메소드를 가지는 것으로 나타낼 수 없다면 어떻게 할 수 있을까? 이 용도로 빈 interface를 사용할 수 있다. 빈 interface를 이용하여 특정 특성을 가진 객체를 그룹핑할 수 있다. 이 때문에 이와 같은 빈 interface를 표시 interface라 한다.

자바 라이브러리에 있는 대표적인 표시 interface는 Cloneable과 Serializable이다. Cloneable은 객체를 복제할 때 사용하는 clone 메소드를 안전하게 사용할 수 있다는 것을 나타내며, Serializable는 객체를 파일에 안전하게 저장할 수 있다는 것이다. Cloneable은 12장에서, Serializable은 15장에서 상세히 설명한다. 이 두 interface의 차이점은 clone 메소드는 Object 클래스에 정의되어 있기 때문에 빈 interface가 된 것이고, Serializable는 실제 선언할 메소드가 없고 프로그래머가 클래스를 구현할 때 해당 객체를 파일시스템에 저장할 때 문제가 있는지 없는지 판단한 후에 구현 여부를 결정하면 되는 interface이다. 두 interface의 공통점은 다른 표시 interface와 마찬가지로 다형성을 목표로 interface 리모컨을 이용하여 메소드를 호출하는 것이 목적이 아니다.

참고로 자바는 모든 interface에 Object 클래스가 가지고 있는 public 메소드의 선언을 자동으로 추가해준다. 따라서 어떤 interface 리모컨으로 특정 객체를 처리하고 있을 경우 이 리모컨으로 항상 equals, toString 등과 같은 메소드를 호출할 수 있다. clone 메소드는 protected이기 때문에 모든 interface에 자동으로 추가되지 않는다.

5. 자바 8 이후 interface에 추가된 기능

5.1 기본 메소드

자바 8 이후부터는 interface에 메소드를 정의할 수 있으며, 이와 같은 메소드를 기본 메소드(default method)라 한다. 기본 메소드를 정의하기 위해서는 default 수식어를 메소드 정의 앞에 붙여야 한다.

interface에 기본 메소드를 정의할 수 있게 되어 보다 더 효과적으로 기존 interface를 수정(새 메소드의 추가, 기존 메소드의 삭제)할 수 있다. 기본 메소드를 정의할 수 없는 상태에서 어떤 interface에 새 메소드를 하나 추가로 선언하였다고 하자. 그러면 기존 해당 interface를 구현하고 있는 클래스가 포함된 특정 프로젝트를 다시 빌드하면 문법 오류가 발생하게 된다. 하지만 새 메소드를 기본 메소드로 정의하여 interface에 추가하였다면 문법 오류 없이 기존 프로젝트를 그대로 사용할 수 있다. 즉, 기본 메소드는 기존 코드에 영향을 주지 않고 필요하면 interface를 확장할 수 있게 해준다.

또 기존 interface에 있는 특정 메소드가 더 이상 필요 없게 된 경우 이를 삭제하면 @Override를 이용하여 이 interface를 구현하고 있는 기존 클래스나 interface 리모컨을 이용하여 삭제된 메소드를 호출하는 소스를 재컴파일하면 문법 오류가 발생한다. 하지만 특정 메소드를 삭제하는 대신에 빈 기본 메소드로 재정의하면 문법 오류가 발생하지 않는다. 또 이 interface를 새롭게 구현하는 클래스의 경우에는 빈 기본 메소드로 정의되어 있는 메소드에 대해서는 아무런 조치를 하지 않아도 된다. 이 측면에서 기존

interface에 메소드를 삭제하는 것도 기본 메소드를 활용하면 기존 코드나 새 코드에 영향을 적게 주고 interface를 수정할 수 있다.

기존 interface의 수정을 효과적으로 처리하는 것 외에 interface의 근본적인 한계 때문에 기본 메소드를 다른 유용한 목적으로 활용하기가 어렵다. interface는 상태를 가지고 있는 것이 아니기 때문에 메소드를 정의할 수 있다고 하여 무언가 유용한 일을 하는 객체 메소드를 만드는 것은 불가능한 것은 아니지만 매우 어렵다. interface가 상태를 가질 수 있도록 변경하였다면 interface와 클래스의 차이가 거의 없어지므로 향후에 interface에 상태의 추가를 예측하기는 어렵다.

이 때문에 기본 메소드는 기존 interface의 수정이 필요할 때 또는 interface를 구현하는 클래스가 선택적으로 메소드를 재정의할 수 있도록 하기 위해 주로 사용한다. 예를 들어 그림 10.2와 같은 interface의 경우 그것을 구현하는 클래스는 반드시 setName과 getName 메소드를 구현하여야 하지만 setNickName과 getNickName은 구현을 하지 않아도 된다. 이들을 구현하지 않았을 때 Named interface 타입으로 이들 메소드를 호출하면 예외가 발생한다.

기본 메소드를 이용하여 interface에 선택적으로 구현할 수 있는 메소드를 정의하는 것은 ISP(Interface Segregation Principle) 원칙[36]에 어긋나는 측면이 있다. 따라서 원래 A interface에 foo 메소드가 선언되어 있는 상태에서 bar 메소드의 추가가 필요할 때 그림 10.3의 (1)과 (2) 중 어느 것이 좋은 것인지 생각해 볼 필요가 있다.

```java
public interface Named{
    void setName(String name);
    String getName();
    default void setNickName(String nickName){
        throw new UnsupportedOperationException();
    }
    default String getNickName(){
        throw new UnsupportedOperationException();
    }
}
```

〈그림 10.2〉 기본 메소드 사용 예

36) ISP는 필요 없는 것을 구현하도록 강요하지 않아야 한다는 객체지향 설계 원리인 SOLID에서 I에 해당하는 원리이다.

```java
public interface A{
    void foo();
    default void bar(){}
}
```

(1) 기본 메소드 활용

```java
public interface A{
    void foo();
}

public interface B extends A{
    void bar();
}
```

(2) interface 상속 활용

〈그림 10.3〉 ISP와 기본 메소드

5.1.1 기본 메소드의 문제점

자바는 C++ 언어를 많이 참조하여 만든 언어이지만 C++ 언어에서 제공하는 기능 중에 강건성에 나쁜 영향을 줄 수 있는 요소는 일부로 도입하지 않았다. 그 중 하나가 다중 상속이다. 특히, 다중 상속의 경우 두 개의 부모 클래스가 같은 이름의 메소드를 가지고 있을 수 있으며, 두 개의 부모 클래스가 공통 조상을 가질 수 있는 문제가 있다. 이 때문에 자바는 단일 상속만 할 수 있다.

한 클래스는 하나의 부모만 가질 수 있지만 여러 개의 interface를 구현할 수 있다. 그러나 여러 개를 구현하더라도 interface는 메소드가 선언만 되어 있으므로 C++의 다중 상속에서 발생할 수 있는 문제는 나타나지 않았다. 이것이 기본 메소드의 도입으로 달라졌다. 이제 자바도 C++의 다중 상속처럼 같은 서명을 가진 선언된 메소드가 아니라 몸체가 정의되어 있는 두 개의 메소드를 상속받을 수 있게 되었다.

예를 들어 다음과 같은 두 개의 interface가 정의되어 있을 때,

```java
public interface A{
    default void foo(){
        System.out.println("Ha Ha");
    }
}
public interface B{
    default void foo(){
```

```
            System.out.println("Ho Ho");
        }
    }
```

다음과 같이 A와 B를 모두 구현하는 클래스가 foo 메소드를 재정의하지 않으면

```
public class C implements A, B{
    // error
}
```

같은 이름의 메소드를 2개 가지게 되기 때문에 문법 오류가 발생한다.

위 예에서 B가 foo 메소드를 선언만 하더라도 여전히 C는 문법 오류가 된다. 즉, 클래스가 기본 메소드가 정의되어 있는 interface를 구현하면서 그것과 충돌되는 메소드를 가진(선언하거나 기본 메소드) 또 다른 interface를 구현할 때 해당 메소드를 재정의하지 않으면 무조건 문법 오류가 된다.

하지만 다음과 같이 중복되어 있는 메소드를 클래스에서 재정의하면

```
public class D implements A, B{
    @Override public void foo(){
        System.out.println("Hi Hi");
    } // ok
}
```

모호한 부분이 없기 때문에 문법 오류 없이 사용할 수 있다.

클래스 D에서 B의 foo 메소드를 사용하고 싶으면 아래와 같이 클래스 이름과 super 키워드를 함께 사용하여 메소드를 재정의하여 상위 interface의 default 메소드를 호출하도록 구현할 수 있다.

```
public class D implements A, B{
    @Override public void foo(){
```

```
            B.super.foo();
        } // ok
    }
```

다음의 경우에도 문제가 되지 않는다.

```
public class X{
    public void foo(){
        System.out.println("Na Na");
    }
}

public class Y extends X implements A, B{
} // class win rule
```

Y는 충돌되는 두 interface를 구현하고 있지만 상속 받는 X에 충돌을 해소하는 메소드가 정의되어 있으므로 문제가 되지 않는다.

참고로 A interface에 기본 메소드 foo 메소드가 있을 때 B interface는 A interface를 상속받으면서 foo 메소드를 재정의할 수 있다.

5.1.2 기본 메소드의 예

```
public interface Moveable{
        void setX(double x);
        void setY(double y);
        double getX();
        double getY();
        default void move(double deltaX, double deltaY){
            double newX = getX() + deltaX;
            double newY = getY() + deltaY;
            setX(newX);
            setY(newY);
```

```
            }
    }
```

〈그림 10.4〉 Moveable Interface

interface는 어떤 클래스가 자신을 구현할지 알 수 없으며, 해당 클래스의 멤버 변수에 접근할 수 없기 때문에 메소드를 정의할 수 있더라도 유용한 기능을 하는 메소드를 정의하기가 어렵다. 하지만 그림 10.4처럼 멤버 변수에 간접적으로 접근할 수 있는 메소드가 있으면 move와 같은 기본 메소드를 정의할 수 있다.

또 다른 예로 자료구조에서 isEmpty를 다음과 같이 기본 메소드로 정의할 수 있다.

```
public interface Collection{
        int size();
        default boolean isEmpty(){
            return size() == 0;
        }
        default boolean isFull(){
            return false;
        }
}
```

다시 강조하지만 interface의 기본 메소드은 이와 같이 유용하게 사용할 수 있는 것을 정의할 수 있도록 해주기 위해 도입한 것이 아니라 기존 interface를 수정해야 할 때 효과적으로 수정하기 위함이다.

5.2 static 메소드

자바 8부터는 interface에 기본 메소드를 정의할 수 있을 뿐만 아니라 static 메소드도 정의할 수 있다. 자바에서 메소드의 정의는 원래 클래스에서만 할 수 있도록 설계되어 있었다. 따라서 static 메소드도 클래스에만 정의할 수 있었다. 이 때문에 자바 8 이전에는 interface와 해당 interface와 관련된 유틸리티 클래스가 별도로 존재하였다. 대표적인 것인 java.util.Collection interface와 java.util.Collections 클래스이다. 자바 8 이후부터는 하나의 interface에 클래스가 구현해야 하는 메소드의 선언과 해당 클래스에서 유용하게 사용할 수 있는 static 메소드를 함께 포함할 수 있게 되었다.

5.3 private 메소드

자바 9부터는 interface에 private 메소드를 정의할 수 있다. 자바 8에서 interface에 여러 개의 default 메소드를 정의할 때 이들 메소드들이 공유할 코드가 있는 경우 코드 중복을 제거하기 위해 또 다른 default 메소드를 정의할 수밖에 없었다. 하지만 이것은 interface의 크기를 불필요하게 확대하는 문제가 있다. 따라서 이와 같은 경우에 사용할 수 있도록 자바 9부터는 private 메소드를 정의할 수 있도록 해주고 있다. private 메소드를 정의할 경우에 이 메소드는 해당 interface의 기본 메소드에서만 사용이 가능하며, 정의할 때 default 수식어 없이 private 수식어만 사용한다.

퀴즈

1. 자바 interface와 관련된 다음 설명 중 틀린 것은?

   ① 아무것도 없는 빈 interface를 정의해 사용할 수 있다.

   ② interface를 정의하면 자바는 여기에 Object 클래스에 있는 공개 메소드의 선언을 자동 추가하여 준다. 따라서 우리는 모든 종류의 interface 리모컨을 이용하여 toString, equals 등의 메소드를 호출할 수 있다.

   ③ 기존 interface를 확장하는 새 interface를 정의할 수 있으며, 이때 implements 키워드를 사용하여 특정 interface를 확장한다는 것을 나타낸다.

   ④ 자바 8부터는 static 메소드를 interface에 정의할 수 있으며, 자바 9부터는 private 메소드도 정의할 수 있다.

2. 범용 함수를 정의할 때 강건하게 정의하기 위해 interface의 사용은 필수적이다. 범용 함수를 정의할 때 다음 중 interface의 핵심 역할은?

   ① 특정 메소드를 가진 객체만 인자로 전달할 수 있도록 제한할 수 있다.

   ② 여러 인자를 전달할 때 이 인자들의 타입이 정확하게 일치하도록 보장해 줄 수 있다.

   ③ 범용 함수에서 값을 반환 받을 때 타입 변환 없이 사용할 수 있도록 해준다.

   ④ 모든 종류의 객체를 인자로 전달할 수 있도록 해준다.

3. 객체의 크고 작음을 비교해야 할 때 자바는 Comparable interface를 구현하여 compareTo 메소드를 사용한다. compareTo 메소드와 관련된 다음 설명 중 틀린 것은?

   ① 두 객체를 비교하였을 때 모호하지 않게 this 객체의 순위가 비교하는 객체보다 앞에 있거나 뒤에 있거나 같아야 한다.

   ② 클래스에 정의되어 있는 모든 멤버 변수를 반드시 모두 활용하여 비교해야 한다.

   ③ 정수 계열의 원시 타입을 비교하여 compareTo를 정의할 경우 보통 뺄셈을 이용하여 많이 구현하는데, 이때 오버플로우를 주의해야 한다. 오버플로우가 걱정되면 wrapper 클래스에 정의되어 있는 compare 비교 함수를 이용하면 된다.

   ④ 인자로 null이 전달될 수 있지만 null인 인자를 사용하면 자동으로 NullPointer Exception 예외가 발생하므로 compareTo를 구현할 때 직접 null 여부를 검사하여 프로그래밍 오류를 발견할 필요가 없다.

4. interface의 기본 메소드와 관련된 다음 설명 중 틀린 것은?

① 기본 메소드는 객체의 상태에 직접 접근할 수 없으므로 할 수 있는 일은 제한적이다.

② 같은 기본 메소드를 가진 여러 interface를 구현하는 클래스는 반드시 이 기본 메소드를 재정의해야 한다.

③ 기존 사용 중인 interface에 새 메소드의 선언을 추가할 때 기본 메소드로 추가하면 해당 interface를 구현하는 기존 클래스는 어떤 조치를 하지 않아도 문법 오류 없이 사용할 수 있다.

④ 기본 메소드도 숨겨진 매개 변수 this를 가지고 있다.

연습문제

1. 카드 게임을 만들고자 다음과 같은 열거형과 카드를 나타내는 클래스를 정의하였다.

```
public enum CardFace {
    CLUBS, HEARTS, DIAMONDS, SPADES
}

public class Card{
    private int number;
    private CardFace face;
    public Card(int number, CardFace face){
        this.number = number;
        this.face = face;
    }
    public int getNumber(){
        return number;
    }
    private void setNumber(int number){
        if(number >=1 && number <= 13) this.number = number;
        else throw new IllegalArgumentException();
    }
}
```

두 개의 카드가 주어졌을 때 서로 비교하는 compareTo 메소드를 Card에 추가하라. 이때 먼저 숫자 순으로 비교하고, 숫자가 같으면 모양을 비교한다. 단, 1은 1이 아니라 14에 해당된다. 모양은 CardFace에 정의된 순서이다 (♣ 〈 ♥ 〈 ◆ 〈 ♠)

2. 배구 선수 정보를 유지하는 다음과 같은 Player 클래스가 정의되어 있다.

```
public abstract class Player{
    private String name;
    private int number;
```

```
    private Team team;
    public Player(String name, int number, Team team){
        this.name = Objects.requireNonNull(name);
        this.number = number;
        this.team = Objects.requireNonNull(team);;
    }
    //
}
```

이와 관련하여 다음 각각에 대해 답변하라.

① Player 클래스에 Comparable interface를 구현하고자 한다. 재정의해야 하는 compareTo 메소드는 name을 이용하여 비교하고, 같으면 number을 이용하여 비교해야 한다. Player 클래스에 compareTo 메소드를 추가하고, Comparable interface를 구체화하도록 수정하라.

② ①에서 compareTo 메소드를 구현할 때 생성자에서 사용한 Objects.require NonNull은 어떤 영향을 주는지 설명하라.

③ Player을 상속하여 공격수의 정보를 유지하는 다음과 같은 LeftHitter 클래스를 정의하고자 한다.

```
public class LeftHitter extends Player{
    private int points = 0;
    private int blocks = 0;
    public LeftHitter(String name, int number, Team team){
    }
    //
}
```

LeftHitter 클래스에 compareTo 메소드를 재정의하라. 이 메소드는 points를 이용하여 비교하고, points가 같으면 blocks를 이용하여 비교해야 한다.

제11장

내부 클래스와 레코드

제 11 장 내부 클래스와 레코드

1. 내부 클래스 소개

보통 클래스는 하나의 독립적인 파일에 정의한다. 물론 하나 파일에 여러 개의 클래스를 정의할 수 있지만 이 경우 public 클래스는 하나만 정의해야 하며, 이 클래스의 이름과 파일 이름이 정확하게 일치하여야 한다. 종종 어떤 클래스를 특정 클래스에서 또는 특정 메소드 내에서만 사용할 수 있다. 이 경우에는 별도 파일에 독립적으로 정의하는 것은 관리해야 하는 소스 파일 수가 많아지는 문제점이 있으며, 외부에서 알 필요가 없는 것을 공개하는 문제점도 있다. 이에 클래스를 다른 클래스 내부에 또는 메소드 내에 정의할 수 있으며, 이와 같은 클래스를 내부 클래스(inner class)라 한다.

한 클래스에서만 사용하는 클래스를 무조건 내부 클래스로 정의하여 사용하지는 않는다. 또 여러 클래스에서 필요한 클래스는 절대 내부 클래스로 정의하여 사용하지 않는다. 보통 클래스가 매우 간단할 경우에만 내부 클래스로 정의한다. 클래스가 간단하지 않으면 내부 클래스로 정의할 수 있어도 가독성 측면에서 독립 클래스로 정의한다.

내부 클래스를 정의할 경우 소스 파일은 하나이지만 이것을 컴파일할 경우 내부 클래스마다 중간코드 파일이 생성된다. 자바 8부터 함수형 프로그래밍이 도입되면서 내부 클래스의 활용도가 많이 감소하였다. 특히, 실제 클래스라고 보기 어려운 함수만 하나 정의하는 클래스는 이제 내부 클래스로 정의하지 않고, 14장에서 설명하는 람다 표현식이라는 것을 많이 이용한다.

2. 메소드 내부 클래스 정의하기

이전 장에서는 학생 객체를 해당 클래스에 정의된 compareTo 메소드를 이용하지 않고 다른 기준으로 정렬하고 싶어 Comparator interface를 구현한 클래스를 정의하고 해당 클래스의 객체를 생성하여 sort의 인자로 전달하였다. 이때 해당 클래스를 한 번만 사용할 경우 독립적으로 정의하는 것은 앞서 설명한 것처럼 효과적이지 못하다. 이를 위해 다음과 같이 해당 클래스가 필요한 메소드 내에 정의할 수 있다.

```
void sortStudentByYear(Student[] students){
    class StudentYearComparator implements Comparator<Student>{
        @Override public int compare(Student s1, Student s2) {
            return s1.getYear() - s2.getYear();
        }
    };
    Arrays.sort(students, new StudentYearComparator());
}
```

이처럼 메소드 내에 내부 클래스를 정의할 때에는 클래스에 접근 제어 수식어를 사용할 수 없다. 또한 메소드 내에 클래스를 정의할 때에는 static 수식어도 사용할 수 없다. 앞으로 메소드 내에 정의된 클래스는 메소드 내부 클래스라 하고, 메소드 외부 이지만 클래스 내부에 정의된 클래스는 단순하게 내부 클래스라 한다.

객체를 생성하여 특정 메소드에 전달하고 해당 객체를 생성한 메소드 내에서 다시 사용하지 않는다면 객체 변수를 별도 만들 필요가 없다. 마찬가지로 클래스도 해당 클래스의 객체를 하나만 생성할 경우에는 굳이 클래스 이름을 붙일 필요가 없다. 이와 같은 클래스를 익명 클래스라 하며, 다음과 같이 객체를 생성하는 과정에서 클래스까지 함께 정의할 수 있다.

```
void sortStudentByYear(Student[] students){
    Arrays.sort(students, new Comparator<Student>(){
        @Override public int compare(Student s1, Student s2) {
            return s1.getYear() - s2.getYear();
        }
    });
}
```

객체의 생성은 new 연산자와 그것의 피연산자 생성자 호출을 통해 이루어지기 때문에 생성자 호출 다음에 중괄호를 이용하여 생성과 동시에 클래스를 정의할 수 있다.

익명 클래스는 생성자 호출 다음에 중괄호를 이용하여 정의하는데, 클래스 이름이 없기 때문에 정의하는 클래스가 상속해야 하는 클래스나 구현해야 하는 interface 이름을 사용한다. 따라서 익명 클래스로 정의할 수 있는 클래스는 제한적이다.

이전 예에서는 메소드 내부 클래스가 해당 메소드의 지역 변수를 접근하지 않고 있다. 하지만 필요하면 지역 변수를 접근하여 사용할 수 있다. 이 경우 자바 8 이전에는 지역 변수가 final 변수일 경우에만 가능했지만, 자바 8부터는 이 제약이 없어졌다. 자바 8부터는 final 변수가 아니더라도 실제로 final이면 접근할 수 있도록 해준다. 이것의 의미는 final 수식어를 사용하지 않지만, 메소드 내에서 값이 변하지 않는 변수는 메소드 내부 클래스에서 사용할 수 있다. 메소드 내부 클래스가 해당 변수를 사용할 수 있지만 해당 변수의 값은 바꿀 수 없다. 예를 들어 다음 코드에서 주석 처리된 부분 중 하나를 활성화하면 실제로 final이 아니기 때문에 문법 오류가 발생한다.

```
void func(){
    int x = 3;
    // x = 5;
    class A{
        public int f(){
            // x = 2;
            return x+5;
        }
    }
    A a = new A();
    // x = 7;
    System.out.println(a.f());
}
```

이것은 메소드 내부 클래스나 해당 클래스가 정의된 메소드에서 변수의 값이 변경될 수 있으면 코드의 결과에 대해 확정할 수 없기 때문이다.

3. 클래스 내부 클래스 정의하기

특정 메소드에 정의된 메소드 내부 클래스는 다른 메소드에서 사용할 수 없다. 한 클래스의 여러 메소드에서 사용해야 하는 간단한 클래스는 독립적으로 정의하지 않고 메소드 외부이지만 한 클래스 내부에 다음과 같이 정의하여 사용할 수 있다.

```java
public class A{
    private class B{
        //
    }
    //
    public void foo(){
        B b = new B();
    }
}
```

이때 내부 클래스가 정의된 클래스를 내부 클래스의 외부 클래스(outer class)라 한다. 위 예에서 B는 A의 내부 클래스이며, A는 B의 외부 클래스이다. 메소드 내부 클래스에서는 외부 클래스라는 개념이 없다.

내부 클래스는 보통 특정 클래스에서만 사용하기 때문에 내부 클래스로 정의하지만 드물게 다른 클래스의 내부 클래스를 사용하는 경우도 있다. 이처럼 외부에서 접근이 필요하면 다른 멤버처럼 클래스를 정의할 때 그것에 맞는 접근 제어 수식어를 붙여 주어야 한다. 하지만 내부 클래스가 정의된 외부 클래스에서만 필요하면 위의 B처럼 private 수식어를 사용하여 정의하는 것이 바람직하다.

내부 클래스는 외부 클래스와 보통 긴밀한 상호작용을 한다. 하지만 의존관계가 한 방향인 경우도 있다[37]. 이 때문에 자바는 두 종류의 내부 클래스를 제공하며, 이들은 static 수식어의 사용 여부로 구분한다. 이 둘을 구분하기 위해 static 수식어를 사용하여 정의한 내부 클래스를 중첩(nested) 클래스[38] 또는 정적 내부 클래스라 하고, 그렇지 않은 내부 클래스를 일반 내부 클래스라 한다.

37) 객체지향 원리에 의하면 클래스 간 의존관계는 일방향이어야 바람직하다.
38) C++에서는 중첩 클래스만 정의할 수 있으며, 이를 정의할 때 static 키워드를 사용하지 않는다.

보통 외부 클래스는 그것의 동작을 위해 내부 클래스가 필요하다. 필요 없다면 그 클래스를 내부 클래스로 정의하는 것 자체가 모순일 수 있다. 보통 내부 클래스 객체도 그것의 동작을 위해 외부 클래스 객체가 필요한 경우가 많다. 이 때문에 자바는 외부와 내부 클래스 간의 양방향 의존관계를 효과적으로 프로그래밍할 수 있도록 서로의 멤버를 접근 제어와 무관하게 접근을 허용하고 있다. 더욱이 일반 내부 클래스의 객체는 그것을 생성한 외부 클래스 객체에 대한 참조를 유지하며, 이를 통해 이 객체는 외부 클래스 객체의 멤버 변수를 단순 이름으로 접근할 수 있다.

하지만 내부 클래스가 그것의 동작을 위해 외부 클래스 객체가 필요 없으면 이 참조의 유지는 쓸모가 없다. 특히, 많은 수의 내부 클래스 객체를 생성해야 하는 경우에는 많은 공간이 낭비되는 문제점이 있다. 따라서 외부 클래스 객체에 대한 참조를 유지할 필요가 없으면 내부 클래스를 중첩 클래스로 정의해야 한다.

3.1 일반 내부 클래스

외부 클래스 객체가 그것이 생성한 내부 클래스 객체와 양방향 상호작용이 필요하면 이 내부 클래스는 일반 내부 클래스로 정의하여 사용한다. 자바 8 이전 GUI 프로그래밍에서 사건 처리자를 정의하기 하기 위해 일반 내부 클래스를 많이 사용하였다. 하지만 자바 8 이후에는 객체를 연결할 필요 없이 함수를 사건과 연결할 수 있기 때문에 GUI 프로그래밍에서 사건 처리자를 정의하기 위해 일반 내부 클래스를 사용할 필요는 없다. 일반 내부 클래스로 많이 구현하는 또 다른 예는 자료구조의 반복자(iterator)이다.

```
public class UnsortedArrayList implements Iterable<String>{
   private int capacity = 5;
   private String[] list = new String[capacity];
   private int size = 0;
   private class ListIterator implements Iterator<String>{
      private int cursor = 0;
      @Override public boolean hasNext(){
         return cursor < size;
      }
      @Override public String next(){
         ++cursor;
         return list[cursor - 1];
      }
```

```
        }
        //
        @Override public Iterator<String> iterator(){
            return new ListIterator();
        }
    }
```

〈그림 11.1〉 배열기반 리스트의 반복자

반복자란 복합 자료구조의 개별 요소를 차례로 방문할 수 있게 해주는 객체를 말한다. 유지되고 있는 요소를 방문하기 위해서는 요소가 유지되고 있는 구체적인 자료구조에 접근할 수 있어야 한다. 따라서 반복자를 내부 클래스로 정의하면 생성자를 통해 구체적인 자료구조와 반복에 필요한 정보를 전달하지 않아도 구현할 수 있다. 예를 들어 그림 11.1은 반복자를 내부 클래스로 구현하고 있기 때문에 내부 클래스의 메소드인 hasNext와 next에서 외부 클래스의 멤버 변수인 list와 size를 바로 접근하여 사용하고 있다. 이 예에서 알 수 있듯이 일반 내부 클래스의 객체는 외부 클래스 내에서 생성해야 올바르게 동작할 수 있다. 즉, 일반 내부 클래스의 객체는 외부 클래스와 독립적으로 존재할 수 없다. 하지만 이렇게 생성된 객체는 외부 클래스 내에서만 사용할 수 있는 것은 아니고 외부 클래스 밖에서 상위 타입 리모컨을 통해 사용할 수 있다.

그림 11.1처럼 클래스에 Iterable interface를 구현하고 Iterator interface 구현하는 반복자를 정의한 다음, iterator 메소드에서 반복자 객체를 반환하여 주면 해당 클래스 객체를 foreach for 문에 사용할 수 있다.

```
public class Outer{
    private int oVal;
    private Inner x;
    private class Inner{
        int iVal;
        Inner(int n){
            iVal = n;
        }
        void f(int n){
            iVal = oVal + n; // this.iVal = Outer.this.oVal + n
        }
```

```
    }
    public Outer(int n1, int n2){
        oVal = n1;
        x = new Inner(n2);
    }
    public void g(int n){
        oVal = x.iVal + n;
        x.f(n);
    }
}
```

〈그림 11.2〉 내부 클래스 객체의 외부 클래스 객체 멤버 접근

일반 내부 클래스는 자신을 생성한 외부 클래스 객체의 멤버를 그것의 접근 제어와 무관하게 접근할 수 있으며, 외부 클래스 객체도 그것의 접근 제어와 무관하게 자신이 생성한 일반 내부 클래스 객체의 멤버를 접근할 수 있다. 이 부분은 객체지향의 캡슐화 개념과 자바의 강건성 측면에 배치되는 특성이다. 일반 내부 클래스 객체는 외부 클래스 객체에 대한 참조를 유지하고 있다. 이 때문에 그림 11.2의 Outer 타입의 객체를 생성하면 그림 11.3과 같은 모습을 하게 된다. 이 참조는 그림 11.2에서 주석에 제시된 것처럼 실제 외부클래스이름.this를 통해 접근할 수 있다.

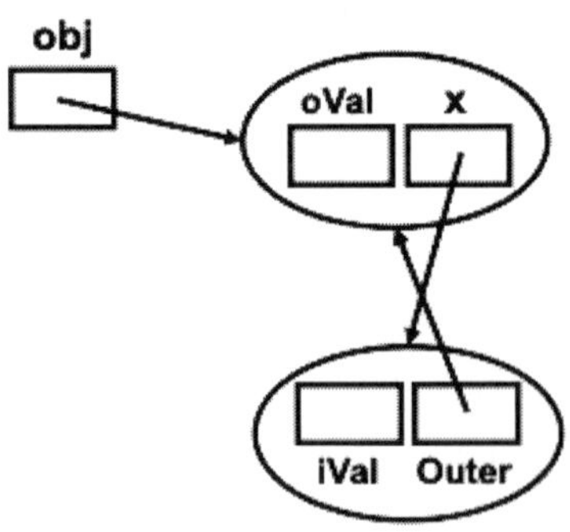

〈그림 11.3〉 그림 11.2의 Outer 타입 객체의 모습

그림 11.2처럼 일반 내부 클래스는 그것이 정의된 외부 클래스 외에는 해당 클래스의 객체를 생성할 수 없다. 이것은 일반 내부 클래스 객체는 자신을 생성한 외부 클래스 객체에 대한 참조를 유지하게 되는데, 밖에서 생성할 경우 이 참조 부분에 대한 설정이 가능하지 않기 때문이다.

3.2 중첩 클래스

외부 클래스와 내부 클래스가 일방향 관계(외부 클래스 객체가 내부 클래스 객체를 사용하지만 내부 클래스 객체는 외부 클래스 객체를 접근할 필요가 없는 경우)를 맺는 경우에는 외부 클래스 객체에 대한 참조가 필요없다. 이 경우에는 일반 내부 클래스가 아니라 중첩 클래스로 정의하는 것이 효과적이다.

중첩 클래스가 필요한 대표적인 예는 연결구조(linked list)이다. 연결구조는 리스트 ADT를 구현하는 대표적인 방법 중 하나로 배열을 사용할 때와 달리 필요한 공간을 사전에 모두 확보하지 않고 필요할 때마다 확보한다. 따라서 각 확보된 공간을 연결하지 않으면 그 공간에 접근하기가 어려워진다. 이를 위해 저장해야 할 데이터와 다음 데이터가 저장된 위치 정보를 유지하는 노드라는 것을 사용하며, 이 노드는 연결구조 내부에서만 필요하기 때문에 자바에서는 그림 11.4와 같이 이를 내부 클래스로 정의하여 사용한다.

단일 연결구조에서 특정 위치에 있는 데이터에 접근하기 위해서는 첫 노드부터 차례로 접근하여야 한다. 이 때문에 배열과 달리 임의 접근을 제공하지 않으며 순차 접근만 제공한다. 따라서 맨 앞 노드에 대한 연결만 유지하는 연결구조에서 데이터 추가는 배열과 달리 구조 끝에 추가하지 않고 구조 처음에 추가하는 것이 가장 효과적이다. 다음은 그림 11.4에서 데이터를 연결구조 맨 앞에 추가하는 메소드이다.

```
public class SingleLinkedList{
    private static class Node{
        private int value;
        private Node next = null;
        private Node(int value){
            this.value = value;
        }
        private Node(int value, Node next){
            this(value);
            this.next = next;
        }
    }
    private Node head = null;
    private int size = 0;
```

```
    //
}
```

〈그림 11.4〉 단일 연결구조

```
1   public void pushFront(int value){
2       Node newNode = new Node(value);
3       newNode.next = head;
4       head = newNode;
5       ++size;
6   }
```

참고로 연결구조 관련 프로그래밍할 때에는 참조를 수정하는 순서가 매우 중요하다. 여기서 3번째와 4번째 줄의 순서가 바뀌면 제대로 연결되지 않는다. 맨 앞에 있는 데이터를 제거하고 그것을 반환하여 주는 메소드는 다음과 같이 구현할 수 있다.

```
public int popFront(int value){
    if(isEmpty()) throw new IllegalStateException("popFront: List Empty");
    int retVal = head.value;
    head = head.next;
    --size;
    return retVal;
}
```

내부 클래스의 객체가 생성되면 자신을 생성한 외부 클래스 객체에 대한 참조를 유지한다. 하지만 그림 11.4의 내부 클래스는 외부 클래스에 대한 접근이 필요 없다. 이 때문에 static 수식어를 사용하였다. 이 예에서 static 수식어를 사용하지 않고 단일 연결구조의 길이가 10이면 불필요한 10개의 참조가 생기게 된다.

3.3 클래스 내부 클래스 접근 제어

일반적으로 보통 내부 클래스는 그것이 정의된 외부 클래스에서만 사용하기 때문에 클래스 자체는 private 수식어를 사용한다. 그것을 상속하는 자식 클래스도 내부 클래스가 필요하면 private 대신에 protected를 사용할 수 있다.

내부 클래스가 private이고, 이 클래스 객체를 외부 클래스에서만 사용할 경우에는 외부 클래스 객체는 자신이 생성한 내부 클래스 객체의 멤버를 접근 권한과 무관하게 접근할 수 있으므로 멤버의 접근 권한은 무의미하다. 예를 들어 그림 11.4의 중첩 클래스가 여기에 해당한다. 이 클래스는 private이며, 외부 클래스에서만 사용하기 때문에 그림 11.4처럼 멤버를 private로 정의하든 public 정의하든 차이가 없다.

반면에 프로그래밍 측면에서 내부 클래스를 외부 클래스에서만 사용하지만 그것의 객체는 다른 클래스에서 사용할 수 있다. 예를 들어 메소드 내부 클래스를 설명할 때 제시한 StudentYearComparator나 그림 11.1에 제시된 반복자 클래스의 경우 그것의 객체는 다른 곳에서 상위 타입 리모컨을 이용하여 사용한다. 따라서 이 경우에는 내부 클래스의 멤버의 접근 권한이 매우 중요하다. 예를 들어 그림 11.1에 제시된 반복자 클래스의 경우 Iterator interface를 구현해야 하는 조건에 의해 hasNext, next는 반드시 public으로 정의해야 한다. interface를 구현해야 하는 조건이 아니더라도 그림 11.4의 내부 클래스와 달리 그림 11.1의 내부 클래스 객체는 외부 클래스 밖에서 사용된다는 것을 인식해야 한다.

다시 정리하면, SingleLinkedList의 Node 클래스는 SingleLinkedList 밖에서 모르며, 그것의 객체를 사용하지도 않는다. 반면에 UnsortedArrayList의 ListIterator 클래스는 UnsortedArrayList 밖에서는 모르지만 그것의 객체는 사용한다.

3.4 내부 클래스의 static 멤버 변수

```
public class A{
    private class B{
        int b = 0;
        static int s = 0;     // error
    }
    private int a = 0;
    private ArrayList<B> list = new ArrayList<>();
    //
}
```

〈그림 11.5〉 정적이 아닌 내부 클래스는 static 멤버를 가질 수 없음

일반 내부 클래스는 static 멤버를 가질 수 없다. 그림 11.5와 같이 일반 내부 클래스가 static 멤버 변수를 가지게 되면 외부 클래스 객체가 여러 개 생성되었을 때 해당 멤버

변수의 공유 범위가 모호해지기 때문에 자바는 이를 허용하지 않고 있다. 예를 들어 그림 11.5에서 list에 유지되는 모든 B 타입의 객체들이 공통적으로 공유하는 s 멤버를 만들고 싶은 의도로 작성된 것이지만 이것이 허용되지 않는다. 그 이유는 A 객체를 여러 개 생성할 경우 어떤 현상이 발생할 수 있는지 생각해보면 이해할 수 있다. 하지만 static final한 멤버 변수는 정의할 수 있다. 또 중첩 클래스는 static 멤버 변수를 가질 수 있다.

4. 쓰레드, 타이머

```
public class Task implements Runnable{
    private static int taskSequence = 0;
    private String taskNumber;
    public Task(){
        taskNumber = "" + (char)('A' + taskSequence);
        ++taskSequence;
    }
    @Override public void run() {
        for(int i = 0; i < 50; ++i)
            System.out.print(taskNumber);
        System.out.println();
    }
}

public class ThreadTest{
    public static void main(String[] args){
        ArrayList<Thread> list = new ArrayList<>();
        for(int i = 0; i < 20; ++i)
            list.add(new Thread(new Task()));
        for(Thread thread: list) thread.start();
        // for(Thread thread: list) thread.join();
        System.out.println("Last Line of main");
    }
}
```

〈그림 11.6〉 쓰레드 예제

CPU를 통해 실행되는 최소 단위를 쓰레드(thread)라 한다. 하나의 프로그램이 실행되면 여러 개의 쓰레드를 만들어 실행할 수 있고, 하나의 쓰레드를 통해 실행할 수 있다. 한 프로그램에서 어떤 일을 나누어 병행으로 실행하거나 서로 다른 두 가지 일을 병행으로 실행하기 위해서는 쓰레드들을 직접 만들어 해당 일을 수행하도록 하여야 한다. 다중쓰레드 프로그래밍은 CPU가 놀고 있는 유휴 시간(idle time)을 최소화할 수 있어 프로그램의 성능을 향상할 수 있다. 예를 들어 보통 단일 쓰레드로 동작하는 프로그램에서 사용자 입력과 같은 특정 사건을 기다려야 할 경우 기다리는 동안 다른 유용한 일을 수행할 수 없다. 더욱이 병행이 아니라 다중 코어나 다중 프로세서의 경우에는 여러 쓰레드를 동시에 실행할 수 있어 프로그램의 성능이 더욱더 향상될 수 있다.

쓰레드가 실행되어 수행하는 것을 작업(task)이라 한다. 다중쓰레드 프로그래밍은 병행으로 수행되는 쓰레드가 같은 데이터를 접근할 수 있기 때문에 간단하지 않다. 하지만 동일 데이터를 접근하는 것이 아니라 독립적인 여러 쓰레드를 사용하고자 하면 이는 자바를 이용하여 어렵지 않게 프로그래밍할 수 있다. 쓰레드는 그것이 실행될 때 수행해야 하는 작업을 알려주어야 하며, 자바에서 작업은 java.util.Runnable interface를 구현하는 클래스를 만들어 정의한다.

그림 11.6을 실행하면 20개의 쓰레드를 만든다. 이 프로그램은 매번 실행할 때마다 그 결과가 다르다. 이것은 쓰레드를 내부적으로 스케줄하는 순서(CPU에 할당되어 실행되는 순서)가 결정적이지 않기 때문이다. 이 프로그램은 실제 총 21개의 쓰레드가 실행된다. 우리가 만든 20개와 원래 main의 실행을 책임지는 쓰레드까지 21개이다. 그림 11.6에 제시된 프로그램을 현재 상태로 실행하여 보고, 주석 처리된 문장을 포함하여 실행해 보자.

현재 실행 중인 쓰레드는 Thread.currentThread()를 통해 얻을 수 있으며, 특정 시간 동안 잠시 프로그램을 중단하고자 하면 Thread.sleep(1000)을 이용할 수 있다. 여기서 1,000의 단위는 millisecond이다. 1,000 millisecond가 1초이기 때문에 1초 동안 프로그램의 실행이 중단된다.

주석 처리하고 실행하면 main에 있는 println에 의한 콘솔 출력이 실행된 후에 쓰레드의 결과들이 출력된다. 일반적으로 한 프로그램에서 실행한 모든 쓰레드가 종료되어야 프로그램이 종료된다. 따라서 main에 있는 모든 문장이 실행되더라도 아직 실행 중인 쓰레드가 있으면 프로그램은 종료되지 않는다. 특정 쓰레드의 종료를 기다리고 싶으면 join 메소드를 이용하면 된다. 따라서 주석 처리하지 않고 실행하면 20개의 쓰레드가 모두 종료된 후에 main에 있는 콘솔 출력이 이루어진다.

타이머도 내부적으로 쓰레드 개념을 사용한다. 이 타이머는 자신의 스케줄에 따라 특정 시간이 지나면 등록되어 있는 작업을 수행한다. 그림 11.7의 타이머는 1초마다 10부터 숫자를 하나씩 감소한 다음, 그 값을 출력하여 주며, 마지막에는 “Lift off”를 출력하고 타이머를 종료한다.

schedule 메소드의 두 번째, 세 번째 인자는 모두 1,000이라는 값을 사용하고 있다. 첫 번째 값은 초기 지연이고, 두 번째 값은 타이머의 주기이다. 이 값도 앞서 설명한 sleep 처럼 millisecond 단위를 사용한다. 따라서 1초 후에 최초 타이머 작업이 실행되고, 그 이후 1초마다 타이머가 자동으로 실행된다. 이때 실행하는 작업은 모든 쓰레드가 그러하듯이 run 메소드에 정의한다.

java.util.Timer는 무한 반복되므로 특정 조건이 되면 멈추도록 하고 싶으면 직접 타이머를 종료해야 한다. 예를 들어 그림 11.6처럼 사용 중인 타이머를 반복적으로 실행되는 작업 객체가 유지하도록 한 다음, 필요할 때 그것의 cancel 메소드를 호출하여 타이머를 멈출 수 있다.

```
public class TimerTest{
   public static void main(String[] args){
       class CountDownTask extends TimerTask{
           private int count;
           private Timer timer;
           public CountDownTask(int init, Timer timer){
               count = init;    this.timer = timer;
           }
           public void run() {
               if(count > 0) System.out.println(count);
               else if(count == 0){
                   System.out.println("Lift Off");
                   timer.cancel();
               }
               --count;
           }
       }
```

```
        Timer t = new Timer();
        t.schedule(new CountDownTask(10, t), 1000, 1000);
        System.out.println("Countdown starts");
    }
}
```

〈그림 11.7〉 타이머 예제

5. Record

자바 16부터 데이터 클래스를 간결하게 정의할 수 있는 방법을 제공해준다. 자바의 경우 간단한 클래스의 경우에도 올바르게 동작하고 편리하게 사용하기 위해서는 생성자, getter를 정의해야 하며, Object 클래스에 정의되어 있는 hashcode, equals 등의 메소드를 재정의해야 한다. 하지만 다음과 같이 record라는 키워드를 이용하여 클래스를 정의하면 필드 수만큼의 인자를 받는 생성자, 각 필드에 대한 getter, hashcode, equals, toString 메소드를 자동 추가해준다.

```
public record Location(int row, int col){}
```

record를 이용하여 정의한 클래스의 필드는 private 접근 권한을 가지며, final 멤버이다. 즉, record는 setter를 제공하지 않는 불변 클래스이다. 이 때문에 불변 클래스가 아닌 객체 타입의 멤버 변수가 있으면 불변 클래스를 만족하지 못하게 되므로 주의해야 한다. 이 문제를 해결하기 위해 생성자를 수정하고, getter를 재정의할 수 있지만 그 과정에서 필요한 복제 때문에 효율성이 떨어지므로 record로 정의하지 않고 일반 클래스로 정의하는 것이 더 바람직할 수 있다.

record를 이용하여 클래스를 정의할 때 다른 클래스를 상속할 수 없으며, 일반 클래스나 새 record를 정의할 때 기존 record를 상속할 수 없다. 따라서 record 클래스는 함축적으로 final 클래스이다. 하지만 interface는 원하는 만큼 구현할 수 있다.

record 클래스가 자동으로 제공하는 getter의 이름은 필드 이름과 같다. 따라서 Location 객체에서 row와 col을 접근할 때 사용하는 getter의 이름은 row와 col이며, 다음처럼 사용할 수 있다.

```java
Location loc = new Location(1, 2);
System.out.println(loc.row());
```

record를 정의할 때 생성자를 추가할 수 있고, 일반 메소드나 static 메소드를 추가할 수 있다. 또 static 멤버 변수를 추가할 수 있다. 하지만 record는 간단한 데이터 클래스를 정의할 때 사용하는 것이 가장 효과적이다. 생성자의 경우에는 다음과 같이 매개변수 목록 없이 간단하게 자동 제공하는 생성자에 기능을 추가할 수 있도록 해준다.

```java
public record Location(int row, int col){
    public Location{
        if(row < 0 || col < 0) throw new IllegalArgumentException();
    }
}
```

하지만 자동 제공되는 생성자의 접근 권한은 public만 가능하다.

기존처럼 또 다른 생성자를 정의하고 싶으면 이 생성자는 반드시 다음처럼 자동 제공하는 생성자를 첫 문장으로 호출하는 형태로 구현해야 한다.

```java
public record Location(int row, int col){
    public Location(int row){
        this(row, 0);
    }
}
```

record는 내부 클래스처럼 클래스 내부에 정의할 수 있고, 메소드 내에 정의하여 제한적으로 사용할 수 있다. 내부 클래스로 정의하면 getter를 사용할 필요가 없고, 멤버 변수를 직접 접근하여 프로그래밍할 수 있다. 14장 설명하는 Stream 라이브러리를 사용할 때 복잡한 처리를 간결하게 프로그래밍하기 위해 간단한 record를 메소드 내부에 정의하여 사용할 수 있다.

6. Sealed 클래스

자바 17 이전에는 상속 제어가 매우 단순하였다. 실제 할 수 있는 것은 다음 뿐이었다.

- 클래스를 final로 수식하여 누구도 상속을 할 수 없도록 할 수 있었다.
- 모든 생성자를 private로 정의하여 상속을 할 수 없도록 만들 수 있었다.
- public 클래스가 아니면 다른 패키지에서 상속할 수 없었다.

자바 17에 도입된 sealed 클래스는 자신을 상속할 수 있는 클래스를 제한할 수 있고, sealed interface는 자신을 구현할 수 있는 클래스를 제한할 수 있다.

```
public sealed interface Drivable permits Car, Truck{
    void drive();
}

public abstract sealed class Vehicle permits Car, Truck{
    //
}
```

위에 제시된 Drivable interface는 Car와 Truck 클래스에서만 구현할 수 있으며, Vehicle 클래스는 Car와 Truck 클래스만 상속할 수 있다.

sealed를 통해 허용하는 클래스는 같은 모듈에 소속되어야 하며, sealed 클래스를 상속하거나 sealed interface를 구현하는 클래스는 final, sealed, non-sealed 중 하나로 수식해야 한다. 클래스가 non-sealed가 되면 해당 클래스를 상속하는데 제한이 없다.

퀴즈

1. 일반 내부 클래스의 대표적인 예가 반복자이고, 중첩 클래스의 대표적인 예가 연결구조에서 노드 클래스이다. 이 두 클래스와 관련된 다음 설명 중 틀린 것은?
   ① 반복자 클래스의 객체는 오직 외부 클래스 내에서만 생성하지만 생성한 객체는 외부 클래스 밖에서 interface 타입의 리모컨으로 접근하여 사용한다.
   ② 연결구조에서 노드 객체는 오직 외부 클래스 내에서만 생성하여 사용하며, 외부 클래스 밖에서는 사용하지 않는다.
   ③ 연결구조에서 노드 객체는 자신을 생성한 외부 객체를 접근하지 않지만 반복자 객체는 보통 자신을 생성한 외부 객체를 접근하여 사용한다.
   ④ 반복자 객체, 노드 객체 모두 클래스 접근 권한을 public으로 바꾸고 멤버의 접근 권한도 적절하게 바꾸면 외부 클래스 밖에서 생성하여 사용할 수 있다.

2. 내부 클래스 접근 제어와 관련된 다음 설명 중 틀린 것은?
   ① 클래스 내부 클래스 멤버에 대한 접근 제어는 외부 클래스에게는 아무 의미가 없다.
   ② 메소드 내부 클래스 멤버는 접근 제어 수식어를 사용할 수 없다.
   ③ 메소드 내부 클래스 자체는 접근 제어 수식어를 사용할 수 없다.
   ④ 일반 내부 클래스(non static) 자체는 4가지 접근 제어가 모두 가능하지만 외부 클래스 내에서만 생성할 수 있으므로 실제 사용한 접근 제어 수식어가 의미가 없다.

3. record는 불변 클래스를 매우 간결하게 정의할 수 있도록 해주는 클래스를 정의하는 또 다른 방법이다. record와 관련된 다음 설명 중 틀린 것은?
   ① record는 record를 정의할 때 나열한 매개 변수와 동일한 수의 멤버 변수를 가지며, 이 외에 일반 멤버 변수를 추가할 수 없다.
   ② 생성자를 추가로 정의할 수 있지만 항상 record 정의에 의해 자동 추가되는 생성자를 this를 이용하여 호출해야 한다.
   ③ 생성자, getter, toString, equals, hashCode 등이 자동으로 추가된다.
   ④ 기본적으로 제공하는 getter의 이름은 멤버 변수 이름과 같으며, 이를 재정의할 수 없다.

4. 자바에서 상속 제어와 관련된 다음 설명 중 틀린 것은?
   ① 클래스가 final이면 상속할 수 없다.
   ② public 클래스가 아니면 다른 패키지에서는 상속할 수 없다.
   ③ sealed 클래스는 그것이 허용하는 클래스만 상속할 수 있다.
   ④ public 생성자가 없으면 상속할 수 없다.

연습문제

1. 이중 연결구조를 이용하여 문자열을 저장하는 비정렬 리스트를 구현하고자 한다. 이중 연결구조는 단일 연결구조와 달리 head와 tail 노드를 가리키는 포인터를 유지하면 리스트 앞과 뒤에서 추출 및 삽입을 상수 시간에 할 수 있다. 이중 연결구조에서 사용하는 내부 노드 구조와 멤버 변수 3개가 다음과 같이 주어졌을 때, pushFront와 pushBack 연산을 구현하라.

```java
public class UnsortedDoubleLinkedList implements Iterable<Integer>{
    private static class Node{
        private String item;
        private Node prev = null;
        private Node next = null;
        private Node(int item){
            this.item = item;
        }
    }
    private Node head = null;
    private Node tail = null;
    private int size = 0;
}
```

2. 다음과 같이 평면 좌표계의 x와 y 좌표를 유지하는 Point record를 정의하였다.

```java
public record Point(int x, int y){
}
```

이와 관련하여 다음에 대해 각각 구현하라.

① 두 개의 Point 좌표 간 거리를 구하는 다음 static 메소드를 추가하라.

```java
public static double distance(Point p1, Point p2){
}
```

좌표 간 거리는 유크리드 거리 $\sqrt{(x_1 - x_2)^2 + (y_1 - y_2)^2}$ 로 계산한다.

② 정수 deltaX와 deltaY가 주어지면 기존 좌표를 deltaX와 deltaY만큼 이동한 새 좌표를 반환하는 다음 메소드를 추가하라.

```
public Point move(int deltaX, int deltaY){
}
```

3. 격자 모양의 게임판을 사용하는 게임을 만들고자 한다. 이를 위해 현재 위치 정보를 유지하는 다음과 같은 record를 정의하였다.

```
public record Location(int r, int c){}
```

사용하는 격자 모양의 게임판의 크기는 매 게임마다 바뀔 수 있으며, 현재 게임판의 크기는 currWidth, currHeight 변수에 유지하고 있다. 사용자는 특정 위치에서 게임을 시작하며, 동서남북으로 이동할 수 있지만 게임판의 범위를 벗어날 수 없다. 새롭게 계산된 위치가 유효한 위치인지 검사해 주는 다음과 같은 isValid 메소드를 Location record에 추가하고자 한다.

```
public static boolean isValid(int r, int c, int currWidth, int currHeight){
}
```

그런데 바뀌지 않는 currWidth, currHeight를 매번 이 메소드에 전달하는 것은 좋은 방법이 아닌 것 같다. 이 값을 전달하지 않고 새롭게 계산된 r과 c가 유효한 좌표인지 검사하는 방법을 제안하라.

제12장

접근 제어, Object 클래스

제 12 장 접근 제어, Object 클래스

1. 접근 제어

1.1 접근 제어 종류

자바는 public, private, protected, 기본(default), 총 4가지 접근 제어 수준을 제공한다. 이들 접근 제어 수준은 독립 class, interface, record, enum 자체에 대한 접근 제어 수준를 나타내기 위해 사용할 수 있고, 그것의 내부 멤버 또는 내부에 정의된 class, record, enum에 대한 접근 제어 수준을 나타내기 위해 사용할 수 있다. 간략하게 설명하기 위해 전자를 독립 요소라 하고, 후자 중 멤버가 아니라 독립 요소 내부에 정의된 요소를 내부 요소라 하자. 독립 요소에 대한 접근 제어는 다른 패키지에서 import 문을 이용하여 사용할 수 있는지 여부를 의미한다. 이 때문에 4가지 종류의 접근 제어 수준 중 독립 요소 접근 제어를 위해 사용할 수 있는 것은 public 아니면 기본이다. public한 요소만 다른 패키지에서 import 문을 이용하여 사용할 수 있다. 이 때문에 기본 접근 제어를 다른 말로 패키지 권한이라 한다. 기본 접근 제어 수준으로 정의된 독립 요소는 같은 패키지 내에 있는 다른 독립 요소에서만 사용할 수 있고, 다른 패키지에서는 사용할 수 없다.

내부 멤버에 대한 접근은 먼저 그 멤버를 포함한 독립 요소에 대한 접근이 가능해야 접근할 수 있다. 그것은 내부 요소도 마찬가지이다. 메소드 내부에 요소를 정의하면 이 요소는 다른 곳에서 접근이 원천적으로 가능하지 않기 때문에 이들에 대한 접근 제어는 무의미하다. 따라서 메소드 내부에 정의한 요소는 접근 제어 자체를 사용할 수 없으며, 이들은 내부 요소로 분류하지 않는다.

내부 요소와 멤버는 4가지 종류의 접근 제어를 모두 사용할 수 있으며, 그것의 의미는 다음과 같다.

- public: 누구나 직접 접근할 수 있다.

- protected: 같은 패키지에 있는 다른 요소나 해당 클래스를 상속받은 클래스에서 직접 접근할 수 있다.
- 기본: 같은 패키지에 있는 다른 요소에서 직접 접근할 수 있다.
- private: 외부에서는 직접 접근할 수 없다.

자바는 이처럼 패키지 개념이 있어 protected 개념이 C++와 의미가 조금 다르다. 상속받는 자식 클래스에게만 허용되는 것이 아니라 같은 패키지에 있는 다른 독립 요소들에게도 직접 접근이 허용된다. 특정 접근 제어를 가지기 위해서는 해당 수준을 나타내는 키워드로 수식해 주어야 하는데, 접근 제어를 나타내는 키워드로 수식되어 있지 않으면 해당 내부 멤버는 기본 접근 권한을 가지게 된다. 클래스의 멤버는 접근 제어 수식어가 없으면 기본 권한이 되지만 interface는 수식어가 없으면 public이며, 수식어를 사용하지 않는 열거형 상수도 public이다.

여기서 접근을 할 수 없다는 것은 다른 요소에서 단순 이름이나 완전 이름을 이용하여 프로그래밍할 수 없다는 것이지 실제는 간접적으로는 사용할 수 있는 경우가 대부분이다. 예를 들어 private 멤버 변수는 클래스가 제공하는 getter를 통해 보통 접근할 수 있다. 또 private 내부 요소나 접근 자체가 가능하지 않은 메소드에 정의된 요소도 그것의 객체는 다른 곳에서 그 객체 클래스의 조상 클래스 또는 구현하는 interface 리모컨을 통해 사용할 수 있다.

내부 멤버는 4가지 접근 제어 수준을 모두 사용할 수 있다고 하였는데, 다음과 같이 몇 가지 특이사항이 있다.

- interface: 보통 클래스의 경우 어떤 접근 제어 키워드를 이용하여 수식하지 않은 내부 멤버는 기본 접근 권한을 가지게 되는데, interface는 접근 제어 키워드를 수식하지 않으면 public 접근 권한을 가지게 된다. 따라서 interface의 내부 멤버는 public 아니면 private 두 종류의 접근 권한을 가질 수 있으며, public인 경우 보통 public 키워드로 명백하게 수식하지 않는다.
- record: record를 정의할 때 그 문법에 의해 가지게 되는 멤버 변수는 private 접근 권한을 가지게 되며, 이 접근 권한을 바꿀 수 없다. 또 record가 자동으로 제공하는 생성자의 접근 권한을 바꿀 수 없다.
- enum: 열거형을 정의할 때 나열된 열거형 상수는 해당 열거형의 객체이다. 이 객체는 별도 표시는 없지만 public 접근 권한을 가진다. 열거형에 생성자를 정의할 경우에는 반드시 private 접근 권한을 주어야 한다.

- 클래스 내부 요소: 메소드 내에 정의된 요소가 아니라 클래스 내부에 정의된 요소는 4가지 접근 제어 중 하나를 선택하여 사용할 수 있지만 보통 해당 클래스에서만 사용하는 요소이기 때문에 private로 수식하는 것이 일반적이다. 열거형처럼 내부에 정의하지만 외부에서도 널리 사용하는 경우에는 public로 수식하여 사용하지만 이 경우에는 독립 요소로 정의하는 것이 더 효과적일 수 있다.

1.2 내부 멤버에 대한 접근 제어

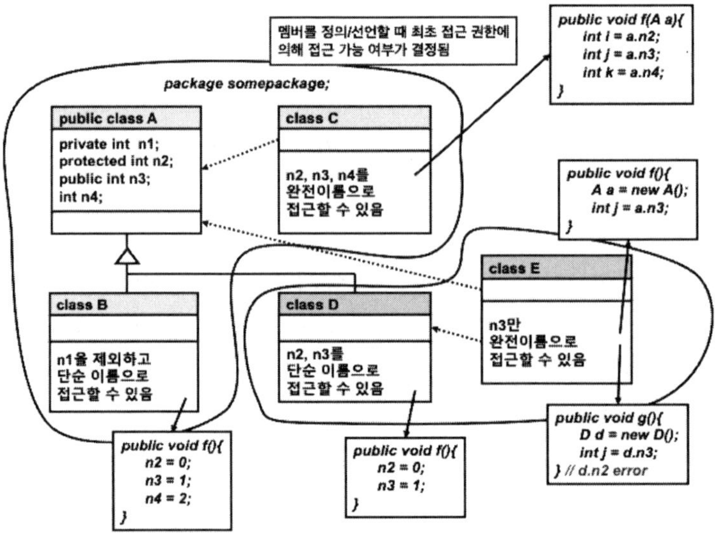

〈그림 12.1〉 접근 권한 예제

그림 12.1를 이용하여 내부 멤버에 대한 접근 제어의 의미를 살펴보자. 이 예는 멤버 변수를 이용하고 있지만 이들을 메소드로 바꾸어도 차이가 없다. 이 그림에는 5개의 클래스가 있으며, A, B, C는 같은 패키지에 소속된 클래스이고 D, E는 이들과 다르지만 같은 패키지에 소속된 클래스들이다. A에는 4개의 멤버 변수가 정의되어 있고, 이들은 각각 4개의 접근 제어 권한을 가지고 있다. A는 다른 패키지에 있는 클래스 D가 상속하고 있고, E가 사용하고 있기 때문에 public 클래스이어야 하고, D와 E는 import 문을 사용해야 A를 접근할 수 있다.

A의 n1 멤버는 private이다. 따라서 A 클래스 내에서만 해당 멤버를 접근할 수 있다. 참고로 B와 D는 A의 자식 클래스이기 때문에 해당 멤버를 상속 받는다. C와 E는 A와 상속 관계에 있지 않기 때문에 사용 관계나 포함 관계를 통해 A 객체와 상호작용이 가능하다. 그림 12.1에서 C는 f 메소드의 매개 변수로, E는 지역 변수로 A 타입의 객체를 사용하고 있다.

A의 n2 멤버는 protected이므로 상속 관계에 있는 B와 D는 해당 멤버의 접근 권한을 public인 것처럼 인식하기 때문에 직접 접근할 수 있다. C는 A와 같은 패키지에 소속되어 있으므로 마찬가지로 A 타입의 객체와 상호작용할 때 해당 멤버를 직접 접근할 수 있다. E는 A와 다른 패키지에 소속되어 있고 상속 관계에 있지 않으므로 A 타입의 객체와 상호작용할 때 해당 멤버를 직접 접근할 수 없다.

A의 n3 멤버는 public이므로 다른 모든 클래스에서 직접 접근하여 사용할 수 있다. A의 n4 멤버는 기본 접근 권한을 가지고 있으므로 같은 패키지에 있는 C는 public 개념으로 직접 접근할 수 있지만 다른 패키지에 있는 D와 E는 private 개념으로 접근할 수 없다. 물론 D는 상속 관계에 있으므로 해당 멤버를 상속받아 유지하고 있다.

E는 D와 같은 패키지에 있는 클래스이므로 D 타입 객체의 private 멤버를 제외하고 모두 직접 접근할 수 있다. D는 A를 상속하고 있으므로 D 타입 객체는 A에 정의된 4개의 멤버 변수를 모두 상속받아 유지하고 있다. 하지만 이들을 D의 특정 접근 권한을 가진 멤버로 간주하지 않는다. 예를 들어 D 타입 객체가 A로부터 상속받아 유지하는 n2의 접근 권한은 D를 기준으로 인식하지 않고, 원래 정의된 A를 기준으로 인식한다. n2를 D의 protected 멤버로 인식하면 E에서 직접 접근할 수 있어야 하는데 그렇지 못하다. 상속받은 멤버 변수의 접근 권한은 원래 선언된 클래스에서 지정한 접근 권한에 의해 접근 가능 여부가 결정된다. 이 때문에 E에서 직접 접근할 수 있는 것은 D의 n3뿐이다.

1.3 메소드 재정의와 접근 제어

메소드를 재정의할 때 접근 제어를 더 제한적으로 바꿀 수 없다. 그 이유는 특정 객체는 해당 객체의 타입 리모컨 뿐만 아니라 상위 타입의 리모컨으로 접근할 수 있기 때문이다. 따라서 더 제한적인 경우 원래 접근할 수 없는 것을 상위 타입 리모컨으로는 접근할 수 있게 되는 모순이 발생한다. 더 구체적으로는 자식 클래스에서 부모 메소드를 재정의할 때에는 다음을 만족하여야 한다.

- 원 메소드가 public이면 재정의된 메소드도 public이어야 한다.
- 원 메소드가 protected이면 재정의된 메소드는 public 또는 protected이어야 함
- 원 메소드가 기본이면 재정의된 메소드는 public, protected, 또는 기본이어야 함.
- private 메소드는 재정의할 수 없다.

interface의 선언된 메소드나 정의한 기본 메소드는 모두 public이므로 이들을 재정의하는 메소드는 항상 public이어야 한다.

위 규칙을 통해 접근 권한은 private, 기본, protected, public 순으로 접근 권한의 제한이 강한 것으로 간주한다는 것을 알 수 있다. private 메소드는 재정의할 수 없으며, 사용할 수 없기 때문에 상속되지 않는다고 생각하여도 틀린 것은 아니다. 이와 유사한 개념으로 메소드를 재정의할 때 부모 메소드보다 더 많은 checked 예외나 다른 checked 예외를 공표할 수 없다.

1.4 접근 제어를 어떻게?

그러면 멤버를 정의할 때 접근 제어를 어떻게 해야 하나? 가장 간단한 방법은 모든 멤버를 기본적으로 private으로 설정한 다음 이 중에 외부에서 접근이 필요한 메소드는 public으로 설정하고, final 원시 타입 멤버는 직접 접근하여도 문제가 될 수 없으므로 public으로 설정한다.

그러면 protected와 기본 접근 권한은 사용할 필요가 없는 것인가? 보통 기본 접근 권한은 내부 멤버보다는 독립 요소의 접근 권한을 나타내기 위해 주로 사용한다. protected는 자식 클래스에서 빈번하게 접근해야 하는 부모 멤버 변수가 있으면 getter를 호출하지 않고 간결하게 프로그래밍하기 위해 종종 사용한다. 하지만 이렇게 하는 것은 캡슐화, 강건성 측면에서 좋은 방법은 아니다. 멤버 변수를 강건하게 갱신하기 위해 인자를 검사하는 setter가 정의되어 있다면 자식에서도 내부적으로 상속받은 멤버 변수를 갱신할 때에는 부모에 정의되어 있는 메소드를 이용하는 것이 바람직하다.

protected을 실제 사용할 이유는 다음 3가지이다.

- 이유 1. 외부에서 사용할 필요는 없지만 자식은 사용해야 하는 메소드
- 이유 2. 외부에서 사용할 필요는 없지만 자식이 반드시 재정의해야 하는 추상 메소드
- 이유 3. 자식이 그대로 사용하면 안 되고 재정의해야 하는 메소드

위 이유로 메소드를 protected로 만들어도 같은 패키지에 있는 다른 독립 요소에게는 허용되기 때문에 목표한 바를 완벽하게 제공하지는 못한다. 그럼에도 불구하고 다른 패키지에 있는 클래스의 접근을 막을 수 있으므로 충분한 효과를 얻을 수 있다. 이유 2는 중요한 객체지향 설계 원리 중 하나인 DIP(Dependency Inversion Principle)를 상속

관계에서 적용할 때 많이 사용하는 방법이다. 이유 3 때문에 메소드를 protected로 선언한 대표적인 예가 Object 클래스의 clone 메소드이다.

예를 통해 이유 3이 어떤 효과가 있는지 살펴보자. A 클래스에 foo 메소드가 protected로 선언되어 있으면 다른 패키지에서는 A 객체의 foo 메소드를 호출할 수 없다. 다른 패키지에서 A 클래스를 상속하여 B를 정의하면서 foo를 public으로 재정의하더라도 여전히 A 리모컨으로는 foo를 사용할 수 없다. 하지만 public으로 재정의하였으므로 B 리모컨으로는 foo 메소드를 호출하여 사용할 수 있다. 따라서 B는 foo의 호출을 허용하고 싶으면 A의 정의된 foo를 그대로 사용하고 싶어도 public으로 재정의하지 않고는 제공할 방법이 없다. 따라서 B는 다음 중 하나를 선택할 수밖에 없다.

- 선택 1. 외부에서 foo의 호출이 필요 없으면 아무것도 안 하면 된다.
- 선택 2. 외부에서 foo의 호출이 필요하고, 그 기능은 A에 정의된 것으로 충분하면 단순히 부모의 foo를 호출하는 foo를 public으로 재정의하면 된다.
- 선택 3. 외부에서 foo의 호출이 필요하고, 그 기능은 A에 정의된 것으로 충분하지 않으면 자신에 맞게 public으로 재정의하면 된다.

2.4절에서 설명하는 Object의 clone 메소드는 이와 같은 선택을 허용하기 위해 protected 접근 권한을 가지고 있다.

2. Object 클래스

자바에서 다른 클래스를 명백하게 상속하지 않으면 자동으로 Object 클래스를 상속받게 된다. 따라서 자바에서 클래스 계층도를 그리면 가장 최상위에 항상 Object 클래스가 존재하게 된다. 즉, 자바로 작성된 프로그램의 클래스 계층도의 루트 노드는 항상 Object 클래스이다. 이 때문에 자바의 모든 객체는 Object 타입에 유지할 수 있다. C++와 비교되는 자바의 가장 큰 매력 포인트 중 하나가 Object 클래스이다. 모든 클래스의 공통 조상을 가지도록 한 이 아이디어는 다음과 같은 이점이 있다.

- 이점 1. 모든 객체를 유지할 수 있는 타입이 존재한다.
- 이점 2. 모든 객체가 공통으로 필요한 메소드 이름을 통일하여 프로그램 일관성 유지에 도움이 된다.

이점 1 때문에 아래의 문장들은 모두 오류가 없는 유효한 문장이다.

```
Object o = null;
int[] iArray = new int[5];
o = iArray;
if(o instanceof int[]) int[] a = (int[])o;
o = Direction.SOUTH;
o = 2;
```

여기서 Direction은 열거형이고, SOUTH는 해당 열거형에 정의된 열거형 상수이다. 마지막 문장의 경우에는 자동 포장 기능이 동작하여 o 변수가 Integer.valueOf(2) 객체를 참조하게 된다. 이와 같은 기능을 실제 사용할 일은 거의 없지만 제시된 코드에서 알 수 있듯이 배열과 열거형 상수도 모두 Object 타입 변수가 참조할 수 있다.

이 절에서는 Object 클래스에 정의되어 있는 다음 5개의 메소드에 대해 자세히 살펴본다.

- String toString(): 객체에 대한 문자열 표현을 제공한다.
- **boolean** equals(Object other): 객체의 내부 상태가 같은지 비교하여 준다.
- **int** hashCode(): 객체를 서로 구분할 수 있는 정수 값을 제공한다.
- Object clone(): 객체를 복제하여 준다.
- **final** Class getClass(): 객체의 클래스에 대한 정보를 가진 Class 객체를 반환하여 준다.

이 중 clone만 protected 접근 권한을 가지고 있고, 나머지는 public 접근 권한을 가지고 있다. 우리가 한 클래스를 정의할 때 getClass 메소드를 제외한 나머지 4개의 메소드가 필요하면 그것을 그대로 사용할 수 없고 우리 클래스에 맞게 재정의하여 사용해야 한다. 따라서 이들을 우리 클래스에 맞게 재정의하는 방법을 알아야 한다.

2.1 toString 메소드

toString 메소드는 객체에 대한 문자열 표현을 반환하여 준다. 보통 디버깅 목적으로 사용하며, System.out의 print나 println 메소드에 객체를 전달하면 이 메소드가 호출된다.

이 메소드는 String의 format 메소드를 이용하여 많이 구현한다. 다음은 BankAccount 클래스에 toString 메소드를 재정의한 예이다.

```
@Override public String toString(){
    return String.format("잔액: %d", balance);
}
```

문자열과 사용자 정의 타입 객체를 + 연산자로 결합하면 사용자 정의 타입의 toString 메소드가 호출된다. 따라서 이 측면도 필요하면 toString 재정의할 때 고려하여야 한다.

2.2 equals 메소드

자바는 Object에 equals 메소드를 정의함으로써 같은 종류의 두 객체의 내부 상태가 같은지 비교해야 할 때 이 메소드를 사용하도록 유도하고 있다. 특히, 자바의 라이브러리의 많은 메소드가 equals 메소드를 사용하고 있으므로 이 메소드를 제대로 구현하지 않으면 관련 라이브러리 메소드를 사용할 때 오동작을 하게 된다. equals 메소드는 두 객체의 내부 상태가 같은지 확인하는 것이므로 반드시 모든 멤버 변수를 비교하는 형태로 재정의해야 한다.

학생 객체의 경우 두 객체의 학번이 같으면 논리적으로 같은 객체일 수 있지만 두 객체의 내부 상태는 다를 수 있다. equals는 이와 같은 상황을 확인하는 것이 목적일 수 있다. 또 한 클래스의 equals 메소드는 다른 클래스의 equals 메소드 구현에 사용할 수 있으므로 일관성 있는 구현을 위해 equals 메소드는 항상 모든 멤버 변수를 비교하는 형태로 구현해야 한다. 간혹 모든 멤버 변수를 이용하지 않는 경우도 있지만 매우 예외적인 경우에 해당한다.

Object의 equals 메소드의 매개 변수 타입은 Object이다. 따라서 재정의 규칙에 따라 임의 클래스에서 이 메소드를 재정의할 때 메소드의 매개 변수 타입은 여전히 Object이어야 한다. 이 때문에 엉뚱한 종류의 객체가 인자로 전달될 수 있다. 다행인 것은 equals 메소드는 false를 반환하여 예외를 발생하지 않고 이 문제를 해결할 수 있다.

```
public abstract class Person{
    private String name;
    private int age;
    @Override public boolean equals(Object o){
        if(o == null || getClass() != o.getClass()) return false;
        if(this == o) return true;
        Person p = (Person)o;
        return name.equals(p.name) && age == p.age;
    }
}

public class Student extends Person{
    // Professor 클래스에 equals 메소드가 올바르게 재정의되어 있다고 가정
    private Professor supervisor;
    private int year;
    @Override public boolean equals(Object o){
        if(!super.equals(o)) return false;
        Student s = (Student)o;
        return Objects.equals(supervisor, s.supervisor) && year == s.year;
    }
}
```

〈그림 12.2〉 equals 메소드 재정의 예제

equals 메소드는 그림 12.2에 제시된 것처럼 Object가 부모인 클래스와 일반 클래스가 부모인 경우 다르게 구현한다. Object가 부모인 경우 equals 메소드의 첫 두 문장은 항상 그림 12.2에 제시된 Person 클래스의 equals 메소드와 동일하게 구현한다. 첫 문장은 예외를 처리하는 문장이고, 두 번째는 현재 객체와 주어진 객체가 동일할 경우에 비교를 최적화해주는 문장이다. 개발 과정에서 오류를 발견하고 싶으면 첫 문장에서 false를 반환하는 대신에 예외를 발생할 수 있다.

첫 번째 문장은 인자 객체가 null이 아니면 this 객체와 정확하게 일치하는 타입인지 getClass 메소드를 이용하고 있다. 타입의 일치 여부는 instanceof 연산자를 사용할 수 있지만 이 경우에는 하위 클래스 타입의 객체도 오류 없이 통과되는 문제점이 있다. 또 o.getClass() != Person.class와 같이 비교하는 경우도 있는데, 이 경우에는 하위 클래스를 구현할 때 사용할 수 없게 되는 문제점이 있다. 두 번째 문장은 compareTo 메소

드와 달리 equals 메소드는 모든 멤버 변수를 비교하기 때문에 꼭 사용하는 것이 바람직하다. 더욱이 이 코드는 이 클래스에서만 사용하는 것이 아니라 이것의 후손에서 equals 메소드를 재정의할 때에도 계속 사용하는 코드이다.

세 번째 문장은 클래스마다 달라지지만 항상 주어진 인자를 현재 객체와 동일한 객체로 타입 변환하는 문장이 오게 된다. 이미 첫 문장에서 예외를 처리하였기 때문에 세 번째 문장에서 타입 변환하는 과정에서 예외가 발생할 수 없다. 마지막 문장에서는 모든 멤버가 일치하는지 비교하면 된다. 이때 배열이면 Arrays의 equals 메소드를 이용하고, 일반 객체이면 해당 객체의 equals 메소드를 이용하며, 원시 타입이면 연산자를 이용하여 비교한다. 부동소수 타입이면 Float.compare나 Double.compare static 메소드를 사용하는 것이 더욱 정확한 비교를 할 수 있다.

객체인 경우 null 처리를 효과적으로 하기 위해 해당 객체의 equals 메소드 대신에 그림 12.1의 Student 클래스의 equals 메소드처럼 Objects.equals(a, b) 메소드를 활용할 수 있다. 이 메소드는 두 인자가 모두 null이면 true를 반환하여 주고, 둘 중 하나만 null이면 false를 반환하여 주며, 둘 다 null이 아니면 a.equals(b)를 호출한다. Person의 equals에서 this.name이 null이면 문제가 되지만 p.name이 null인 경우에는 해당 equals 메소드에서 처리해 주기 때문에 문제가 되지는 않는다.

일반 클래스가 부모인 경우의 equals 메소드는 그림 12.1의 Student의 equals 메소드처럼 가장 먼저 부모의 equals 메소드를 호출해야 한다. 이를 통해 예외 처리와 최적화를 하고, 부모로부터 물려받은 멤버들의 일치 여부부터 확인한다. 그 다음 타입 변환을 하고, 이 클래스에 추가로 정의한 멤버 변수를 비교하면 된다.

2.2.1 equals와 compareTo

```
public abstract class Person implements Comparable<Person>{
    private String name;
    private int age;
    //
    @Override public int compareTo(Person p){
        return name.compareTo(name);
    }
}
```

```

public class Student extends Person{
    private Professor supervisor;
    private int year;
    //
    @Override public int compareTo(Person p){
        Student s = (Student)p;
        int comp = super.compareTo(p);
        return (comp == 0)? age - s.age: comp;
    }
}
```

〈그림 12.3〉 compareTo 메소드 재정의 예제

자바에서 객체의 내부 상태가 같은지 검사할 때에는 Object에 정의된 equals 메소드를 재정의하여 사용한다. 반면에 두 객체가 크고 작은지 비교는 Comparable interface를 구현한 후 compareTo 메소드를 이용하고 있다. 이 두 메소드는 구현 측면에서 다음과 같은 차이점이 있다.

- 차이점 1. equals는 Object에 정의되어 있기 때문에 template를 사용할 수 없지만 compareTo는 interface에 선언되어 있는 것이기 때문에 template를 사용하도록 자바 5부터는 개선되었다.
- 차이점 2. 둘 다 참조 타입의 인자를 받기 때문에 null 값이 전달될 수 있다. 이 경우 equals는 false를 반환하여 처리하지만 compareTo는 반환 값을 통해서는 이를 처리할 수 없기 때문에 어떤 조치도 취하지 않는다.
- 차이점 3. equals는 반드시 모든 멤버 변수를 이용하여 비교하여야 하지만 보통 compareTo는 일부 멤버 변수만 이용하여 비교한다. 이 때문에 equals는 this와 인자로 전달된 참조 타입이 동일한 객체를 가리키는지 비교하는 최적화를 해주는 것이 바람직하다.
- 차이점 4. 재정의 규칙에 의해 equals 메소드는 상속 계층에서 어느 위치에 있던 항상 매개 변수 타입이 Object이지만 compareTo 메소드는 template를 사용하기 때문에 해당 클래스 타입이 인자가 되지만 해당 클래스의 자식 클래스부터는 최초 Comparable interface를 구현한 클래스의 타입이 된다. 예를 들어, 그림 12.3에서 Student의 compareTo 메소드는 그것의 부모에서 이미 compareTo를 정의하고 있기 때문에 매개 변수 타입이 Student가 아니라 Person이 된다. 이 때문에 Student에서 compareTo 메소드를 정의할 때에는 타입 변환이 필요하다. 하지만 인자의 null 여부나 Student 타

입으로 타입 변환이 가능한지 여부는 검사하지 않고 있다. 이것은 앞서 설명한 차이점 2 때문에 문제가 있다는 것을 알더라도 조처를 할 수 있는 방법이 없기 때문이다.

2.2.2 equals 구현의 변형

다른 서적이나 인터넷을 검색하다 보면 그림 12.2에 제시된 Person의 equals 메소드 구현에서 다음과 같이 첫 두 문장의 순서를 바꾸어 사용하는 예제도 많이 접할 수 있다.

```
@Override public boolean equals(Object o){
    if(this == o) return true;
    if(o == null || getClass() != o.getClass()) return false;
    //
}
```

이와 같이 하면 o가 null일 때 문제가 되거나 둘 다 null일 때를 처리할 수 있다고 생각할 수 있다. 하지만 this는 절대 null일 수 없기 때문에 이와 같은 생각은 잘못된 것이다. 최적화를 먼저 하느냐 아니면 예외 처리를 먼저 하는냐의 차이일 뿐 두 방식 모두 사용이 가능하다.

어떤 자료의 경우에는 equals 구현할 때 getclass를 사용하는 대신에 instanceof를 사용하는 것이 더 올바른 방법이라고 주장하기도 한다. instanceof를 사용하면 그림 12.2에 제시된 Person의 equals 메소드의 첫 문장은 다음과 같이 바뀌게 된다.

```
@Override public boolean equals(Object o){
    if(o instanceof Person p){
        //
    }
    else return false;
}
```

이 구현에서는 기존과 달리 인자가 null인지 검사를 하고 있지 않다. 그 이유는 인자가 null이면 instanceof 검사 결과가 false가 되기 때문에 필요가 없다. instanceof를 사용하는 것이 더 올바른 방법이라고 주장하는 이유는 상위 타입과 하위 타입 객체를 서로 비교할 수 있어야 한다는 것이다. 하지만 객체의 전체 내부 상태를 비교해야 하는 원칙에 맞지 않으며, 재귀성(reflexivity, x.equals(x)는 true이어야 함), 대칭성(symmetry, x.equals(y)가 true이면 y.equals(x)는 true이어야 함), 추이성(transitivity, x.equals(y)와 y.equals(z)가 모두 true이면 x.equals(z)는 true이어야 함)을 제공해야 하는 원칙에도 부합하지 않다. 따라서 getClass를 이용하여 equals를 구현하는 것이 더 적절한 방법이다.

2.3 hashCode 메소드

```
public abstract class Person{
    private String name;
    private int age;
    //
    @Override public int hashCode(){
        return Objects.hash(name, age);
    }
}

public class Student extends Person{
    // Professor 클래스에 hashCode 메소드가 올바르게 재정의되어 있다고 가정
    private Professor supervisor;
    private int year;
    //
    @Override public int hashCode(){
        return Objects.hash(super.hashCode(), supervisor, year);
    }
}
```

〈그림 12.4〉 hashCode 메소드 재정의 예제

집합과 맵 자료구조는 해싱 기술을 사용하여 구현할 수 있다. 해싱 기술은 임의 접근이 가능한 배열에 데이터를 저장하는데, 그 저장 위치를 해시함수를 이용하여 결정하는 방식이다. 이 배열을 해싱 기술에서는 해시 테이블이라 한다. 보통 해시함수 값의 범위는 입력 값의 범위보다 작기 때문에 서로 다른 데이터도 같은 해시값을 가질 수 있다. 더욱이 해시값을 배열의 용량으로 나머지 연산을 하여 최종 위치를 결정하기 때문에 충돌의 발생은 불가피하다.

해싱을 이용한 자료구조가 기대하는 성능을 보여주기 위해서는 좋은 해시 함수를 사용해야 하며, 초기에 충분한 용량의 해시 테이블을 확보해야 한다. 자바는 해싱을 이용하는 HashSet 또는 HashMap의 키값으로 객체 타입을 사용하면 그 타입에 정의되어 있는 hashCode를 해시함수로 사용한다. 따라서 hashCode를 올바르게 재정의하지 않으면 이 타입을 HashSet이나 HashMap의 키 값으로 사용하기 어렵다. 또 해싱에서는 항상 충돌이 가능하므로 데이터를 저장하거나 검색할 때 저장되어 있는 데이터와 비교가 필요하다. 따라서 hashCode만 필요한 것이 아니라 equals도 올바르게 재정의되어 있어야 해당 타입을 해싱을 이용한 자료구조의 키 값으로 사용할 수 있다.

일반적으로 hashCode는 equals와 호환되어야 한다. 여기서 호환되어야 한다는 것은 x와 y가 같은 타입의 객체일 때 x.equals(y)가 true이면 x.hashCode() == y.hashCode() 역시 true이어야 한다. 당연히 멤버 변수를 이용하기 때문에 이 호환은 항상 만족된다. 하지만 역은 성립하지 않는다. 충돌 가능성 때문에 x.hashCode() == y.hashCode()이지만 x.equals(y)가 false일 수 있다.

충돌이 적게 일어나기 위해서는 x.equals(y)가 false이면 x.hashCode()!=y.hashCode()가 성립해야 한다. 이 때문에 보통 객체의 모든 멤버 변수를 이용하여 hashCode를 계산한다. 이때 충돌이 쉽게 일어나지 않도록 정의해야 한다. 예를 들어 다음과 같이 hashCode를 계산하면 2021년 1월 2일과 2021년 2월 1일의 hashCode는 같아지기 때문에 적절한 정의 방법이 아니다. 주석에 포함된 방법도 같은 문제가 있다.

```
@Override public int hashCode(){
    return year ^ month ^ day
    // return year + month + day;
}
```

단일 데이터가 있을 때 이 데이터를 이용하여 해시값을 계산하는 적절한 방법은 라이브러리에 구현되어 있다. 예를 들어 String 타입 변수 하나만 이용하여 hashCode를 계산하고 싶으면 String 타입의 hashCode를 이용하면 된다. 하나의 변수를 이용하여 hashCode를 정의하는 방법은 다음과 같다.

- 원시 타입: Wrapper 클래스의 hashCode를 이용한다.
  예) Double.hashCode(temperature)
- 객체 타입: 해당 타입의 hashCode를 이용한다. 예) name.hashCode()

- 배열 타입: Arrays의 hashCode를 이용한다. 예) Arrays.hashCode(scores)

객체 타입의 멤버 변수의 hashCode를 계산할 때 객체가 null일 가능성이 있으면 해당 객체의 hashCode 메소드 대신에 Objects의 hashCode 메소드를 이용할 수 있다. 원시 타입 배열, 객체 타입 배열 모두 Arrays의 hashCode를 이용할 수 있다.

하나의 멤버 변수가 아니라 여러 개의 멤버 변수를 이용하여 hashCode를 계산하고 싶으면 다음과 같이 Objects의 hash 메소드를 이용하면 된다.

```
@Override public int hashCode(){
   return Objects.hash(year, month, day);
}
```

어떤 타입의 멤버 변수도 Objects의 hash의 인자로 전달할 수 있다. 하지만 배열 타입의 멤버 변수를 그대로 전달하면 배열의 내용을 이용하여 해시값을 계산하지 않으므로 Arrays의 hashCode를 이용하여 배열 멤버 변수에 대한 해시값을 계산한 후에 다음과 같이 그것을 전달하는 것이 더 올바른 방법이다.

```
@Override public int hashCode(){
   return Objects.hash(name, Arrays.hashCode(scores));
} // name: String, scores: int[]
```

참고로 불변 객체인 경우에는 hashCode를 매번 계산하지 않고, 생성할 때 계산한 후에 이 값을 항상 반환하는 방식으로 최적화할 수 있다.

2.4 clone 메소드

객체를 생성할 때 필요한 모든 초깃값을 주어 생성하지 않고 기존 객체와 동일한 상태를 가지도록 하여 생성하면 편리할 때가 종종 있다. 이때 사용하는 것이 객체 복제이다. 하지만 클래스가 복제 기능을 제공하지 않으면 해당 클래스 객체의 모든 멤버 변수에 접근을 못할 수 있기 때문에 복제가 가능하지 않을 수 있다.

C++는 객체를 복제할 때 복사 생성자를 사용한다. 그런데 C++는 복사 생성자를 명백

하게 호출하지 않더라도 값 전달 방식으로 객체를 다른 함수에 전달하거나 함수에서 객체를 값 복사 방식으로 반환하면 자동으로 복사 생성자를 이용하여 객체를 복제한다. 이 때문에 자동으로 제공해주는 복사 생성자가 맞지 않으면 복사 생성자를 반드시 맞게 정의해 주는 것이 중요하며, 이와 같은 이유로 이 메소드를 빅3, 빅5 메소드로 분류하고 있다.

자바는 객체를 인자로 전달할 때와 함수의 결과로 반환할 때 항상 주소만 교환하기 때문에 C++처럼 이와 같은 과정에서 자동으로 객체가 복제가 되는 경우는 없다. 하지만 자바의 경우 불변 객체가 아닌 객체 타입 멤버 변수의 getter와 setter를 정의할 때 강건성을 위해 다음과 같이 객체의 복제가 필요할 수 있다.

```
public class A{
    private B b;
    //
    void set(B b){
        this.b = Objects.requireNonNull(b).clone();
    }
    B get(){
        return b.clone();
    }
}
```

이와 같이 하면 setter에 전달한 B 타입의 객체를 수정하거나 getter를 통해 받은 객체를 수정하더라도 setter와 getter의 대상인 A 타입의 객체 내부 상태에는 영향을 주지 않는다. 이처럼 자바는 객체를 복제할 때 C++와 달리 복사 생성자를 사용하지 않고 clone이라는 메소드를 사용한다.

clone는 Object에 정의되어 있으며, 효율적으로 객체를 복제할 수 있도록 이 메소드에 모든 객체가 사용할 수 있는 얕은 복사(shallow copy) 기능을 구현하여 제공하고 있다. 객체를 가장 효율적으로 복제하는 방법은 기존 객체가 차지하고 있는 메모리 공간을 새롭게 생성한 객체의 공간으로 복사하는 것이다. 이것을 얕은 복사라 한다. 하지만 객체가 참조 변수를 가지고 있는 경우 얕은 복사만 하면 원 객체와 복제된 객체가 동일한 객체를 가리키는 멤버 변수를 가지게 되며, 이것은 여러 부작용을 초래할 수 있다. 이 때문에 객체가 또 다른 객체를 멤버 변수로 유지하고 있고, 해당 객체가 불변 객체가 아니면 복제할 때 얕은 복사 대신에 깊은 복사(deep copy)를 해야 한다.

```java
public class A{
    // B 클래스에 깊은 복사를 해주는 deepCopy 메소드가 정의되어 있다고 가정
    private B b;
    private int x;
    public A shallowCopy(){
        A newObject = new A();
        newObject.b = this.b;
        newObject.x = this.x;
        return newObject;
    }
    public A deepCopy(){
        A newObject = new A();
        newObject.b = this.b.deepCopy();
        newObject.x = this.x;
        return newObject;
    }
}
```

〈그림 12.5〉 얕은 복사, 깊은 복사

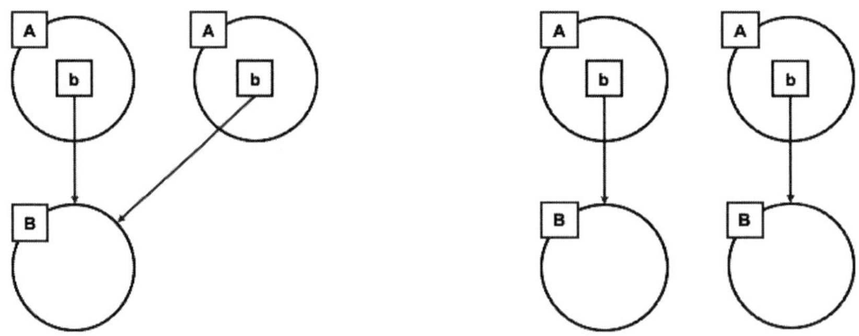

(1) 얕은 복사 (2) 깊은 복사

〈그림 12.6〉 얕은 복사, 깊은 복사 후 객체 모습

그림 12.5에 제시된 shallowCopy 메소드를 이용하여 객체를 복제할 경우 그림 12.6.(1)에 제시된 것처럼 원 객체와 복제된 객체의 b 멤버 변수는 동일한 객체를 가리키게 된다. 이 때문에 원 객체를 이용하여 b 멤버 변수를 조작하면 복제된 객체의 b 멤버 변수도 영향을 받게 된다.

이와 같은 문제를 극복하기 위해서는 객체 그래프를 따라가면서 참조된 멤버 변수까지 반복적으로 모두 복제를 해야 한다. 이와 같이 복제하는 것을 깊은 복사라 한다. 그림 12.5의 deepCopy 메소드를 이용하면 원 객체와 복제된 객체가 상태가 같지만, 각각 별도의 B 타입의 객체를 멤버 변수로 가지게 되며, 원 객체나 복제된 객체가 그들의 b 멤버 변수를 조작하더라도 서로에게 영향을 주지 않는다.

자바에서는 얕은 복사, 깊은 복사 문제 때문에 얕은 복사의 객체 복제 방법을 Object 클래스의 clone 메소드에 구현하여 제공하지만 protected로 정의하고 있다. 이 때문에 이것으로 충분하더라도 자동으로 사용할 수 없다. 최소한 Object의 clone을 단순히 호출하는 clone을 public으로 재정의해야 사용할 수 있다. 이렇게 재정의하면 그것의 후손은 선택권 없이 public한 clone을 상속받게 된다. 이 때문에 Object의 clone는 복제하고자 하는 객체가 Cloneable interface를 구현하고 있지 않으면 얕은 복사를 하지 않고 checked 예외인 CloneNotSupportedException 예외를 발생한다. 따라서 클래스들은 자동으로 public clone을 상속받더라도 원하면 CloneNotSupportedException 예외를 발생하여 복제 기능의 제공을 거부할 수 있다. 물론 부모가 이를 허용하지 않으면 예외를 발생하는 것이 가능하지 않다. 이처럼 Object는 2가지 안전 장치를 한 상태에서 clone을 제공하고 있다.

앞서 설명하였듯이 자바는 Object 클래스에 정의되어 있는 clone 메소드에 얕은 복사 기능이 구현되어 있기 때문에 이를 활용하면 비교적 간편하게 객체를 복제할 수 있다. 참고로 C++는 사용자가 복사 생성자를 재정의하지 않으면 멤버 기반 복사를 하는 복사 생성자를 시스템에서 제공해 주지만 이를 재정의하는 과정에서 활용할 수 있는 방법은 없다.

앞서 말한 것처럼 Object의 clone는 얕은 복사를 하기 전에 Cloneable를 구현하는 객체인지 확인하기 때문에 Object의 기능을 활용하기 위해서는 clone 메소드를 재정의하는 것으로 부족하고, Cloneable를 구현하여야 한다. 부모 클래스가 Cloneable이면 그것의 후손은 자동으로 Cloneable이 된다. 따라서 final 클래스가 아니면 항상 자식이 원하면 CloneNotSupportedException을 발생할 수 있도록 clone 메소드가 해당 예외를 공표하는 형태로 구현해야 한다. Cloneable interface는 상속 계층구조에서 객체를 생성하고 복제가 필요한 구체적 클래스에서 구현하는 것이 바람직하다. 이 때문에 그림 12.7에서 Hero가 아니라 Fighter에서 Cloneable을 구현하고 있다.

객체 복제를 위해 깊은 복사를 할 때 주의할 점이 몇 가지 있다.

- 불변 객체는 원시 타입과 마찬가지로 얕은 복사를 하여도 문제가 없다. String처럼 불변 객체는 내부 상태를 바꿀 수 없는 객체이므로 두 객체가 공유한다고 하여 문제가 생기지 않는다.
- 불변 객체가 아닌 참조 타입의 변수이지만 논리적으로 얕은 복사를 하는 것이 더 올바른 경우도 있다. 그림 12.2와 12.4의 예제에서 학생의 지도교수는 두 학생이 동일 객체를 공유하는 것이 오히려 논리적으로 맞는 구현일 수 있다.

```
public abstract class Hero;
    // Weapon 클래스에는 clone 메소드가 올바르게 재정의되어 있다고 가정함
    private int level;
    private int stamina = 100;
    private Weapon weapon = null;
    //
    @Override protected Character clone() throws CloneNotSupportedException{
        Character cloned = (Character)super.clone();
        cloned.weapon = weapon.clone();
        return cloned;
    }
}

public final class Fighter extends Hero implements Cloneable
    public boolean hasArmor = false;
    //
    @Override public Fighter clone(){
        Fighter cloned = null;
        try{
            cloned = (Fighter)super.clone();
        }
        catch(CloneNotSupportedException e){}
        return cloned;
    }
}
```

〈그림 12.7〉 clone 메소드 재정의 예제

깊은 복사를 하는 clone 재정의 예제는 그림 12.7과 같다. Hero 클래스는 3개의 멤버 변수를 가지고 있고 이 중에 weapon은 참조 타입이다. 이 멤버 변수는 불변 객체가 아

니고 논리적으로도 공유할 필요가 없다고 가정하면 Object의 clone을 이용한 얕은 복사 후에 이 멤버 변수를 추가로 복제해 주어야 한다. Hero 클래스는 추상 클래스이며, 자식 클래스의 정의가 필요한 클래스이므로 try-catch 방법 대신에 CloneNot SupportedException 예외를 공표하고 있다. 물론 이 구현에서는 부모가 Object이고 weapon이 Cloneable이면 절대 예외가 발생할 수 없다. 그럼에도 불구하고 try-catch를 통해 예외를 처리하면 후속 클래스는 그들이 원하더라도 예외를 발생할 수 없기 때문에 이렇게 구현해야 한다.

반면에 Fighter 클래스는 final이므로 더 이상 자식 클래스가 올 수 없다. 따라서 이 클래스의 clone은 try-catch 절로 예외를 처리하여 프로그래머가 Fighter의 clone을 쉽게 사용할 수 있도록 해주어야 한다. Fighter 클래스에 추가된 멤버 변수는 원시 타입밖에 없기 때문에 clone를 구현하지 않아도 될 것으로 생각할 수 있으나 반환 타입과 예외 처리 반영을 위해 그림 12.7과 같이 구현하는 것이 바람직하다.

2.4.1 clone 구현 방법 요약

Object가 부모인 클래스 A에 clone을 재정의하는 방법은 다음과 같다. 참고로 Object에 정의된 clone의 서명은 다음과 같다.

```
protected Object clone() throws CloneNotSupportedException;
```

- 클래스가 구현하는 interface에 Cloneable를 추가한다.
- 접근 권한을 public으로 바꾼다.
- 반환 타입을 A로 바꾼다.
- 클래스의 멤버 변수를 분석하여 깊은 복사가 필요한지 얕은 복사로만 충분한지 결정해야 한다.
- final 클래스이면 try-catch로 예외를 처리하고, 아니면 예외를 공표한다.

A가 상위 추상 클래스이면 Cloneable를 구체화하지 않고, 재정의하는 clone의 접근 권한도 protected로 유지할 수 있다.

Object가 부모가 아닌 클래스 B에 clone을 재정의하는 방법은 다음과 같다.

- 부모 클래스에 Cloneable이 추가되어 있으면 추가할 필요가 없다.

- 접근 권한을 public으로 바꾼다.
- 반환 타입을 B로 바꾼다.
- B에 추가된 멤버 변수만 분석하여 깊은 복사가 필요한지 얕은 복사로만 충분한지 결정한다.

A와 B 모두 clone를 제공하고 싶지 않으면 CloneNotSupportedException 예외를 던지도록 clone를 재정의하면 된다.

2.4.2 clone과 복사 생성자

C++에서는 복사 생성자를 사용하여 객체 복제를 하고 있다. 특히, 정적 객체를 값 전달 방식으로 전달하거나 함수에서 반환하면 자동으로 복사 생성자를 사용한다. 하지만 자바는 모든 객체를 동적으로 생성하며, 실제 객체가 인자로 전달되거나 반환되지 않고 객체의 참조가 전달, 반환되므로 자동으로 객체가 복제되는 경우는 없다.

```
public abstract class Person{
    private String name;
    private int age;
    public Person(Person other){
        name = other.name;
        age = other.age;
    }
}
```

〈그림 12.8〉 복사 생성자 예제

자바에서도 그림 12.8과 같이 복사 생성자를 정의할 수 있다. 이때에도 그림 12.8과 달리 name 멤버가 불변 객체가 아니면 깊은 복사를 하도록 구현해야 한다. 복사 생성자를 사용하던 clone를 사용하던 현재 구현하고자 하는 클래스와 상속 관계, 포함 관계에 있는 모든 클래스가 같은 방법을 충실히 구현하고 있어야 올바르게 구현할 수 있다. 보통 라이브러리에 있는 클래스를 포함하여 대부분의 클래스는 복사 생성자보다 clone를 구현하고 있다. 또한 clone은 Object에 정의되어 있는 얕은 복사 기능을 활용할 수 있어 구현 자체도 복사 생성자보다 편리하고 효율적일 수 있다.

반대로 타입 변환, 예외 처리, Cloneable interface 구현 등 관련된 복잡한 문법이 없으며, 복제 과정에서 final 멤버 변수도 쉽게 수정할 수 있다. final 멤버 변수의 수정 문제는 다음 절에서 좀 더 자세히 살펴본다.

2.5 주의 사항

지금까지 살펴본 Object에 정의되어 있는 4가지 메소드를 재정의할 때 주의해야 할 점이 2가지 있다. 첫째, 멤버 변수 중 순환 참조가 있는 경우 이것을 고려하여 구현하지 않고 전형적인 방법으로 구현하면 4개의 메소드 모두 무한 반복될 수 있다. 둘째, 클래스에 final 일반 멤버 변수가 있으면 복제 과정에서 복제 객체가 다른 값을 가지도록 만들 수 없으며, 이 변수가 참조 변수이면 일반적인 방법으로 깊은 복사를 할 수 없는 문제점이 있다.

첫 번째 주의 사항과 관련하여 다음 예를 살펴보자.

```
public class Member{
    private String name;
    private Member friend;
    //
    @Override public int hashCode(){
        return Objects.hash(name, friend);
    }
}
```

두 개의 Member 객체를 생성한 후에 서로 친구로 설정한 다음 두 객체 중 하나의 hashCode를 호출하면 서로의 hashCode를 무한 반복적으로 호출하게 된다. A의 친구가 B이고, B의 친구가 C이고, C의 친구가 A인 경우에도 마찬가지이다.

두 번째 문제는 clone를 구현하는 방식 때문에 나타나는 문제이다. clone를 재정의할 때 우리는 Object의 clone를 가장 먼저 호출하여 얕은 복사부터 진행한다. 그런데 이 호출이 끝나면 객체의 생성은 이미 끝난 상태이다. 따라서 final 멤버 변수이면 그 값이 고정된 상태가 된다. 이 문제에 대한 해결책이 전혀 없는 것은 아니다. 자바의 reflection 라이브러리를 이용하면 final 멤버 변수도 수정할 수 있다. 특히, clone를 재정의하면서 final 참조 변수의 깊은 복사가 필요하면 자바의 reflection 라이브러리를 이용하여 깊은 복사를 할 필요가 있다.

2.6 Class 클래스

자바는 프로그램이 실행되는 동안 프로그램에서 사용하는 각 클래스에 대한 정보를 각각 유지하고 있는 Class 타입의 객체들을 생성하여 유지한다. 예를 들어 Student 클래스를 프로그램에서 사용하면 Student 클래스에 대한 정보를 유지하고 있는 Class 타입의 객체를 생성하며, 이 객체는 Student.class라는 이름을 통해 접근할 수 있다.

Class 클래스의 주요 메소드는 다음과 같다.

- `String getName()`: 클래스의 이름을 반환하여 준다.
- `Class getSuperclass()`: 클래스의 부모 클래스 정보를 가지고 있는 `Class` 타입의 객체를 반환하여 준다.
- `Field[] getFields()`: 이 클래스의 멤버 변수와 관련된 정보를 가지고 있는 `Field` 배열을 반환하여 준다.
- `Method[] getMethod()`: 이 클래스의 메소드와 관련된 정보를 가지고 있는 `Method` 배열을 반환하여 준다.
- **`boolean`** `isEnum()`: 열거형인지 검사하여 준다.
- **`boolean`** `isInterface()`: `interface`인지 검사하여 준다.
- **`boolean`** `isInstance(Object o)`: 주어진 객체가 이 클래스 타입과 호환되는지 검사하여 준다.

클래스와 관련된 정보를 실행 시간에 얻어 reflection 라이브러리와 결합하여 메소드를 실행할 수 있는 등 매우 강력한 기능(기존 방법으로 할 수 없는 기능)을 수행할 수 있다. 하지만 일반적인 프로그래밍에서는 이들 기능이 필요하지 않으며, Object에 정의된 getClass()를 이용하여 두 객체가 정확하게 일치하는 타입인지 검사할 때에만 주로 사용한다. 참고로 Class는 범용 클래스이다. 예를 들어 String.class의 타입은 Class〈String〉이다.

퀴즈

1. 다음 중 문법 오류가 없는 것은?

①
```
public interface A(
    protected void foo();
}
```

②
```
public interface B(
    private void foo(){}
    default void bar(){
        foo();
    }
}
```

③
```
public enum E{
    X(1), Y(2), Z(3);
    public final int v;
    public E(int v){
        this.v = v;
    }
}
```

④
```
public record Point(int x, int y){
    protected Point{
        if(x < 0 || y < 0)
            throw new RuntimeException();
    }
}
```

2. 다음과 같은 클래스가 정의되어 있다.

```
package cse;

public class A{
    private void bar(){}
    void ham(){}
    protected void foo(){}
    public void baz(){}
}
```

다른 패키지에서 A를 상속하여 B를 정의하였다. B에서 호출해서 사용할 수 있는 메소드를 모두 선택하라.

① bar
② ham
③ foo
④ baz

3. 접근 제어와 관련된 다음 설명 중 틀린 것은?

① 클래스 정의 위치와 무관하게 클래스의 내부 멤버는 4가지 접근 제어 수식어를 모두 사용할 수 있다.

② 독립 요소는 public, 기본 두 가지 접근 권한을 가질 수 있으며, 다른 패키지에서 import 문을 사용하여 접근 가능 여부를 나타낸다.

③ interface의 내부 멤버는 접근 제어 수식어를 사용하지 않으면 클래스와 마찬가지로 기본 권한에 해당한다.

④ 외부 클래스에서는 내부 클래스 멤버를 접근 권한과 무관하게 접근할 수 있으며, 내부 클래스에서는 외부 클래스의 멤버를 접근 권한과 무관하게 접근할 수 있다.

4. equals와 compareTo 메소드의 차이점을 비교한 다음 설명 중 틀린 것은?

① equals는 보통 모든 멤버 변수를 비교하여 내부 상태가 같은지 확인하지만 compareTo는 보통 일부 멤버 변수를 이용하여 순위를 확인한다.

② equals는 인자가 null이면 false를 반환하도록 구현하고, compareTo는 인자가 null이면 -1을 반환하도록 구현한다.

③ equals는 Object에 정의되어 있는 메소드를 재정의하는 것이기 때문에 타입 변환이 필요하지만 compareTo는 template를 이용하기 때문에 타입 변환이 필요없다. 하지만 조상 클래스 중 compareTo를 구현한 클래스가 있으면 매개 변수 타입이 해당 클래스 타입일 수밖에 없어 타입 변환이 여전히 필요하다.

④ 둘 다 this와 인자의 주소를 비교하여 최적화할 수 있지만 compareTo의 경우 모든 멤버 변수를 이용하여 비교하는 경우가 거의 없어 이를 통해 얻어지는 이득이 별로 없다.

5. Object의 clone 메소드는 모든 객체를 얕은 복사를 해주는 기능을 가지고 있다. 하지만 깊은 복사가 필요하면 객체가 이 기능을 그대로 사용하면 문제가 되기 때문에 두 가지 안전 장치를 하였다. 이와 관련된 다음 설명 중 틀린 것은?

① protected 접근 권한을 가지고 있기 때문에 public으로 재정의하지 않으면 사용할 수 없다.

② 주어진 객체가 Cloneable interface를 구현하고 있는지 확인하여 복제 기능을 제공하는 객체인지 확인한다. 하지만 Cloneable interface를 구현하고 있는 클래스도 복제 기능을 제공하지 않고 CloneNotSupportedException 예외를 발생할 수 있다.

③ Cloneable을 구현하고 있지 않은 객체가 Object의 clone을 사용하게 되면 unchecked 예외인 CloneNotSupportedException 예외가 발생한다.

④ clone을 올바르게 구현하기 위해서는 조상 클래스가 clone을 올바르게 재정의하고 있어야 하며, 깊은 복사를 해야 하는 포함 관계인 객체도 clone를 올바르게 재정의하고 있어야 한다.

연습문제

1. 다음과 같은 클래스들이 정의되어 있을 때, 주어진 각각의 문제에 대해 답하라. 여기서 Company 클래스는 생성자를 포함하여 필요한 모든 메소드(equals, clone 등)가 올바르게 구현되어 있고 불변 클래스가 아니다.

```
public enum CarType {
    Small, Medium, Large, Executive
}

public class Company implements Cloneable, Comparable<Company>{
    //
}

public abstract class Vehicle implements Comparable<Vehicle>{
    private Company maker;
    private int year;
    public Vehicle(Company maker, int year){
        this.maker = Objects.requireNonNull(maker);
        this.year = year;
    }
    @Override public boolean equals(Object o) {
    }
    @Override public int hashCode() {
    }
    @Override protected Vehicle clone() throws CloneNotSupportedException {
    }
    @Override public int compareTo(Vehicle v) {
        return year - v.year;
    }
    //
}

public final class Car extends Vehicle implements Cloneable{
```

```
    private String name;
    private CarType type;
    private int capacity;
    public Car(Company maker, int year, String name,
        CarType type, int capacity){
        super(maker, year);
        this.name = Objects.requireNonNull(name);
        this.type = type;
        this.capacity = capacity;
    }
    //
}
```

① Vehicle과 Car 클래스에 Object 클래스에 정의되어 있는 equals 메소드를 각각 재정의하라.

② Vehicle의 equals 메소드를 구현할 때 Object에 정의되어 있는 getClass 메소드를 활용하여야 한다. getClass 대신에 o.getClass() != Vehicle.class를 사용하거나 !(o instanceof Vehicle)를 사용할 경우의 문제점을 설명하라.

③ Car 클래스의 compareTo 메소드를 구현하라. 비교할 때 type 멤버 변수를 이용하여 비교하고, 같은 종류이면 capacity 멤버 변수를 이용하여 비교하라.

④ equals와 compareTo의 인자는 모두 참조 타입이다. 따라서 모두 null 값이 전달될 수 있는 문제가 있다. 두 메소드에서 이 상황을 각각 다르게 처리하는 이유를 설명하라.

⑤ Vehicle과 Car 클래스에 Object 클래스에 정의되어 있는 hashCode 메소드를 각각 재정의하라.

⑥ Vehicle과 Car 클래스에 Object 클래스에 정의되어 있는 clone 메소드를 각각 재정의하라. 이때 Car 클래스는 final 클래스임을 고려하여 구현하라.

2. 다음과 같은 record와 클래스가 주어져 있다. 주어진 각각의 문제에 대해 답하라.

```
// 제품번호, 제품이름, 가격
public record Item(long itemNum, String name, int price) {}

```

```
public abstract class Order implements Comparable<Order>{
    private long orderNum;    // 주문번호
    private Item[] items;     // 주문목록
    public Order(long orderNum){
        this.orderNum = orderNum;
    }
    public void setItems(Item... items){
        this.items = items;
    }
    //
    @Override public int compareTo(Order other){
        return orderNum - other.orderNum;
    }
}

public class RocketOrder extends Order implements Cloneable{
    private long deliveryNum; // 운송장 번호
    public RocketOrder(long orderNum, long deliveryNum){
    }
}
```

Order 객체는 setItems 메소드를 통해 items를 올바르게 초기화하기 전까지 이 멤버 변수는 null일 수 있다는 것을 고려하여 답하여야 한다.

① Order와 RocketOrder 클래스에 Object 클래스에 정의되어 있는 equals 메소드를 각각 재정의하라. Order의 멤버 변수 중 items는 Arrays 클래스에 정의된 다음 static 메소드를 이용하라.

```
public static boolean equals(Object[] a, Object[] b);
```

② Order 클래스의 compareTo는 문법적 오류가 있다. 왜 오류인지 설명하고 어떻게 수정할 수 있는지 제시하라. 주문번호는 절대 음수가 될 수 없으며, 잘못 설정되어 음수가 되는 경우가 없다고 가정한다.

③ RocketOrder 클래스의 생성자를 완성하라.

④ Order와 RocketOrder 클래스에 Object 클래스에 정의되어 있는 clone 메소드를 각각

재정의하라. 이때 RocketOrder 클래스는 final 클래스임을 고려하여 구현하고, Order는 자식 클래스가 원하면 예외를 발생할 수 있도록 구현해야 한다.

⑤ ④에서 Item은 record 타입이므로 불변 클래스이다. Item이 불변 클래스가 아니라 수정자를 가진 Cloneable을 구현하고 있는 일반 클래스이면 ④의 clone를 어떻게 수정해야 하는지 코드를 제시하라.

3. Cloneable이 표시 interface가 아니라 다음과 같이 메소드를 선언하고 있을 때 차이점을 설명하라.

```
public interface Cloneable{
    Object clone() throws CloneNotSupportedException;
}
```

제13장

범용 프로그래밍

제 13 장 범용 프로그래밍

1. 범용 프로그래밍 소개

범용 프로그래밍이란 하나의 코드를 이용하여 다양한 타입을 처리하는 것을 말한다. 이렇게 하면 프로그래머가 코딩해야 하는 양을 줄일 수 있으며, 코드 중복을 없애는 또 하나의 방법이다. 범용 프로그래밍은 크게 범용 함수를 정의하는 것과 범용 클래스를 정의하는 것으로 구분할 수 있다. 함수는 어떤 기능을 수행하는 것이기 때문에 범용 함수는 해당 기능을 수행할 수 있는 타입만 받을 수 있도록 제한할 수 있어야 강건한 프로그래밍이 된다. 이를 위해 자바에서는 보통 interface를 이용하여 특정 메소드를 가지고 있는 객체만 인자로 받을 수 있도록 제한할 수 있다. 범용 클래스는 다양한 타입의 값을 멤버 변수로 유지하는 것이 목적이기 때문에 범용 함수와 달리 interface를 이용하여 저장할 타입을 보통 제한하지 않는다. 특히, 자료구조를 구현할 경우에는 모든 타입을 유지할 수 있어야 한다.

자바는 모든 객체의 최상위 조상인 Object 타입이 있기 때문에 범용 클래스는 Object를 이용하여 범용 멤버 변수를 정의할 수 있다. 더욱이 자바 5부터 제공하는 자동 객체 포장 기능을 이용하면 Object 타입에 원시 타입도 편하게 유지할 수 있다. 하지만 Object를 이용하여 데이터 값을 유지하면 메소드의 매개 변수와 반환 값의 타입이 Object가 되므로 범용 클래스를 구현하거나 이용할 때 프로그래머가 반복적으로 직접 타입 변환을 하여야 한다. 더욱 문제가 되는 것은 타입 안전성을 제공할 수 없다. 즉, 기대하는 타입이 아닌 다른 타입이 전달될 수 있으며, 이에 대한 문법 검사가 가능하지 않다. 하지만 자바 5부터 C++와 유사한 template 기능이 추가되면서 이와 같은 문제에 대한 걱정 없이 간편하게 타입 안전성을 갖춘 범용 프로그래밍을 할 수 있다.

자바의 template 기능은 C++와 달리 내부적으로는 여전히 Object 클래스를 이용하여 구현한다. 이 때문에 C++와 달리 특정 범용 함수를 n개의 서로 다른 타입을 이용하여 사용하더라도 컴파일러는 n개의 함수를 정의하지 않고 하나만 정의하여 사용한다. 하지만 이 때문에 template 타입 매개 변수의 인자로 원시 타입을 사용할 수 없다. 그러나 autoboxing 기능 때문에 wrapper 클래스를 이용할 수 있어 큰 불편은 아니다.

이 장에서는 template 이용하여 정의된 자바 라이브러리 클래스들을 소개하고, template를 이용하여 범용 함수와 범용 클래스를 정의하는 방법을 설명한다. 참고로 일반 소프트웨어를 개발할 때 template를 이용하여 범용 함수나 범용 클래스를 직접 작성하는 경우는 비교적 적다. 하지만 라이브러리에 있는 범용 클래스나 범용 함수를 이용해야 하는 경우는 많다. 또 상속에서 상위 타입을 이용하거나 interface를 이용하여 자연스럽게 범용 프로그래밍을 많이 한다.

2. 유용한 Generics

java.util 패키지에는 우리가 많이 사용하는 template을 이용하여 정의된 자료구조들이 포함되어 있다. 이 중 가장 많이 사용하는 것이 ArrayList이다. ArrayList는 배열 대신에 많이 사용하는 것으로 8장에서 이미 설명한 바 있다. 이 절에서는 ArrayList 외에 자주 사용하는 자료구조에 대해 설명한다.

2.1 java.util.Stack

스택은 LIFO(Last-In-First-Out) 방식의 데이터 삽입과 추출을 제공하여 주는 자료구조이다. 이 자료구조는 보통 push, pop, peek이라는 3가지 메소드를 기본적으로 제공한다. push는 데이터를 스택에 넣는 연산이며, pop은 스택 맨 위에 있는 데이터를 추출하는 연산이고, peek은 맨 위에 있는 데이터를 추출하지 않고 해당 값을 보기만 하는 연산이다.

자바에서 Stack은 내부적으로 배열을 이용하여 구현되어 있다. 실제 Vector를 상속받아 정의된 클래스이며, 데이터를 계속 삽입하면 데이터를 유지하는 내부 배열의 용량을 자동 확대해 주는 동적 배열 기법을 사용하고 있다. 따라서 내부적으로 사용하는 배열의 초기 용량을 지정할 수 있어야 하는데, 자바의 Stack은 초기 용량을 받는 생성자를 제공하고 있지 않다. Vector의 기본 용량이 10이므로 Stack을 기본 생성자를 이용하여 생성하면 이 스택의 기본 용량은 10이 된다.

Stack의 부모 클래스인 Vector는 ArrayList와 달리 다중 쓰레드 환경에서 사용할 수 있도록 동기화 기능이 포함되어 있다. 따라서 다중 쓰레드 환경이 아니면 Vector 보다는 ArrayList를 사용하는 것이 훨씬 효율적이다. 따라서 스택이 필요할 경우에도 스택 대신에 ArrayList를 사용하는 것이 더 효과적일 수 있다.

생성한 스택의 용량을 바꾸고 싶으면 ensureCapacity 메소드를 이용할 수 있다. 연결 구조를 이용하는 스택을 사용하고 싶으면 자바에서는 다음과 같이 생성하여 사용하면 된다.

```
Deque<Integer> stack = new LinkedList<>();
```

Deque는 스택과 다른 자료구조이지만 한쪽으로 사용하면 스택과 동작 측면에서 차이가 없으며, Stack이 제공하는 메소드와 동일 이름의 메소드를 제공하고 있으므로 생성 후 사용은 Stack을 사용하는 것과 차이가 없다.

스택을 이용하여 해결하는 가장 대표적인 문제 중 하나가 괄호 검사이다. 괄호 검사는 그림 13.1과 같이 열린 괄호를 만나면 해당 괄호를 스택에 push하고, 닫힌 괄호를 만나면 스택에서 데이터를 pop하여 일치하는 괄호인지 검사함으로써 괄호를 이용한 식이 올바르게 구성되어 있는지 확인할 수 있다. 이렇게 하는 이유는 닫힌 괄호는 가장 최근에 열린 괄호와 일치해야 하기 때문이다. 참고로 그림 13.1에 제시된 코드는 소괄호, 중괄호, 대괄호 순으로 잘 작성되어 있는지는 검사하지 못한다. 순서를 검사하고 싶으면 열린 괄호를 스택에 추가할 때 스택 맨 위에 있는 괄호가 자신보다 큰 괄호가 아닌지 검사하면 된다.

2.2 java.util.Queue

큐는 FIFO(First-In-First-Out) 방식의 데이터 삽입과 추출을 제공하여 주는 자료구조이다. 우리가 은행에서 번호표를 받아 서비스를 받는 것과 같은 방식이다. 컴퓨터 시스템에서 인쇄 작업의 경우도 큐를 사용하여 인쇄할 작업을 유지하며, 이를 프린터 큐라 한다. 큐는 보통 enqueue, dequeue, peek, 3가지 연산을 기본적으로 제공한다. 자바에서는 add, remove, element이라는 이름의 메소드를 사용한다. 이 3가지 메소드 대신에 offer, poll, peek를 사용할 수 있다. 전자의 메소드는 예외를 발생하는 버전이고, 후자는 예외 대신에 성공 여부를 나타내는 특수한 값을 반환하는 버전이다.

```
boolean validParentheses(String exp){
    if(exp.isEmpty()) return true;
    Stack<Character> stack = new Stack<>();
    char[] cList = exp.toCharArray();
    for(char c: cList){
```

```
        switch(c){
            case '(', '{', '[':
                stack.push(c);
                break;
            case ')', '}', ']':
                if(stack.isEmpty()) return false;
                char leftp = stack.pop();
                if((leftp == '(' && c == ')') || (leftp == '[' && c == ']') ||
                    (leftp == '{' && c == '}')) continue;
                else return false;
        }
    }
    return stack.isEmpty();
}
```

〈그림 13.1〉 괄호 검사

add는 큐에 데이터를 넣는 연산이고, remove는 큐에 들어온지 가장 오래된 데이터를 추출하여 주는 연산이며, element는 큐의 변화 없이 큐에 맨 앞에 있는 데이터를 보여주는 연산이다. 스택은 프로그래밍 문제를 해결할 때 자주 사용하지만 큐는 너비 우선(depth-first)이라는 그래프 탐색이 필요할 경우를 제외하고는 거의 사용하지 않는다. 오히려 큐는 실제 서비스를 구현할 때 많이 사용한다.

자바에서 FIFO 큐를 사용하고 싶으면 다음과 같이 Queue interface와 ArrayDeque 클래스를 사용한다.

```
Queue<Integer> queue = new ArrayDeque<>();
```

ArrayDeque는 이름에서도 알 수 있듯이 내부적으로 배열을 사용한다. 따라서 생성할 때 초기 용량을 잘 지정해 주면 더욱 효율적으로 사용할 수 있다. ArrayDeque는 스택과 달리 생성할 때 초기 용량을 지정할 수 있다. 기본 용량은 스택과 달리 16이다. 배열 방식 대신에 연결구조 방식으로 큐를 사용하고 싶으면 스택 때와 마찬가지로 다음과 같이 LinkedList를 이용하면 된다.

```
Queue<Integer> queue = new LinkedList<>();
```

```
[   [0, 0, 1, 0, 0, 0, 0, 1, 0, 0, 0, 0, 0],
    [0, 0, 0, 0, 0, 0, 0, 1, 1, 1, 0, 0, 0],
    [0, 1, 1, 0, 1, 0, 0, 0, 0, 0, 0, 0, 0],
    [0, 1, 0, 0, 1, 1, 0, 0, 1, 0, 1, 0, 0],
    [0, 1, 0, 0, 1, 1, 0, 0, 1, 1, 1, 0, 0],
    [0, 0, 0, 0, 0, 0, 0, 0, 0, 0, 1, 0, 0],
    [0, 0, 0, 0, 0, 0, 0, 1, 1, 1, 0, 0, 0],
    [0, 0, 0, 0, 0, 0, 0, 1, 1, 0, 0, 0, 0]    ]
```

〈그림 13.2〉 이차원 정수배열을 이용한 섬 맵

그래프를 탐색하는 가장 기본적인 방법에는 깊이 우선(depth-first)과 너비 우선 방법이 있다. 깊이 우선은 보통 스택을 이용하여 구현하고, 너비 우선은 큐를 이용하여 구현한다. 그림 13.2와 같이 2차원 정수 배열로 지도를 나타낸다고 하자. 이때 배열 요소의 값이 1이면 땅이고 0이면 물이다. 주어진 지도에서 가장 큰 섬을 찾는 알고리즘을 생각하여 보자. 이때 위, 아래, 왼쪽, 오른쪽으로 연결되어 있어야 하나의 섬이고, 대각선은 연결에서 고려하지 않는다. 이 문제는 큐를 이용한 너비 탐색을 이용하여 그림 13.3과 같이 해결할 수 있다. 여기서 Location 클래스는 배열의 위치를 유지하기 위한 복합 타입이고, computeArea는 너비 탐색을 이용하여 섬의 면적을 계산하는 함수이다. 시작점을 기준으로 동서남북으로 탐색한다. 방문한 땅은 0으로 바꾸어 중복하여 검사하지 않도록 하고 있다.

ArrayDeque에서 Deque라는 것은 보통의 큐와 달리 앞과 뒤에 데이터의 추가와 추출이 모두 효과적인 큐를 말한다. FIFO 큐가 아니라 덱으로 ArrayDeque를 활용하고 싶으면 그림 13.3처럼 Queue 타입으로 생성된 큐를 조작하지 않고 Deque 타입으로 조작하면 된다. Deque는 addFirst, addLast, getFirst, getLast, removeFirst, removeLast 메소드를 이용하여 큐의 앞과 뒤로 데이터를 효과적으로 추가, 추출할 수 있다. 이 6개의 메소드는 예외를 발생하는 버전이고, 메소드 이름에서 add, get, remove 대신에 offer, poll, peek로 시작되는 메소드를 이용하면 예외를 발생하지 않고 연산의 성공 여부를 알려주는 특별한 값을 반환하여 준다.

때로는 들어온 순서에 의해 추출하는 순서를 결정하는 것이 아니라 큐에 있는 데이터의 우선순위에 따라 추출하는 순서를 결정하는 큐가 필요할 때가 있다. 이와 같은 큐를 우선순위 큐라 한다. 우선순위 큐는 우선순위 기준을 별도 제공하지 않으면 Comparable interface의 compareTo 메소드를 이용하여 작은 값이 높은 우선순위를 가진 것으로 간주한다. 그림 13.4는 기본적인 우선순위 큐의 사용법을 보여주는 예제이다. 이 소스가 실행되는 3, 5, 7 순으로 콘솔에 출력된다. 큰 값이 높은 우선순위를 가지도록 우선순위 큐를 사용하고 싶으면 다음과 같이 큐를 생성하면 된다.

```
public class Solution {
    private static int[][] direction = {{-1, 0}, {1, 0}, {0, -1}, {0, 1}};
    private static record Location(int r, int c){
        static int width;
        static int height;
        boolean isValid(){
            return (r >= 0 && r < height) && (c >= 0 && c < width);
        }
    }
    private int computeArea(int r, int c, int[][] grid){
        Location.height = grid.length; Location.width = grid[0].length;
        int size = 0;
        Queue<Location> queue = new ArrayDeque<>();
        queue.add(new Location(r,c));
        grid[r][c] = 0;
        while(!queue.isEmpty()){
            Location curr = queue.remove();
            ++size;
            for(var D: direction){
                Location next = new Location(curr.r + D[0], curr.c + D[1]);
                if(next.isValid() && grid[next.r][next.c] == 0){
                    grid[next.r][next.c] = 0;
                    queue.add(next);
                }
            }
        }
        return size;
    }
    public int maxAreaOfIsland(int[][] grid) {
        int maxArea = 0;
        for(int r = 0; r < grid.length; ++r)
            for(int c = 0; c < grid[r].length; ++c)
                if(grid[r][c] == 1){
                    int area = computeArea(r, c, grid);
```

```
                        maxArea = Math.max(area, maxArea);
                    }
            return maxArea;
        }
    }
```

〈그림 13.3〉 최대 면적 섬 찾기

```
Queue<Integer> q = new PriorityQueue<Integer>();
q.add(5);
q.add(3);
q.add(7);
while(!q.isEmpty())
    System.out.println(q.poll());
```

〈그림 13.4〉 기본 우선순위 큐 예제

```
Queue<Student> q =
    new PriorityQueue<>(Comparator.comparing(Student::getName));
q.add(new Student("홍길동"));
q.add(new Student("성춘향"));
q.add(new Student("장길산"));
while(!q.isEmpty())
    System.out.println(q.poll().getName());
```

〈그림 13.5〉 함수형 프로그래밍을 이용한 우선순위 큐 예제

```
Queue<Integer> q = new PriorityQueue<Integer>(Collections.reverseOrder());
// Queue<Integer> q = new PriorityQueue<Integer>(Comparator.reverseOrder());
```

Collections 또는 Comparator의 reverseOrder는 객체 배열이나 리스트를 정렬할 때 기준을 바꾸고 싶을 때도 많이 사용하는 것이니 잘 기억해 둘 필요가 있다.

참고로 우선순위 큐는 선형 자료구조 대신에 항상 완전 이진 트리를 유지하는 힙(heap) 자료구조를 이용하여 구현한다. 힙도 내부적으로 배열을 이용하는 자료구조이므로 초기 용량의 설정이 성능에 매우 중요한 역할을 한다. 우선순위 큐의 기본 용량은 11이다.

Student 클래스가 있고, String을 반환하는 getName 메소드가 있으면 그림 13.5의 소스를 실행하면 “성춘향”, “장길산”, “홍길동” 순으로 출력된다.

2.3 java.util.Set

집합은 가장 기초적이며, 누구나 쉽게 이해하는 수학 개념이지만 프로그래밍 문제를 해결할 때 집합 자료구조를 활용할 생각은 쉽게 하지 못한다. 예를 들어 정렬되어 있지 않은 정수 배열에서 중복이 존재하는지 여부는 집합 자료구조를 이용하여 그림 13.6과 같이 간단하게 해결할 수 있다. 이 경우도 반복문 내에 if문을 제거하고 반복을 종료한 후에 집합의 크기와 배열의 크기를 비교하여 중복을 찾는 것이 더 효과적일 수 있다.

Set의 주요 메소드는 다음과 같다.

- 데이터 추가: **void** add(T e)
- 데이터 존재여부: **boolean** contains(Object o)
- 데이터 삭제: **void** remove(Object e)
- 집합의 크기: **int** size()

```
public boolean containDuplicates(int[] list) {
    if(list == null || list.length <= 1) return false;
    Set<Integer> set = new HashSet<>((int)(list.length * 1.3));
    for(int n: list)
        if(set.contains(n)) return true;
        else set.add(n);
    return false;
}
```

〈그림 13.6〉 집합을 이용한 중복 찾기

여기서 contains와 remove는 template 기능을 사용하지 않고 Object 타입을 인자로 사용하고 있다. 이것은 template을 사용하지 않고 equals 메소드를 이용하여 구현할 수 있기 때문이다. 자바는 HashSet과 TreeSet 두 종류의 집합 자료구조를 제공하고 있다. 해싱 기술을 이용할 경우에는 삽입할 요소의 개수가 예측되면 1.3배 이상의 용량을 확보해야 좋은 성능을 유지할 수 있다. 자바 19부터는 그림 13.6처럼 저장할 요소의 개수에 1.3을 곱하여 용량을 지정하지 않고, 다음과 같이 저장할 요소의 개수를 제시하여

HashSet를 생성할 수 있다.

```
Set<Integer> set = HashSet.newHashSet(list.length);
```

HashSet의 각종 연산의 시간 복잡도가 O(1)이지만 시간 복잡도 계산에서 해싱하는 비용이 생략되어 있으며, 충돌이 많이 발생할 수 있고, 용량을 확장하는 비용이 비싸기 때문에 실제 수행 시간을 측정하면 생각한 것과 다를 수 있다. 참고로 자바는 충돌을 해결하기 위해 연결구조를 이용한 닫힌 기법(chaining)을 이용한다.

해싱을 이용하는 집합 자료구조에 데이터를 삽입할 경우 해당 데이터를 나타내는 클래스의 hashCode와 equals 메소드가 매우 중요한 역할을 한다. hashCode는 데이터가 삽입할 위치를 결정한다. hashCode 값이 같은 데이터이지만 equals로 비교하였을 때 다르면 충돌이 발생한 것이 된다.

TreeSet은 균형 이진 검색 트리를 사용하여 구현하기 때문에 집합의 기본 연산의 시간 복잡도는 $O(\log n)$이다. 트리의 높이만큼 노드와 비교를 진행하면서 각종 연산을 수행하므로 TreeSet에 포함하는 데이터는 Comparable interface를 구현하거나 생성할 때 비교에 사용할 함수를 제공해 주어야 한다. TreeSet은 HashSet처럼 저장할 요소의 개수에 따라 충분한 용량을 미리 확보해 줄 필요는 없지만 연속 공간에 데이터를 유지하지 않기 때문에 캐싱에 불리하다. 그러나 데이터가 특정 순서로 유지되기 때문에 HashSet과 달리 저장된 요소를 정렬된 순서로 접근하기가 용이하다.

집합 중 특정 열거형 상수들만 유지할 수 있는 집합을 정의하여 사용할 수 있다. 예를 들어 WeekDay라는 열거형이 있을 때 토요일, 일요일만 포함된 열거형 집합을 다음과 같이 생성하여 사용할 수 있다.

```
Set<WeekDay> weekend = EnumSet.of(WeekDay.SUN, WeekDay.SAT);
```

열거형 집합의 생성은 new를 이용하지 않고 EnumSet의 of, range와 같은 static 메소드를 사용한다.

2.4 java.util.Map

맵은 키와 키에 대응되는 데이터 쌍을 유지하여 주는 자료구조이다. 맵도 집합만큼 여러 용도로 많이 활용된다. 맵의 주요 연산은 다음과 같다.

- 데이터 추가: **void** put(K key, V value)
- 키 존재여부: **boolean** containsKey(Object key)
- 값 존재여부: **boolean** containsValue(Object value)
- 값 추출: V get(Object Key)

맵도 집합과 마찬가지로 해싱 기술을 이용하는 HashMap과 균형 이진 검색 트리를 이용하는 TreeMap 두 종류가 있다. 집합 자료구조를 설명할 때 언급한 특성이 맵의 키에 그대로 적용된다.

```
public String kthDistinct(String[] arr, int k) {
    Map<String, Integer> map = HashSet.newHashSet(arr.length);
    for(var w: arr)
        map.put(w, map.getOrDefault(w, 0) + 1);
    int j = 0;
    for(var w: arr){
        if(map.get(w) == 1) ++j;
        if(j == k) return w;
    }
    return "";
}
```

〈그림 13.7〉 k번째 독특한 문자열 찾기

맵을 이용하여 해결할 수 있는 한 가지 문제를 생각하여 보자. 문자열 배열이 주어지는데 k번째 독특한 문자열을 찾아야 한다. 예를 들어 "apple", "grape", "apple", "banana"로 구성된 문자열 배열이 주어지고 k = 2가 주어지면 주어진 문자 배열에 독특한 문자열은 "grape"와 "banana"이므로 두 번째에 해당하는 "banana"를 찾아 주어야 한다. 이 문제를 해결하기 위해서는 문자열 배열에 등장하는 각 문자열이 독특한지 여부를 알아야 하고, 그 정보를 유지해야 한다. 주어진 문자열 배열에 있는 모든 문자열을 차례로 맵에 삽입하면서 각 문자열의 등장 횟수를 기록할 수 있다. 그다음 문자열 배열을 처음부터 다시 순회하면서 맵을 통해 k번째 독특한 문자열을 그림 13.7과 같이 찾을 수 있다. 참고로 다른 언어는 이와 같은 문제를 해결할 때 사용할 수 있는 특수한 맵을 별도 제공한다. 예를 들어 파이썬은 Counter라는 각 요소를 키, 그것의 등장 횟수를 값으로 사용하는 특수 맵 자료구조를 별도 제공하고 있다.

맵도 집합과 같이 특정 열거형의 상수들만 키값이 될 수 있는 열거형 맵을 다음과 같이 생성하여 사용할 수 있다.

```
Map<WeekDay, Integer> map = new EnumMap<>(WeekDay.class);
```

2.5 Collections 클래스

```
String[] sList = {"apple", "grape", "banana", "strawberry"};
List<String> list = Arrays.asList(sList);
System.out.println(Collections.min(list));
System.out.println(Collections.max(list));
Collections.sort(list);
System.out.println(list.get(0));
Collections.reverse(list);
System.out.println(list.get(0));
Collections.sort(list, Collections.reverseOrder());
System.out.println(list);
```

〈그림 13.8〉 Collections 활용 예

java.util 라이브러리에 정의된 자료구조들은 모두 Collection interface를 구현하고 있으며, 자바 8 이전에는 interface에 static 메소드를 정의할 수 없어 Collection interface를 구현하고 있는 모든 클래스가 공통적으로 사용할 수 있는 유용한 메소드들을 java.util.Collections 클래스에 정의하여 제공하고 있다. 주요 메소드는 다음과 같다.

- 최대, 최소값: `max, min`
- 역순: `void reverse(List<?> list)`
- 회전: `void rotate(List<?> list, int distance)`
- 정렬: `void sort`
- 섞음: `void shuffle(List<?> list)`

이들을 이용한 예제는 그림 13.8과 같다. 여기서 List〈T〉는 Collection의 하위 interface이며, ArrayList, LinkedList, Stack들이 구현하고 있다.

자바 10부터는 List<T>에 copyOf, of 등 몇 가지 static 메소드가 추가되었다. copyOf는 기존 리스트의 수정불가능한(immutable) 복사본을 만들어 주며, of는 인자로 주어진 요소들을 이용하여 새로운 수정불가능한 리스트를 만들어 준다.

3. Template를 이용한 범용 클래스, 범용 메소드 구현하기

3.1 범용 클래스

```
public class Pair<T>{
    private T first = null;
    private T second = null;
    public Pair(){}
    public Pair(T first, T second) { this.first = first; this.second = second; }
    public T getFirst() { return first; }
    public T getSecond() { return second; }
    public void setFirst(T value) { first = value; }
    public void setSecond(T value) { second = value; }
}
```

〈그림 13.9〉 Pair 클래스

모든 종류의 데이터 타입을 유지할 수 있는 자료구조를 만들기 위해 범용 클래스를 정의할 수 있다. 이전 절에서 살펴본 스택, 큐, 집합, 맵 등은 모두 이와 같은 범용 클래스이다. 범용 클래스를 정의하기 위해서는 클래스를 정의할 때 클래스 이름 옆에 <>를 추가하고 그 안에 타입 매개 변수를 그림 13.9와 같이 추가한다. 타입 매개 변수는 필요하면 여러 개를 사용할 수 있다. 그림 13.9의 경우 first와 second 멤버 변수가 반드시 같은 타입이어야 한다. 다른 타입을 유지하고 싶을 경우에는 다음과 같이 수정할 수 있다.

```
public class Pair<U, V>{
    private U first = null;
    private V second = null;
    public Pair(){}
```

```
        public Pair(U first, V second) { this.first = first; this.second = second; }
        //
    }
```

타입 매개 변수의 이름으로 꼭 단일 대문자만 사용할 필요는 없지만, 초기 C++ 언어부터 T를 많이 사용하였다. 하지만 지금은 T 대신에 다른 문자들도 많이 사용하고 있다. 참고로 타입 매개 변수는 다양한 타입 정보를 아울러야 하기 때문에 긴 이름을 사용하여 가독성을 향상하기 어려운 측면이 있다. 특히, 단일 타입 매개 변수를 사용할 경우 더욱 그렇다. 여러 개의 타입 매개 변수를 사용할 경우에는 각 타입 매개 변수의 용도를 나타내기 위해 다음과 같이 할 수 있지만,

```
public class Map<KeyType, ValueType>{
```

이와 같은 경우에도 보통 Map<K, V>처럼 단일 문자를 여전히 많이 사용한다.

타입 매개 변수는 클래스 내에서 멤버 변수, 메소드의 매개 변수, 지역 변수, 반환 값의 타입으로 사용할 수 있다. 하지만 new를 이용하여 타입 매개 변수 타입의 객체나 객체 배열을 생성할 수 없다. 이것은 자바가 내부적으로 범용 클래스, 함수를 처리하는 방식 때문이다. 이에 대해서는 4절에서 자세히 설명한다. 타입 매개 변수 타입의 객체 배열이 필요하면 template를 이용하는 ArrayList와 같은 자료구조를 사용하거나 Object 배열을 사용해야 한다. Object 배열을 사용할 경우에는 생성할 때 다음과 같이 타입 변환을 해 줄 필요가 있다.

```
T[] list = (T[])new Object[capacity];
```

이 경우 경고를 주는데, 이 경고는 무시할 수 있다.

```
public static Pair<String> minmax(String[] a){
    if(a == null || a.length == 0) return null;
    String min = a[0];
    String max = a[0];
    for(int i = 1; i < a.length; ++i){
        if(min.compareTo(a[i]) > 0) min = a[i];
```

```
            if(max.compareTo(a[i]) < 0) max = a[i];
        }
        return new Pair<String>(min, max);
    }
```

〈그림 13.10〉 Pair를 이용한 minmax 메소드

범용 클래스의 객체를 생성할 때에는 타입 매개 변수에 대한 인자를 지정해 주어야 한다. 그림 13.10은 Pair 객체를 이용하여 문자열 배열에서 최댓값, 최솟값을 동시에 찾아주는 메소드이다. 범용 클래스의 객체를 생성할 때에는 변수 타입에는 반드시 타입 인자를 지정해 주어야 하지만 다음과 같이 생성자 호출에서는 생략이 가능하다.

```
List<String> files = new ArrayList<>();
```

하지만 타입 인자 뿐만 아니라 <>도 사용하지 않으면 전혀 다른 객체를 생성하기 때문에 주의해야 한다.

자바 5 이전에는 template이 없었기 때문에 자바 5 이전 코드도 계속 동작할 수 있도록 자바 5 이후에 template를 이용하여 만든 클래스도 template를 생략하고 사용할 수 있도록 하였다. 이와 같이 사용하는 것을 생 타입(raw type)이라 한다. 따라서 그림 13.9에 제시된 사용자 정의의 Pair 클래스도 다음과 같이 타입 인자 지정 없이 사용할 수 있다.

```
Pair pair = new Pair(0, 1);
```

이 예서는 원시 타입을 사용하였기 때문에 자동 포장 기법에 의해 Integer 타입으로 변환된다. 하지만 이와 같이 사용하면 타입 안전성이 제공되지 않아 다음이 가능하다.

```
pair.setFirst(2.5);
pair.setSecond(3);
```

var를 사용할 경우에 <>를 생략하면 타입 변수 인자를 Object로 해석하기 때문에 다음과 같이 생성해야 한다.

```
var files = new ArrayList<String>();
```

원시 타입을 타입 변수 인자로 사용하고 싶으면 관련 wrapper 클래스를 사용해야 한다.

범용 클래스와 같은 방법으로 범용 interface를 정의할 수 있다. 우리가 사용하는 대표적인 범용 interface가 Comparable〈T〉이다.

3.2 범용 메소드

```
public static <T> T getMiddle(T[] a){
   if(a == null || a.length == 0) return null;
   return a[a.length/2];
}
```

〈그림 13.11〉 배열의 중간 위치값 반환 메소드

범용 메소드란 타입 변수를 가지는 메소드를 정의하는 것을 말하며, 이와 같은 메소드는 보통 객체 메소드가 아니기 때문에 주로 static 메소드로 정의한다. 범용 메소드에서 타입 매개 변수는 그림 13.11과 같이 메소드의 수식어와 반환 타입 사이에 위치한다. 범용 메소드의 타입 매개 변수는 매개 변수, 지역 변수, 반환값의 타입으로 사용할 수 있다. 범용 메소드를 호출할 때에는 타입 매개 변수에 대한 인자를 지정해 줄 수 있고, 생략할 수 있다. 생략되면 인자값과 반환값을 이용하여 유추한다. 지정할 경우에는 반드시 객체 타입만 가능하다.

그림 13.12에서 A 클래스의 g 메소드에서 같은 클래스의 메소드를 호출하더라도 〈Integer〉func(10)와 같이는 호출할 수 없고, 타입 인자를 지정할 경우에는 클래스 이름을 사용해야 한다. 타입 인자를 생략할 경우에는 생성자 호출처럼 〈〉을 사용하는 것이 아니라 그림 13.12의 func("world")처럼 전체를 생략한다.

3.3 타입 매개 변수의 제한

일반적인 범용 프로그래밍은 모든 타입을 받을 수 있도록 프로그래밍하는 것이 아니라 해당 클래스나 메소드에 적합한 타입만 사용하도록 제한할 수 있어야 프로그램의 강건성을 높일 수 있다. 특히, C++처럼 타입 인자마다 코드를 만들어 처리하는 방식이 아니면 이와 같은 기능이 꼭 필요하다.

```
class A{
   public static <T> void func(T val){}
   public static void g(){
       A.<Integer>func(10);
       func("world");
   }
}

class B{
   public static void g(){
       A.<String>func("hello");
   }
}
```

〈그림 13.12〉 범용 메소드의 타입 인자 지정 예

```
public static <T extends Comparable<T>> T min(T[] a){
   if(a == null || a.length == 0) return null;
   T smallest = a[0];
   for(int i = 1; i < a.length; ++i){
       if(smallest.compareTo(a[i]) > 0) smallest = a[i];
   }
   return smallest;
}
```

〈그림 13.13〉 범용 메소드의 타입 인자 제한

범용 클래스는 모든 타입을 유지할 수 있도록 하는 것이 목적이므로 이와 같은 제한이 필요 없지만 범용 메소드는 이와 같은 제한이 필수적이다. 예를 들어 배열에서 최댓값이나 최솟값을 찾아주는 범용 메소드를 만들고자 한다. 이 경우 비교식을 작성할 때 compareTo를 이용할 것이기 때문에 Comparable〈T〉을 구현한 클래스의 객체 배열만 인자로 받을 수 있어야 한다. 이 경우 상속할 때 사용한 extends 키워드를 그림 13.13처럼 사용한다. 여기서 T는 제한된(bounded) 타입 매개 변수라 한다. 여러 개의 interface를 구현한 클래스로 제한하고 싶으면 다음과 같이 & 기호를 사용한다.

```
public static <T extends Flyable & Swimmable> void func(T d){}
```

여기서 & 기호를 사용하는 것은 해당 문법에서 쉼표는 여러 개 타입 매개 변수를 나열할 때 구분자로 이미 사용하고 있기 때문이다.

extends를 이용한 타입 제한에는 클래스, interface가 올 수 있지만, 당연히 클래스는 하나(자바는 단일 상속만 가능)만 올 수 있고, interface는 여러 개를 나열할 수 있다. 클래스를 이용하여 타입 제한을 할 경우 클래스가 맨 처음 나열되어야 한다. 예를 들어 클래스 A의 후손이면서 interface I1과 I2를 모두 구현하고 있는 클래스로만 제한하고 싶으면 아래와 같이 메소드를 정의한다.

```
public static <T extends A & I1 & I2> void func(T v){}
```

3.4 와일드카드

```
public static void printFriend(Pair<Person> p){
    Person p1 = p.getFirst();
    Person p2 = p.getSecond();
    System.out.printf("%s와 %s는 친구", p1.getName(), p2.getName());
}
```

〈그림 13.14〉 동작하지 않는 친구 출력 메소드

클래스 S와 T가 상속 관계이더라도 그것을 실제 타입으로 사용하는 두 범용 클래스 간에는 상속 관계가 형성되지 않는다. 예를 들어 Shape 클래스가 Rectangle 클래스의 부모 클래스이더라도 Pair〈Shape〉은 Pair〈Rectangle〉의 부모 클래스가 아니다. 실제 두 클래스는 동일 클래스이다. Person 클래스가 Professor, Staff, Student 클래스의 부모 클래스라 할 때 Pair〈Professor〉, Pair〈Staff〉, Pair〈Student〉를 출력하여 주는 메소드를 만들고 싶다. 이때 여러 개의 메소드를 다중 정의하지 않고 하나의 메소드만 만들고 싶어, 이를 그림 13.14와 같이 정의하였다고 하자. 앞서 설명한 바와 같이 Pair〈Person〉과 Pair〈Professor〉 간에는 상속 관계가 성립하지 않으므로 그림 13.14의 메소드는 교수, 직원, 학생에 대해 모두 사용할 수 없다.

이 문제는 다음과 같이 선언 부분을 수정하여 해결할 수 있으며, 이때 사용하는 ?를 와일드카드(wildcard)라 한다.

```
public static void printFriend(Pair<? extends Person> p){ /* 생략 */ }
```

와일드카드는 범용 클래스나 범용 함수를 정의할 때 사용하는 요소가 아니라 범용 타입의 인자를 받는 메소드를 정의할 때 사용하는 요소이다. 이와 같이 와일드카드를 이용하지 않고 다음과 같이 범용 메소드로 만들 수 있다.

```
public static <T extends Person> void printFriend(Pair<T> p){ /* 생략 */ }
```

여러 변수가 같은 타입이 되도록 보장해야 할 때에는 범용 메소드로 구현하고, 기능의 차이 없이 구현이 가능하면 와일드카드를 이용하는 것이 더 간결하고 가독성도 높아 보통 더 선호한다.

와일드카드를 이용하여 주어진 클래스와 조상 클래스들로만 제한할 수 있다. 이때에는 다음과 같이 super라는 키워드를 사용한다.

```
public static void func(Pair<? super Student> p)
```

위 메소드는 Pair<Object> 타입, Pair<Person> 타입, Pair<Student> 타입의 객체만 인자로 전달할 수 있다.

제한이 없는 와일드카드를 사용해야 할 경우도 있다. 예를 들어 다음과 같은 메소드는 모든 종류의 Pair 객체를 인자로 받을 수 있다.

```
public static boolean hasNull(Pair<?> p){
    return (p.getFirst() == null || p.getSecond() == null);
}
```

위 메소드는 앞서 설명한 것처럼 다음과 같이 범용 메소드로 만들 수 있다.

```
public static <T> boolean hasNull(Pair<T> p){
    return (p.getFirst() == null || p.getSecond() == null);
}
```

제한이 없는 와일드카드는 <? extends Object>을 축약한 형태이다.

3.4.1 PECS 규칙

와일드카드를 잘 활용하면 범용 메소드나 범용 타입을 받는 일반 메소드가 더 많은 종류의 인자를 안전하게 받을 수 있도록 할 수 있다. 와일드카드와 함께 extends와 super를 선택할 때 적용하는 규칙이 PECS(Producer Extends Consumer Super) 규칙이다. 이 규칙에 의하면 값을 제공해 주는 범용 타입의 인자이면 extends를 사용하고, 거꾸로 제공된 값을 사용하는 범용 타입의 인자이면 super를 사용하면 코드의 안전성을 유지한 상태에서 유연성을 높일 수 있다.

예를 들어 Pet이 Dog과 Cat의 부모 클래스일 때, 다음 메소드를 생각하여 보자. 이 메소드는 inList가 유지하는 모든 객체를 list에 저장해주는 메소드이다.

```
void addAll(List<Pet> list, List<? extends Pet> inList);
```

list는 List<Pet> 타입이므로 Pet 클래스의 모든 후손 객체를 유지할 수 있다. 따라서 inList가 List<Pet>, List<Dog>, List<Cat> 타입이 되어도 아무런 문제가 없다. 이 때문에 List<? extends Pet>를 사용해야 가장 많은 종류의 타입을 포괄할 수 있는 타입이 된다. 여기서 inList 인자는 객체를 제공해주는 생산자이기 때문에 extends를 사용하는 것이 PECS 규칙에 부합하는 것이다.

이번에는 다음 메소드를 생각하여 보자. 이 메소드는 list에 유지하는 객체 중 Dog 타입의 객체를 outList에 저장해 주는 메소드이다.

```
void getAllDogs(List<Pet> list, List<? super Dog> outList);
```

outList는 Dog 타입의 객체를 유지해야 하기 때문에 List<Dog>, List<Pet>, List<Object> 타입이면 문제가 없다. 이 때문에 List<? super Dog>를 사용해야 가장 많은 종류의 타입을 포괄할 수 있는 타입이 된다. 여기서 outList는 객체를 받아 처리하는 소비자이기 때문에 super를 사용하는 것이 PECS 규칙에 부합하는 것이다.

3.4.2 자바 라이브러리 메소드 정의 이해해 보기

다음은 ArrayList<E> 범용 클래스에 정의되어 있는 메소드이다.

```
boolean addAll(Collection<? extends E> c)
```

```
void forEach(Consumer<? super E> action)
boolean containsAll(Collection<?> c)
```

addAll 메소드는 또 다른 범용 자료구조를 받아 해당 자료구조에 저장되어 있는 모든 객체를 현재 리스트에 추가해주는 메소드이다. 여기서 c는 생산자이기 때문에 extends를 사용하고 있다. foreach 메소드는 현재 리스트에 저장되어 있는 각 객체를 action 함수의 인자로 전달하는 메소드이다. 여기서 action은 소비자이기 때문에 super를 사용하고 있다. containsAll 메소드는 또 다른 범용 자료구조를 받아 해당 자료구조에 있는 모든 객체를 현재 객체가 유지하고 있는지 검사하는 메소드이다. 이 검사는 Object에 있는 equals만 있으면 구현이 가능하기 때문에 특별히 제한하지 않아도 된다. 이 메소드는 유연성 측면에서 제한이 없는 와일드카드를 사용하고 있지만 오히려 〈? extends E〉가 더 맞는 정의인 것 같다. 예를 ArrayList〈Pet〉 타입의 리스트에 대해 List〈Fruit〉 타입의 인자를 전달하는 것은 false를 주겠지만 허용하는 것이 유연성을 높이는 것인지 모호하다.

다음은 Collections 클래스에 정의되어 있는 범용 메소드와 일반 함수이다.

```
<T> int binarySearch(List<? extends Comparable<? super T>> list, T key)
<T extends Object & Comparable<? super T>> T max(Collection<? extends T> c)
void shuffle(List<?> list)
```

binarySearch 메소드는 주어진 list에서 key를 이진 탐색하는 메소드이다. 이진 탐색을 하기 위해서는 key를 주어진 리스트에 있는 객체와 비교할 수 있어야 한다. 비교자는 기본적으로 소비자이다. 다른 객체를 받아 비교하기 때문이다. 예를 들어 key가 Dog 타입이면 Comparable〈Dog〉이나 Comparable〈Pet〉를 구현하고 있는 객체이면 비교가 가능하다. 특히, Pet 클래스가 Comparable〈Pet〉을 구현하고 있다면 Dog 클래스는 Comparable〈Dog〉이 아니라 Comparable〈Pet〉인 점을 기억해야 한다.

max는 주어진 c에서 최댓값에 해당하는 객체를 찾아준다. 최댓값을 찾기 위해서는 객체들을 서로 비교할 수 있어야 한다. 따라서 max에 사용할 수 있는 타입은 Comparable를 구현하고 있어야 한다. 비교자는 항상 소비자이므로 super를 이용해야 한다. 반면에 c는 비교자가 소비할 객체를 제공해 주어야 하는 생산자이므로 extends를 사용하고 있다. 예를 들어 Dog이 Comparable〈Pet〉를 구현하고 있어도 List〈Dog〉 타입을 max의 인자로 제시할 수 있다. 이 메소드에서 타입 매개 변수를 Object로 제한한 이유는 이 메소드에 대한 실제 코드를 생성할 때 타입 매개 변수를 Comparable이 아닌 Object로 바꾸어 과거 코드와 호환되도록 하기 위함이다.

shuffle 메소드는 심지어 Object에 정의된 메소드도 사용하지 않고 구현하는 메소드이기 때문에 제한이 없는 와일드카드를 사용하고 있다. 자바 표준 라이브러리 문서를 보면 이 메소드는 랜덤 함수를 이용하여 맨 마지막 요소부터 랜덤한 위치에 있는 요소와 교체 연산을 반복하여 리스트에 있는 요소들의 위치를 바꾸어 섞어준다.

max에서 Object를 이용하여 제한하고 있는데, 이것이 종종 필요할 때가 있다. 예를 들어 범용 이진 힙을 직접 정의해야 한다고 생각하여 보자. 그러면 클래스를 다음과 같이 정의할 수 있다.

```
class BinaryHeap<T extends Comparable<? super T>>{
   private T[] heap;
   //
   public BinaryHeap(int capacity, Comparator<? super T> comparator) {
      //
      heap = (T[])(new Comparable<? super T>[capacity]); // error
   }
}
```

그런데 자바는 범용 타입의 배열을 생성할 수 없으므로 위 코드는 주석에 표시한 것처럼 문법 오류이다. new Comparable[capacity] 또는 new Comparable<?>[capacity]를 이용할 수 있지만 또 다른 방법은 new Object[capacity]를 이용할 수 있다. 그런데 Object 배열을 이용하면 여전히 Object 배열을 Comparable<? super T>[]로 타입 변환할 수 없어 실행 시간 오류가 발생한다. 이 문제는 다음과 같이 정의하여 해결할 수 있다.

```
class BinaryHeap<T extends Object & Comparable<? super T>>{
   private T[] heap;
   //
   public BinaryHeap(int capacity, Comparator<? super T> comparator) {
      //
      heap = (T[])(new Object[capacity]);
```

```
        }
    }
```

위처럼 Object로 제한하면 T를 Object로 바꾸어 정의하기 때문에 실제 타입 변환이 일어나지 않는다.

3.5 타입 매개 변수의 전달

타입 매개 변수를 최초로 정의한 다음, 같은 이름의 타입 매개 변수를 정의한 요소 내부에 다른 요소를 정의할 때 사용하면 이는 같은 타입 매개 변수가 된다. 예를 들어 다음과 같은 경우,

```
public class ExtendedPair<T> extends Pair<T>{}
```

ExtendedPair에 정의된 타입 매개 변수 T가 Pair 클래스에 전달된다. 최초 정의된 타입 매개 변수가 extends를 이용하여 제한된 경우에는 다음과 같이 해당 타입 매개 변수를 전달할 때 다시 제한하지 않아도 동일하게 제한된다.

```
public class ExtendedPair<T extends Comparable<? super T>> extends Pair<T>{}
```

```
public class BinaryTree<T> implements Iterable<T>{
    private class Node{
        T item;
        Node left;
        Node right;
    }
    private Node root = null;
    //
    public void add(T item){ /* 생략 */ }
}
```

〈그림 13.15〉 이진 트리를 나타내는 범용 클래스

```
public class LinkedList<T> implements Iterable<T>{
    private static class Node<T>{
        T item;
        Node next;
    }
    private Node<T> head = null;
    //
    public void add(T item){ /* 생략 */ }
}
```

〈그림 13.16〉 단일 연결구조를 나타내는 범용 클래스

범용 클래스에 내부 클래스를 정의하면서 범용 클래스에 정의된 타입 매개 변수를 내부 클래스에도 동일하게 사용하고 싶으면 그림 13.15와 같이 그냥 사용하면 된다. 같은 가시영역에 포함되어 있기 때문에 해당 타입 매개 변수가 계속 적용된다. 하지만 그림 13.15와 같이 일반 내부 클래스로 정의하면 모든 노드가 외부 클래스에 대한 참조를 불필요하게 유지하게 되어 비효율적이다. 따라서 이 경우에는 Node 내부 클래스를 static으로 정의해야 한다. 그러나 중첩 클래스는 외부 클래스와 독립적으로 인식되기 때문에 외부 클래스에 정의된 타입 매개 변수를 전달하기 위해서는 중첩 클래스도 범용 클래스로 만들어야 하며, 같은 이름의 타입 매개 변수를 그림 13.16처럼 사용해야 한다.

범용 클래스의 중첩 클래스와 마찬가지로 static 메소드는 범용 클래스의 타입 인자를 직접 적용받지 않는다. 따라서 다음은 오류이다.

```
public class Utility<T extends Comparable<? super T>>{
    public static T min(T... list){}
    public static T max(T... list){}
}
```

이 때문에 다음과 같이 범용 메소드마다 타입 인자를 별도로 새롭게 정의하는 것이 올바른 방법이다.

```
public class Utility{
    public static <T extends Comparable<? super T>> T min(T... list){}
```

```
    public static <T extends Comparable<? super T>> T max(T... list){}
}
```

같은 이유로 static 멤버 변수에는 타입 변수를 사용할 수 없다.

4. Template의 내부 동작 원리

C++는 사용된 타입 인자의 종류마다 별도 코드를 생성한다. 예를 들어 Pair 범용 클래스가 5개의 서로 다른 타입 인자를 이용하여 사용되었다면 C++는 다섯 종류의 Pair 클래스를 만들어 사용한다. 이 때문에 작성한 소스 코드에 비해 실행 파일은 매우 커질 수 있다. 이 문제를 C++에서는 "template code bloat"라 한다. 하지만 이와 같은 방법을 사용하면 각 클래스에서 사용하는 타입이 명확해지기 때문에 특별히 사용하는데 제약 사항이 없고, 잘못 사용한 경우에는 대부분 문법 오류로 나타난다.

자바는 C++와 달리 사용된 타입 인자 종류의 개수와 무관하게 하나의 코드만 생성하여 사용한다. 이 코드를 만드는 과정을 "erasure"라 한다. erasure 과정에서 제한이 없는 타입 매개 변수는 Object로 바뀌고, 제한된 타입 매개 변수는 제한된 타입으로 바뀐다. 또 범용 클래스의 메소드를 호출하는 문이나 범용 메소드를 호출한 문에 필요하면 타입 변환을 추가한다. 특수한 경우에는 타입 안전성을 높이기 위한 메소드를 추가할 수 있다.

예를 들어 다음과 같은 범용 메소드에 있으면

```
public static <T> boolean contains(T[] list, T key){
    for(var item: list) if(item.equals(key)) return true;
    return false;
}
```

erasure를 적용하면 다음과 같이 변경된다.

```
public static boolean contains(Object[] list, Object key){
    for(var item: list) if(item.equals(key)) return true;
    return false;
}
```

이 예는 타입 매개 변수를 제한하고 있지 않기 때문에 단순히 T를 모두 Object로 바꾸면 된다. 이렇게 바꾸어 사용하게 되므로 처음부터 범용 메소드로 정의하지 않고 Object를 이용하여 정의하여 사용하는 것을 생각해 볼 수 있지만 이 둘은 큰 차이가 있다. Object를 이용하여 정의하면 첫 번째 인자의 타입과 두 번째 타입의 인자의 일치 여부를 문법적으로 확인할 수 없다. 즉, 실행 시간에는 Object를 아용하여 정의한 것과 범용 메소드로 정의한 것의 차이가 없지만 범용 메소드로 정의하면 컴파일 시간에 타입 일치 여부를 확인할 수 있고, 타입 변환 없이 사용할 수 있는 이점이 있다.

다음 메소드는 제한된 타입 매개 변수를 사용하고 있기 때문에

```
public static <T extends Comparable<? super T>> T max(T[] list){
    T max = list[0];
    for(int i = 1; i < list.length; ++i)
        if(max.compareTo(list[i]) < 0) max = list[i];
    return max;
}
```

erasure를 적용하면 다음과 같이 변경된다.

```
public static Comparable max(Comparable[] list){
    Comparable max = list[0];
    for(int i = 1; i < list.length; ++i)
        if(max.compareTo(list[i]) < 0) max = list[i];
    return max;
}
```

또 이 메소드를 다음과 같이 사용하면

```
String[] words = ...
Integer[] nums = ...
//
String word = A.max(words);
int num = A.max(nums);
```

다음과 같이 필요한 타입 변환이 추가된다.

```
String[] words = ...
Integer[] nums = ...
//
String word = (String)A.max(words);
int num = (Integer)A.max(nums);
```

이렇게 erasure된 코드는 실행할 때 사용하는 코드이다. 타입 제한 등 다양한 문법 검사는 erasure 이전에 컴파일러 시간에 검사하게 된다.

타입 매개 변수가 다중 제한된 경우에는 erasure 과정에서 타입 매개 변수를 첫 번째 제한 타입으로 변환한다. 예를 들어 다음과 같은 범용 함수를 생각하여 보자.

```
public static <T extends Swimmable & Flyable> T play(T animal){
    animal.swim();
    animal.fly();
    return animal;
}
```

여기서 Swimmable, Flyable은 interface이고, 각각 swim과 fly 메소드가 선언되어 있다고 하면 play 함수의 erasure 후의 모습은 다음과 같을 것이다.

```
public static Swimmable play(Swimmable animal){
    animal.swim();
    ((Flyable)animal).fly(); // 타입 변환 추가
    return animal;
}
```

duck = play(duck)과 같이 play 메소드를 호출하였다면 컴파일러는 컴파일 시간에 duck이 Swimmable과 Flyable를 구현하고 있는 클래스의 객체인지 문법 검사를 하며, duck = (Duck)play(duck)과 같이 메소드가 반환하는 값을 타입 변환해주는 코드를 추가하게 된다.

와일드카드를 설명할 때 제시된 다음 코드는 범용 메소드가 아니지만

```
public static boolean hasNull(Pair<?> p){
   return (p.getFirst() == null || p.getSecond() == null);
}
```

이와 같은 메소드도 erasure 과정을 통해 다음과 같이 변경된다.

```
public static boolean hasNull(Pair p){
   return (p.getFirst() == null || p.getSecond() == null);
}
```

즉, 와일드카드는 컴파일 과정에서만 의미가 있고, 실제 실행 시간에는 아무 의미가 없으며, erasure 과정에서는 무시된다.

자바 template이 이렇게 동작할 수 있는 이유는 모든 객체의 최상위 조상 타입인 Object 클래스가 존재하기 때문이다. 또 template 기능은 자바 5부터 새롭게 도입된 요소이므로 자바 5 이전에 작성한 코드도 범용 클래스, 범용 함수로 바뀐 라이브러리를 계속 사용할 수 있도록 해야 할 필요성이 있었다. 이 때문에 자바 5 이후에 정의된 범용 클래스나 범용 메소드를 타입 인자 없이 사용하면 erasure 과정이 동일하게 적용되지만 타입 인자를 사용하였을 때 추가될 수 있는 여러 가지 타입 변환이 추가되지 않기 때문에 타입 안전성이 보장되지 않게 된다.

Erasure를 통해 하나의 코드만 사용하기 때문에 나타나는 특징은 다음과 같다.

- 특징 1. 실행 시간에 타입 인자에 대한 정보가 없다.
- 특징 2. 원시 타입을 타입 인자로 사용할 수 없다.
- 특징 3. 타입 인자 타입의 객체나 배열을 생성할 수 없다.
- 특징 4. 범용 객체를 instanceof를 통해 특정 타입 인자를 사용하는 범용 클래스의 타입인지 확인할 수 없다.
- 특징 5. static 멤버에 타입 매개 변수를 적용할 수 없다.
- 특징 6. 범용 코드 내에 타입 매개 변수를 이용한 타입 변환은 실제 일어나지 않는 경

우가 많다.

- 특징 7. 컴파일 과정에서 타입 인자, 타입 제한 등을 이용하여 문법 검사를 하며, 이때 발견되지 않으면 실행 시간 오류로 나타난다.

특징 6 때문에 범용 코드 내에서 타입 매개 변수를 이용한 타입 변환이 무의미할 수 있지만 객체 배열을 생성할 경우에는 erasure 이전 문법 검사와 다른 부분에서 올바른 erasure를 위해 타입 변환하는 것이 효과적이다.

5. Template 사용할 때 주의사항

이전 절에서 설명한 바와 같이 erasure 과정을 통해 하나의 소스 코드만 생성하여 처리하기 때문에 타입 인자로 원시 타입을 사용할 수 없다. 이를 극복하기 위해 wrapper 클래스를 활용할 수 있으며, 자바 5부터 autoboxing 기능이 제공되기 때문에 큰 불편함 없이 원시 타입도 타입 변수의 인자로 사용할 수 있다.

Erasure를 진행한 후에 문법 오류가 발생하지 않아야 한다. 다음 예에서는 다중 정의 관점에서 문제가 없다고 생각할 수 있지만, 타입 매개 변수 U와 V를 모두 Object를 바꾸면 두 개의 set 메소드가 같아지므로 문법 오류이다.

```
public class Pair<U, V>{
   //
   public void set(U value) { first = value; }
   public void set(V value) { second = value; }
}
```

이 문제는 erasure를 사용하지 않고 C++처럼 주어진 타입 인자마다 별도 코드를 생성하더라도 발생할 수 있는 문제이다. 예를 들어 U와 V에 같은 타입 인자를 사용하였을 때 만들어지는 코드도 동일한 문법 오류를 가지게 된다.

범용 클래스의 객체는 다른 타입 인자를 사용하더라도 동일 타입으로 간주된다. 실제 하나의 클래스만 사용하며, 실행 시간에 타입 인자 정보를 클래스가 가지고 있지 않기 때문에 이 구분이 가능하지 않다. 따라서 다음과 코드에서 if 문의 비교식은 true이다.

```
Pair<String> sPair = new Pair<>("apple","banana");
Pair<Integer> iPair = new Pair<>(3,7);
if(sPair.getClass() == iPair.getClass()) ...
```

또한 다음과 같은 문장은 문법 오류이다.

```
if(sPair instanceof Pair<String>) ...
```

위와 비슷한 효과를 원하면 다음과 같이 〈?〉를 사용해야 한다.

```
if(sPair instanceof Pair<?>) ...
```

하지만 iPair instanceof Pair〈?〉도 true이기 때문에 이와 같은 방법으로 범용 클래스에서 사용하고 있는 타입 인자를 확인할 수 없다.

범용 클래스는 Throwable을 상속받을 수 없다. 즉, 범용 클래스는 예외 클래스를 정의하기 위해 사용할 수 없으며, catch 절에서는 타입 변수를 사용할 수 없다. 또한 범용 클래스의 객체 배열을 선언할 수 없다. 따라서 다음은 문법 오류이다.

```
Pair<String>[] table = new Pair<>[10];
```

하지만 다음은 가능하다.

```
Pair<?>[] table = new Pair<?>[10];
```

물론 이와 같이 사용하면 타입 안전성이 제공되지 않는다. 범용 객체를 여러 개 유지하고 싶으면 표준 라이브러리에서 제공하는 ArrayList와 같은 자료구조를 이용해야 한다.

퀴즈

1. 자바 template 관련 문법에 대한 다음 설명 중 틀린 것은?
   ① 자바는 단일 상속이기 때문에 타입 매개 변수를 제한할 때 클래스는 하나만 제시할 수 있다.
   ② 범용 함수는 보통 static 함수로 정의하는데, 한 클래스에 여러 개 static 범용 함수를 정의할 때 클래스를 범용 클래스로 만들면 각 함수 정의에서 타입 매개 변수의 정의를 생략할 수 있다.
   ③ 제한이 없는 와일드카드 〈?〉은 〈? extends Object〉의 축약된 표현이다.
   ④ 여러 개 interface를 모두 구현하는 타입으로 타입 인자를 제한하고 싶으면 타입 매개 변수를 정의할 때 extends 키워드와 & 기호를 사용하여 제한한다.

2. 리스트를 복제하는 다음과 같은 static 메소드를 정의하고 싶다.

```
public static <T> void copy(List<T> src, List<T> dest);
```

   이것의 유연성을 높이기 위해 PECS 규칙을 적용하고 싶다. 다음 중 가장 적합한 것은?
   ① **public static** 〈T〉 **void** copy(List〈? super T〉 src, List〈? extends T〉 dest);
   ② **public static** 〈T〉 **void** copy(List〈T〉 src, List〈? super T〉 dest);
   ③ **public static** 〈T〉 **void** copy(List〈? extends T〉 src, List〈? super T〉 dest);
   ④ **public static** 〈T〉 **void** copy(List〈? extends T〉 src, List〈T〉 dest);

3. 자바는 범용 함수나 범용 클래스를 정의하면 사용하는 타입 인자의 종류와 무관하게 C++와 달리 erasure라는 기법을 이용하여 하나의 코드만 생성하여 사용한다. 이와 같은 방식이 실행 파일의 크기를 줄이는 효과는 있지만 이 때문에 발생하는 단점도 있다. 다음 중 이것 때문에 발생하는 단점이 아닌 것은?
   ① 범용 객체를 instanceof를 통해 특정 타입 인자를 사용하는 범용 클래스의 타입인지 확인할 수 없다.
   ② 원시 타입을 타입 인자로 사용할 수 없다.
   ③ 타입 인자 타입의 객체나 배열을 생성할 수 없다.
   ④ 여러 개의 타입 매개 변수를 사용할 때 모호성 오류(예: void set(U a), void set(V a))가 발생할 수 있다.

4. MyC라는 범용 클래스를 정의하고 싶다. 이 클래스는 범용 인터페이스 MyIF를 구현해야 하며, MyC 범용 클래스는 타입 인자를 Comparable<? super T>를 구현하는 클래스로 제한하고 싶다. 그러면 다음 3가지 중 클래스를 정의하는 올바른 방법은 어느 것인가?

① MyIF에만 타입 변수를 정의함

```
public class MyC implements MyIF<T extends Comparable<? super T>>{}
```

② MyC와 MyIF에 동일한 타입 변수를 정의함

```
public class MyC<T extends Comparable<? super T>>
    implements MyIF<T extends Comparable<? super T>>{}
```

③ MyC에 정의하고 MyIF는 MyC에 정의된 것을 사용하도록 함

```
public class MyC<T extends Comparable<? super T>> implements MyIF<T>{}
```

연습문제

1. n개의 정수로 구성된 배열이 주어진다. 길이가 2인 합이 같은 부분 배열이 존재하면 true, 존재하지 않으면 false를 반환하는 다음 함수를 완성하라.

```
boolean hasEqualSumSubarrays(int[] nums){
}
```

   길이가 2보다 커지면 같은 문제를 어떻게 효과적으로 해결할 수 있는지 설명하라.

2. 범용 스택 클래스 Stack<T>를 구현하였다. 이 클래스에 void pushAll(List<T> list)를 구현하여 여러 개를 한 번에 push할 수 있도록 하고 싶다. 이때 Pet 클래스가 있고, Dog와 Cat이 Pet의 자식 클래스라 하자. 그러면 Stack<Pet> 타입의 스택에는 List<Pet> 타입을 이용하여 pushAll을 호출할 수 있지만 List<Dog>이나 List<Cat> 타입을 이용하여 pushAll을 호출할 수 없다. 이것을 해결하기 위해 pushAll을 어떻게 정의해야 하는지 제시하라.

3. 문제 2에서 void popAll(List<T> list)를 구현하여 스택에 있는 모든 요소를 리스트로 옮기고 싶다. 하지만 이 경우에도 문제가 있다. Stack<Dog> 타입의 스택에는 List<Dog> 타입을 이용하여 popAll을 호출할 수 있지만 List<Pet>이나 List<Object> 타입을 이용하면 popAll을 호출할 수 없다. 이것을 해결하기 위해 popAll을 어떻게 정의해야 하는지 제시하라.

4. 범용 FIFO(First-In-First-Out) 큐를 자바 표준 라이브러리의 이중 연결구조인 LinkedList<E>를 이용하여 구현하라. 제시된 클래스의 기본 생성자를 제외한 6개 메소드를 구현해야 한다.

```
public class Queue<T>{
    private LinkedList<T> list = new LinkedList<>();
    public Queue(){}
```

```java
        public boolean isEmpty(){}
        public int size(){}
        public void push(T item){}
        public T pop(){}
        public T peek(){}
    }
```

자바의 범용 클래스는 객체를 유지하며, 자바에서 객체는 참조 타입으로 처리한다. 따라서 삽입하는 객체 자체를 자료구조에 유지하는 것이 아니라 객체의 참조를 유지한다. 따라서 삽입한 요소의 참조를 가지고 있으면 자료구조에 접근하지 않고 자료구조가 유지하는 데이터를 수정할 수 있다. 이 문제를 극복하는 방법을 설명하라. 극복하는 방법을 이 문제를 구현할 때 포함하지 않아도 된다.

> **참고.** 자료구조에 저장하는 모든 객체 타입이 이 문제를 가지고 있는 것은 아니다. 따라서 보통은 이 문제를 극복하는 장치를 자료구조를 구현할 때 포함하지 않는다. 안전 장치를 추가하면 오히려 필요 없는 종류의 객체를 저장할 때 불필요한 비용이 발생한다.

5. 다음에 주어진 배열 기반 범용 정렬 리스트를 구현하라. 이때 add, find, remove는 모두 이진 검색을 사용해야 하고, 이 리스트는 중복된 요소를 허용하지 않는다.

```java
public class SortedArrayList<T extends Object & Comparable<? super T>>
    implements Iterable<T>{
    private int capacity = 5;
    private int size = 0;
    @SuppressWarnings("unchecked")
    private T[] list = (T[])new Object[capacity];

    private class ListIterator implements Iterator<T>{
        private int cursor = 0;
        @Override public boolean hasNext(){ return cursor < size; }
        @Override public T next(){ return get(cursor++); }
    }
```

```
    public SortedArrayList(){}
    public boolean isEmpty() { return size == 0; }
    public int size() { return size; }
    public void add(T item){}
    @SafeVarargs public void addAll(T... items){
        for(var item: items) add(item);
    }
    public T get(int index){
        if(index < 0 || index >= size) throw new IndexOutOfBoundsException();
        return list[index];
    }
    public void remove(T item){}
    public boolean find(T item){}
    @Override public Iterator<T> iterator(){
        return new ListIterator();
    }
}
```

6. 다음 코드에서 Dog와 Cat은 Pet의 자식 클래스이고, Puddle은 Dog의 자식 클래스이다.

```
void extendsTester(Pair<? extends Dog> pair) {}
void superTester(Pair<? super Dog> pair) {}
public static void extendsTest() {
    Pair<Object> objectPair = new Pair<>();
    Pair<Dog> dogPair = new Pair<>();
    Pair<Pet> petPair = new Pair<>();
    Pair<Puddle> puddlePair = new Pair<>();
    Pair<Cat> catPair = new Pair<>();

    extendsTester(objectPair);
    extendsTester(dogPair);
    extendsTester(petPair);
    extendsTester(puddlePair);
```

```
        extendsTester(catPair);
        superTester(objectPair);
        superTester(dogPair);
        superTester(petPair);
        superTester(puddlePair);
        superTester(catPair);
    }
```

주어진 코드에서 extendsTester 호출 문장 중 오류가 아닌 것을 제시하고, 그 이유를 설명하라. 또 superTester 호출 문장 중 오류가 아닌 것을 제시하고, 그 이유를 설명하라.

7. 다음에 제시된 범용 함수 정의에서 문법 오류를 찾고 그 이유를 설명하고, 오류가 없도록 수정하라.

```
public static <T extends Cloneable, Dog> T foo(T x){
}
```

제14장

함수형 프로그래밍과 Stream 라이브러리

제 14 장 함수형 프로그래밍과 Stream 라이브러리

1. 함수형 프로그래밍 소개

함수형 프로그래밍에서는 함수를 정수와 같은 데이터로 취급할 수 있어, 함수를 다른 함수의 인자로 전달할 수 있고, 함수의 결과로 함수를 반환할 수 있고, 변수에 함수를 유지할 수 있다. 이처럼 한 함수가 다른 함수를 인자로 받거나 결과로 함수를 반환하면 이 함수를 고차 함수(high order function)라 한다. 함수형 프로그래밍은 고차 함수를 정의할 수 있도록 해준다. 함수형 프로그래밍은 기존처럼 제공해야 하는 기능을 수행하는 절차를 서술하여 프로그래밍하기 보다는 수행하고 싶은 것이 무엇인지 서술하는 형태로 프로그래밍한다. 이 때문에 함수형 프로그래밍을 다른 말로 선언적(declarative) 프로그래밍이라 한다. 이 부분은 이 장 후반부에서 설명하는 스트림(stream) 라이브러리를 보면 명확하게 구분할 수 있을 것이다.

함수가 다른 함수를 인자로 받게 되면 해당 함수의 기능이 고정되지 않고 인자로 전달하는 함수에 따라 바뀌게 된다. 자바는 자바 8부터 함수형 프로그래밍을 지원한다. 자바 8 이전에는 함수를 다른 함수의 인자로 전달할 수 없었기 때문에 함수를 전달하고자 하면 interface를 정의하고, 정의된 interface를 구현하는 클래스를 정의한 다음, 해당 클래스의 객체를 생성하여 전달하였다.

예를 들어 java.util.Arrays의 다음과 같은 sort 메소드가 있다.

```
public static <T> void sort(T[] a, Comparator<? super T> c);
```

이 메소드는 배열을 정렬할 때 두 번째 인자로 주어진 Comparator를 구현하는 객체의 compare 메소드를 이용하여 정렬한다. 문자열 배열을 문자열의 길이를 기준으로 정렬하고자 하면 자바 8 이전에는 다음과 같은 클래스를 정의한 후에,

```
class StringLengthComparator implements Comparator<String>{
```

```
    @Override public int compare(String s1, String s2){
        return s1.length() - s2.length();
    }
}
```

이 클래스의 객체를 생성하고, 이 객체를 다음과 같이 전달하여 정렬하였다.

```
String[] list = {"grape", "cherry", "banana", "strawberry", "watermelon"};
Arrays.sort(list, new StringLengthComparator());
```

주어진 코드를 통해 알 수 있듯이 StringLengthComparator는 객체지향에서 상태를 가지고 상태에 따라 행위의 결과가 바뀌는 일반적인 객체를 정의하는 클래스가 아니며, compare 메소드도 객체의 상태를 사용하는 객체 메소드로 보기 힘들다. 오히려 인자만 이용하여 구현할 수 있는 일반 함수이기 때문에 static 메소드로 정의하는 것이 바람직하다. 하지만 자바 8 이전에는 sort 메소드가 활용할 수 있도록 하기 위해서는 주어진 것처럼 일반 메소드로 정의하고 sort 메소드에 객체를 전달하는 방법밖에 없었다.

함수형 프로그래밍에서 함수가 다른 함수를 인자로 받기 위해서는 함수를 정의할 때 받고자 하는 특정 형태의 함수를 매개 변수 타입으로 정의할 수 있어야 한다. 이를 위해 자바는 자바 8 이전부터 사용한 방법을 그대로 사용하고 있다. 즉, interface를 이용하여 함수를 받는 매개 변수의 타입을 정의하고 있다. 예를 들어 다음과 같은 interface가 정의되어 있을 때,

```
public interface IntegerBinaryOperation{
    int doOP(int a, int b);
}
```

다음 함수는 2개의 int 타입 인자를 받아 int를 반환하여 주는 함수를 인자로 받는 메소드가 된다.

```
int func(int a, int b, IntegerBinaryOperation biFunc){
    return biFunc.doOP(a, b);
}
```

그러나 특정 클래스에 정의된 2개의 int 타입 인자를 받아 int를 반환하여 주는 메소드를 이 메소드의 인자로 전달할 수는 없다[39]. 자바에서는 함수에 함수를 인자로 전달하기 위해서는 람다(lambda) 표현식이라는 매개 변수가 있는 표현식을 이용할 수밖에 없다. 람다 표현식은 함수를 간결하여 정의하는 표현식이다. 람다 표현식을 이용하여 func을 호출하는 예는 다음과 같다.

```
System.out.println(func(5, 3, (a,b) -> a * b));
IntegerBinaryOperation subtract = (a, b) -> a - b;
System.out.println(func(5, 3, subtract));
```

참고로 람다 표현식을 변수에 저장할 때에는 다음과 같이 var를 사용할 수 없다.

```
var add = (a, b) -> a + b;
```

람다 표현식과 관련된 자세한 문법은 다음 절에서 설명한다.

2. 람다 표현식과 함수형 인터페이스

2.1 람다 표현식

람다 표현식은 메소드를 간결하게 정의하는 표현식이며, 기존 메소드의 정의와 달리 메소드의 이름이 없다. 보통 함수를 인자로 받는 함수를 호출할 때 람다 표현식으로 함수를 정의하여 전달한다. 람다 표현식은 원칙적으로 순수 함수이어야 한다. 즉, 람다 표현식을 같은 인자를 이용하여 평가하면 항상 같은 결과를 주어야 한다[40]. 람다 표현식의 문법은 다음과 같다.

자바 문법

람다 표현식은 parameter-list -> expression 형태로 작성한다.
parameter-list는 함수의 매개 변수 목록을 정의할 때와 마찬가지로 괄호 내에 타입과 변수 이름을 쉼표로 분리하여 작성한다. 매개 변수가 하나이고 타입 정보를 생략하면 괄호까지 생략할

39) 해당 클래스에 IntegerBinaryOperation interface를 구현하도록 하면 전달할 수 있다.
40) this를 포함하여 자유 변수를 사용할 수 있고, 이 변수가 참조 변수일 수 있기 때문에 부작용(객체의 상태를 변경)이 있는 람다 표현식을 정의할 수 있다.

수 있다. expression에는 함수의 몸체에 해당하는 하나의 표현식이 올 수 있고, 여러 문장으로 작성할 수 있다. 여러 문장을 작성할 경우에는 메소드 몸체를 정의할 때와 동일하게 중괄호를 사용하며, 각 문장 끝에 세미콜론을 사용하고, 반환값이 있으면 return 문을 사용한다. 일반 메소드 정의와 달리 반환 타입을 지정하지 않으며, throws 이용하여 예외를 공표할 수 없고, 타입 매개 변수를 사용하는 범용 함수를 정의할 수 없다.

람다 표현식에서 사용하는 -> 연산자는 이항 연산자이며, 화살표 연산자 또는 람다 연산자(lambda operator)라 한다. 우선 순위는 대입 계열과 같고 결합순서는 대입과 마찬가지로 오른쪽에서 왼쪽이다. 우선 순위는 다음을 고려하면 이해할 수 있다.

```
op = x -> x += t;
```

여기서 op는 주어진 람다 표현식을 저장할 수 있는 변수이고, t는 자동으로 캡쳐되는 op에서 유일 매개 변수 타입과 같다고 가정하자. 이 경우 3개의 연산자가 등장하는데, 모두 우선순위가 같으므로 가장 오른쪽 +=부터 해석이 이루어진다. 그다음 람다 연산자를 해석하여 람다 표현식을 해석하게 된다.

람다 표현식 문법에서 알 수 있듯이 람다 표현식은 이름이 없는 함수를 간결하게 정의하는 방법이다. 따라서 보통 한 번만 사용하는 간단한 함수를 정의하기 위해 람다 표현식을 많이 사용한다. 하지만 람다 표현식을 함수형 인터페이스 타입에 유지하여 여러 번 사용할 수 있다. 람다 표현식을 이용한 함수 정의에서 몸체로 하나의 표현식만 사용하면 이를 표현식 람다(expression lambda)라 하고, 여러 문장으로 구성하면 블록 람다(block lambda)라 한다. 매개 변수의 타입을 추정할 수 있으면 생략할 수 있지만 일부 매개 변수의 타입만 생략하는 것은 가능하지 않다. 따라서 다음은 문법 오류이다.

```
BiPredicate<Integer, Integer> isDivisible = (n, int d) -> (n % d == 0); // error
```

여기서 BiPredicate은 java.util.Function에 정의되어 있는 함수형 인터페이스이다. 이에 대해서는 2.3.1절에서 자세히 설명한다.

자바 11부터는 람다 표현식의 매개 변수 타입으로 실제 타입 대신에 var를 사용할 수 있다. 하지만 매개 변수가 여러 개 있을 때 이 중 일부만 var를 사용할 수 없다.

```
(var s1, var s2) -> s1 + s2        // ok
(var s1, String s2) -> s1 + s2     // error
```

첫 번째 표현식은 (s1, s2) -> s1 + s2와 큰 차이는 없지만 혹 annotation의 사용이 필요할 경우에 아래와 같이 사용할 수밖에 없다.

```
(@NonNull var s1, @NonNull var s2) -> s1 + s2
```

2.2 람다 표현식의 가시영역과 자유변수

람다 표현식은 별도 가시영역을 가지는 것이 아니라 그 표현식이 등장하는 블록 가시영역에 포함된다. 이 때문에 기존 가시영역 중첩과 관련된 규칙들이 모두 동일하게 적용된다.

```
double n = 0.0;
IntPredicate isOdd = n -> (n % 2 == 1); // error
```

위 코드에서 람다 표현식에 사용된 매개 변수 n이 같은 가시영역에 있는 지역변수 n과 이름이 같기 때문에 문법 오류이다. 같은 이유에서 람다 표현식 내에서 this 키워드를 사용하면 람다 표현식이 포함된 메소드의 this와 동일한 객체를 가리키게 된다.

람다 표현식을 작성할 때 람다 표현식 외부의 변수를 사용할 수 있다. 이를 자바에서는 자유 변수(free variable)라 한다. 자유 변수는 람다 표현식을 실행할 시점에서 해당 변수의 값으로 고정된 상태에서 람다 표현식으로 복사된다고 할 수 있다. 이 때문에 람다 표현식이 해당 변수를 캡처(capture)했다고 말한다.

```
void foo(int multiple){
   intUnaryOperator getMultiple = n -> n * multiple;
   System.out.println(getMultiple.applyAsInt(10));
}
```

위 예제에서는 람다 표현식이 multiple 매개 변수를 캡처해 사용하고 있다. foo를 호출할 때 어떤 값으로 인자로 전달했는지에 따라 getMultiple이 캡쳐하는 값은 달라진다. 참고로 자유 변수가 있는 일련의 문장을 closure라 하며, 자바에서 람다 표현식은 closure이다.

모든 지역 변수를 캡처할 수 있는 것은 아니다. 실질적으로 final인 변수들만 캡처할 수 있다. 즉, final인 변수나 final은 아니지만 변하지 않는 변수들만 캡처할 수 있다. 따라서 다음과 같이 변하는 색인 변수 i를 캡처하는 것은 문법 오류이다.

```
for(int i = 1; i <= 10; ++i){
    IntUnaryOperator getMultiple = x -> x * i;// error
    System.out.println(getMultiple.applyAsInt(1));
}
```

유사한 이유로 캡처된 변수를 람다 표현식 내에서 수정하는 것도 문법 오류이다. 하지만 foreach for문의 변수를 캡처하는 것은 오류가 아니다.

```
int[] array = {1, 2, 3, 4, 5, 6, 7, 8, 9, 10};
for(int n: array){
    IntUnaryOperator getMultiple = x -> x * n;
    System.out.println(getMultiple.applyAsInt(1));
}
```

참고로 변수 i는 for 문 실행동안 바뀌는 값이지만 n는 각 루프마다 고정된 값을 가지는 변수이다.

2.3 함수형 인터페이스

함수를 인자로 받는 함수에서 해당 매개 변수 타입을 정의하기 위해 자바는 함수형 프로그래밍을 도입하기 이전에 사용하였던 방법인 interface를 활용하고 있다. 하지만 interface를 이용하여 함수 타입을 정의하기 위해서는 해당 interface에 함수가 하나만 선언되어 있어야 한다. 물론 기본 메소드, static 메소드, private 메소드는 여러 개를 정의할 수 있지만 여러 개의 함수를 선언하면 함수 타입을 나타내기 위해 사용할 수 없다.

함수 타입을 정의하기 위해 interface를 정의할 때에는 다음과 같이 @FunctionalInterface라는 annotation을 추가하면 컴파일러는 interface의 선언된 메소드의 수가 하나인지 검사하고 아니면 문법 오류를 준다.

```
@FunctionalInterface
public interface IntPredicate{
```

```
    boolean test(int n);
}
```

이처럼 함수 타입을 정의하기 위해 사용하는 interface를 함수형 인터페이스라 한다. 함수형 인터페이스를 이용하지 않고는 람다 표현식으로 정의된 메소드를 실행할 수 없다.

함수형 인터페이스가 정의되어 있으면 해당 타입의 변수에 람다 표현식을 다음과 같이 유지할 수 있다.

```
IntPredicate isEven = n -> (n % 2 == 0);
```

이와 같이 유지한 이후에 해당 함수를 다른 함수의 인자로 전달할 수 있고, 람다 표현식을 다음과 같이 실제 실행할 수 있다. 이때 interface에 선언되어 있는 유일 추상 메소드의 이름을 사용한다.

```
System.out.println(isEven.test(n)? "짝수": "홀수");
```

함수형 인터페이스에 선언되어 있는 메소드를 SAM(Single Abstract Method)이라 한다.

2.3.1 범용 함수형 인터페이스

template 기능을 사용하여 다음과 같이 범용 함수형 인터페이스를 정의할 수 있다.

```
@FunctionalInterface
public interface Predicate<T>{
    boolean test(T val);
}
```

〈표 14.1〉 java.util.function에 포함되어 있는 함수형 인터페이스

interface	SAM	예
Function<T, R>	R apply(T t)	x -> x * x
BiFunction<T, R>	R apply(T t, U u)	(x, y) -> x > y? x: y

Predicate<T>	**boolean** test(T t)	x -> x%2 == 1 String::isblank
BiPredicate<T>	**boolean** test(T t, U u)	(x, y) -> x > y
UnaryOperator<T>	T apply(T t)	x -> x * x String::toUpperCase
BinaryOperator<T>	T apply(T t1, T t2)	(x, y) -> x + y Integer::sum
Consumer<T>	**void** accept(T t)	System.out::println
BiConsumer<T, U>	**void** accept(T t, U u)	
Supplier<T>	T get()	() -> **new** Point(0, 0)

범용 함수형 인터페이스를 정의하면 하나의 interface를 이용하여 다양한 함수 타입을 나타낼 수 있다. 범용 함수형 인터페이스는 다음과 같이 사용할 수 있다.

```
Predicate<String> isEmptyString = s -> s.length() == 0;
Predicate<Integer> isEven = n -> (n & 1) == 0;
```

java.util.function 패키지에 다양한 범용 함수형 인터페이스가 정의되어 있다. 따라서 프로그래머가 직접 필요한 함수형 인터페이스를 정의하기보다는 여기에 정의된 함수형 인터페이스를 활용하는 것이 바람직하다. java.util.function에 정의된 주요 범용 함수형 인터페이스는 표 14.1과 같다.

표 14.1에 제시된 것 외에 java.util.function에 다양한 함수형 인터페이스가 정의되어 있다. 특히, IntFunction<R>, IntBinaryOperator, IntPredicate, ToIntFunction<T>와 같은 특정 원시 타입을 위한 함수형 인터페이스들도 포함되어 있다. 원시 타입을 매개 변수나 반환 값으로 사용할 경우에는 원시 타입 전용 함수형 인터페이스를 이용하는 것이 불필요한 객체 변환 없이 사용할 수 있기 때문에 효율적이다.

또 범용 함수형 인터페이스에는 여러 유용한 기본 메소드가 정의되어 있을 수 있다. 예를 들어 IntPredicate는 negate, and, or와 같은 기본 메소드를 가지고 있으며, 다음과 같이 사용할 수 있다.

```
IntPredicate isPositive = x -> x > 0;
IntPredicate isSmallerThan100 = x -> x < 100;
System.out.println(isPositive.negate().test(50));
System.out.println(isPositive.and(isSmallerThan100).test(50));
```

이 문장들이 실행되면 첫 번째 println은 false를 출력하며, 다음 println은 true를 출력한다.

참고로 negate의 정의는 다음과 같다.

```
default IntPredicate negate(){
   return (value) -> !test(value);
}
```

이 메소드는 함수를 반환하는 고차 함수이다. 이를 바탕으로 isPositive.negate().test(50)를 해석하면, negate는 isPositive를 다른 람다 표현식으로 바꾸고 있으며, 이렇게 바뀐 람다 표현식을 test가 실행하고 있다.

2.3.2 함수형 인터페이스와 람다 표현식

람다 표현식 exp를 함수형 인터페이스 타입 FI에 할당하기 위한 조건은 다음과 같다.

- 조건 1. FI는 함수형 인터페이스이어야 함
- 조건 2. exp의 인자의 수와 타입이 FI의 유일한 추상 메소드의 매개 변수 수와 타입과 일치 또는 호환되어야 함
- 조건 3. exp가 반환하는 값의 타입과 FI의 유일한 추상 메소드의 반환 타입과 일치 또는 호환되어야 함
- 조건 4. exp가 checked 예외를 발생할 경우 FI의 유일한 추상 메소드가 공표하는 예외와 호환되어야 함

이 조건은 람다 표현식을 함수에 인자로 전달할 때도 적용된다. 하지만 매개 변수 타입을 생략한 람다 표현식의 경우에는 위 조건을 이용하지 않고 함수의 매개 변수의 수만 고려한다. 이 때문에 매개 변수 타입을 생략한 람다 표현식을 함수에 인자로 전달하면

모호하여 문법적 오류가 발생할 수 있다.

```
1   public class AmbiguousTest {
2       public static void test(BiFunction<String, String, String>joiner){
3           String s1 = "Hello";
4           String s2 = "World";
5           System.out.println(joiner.apply(s1, s2));
6       }
7       public static void test(IntBinaryOperator intOperation){
8           int n1 = 10;
9           int n2 = 5;
10          System.out.println(intOperation.applyAsInt(n1, n2));
11      }
12      public static void main(String[] args) {
13          test((x, y) -> x + " " + y);  // error, ambiguous
14          test((x, y) -> x + y);        // error, ambiguous
15      }
16  }
```

〈그림 14.1〉 람다 표현식을 인자로 전달할 때 모호성 문제

그림 14.1의 소스에서 13, 14번째 줄은 모호하기 때문에 문법 오류가 발생한다. 이를 극복하기 위한 방법은 다음과 같다.

```
IntBinaryOperator adder = (x, y) -> x + y;
test(adder);
test((int x, int y) -> x + y);
test((IntBinaryOperator)((x, y) -> x + y));
```

정확한 함수형 인터페이스 변수에 미리 람다 표현식을 할당한 후에 해당 변수를 사용하거나, 람다 표현식을 정의할 때 모호하지 않도록 인자의 타입을 생략하지 않거나, 람다 표현식을 정확한 함수형 인터페이스로 타입으로 변환하여 전달하면 모호한 부분을 해소할 수 있다.

또 다른 예를 살펴보자. 다음과 같은 2개의 함수형 인터페이스가 있다고 하자.

```
@FunctionalInterface public interface Doggy{
    int apply(int a, int b);
}
```

```
@FunctionalInterface public interface Catty{
    int apply(int a, int b);
}
```

Doggy와 Catty는 같은 단일 추상 메소드를 선언하고 있다. 둘 다 정수를 두 개를 받아 정수를 반환하여 주는 메소드이므로 함수 타입으로 사용할 경우 차이가 없다. 이때 다음과 같은 두 개의 함수가 있다고 하자.

```
void ham(Doggy doggy, int a, int b){
    System.out.println(doggy.apply(a, b));
}

void hen(Catty catty, int a, int b){
    System.out.println(catty.apply(a, b));
}
```

실제 두 함수는 같은 종류의 함수를 인자로 받을 수 있는 함수이다. 하지만 다음에서 4번째와 6번째 문장은 문법 오류이다.

```
1    Doggy sum = (a, b) -> a + b;
2    Catty prod = (a, b) -> a * b;
3    ham(sum, 2, 3);
4    ham(prod, 2, 3);       // error
5    ham((a, b) -> a * b, 2, 3);
6    hen(sum, 2, 3);        // error
7    hen((a, b) -> a + b, 2, 3);
8    hen(prod, 2, 3);
```

ham과 hen은 같은 람다 표현식을 받을 수 있는 함수이지만 Doggy와 Catty라는 구체적인 타입으로 매개 변수가 정의되어 있기 때문에 특정 타입 변수에 유지된 람다 표현식은 변수 타입과 매개 변수 타입이 일치할 경우에만 문법 오류 없이 전달할 수 있다. 이 때문에 함수형 인터페이스를 직접 정의하여 사용하기보다는 자바 라이브러리에서 제공하는 범용 함수형 인터페이스를 사용하는 것이 바람직하다.

2.4 메소드 참조

앞서 설명한 바와 같이 한 클래스에 정의된 메소드를 다른 함수에 인자로 전달하거나 함수의 결과로 반환할 수 없고, 변수에 유지할 수 없다. 이 문제를 극복하기 위해 해당 메소드를 단순히 호출하는 람다 표현식을 작성하여 대신 사용할 수 있다. 자바는 이와 같은 람다 표현식을 더 간결하여 작성할 수 있게 해주며, 이를 메소드 참조라 한다. 예를 들어 다음 두 람다 표현식은 동일한 것이다.

```
Consumer<String> println = x -> System.out.println(x);
Consumer<String> println = System.out::println;
```

메소드 참조는 "::" 기호를 사용한다. 메소드 참조는 크게 다음과 같이 4가지 형태가 있다.

- 형태 1. objectRef::instanceMethod
- 형태 2. TypeName::staticMethod
- 형태 3. ClassName::instanceMethod
- 형태 4. TypeName.super::instanceMethod

앞서 제시한 System.out::println이 형태 1에 해당한다. 이 메소드 참조는 람다 표현식의 인자를 이용하여 System.out 객체의 println 메소드를 호출하여 준다.

다음은 형태 2와 형태 3의 예이다.

```
// (x, y) -> Math.pow(x, y)
DoubleBinaryOperator pow = Math::pow;
// (x, y) -> x.compareTo(y)
ToIntBiFunction<String, String> compare = String::compareTo;
```

Student 클래스에 getName 메소드가 있고, list가 Student 객체 배열이면 다음과 같이 정렬할 수 있으며, 이때 사용한 메소드 참조도 형태 3에 해당한다.

```
// Arrays.sort(list, Comparator.comparing(s -> s.getName()));
Arrays.sort(list, Comparator.comparing(Student::getName));
```

메소드 참조와 Collection 타입의 forEach 메소드를 이용하면 다음과 같이 foreach for 문을 이용하는 것보다 더 간결하게 프로그래밍할 수 있다.

```
list.forEach(System.out::println);
```

여기서 list는 ArrayList<>처럼 Collection interface를 구현하고 있는 자료구조이다.

일반적인 람다 표현식 대신에 메소드 참조를 활용할 수 있으면 메소드 참조를 이용하여 작성하는 것이 가독성과 간결성 측면에서 효과적이다. 예를 들어 문자열 배열을 문자열 길이를 이용하여 정렬하기 위해 다음과 같이 일반 람다 표현식을 사용할 수 있다.

```
Arrays.sort(list, (s1, s2) -> Integer.compare(s1.length(), s2.length()));
```

이 문장은 메소드 참조를 이용하여 다음과 같이 더 간결하게 작성할 수 있다.

```
Arrays.sort(list, Comparing.comparingInt(String::length));
```

라이브러리의 메소드 중에는 메소드 참조만을 위해 만들어진 메소드도 있다. 예를 들어 Objects의 isNull 메소드는 객체참조변수가 null인지 검사하여 준다. 이 메소드를 일반적으로 다음과 같이 사용할 수 있지만 오히려 주석에 제시된 것과 같이 사용하는 것이 더 간결하다.

```
void foo(Object o){
   if(Objects.isNull(o)) ... // if(o == null) ...
   //
}
```

하지만 다음 두 가지를 비교하면 isNull의 용도를 쉽게 알 수 있다.

```
countif(list, Objects::isNull);
countif(list, o -> o == null);
```

여기서 countif는 List〈T〉와 Predicate〈T〉를 받아 Predicate〈T〉를 만족하는 요소의 개수를 반환하여 주는 메소드이다.

일반 메소드뿐만 아니라 생성자도 new라는 키워드를 이용하여 참조할 수 있다. 생성자 참조는 다음과 같이 두 가지 형태가 있으며, 실제 호출되는 생성자는 문맥에 의해 결정된다.

- 형태 1. ClassName::new
- 형태 2. ArrayTypeName::new

예를 들어 배열의 용량을 받아 배열을 생성하는 람다 표현식을 정의하고자 하면 다음과 같이 할 수 있다.

```
Function<Integer, int[]> arrayCreator = capacity -> new int[capacity];
int[] list = arrayCreator.apply(10);
```

여기서 특이한 부분은 원시 타입은 타입 변수의 인자로 사용할 수 없는데, 위 예처럼 원시 타입 배열은 타입 변수의 인자로 사용할 수 있다는 것이다. 위 람다 표현식은 생성자 참조를 이용하여 다음과 같이 좀 더 간결하게 작성할 수 있다.

```
Function<Integer, int[]> arrayCreator = int[]::new;
int[] list = arrayCreator.apply(10);
```

```
class A{
   private int n = 0;
   public A() {}
```

```
    public A(int n) { this.n = n; }
    public int get() { return n; }
}

@FunctionalInterface
interface DefaultCreator{ A getInstance(); }

@FunctionalInterface
interface IntCreator{ A getInstance(int n); }

public class Test {
    public static void main(String[] args) {
        DefaultCreator createA = A::new;
        IntCreator createAwithInt = A::new;
        A x1 = createA.getInstance();
        A x2 = createAwithInt.getInstance(10);
        System.out.println(x1.get());
        System.out.println(x2.get());
    }
}
```

〈그림 14.2〉 new 참조를 이용한 객체 생성

그림 14.2를 통해 알 수 있듯이 new 키워드를 이용한 생성자 참조는 사용하는 함수형 인터페이스에 따라 참조하는 생성자가 결정된다. 그림 14.2에 제시된 예를 생성자 참조를 사용하지 않고 작성하면 다음과 같다.

```
DefaultCreator createA = () -> new A();
IntCreator createAwithInt = x -> new A(x);
```

2.4.1 Comparator

Comparator는 메소드 참조 기법을 효과적으로 활용할 수 있는 몇 가지 유용한 static 메소드를 제공한다. 대표적으로 오름차순 대신에 내림차순으로 정렬하고 싶으면 다음과 같이 reverseOrder를 사용할 수 있다.

```
students.sort(Comparator.reverseOrder());
```

이들 static 메소드는 보통 함수를 반환하여 주는 고차 함수이다. 여기서 students는 List<Student> 타입이다.

이미 살펴본 바와 같이 Student가 제공하는 다양한 getter 메소드를 이용하여 다음과 같이 정렬할 수 있다.

```
students.sort(Comparator.comparingInt(Student::getYear));
```

이때, 한 가지만 이용하지 않고 여러 가지 멤버를 이용하여 비교하고 싶으면 다음과 같이 thenComparing를 이용할 수 있다.

```
students.sort(Comparator.comparing(Student::getName)
    .thenComparingInt(Student::getYear));
```

위 문장은 정렬할 때 이름이 같으면 학년을 이용하여 비교한다. 실제 Comparator의 comparing static 메소드는 다음과 같이 정의되어 있다.

```
public static <T, U extends Comparable<? super U>> Comparator<T>
    comparing(Function<? super T, ? extends U> keyExtractor) {
    Objects.requireNonNull(keyExtractor);
    return (Comparator<T> & Serializable)
        (c1, c2) -> keyExtractor.apply(c1).compareTo(keyExtractor.apply(c2));
}
```

정렬 순서를 바꾸고 싶으면 다음과 같이 reversed를 활용할 수 있으며,

```
students.sort(Comparator.comparing(Student::getName).reversed());
```

여러 기준을 사용할 때 하나의 기준만 순서를 바꾸고 싶으면 다음과 같이 reverse Order를 사용할 수 있다.

```
students.sort(Comparator.comparing(Student::getName, Comparator.reverseOrder())
    .thenComparingInt(Student::getYear));
```

살펴본 두 가지 예제에서 알 수 있듯이 비교에 사용하는 데이터가 원시 타입이면 comparingInt를 이용하고, 객체 타입이면 comparing을 이용한다. 예를 들어 soccerTeams는 영국 EPL 축구팀 리스트라 가정하면 다음 문장은 팀 이름의 길이를 이용하여 정렬하여 준다.

```
soccerTeams.sort(Comparator.comparingInt(t -> t.getName().length()));
```

비교하고자 하는 멤버가 null 값을 가질 수 있을 때, 이것을 고려하지 않으면 예외가 발생할 수 있다. 이때에는 nullsFirst나 nullsLast를 다음과 같이 활용할 수 있다.

```
students.sort(Comparator.comparing(Student::getName,
    Comparator.nullsFirst(Comparator.naturalOrder())));
```

2.5 블록 람다

람다 표현식의 몸체가 여러 문장으로 구성되면 이를 블록 람다라 한다. 블록 람다를 이용하여 복잡한 몸체로 구성된 람다 표현식을 작성할 수 있다. 하지만 이와 같은 람다 표현식을 이용하면 프로그램 가독성이 오히려 나빠질 수 있다. 보통 이 경우 람다 표현식을 구성하는 몸체를 일반 함수로 정의하고, 람다 표현식을 블록 람다 대신에 표현식 람다로 바꾸는 것이 바람직하다. 또 이 경우 메소드 참조를 이용하여 더 간결하게 작성하는 것도 가능해진다.

2.6 람다 표현식의 활용

참조 변수에 인자 값을 할당할 때 null 검사를 위해 Objects의 requireNonNull을 사용할 수 있다. 이 메소드는 인자가 null이면 예외를 발생한다. 이 때문에 다음과 같이 requireNonNullorElse를 대신 사용할 수 있다.

```
void setFlyingStrategy(FlyingStrategy strategy){
    this.strategy = Objects.requireNonNullElse(strategy, new FlyNoWay());
```

```
}
```

이 메소드는 하늘을 나는 새 전략을 받아 기존 전략을 바꾸는 메소드이며, 인자가 null이면 하늘을 날지 못하는 전략으로 설정한다. 대부분의 경우 인자가 null이 아니면 FlyNoWay 객체의 생성은 낭비가 된다. 따라서 다음과 같이 구현하는 것이 더 효과적이다.

```
void setFlyingStrategy(FlyingStrategy strategy){
    this.strategy = Objects.requireNonNullElseGet(strategy, FlyNoWay::new);
}
```

이 경우에는 인자가 null인 경우에만 FlyNoWay 객체를 생성한다.

3. Stream 라이브러리

자바는 함수형 프로그래밍을 도입하면서 람다 표현식을 활용하여 집단 연산(aggregate operation)을 구하는 코드를 간결하게 작성할 수 있도록 해주는 스트림(stream) 라이브러리를 개발하여 제공하고 있다. 이 스트림은 15장에서 살펴보는 파일 처리할 때 사용하는 스트림과는 다른 개념이다. 집단 연산이란 다수 데이터에서 단일 값을 계산하는 연산을 말한다. 예를 들어 학생 집합에서 평균 나이를 구하는 것이나, 평균 평점을 구하는 것은 모두 대표적인 집단 연산이다. 더욱이 스트림 라이브러리는 집단 연산을 수행할 때 간단하게 병행 처리를 할 수 있게 해준다. 따라서 최근 많이 사용하고 있는 멀티코어 CPU를 최대한 쉽게 활용할 수 있도록 해주고 있다. 스트림 라이브러리를 이용하기 위해서는 먼저 기존 복합 타입 데이터를 스트림으로 바꾸어야 한다. 그다음은 필터링과 같은 여러 개의 중간 연산을 수행한 후에 최종 연산을 통해 최종적으로 구하고자 하는 집단 연산의 결과를 계산하게 된다. 또 중간 연산의 결과를 모아 새로운 복합 타입 데이터를 만들 수 있다.

예를 들어 List〈Integer〉 numbers가 있을 때, 홀수들의 제곱의 합을 구하는 문제는 다음과 같이 반복문을 사용하여 구현할 수 있다.

```
int sum = 0;
```

```
for(int n: numbers){
    if((n & 1) == 1) sum += n * n;
}
```

이렇게 구현하는 것이 복잡하지는 않지만 동일한 것을 스트림을 사용하면 그림 14.3과 같이 구현할 수 있다. 여기서 filter와 map은 중간 연산이고, reduce는 최종 연산이다.

```
int sum = numbers.stream()
    .filter(n -> (n & 1) == 1).map(n -> n * n)
    .reduce(0, Integer::sum);
```

〈그림 14.3〉 스트림을 이용한 홀수들의 제곱의 합을 구하는 문장

앞서 함수형 프로그래밍은 선언적 프로그래밍이라고 하였으며, 이 방식에서는 절차를 서술하여 프로그래밍하는 것이 아니라 하고 싶은 것을 표현하여 프로그래밍한다고 하였다. 그림 14.3에 제시된 코드가 대표적인 선언적 프로그래밍 형태이다. 절차가 제시된 것이 아니라 이 코드를 통해 원하는 것이 무엇인지 제시하는 형태이다. 홀수인 데이터만 추출하여 이들을 제곱하여 모두 합한 값이 필요하다는 것을 표현한 형태이다. 이 형태와 앞서 제시된 반복문으로 작성한 프로그래밍과 비교하면 그 차이를 확실히 이해할 수 있을 것이다.

스트림의 중요 특징은 다음과 같다.

- 특징 1. 요소들을 보관하지 않으며, 원본 데이터를 변경하지 않는다. 예를 들어 그림 14.3에서 numbers는 변하지 않는다.
- 특징 2. 무한 요소를 지원한다.
- 특징 3. 내부 반복을 이용한다. 보통 기존 반복자를 이용한 프로그래밍은 요소를 하나씩 가지고 와서 처리하지만 스트림은 내부적으로 처리한다.
- 특징 4. 병행 처리를 지원한다. 예를 들어 그림 14.3에서 stream() 대신에 parallel Stream()를 사용하거나 스트림 생성 후 parallel 연산을 사용하면 최대한 다중코어를 활용하여 병행 처리해준다.
- 특징 5. 중간 연산과 최종 연산을 수행할 때 함수형 프로그래밍을 지원한다.
- 특징 6. 지연 연산(lazy evaluation)을 지원한다. 불필요한 연산을 수행하지 않도록

다양한 최적화를 수행한다.

- 특징 7. 요소 간의 순서를 유지하여 처리할 수 있다. 스트림은 순서가 있는 스트림과 순서가 없는 스트림 두 종류가 존재한다. 순서가 있는 스트림에 대해 unordered을 호출하면 순서가 없는 스트림으로 바뀐다.
- 특징 8. 재사용이 가능하지 않다. 즉. 최종 연산을 사용한 후에는 재사용이 가능하지 않다.

parallelStream()을 사용한다고 무조건 성능이 향상되는 것이 아니라 오히려 속도가 저하될 수 있다. 특히, 병행 스트림으로 바꾸는 비용, 다중 쓰레드 처리 비용, 소스를 분리하는 비용, 결과를 결합하는 비용 등이 추가로 발생한다. 또 프로그램을 수행하는 컴퓨팅 환경(CPU 코어의 수)도 성능에 영향을 준다. 따라서 구현할 집단 연산이 확실히 병행 처리가 가능하고, 그것을 통해 통해 충분한 이득을 얻을 수 있다고 생각할 경우에만 사용해야 한다. 지연 연산이란 최종 연산을 바탕으로 최적화하여 성능을 향상시켜 준다는 것을 말한다. 예를 들어 findFirst()라는 최종 연산을 사용하면 모든 요소에 대해 필요한 모든 계산을 수행한 후에 조건에 맞는 것을 찾지 않고 순차적으로 계산하여 처음으로 만족하는 요소를 찾으면 수행 중인 연산을 종료한다. 또 allMatch()라는 최종 연산을 사용하면 모두 만족하는지 여부를 검사하는 것이므로 처음으로 중간 연산 filter를 만족하지 않는 요소를 만나면 수행 중인 연산을 종료한다.

가장 많이 사용하는 중간 연산은 filter, map, sorted, distinct 등이고, 최종 연산은 reduce, count 등이다.

3.1 스트림을 이용한 집단연산 예

문자열 리스트에서 길이가 4보다 큰 문자열의 개수는 다음과 같이 구현할 수 있다.

```
List<String> list
    = Arrays.asList("monkey", "zebra", "lion", "tiger", "elephant");
long count = list.stream().filter(s -> s.length() > 4).count();
```

여기서 Arrays의 asList 메소드는 인자로 주어진 배열이나 가변 인자 목록을 리스트로 만들어 주는 메소드이다.

문자열에 있는 모음의 개수를 계산하는 것은 다음과 같이 구현할 수 있다.

```
int count = s.chars().filter(c -> "aeiou".indexOf(c) != -1).count();
```

여기서 chars()는 문자열을 IntStream으로 바꾸어 주는 메소드이다.

배열에서 중복 요소가 있는지 검사하는 것은 다음과 같이 구현할 수 있다.

```
int count = IntStream.of(list).distinct().count();
boolean hasDuplicates = count != list.length;
```

여기서 IntStream.of()는 정수 배열을 IntStream으로 바꾸어 주는 메소드이다.

3.2 Stream의 생성

Collection interface를 구현하는 자료구조들은 stream() 메소드를 이용하여 기존 Collection에 대한 Stream을 생성할 수 있다.

```
List<String> list
    = Arrays.asList("monkey", "zebra", "lion", "tiger", "snake");
Stream<String> stream = list.stream();
```

객체 배열은 다음과 같이 Arrays.stream()이나 Stream.of()를 이용하여 생성할 수 있다.

```
String[] aList = {"monkey", "tiger", "lion", "zebra"};
Stream<String> sList1 = Arrays.stream(aList);
Stream<String> sList2 = Stream.of(aList);
```

원시 타입 배열은 다음과 같이 Arrays.stream()을 이용하거나 원시 타입을 위한 전용 스트림 라이브러리 클래스인 IntStream, LongStream, DoubleStream 등의 of() 메소드를 이용할 수 있다.

```
int[] list = {1, 3, 5, 2, 5};
IntStream iStream1 = IntStream.of(list);
IntStream iStream2 = Arrays.stream(list);
```

문자열은 chars 메소드를 이용하여 IntStream을 생성할 수 있다. 하지만 문자 스트림은 별도 제공하고 있지 않다.

IntStream은 range와 rangeClosed를 이용하여 특정 범위에 있는 정수들로 구성된 스트림을 다음과 같이 생성할 수 있다. range는 마지막 값이 포함되지 않지만 rangeClosed는 마지막 값이 포함된다.

```
IntStream iStream1 = IntStream.range(1, 7);
IntStream iStream2 = IntStream.rangeClosed(1, 6);
```

Stream.generate()를 통해 다음과 같이 무한 스트림을 만들 수 있다.

```
List<Integer> primes = Stream.generate(ThreadLocalRandom.current()::nextInt)
    .filter(n -> n > 0).map(BigInteger::valueOf)
    .filter(n -> n.isProbablePrime(10)).map(BigInteger::intValue)
    .limit(10).collect(Collectors.toList());
```

무한 스트림의 경우에는 limit을 이용하여 생성하는 개수를 제한할 수 있다. 이 예에서는 10개의 소수를 생성하여 리스트에 저장하고 있다.

Stream.iterate()를 통해 무한 수열을 만들 수 있으며, 이 경우도 limit을 이용하여 생성된 개수를 제한할 수 있다.

```
Stream<Integer> integers = Stream.iterate(0, n -> n + 2).limit(10);
Stream<Integer> nums = Stream.iterate(0, n -> n <= 10; n -> n + 2);
```

이 예에서 첫 번째는 0부터 18까지 짝수 10개를 생성하며, 두 번째는 0부터 10까지 6개의 짝수를 생성한다. 두 번째 예에서 두 번째 인자는 생성 종료 조건을 검사할 때 사용할 람다 표현식이다.

스트림을 생성할 때 distinct과 sorted를 이용하여 중복을 제거하거나 요소를 정렬할 수 있으며, sorted의 경우에는 정렬할 때 사용할 비교자를 제공할 수 있다. 생성된 여러 개의 스트림을 concat를 이용하여 결합할 수 있다.

여러 개의 스트림을 flatMap을 이용하여 단일 스트림을 만들 수 있다.

```
List<String> list = Arrays.asList("monkey", "duck", "tiger", "lion");
long count = list.stream()
    .flatMap(s -> s.chars().mapToObj(n -> (char)n))
    .filter(ch -> ch == 'o').count();
```

여기서 mapToObj는 원시 타입 스트림을 객체 스트림으로 바꿀 때 사용하는 중간 연산이다. 이것이 필요한 이유는 flatMap은 원시 타입 스트림을 처리하지 못하기 때문이다. mapToObj 대신에 boxed를 사용할 수도 있다. boxed는 mapToObj의 가장 단순 버전으로 int 값을 Integer 객체로 포장하여 준다. 위 예에서 mapToObj(Character::toLowerCase)를 사용하여도 같은 결과를 얻을 수 있다.

3.2.1 ParallelStream의 생성

병행 스트림은 크게 두 가지 방법을 이용하여 생성할 수 있다. 첫 번째 방법은 기존 사용한 stream() 메소드 대신에 parallelStream() 메소드를 이용하여 생성하면 병행 스트림이 된다. 두 번째 방법은 기존과 동일한 방법으로 생성한 후에 parallel() 연산을 호출하여 병행 스트림으로 바꾸는 방법이다.

```
List<String> list = Arrays.asList("monkey", "duck", "tiger", "lion");
Stream<String> stream01 = list.parallelStream();
Stream<String> stream02 = list.stream().parallel();
```

병행 스트림은 전체 스트림을 여러 파티션으로 나누어 다중 쓰레드로 처리해준다. 보통 사용하는 컴퓨팅 환경의 코어 수를 고려하여 파티션 수를 결정한다.

병행 수행을 하더라도 병행 스트림으로 전환하는 비용, 파티션을 나누는 비용, 나중에 결과를 결합하는 비용들이 추가되기 때문에 기대한 성능 향상을 얻지 못할 수 있다. 특히, 병행 스트림을 이용할 경우 사용하는 각종 연산은 비상태 기반, 비간섭, 결합법칙이 성립해야 한다. 비상태 기반이란 순서에 무관한 연산이어야 한다는 것을 의미하고, 소스가 수정되지 말아야 한다는 것이며, 결합법칙은 나중에 결합하는 순서에 따라 결과가 달라지지 않아야 하기 때문에 만족해야 한다. 쓰레드로 나누어 병행 처리하기 때문에 여러 가지 부작용도 발생할 수 있다.

3.3 Stream의 중간 연산

이 절에서는 중간 연산인 filter와 map의 사용법을 예제를 통해 살펴본다. 다음과 같은 학생 클래스가 있다고 하자.

```
public class Student{
    private String name;
    private int year;
    private String city;
    private String department;
}
```

생성자와 단순 getter들은 정의되어 있다고 가정하자. 그러면 학생 리스트가 있을 때, 해당 학생들의 출신 도시의 목록은 map을 이용하여 다음과 같이 구할 수 있다.

```
List<String> getCities(List<Student> students){
    return students.stream().map(Student::getCity).distinct()
        .collect(Collectors.toList());
}
```

주어진 조건을 모두 충족하는 학생들의 목록은 다음과 같이 filter를 이용하여 구할 수 있다.

```
List<Student> getStudents(List<Student> students,
    List<Predicate<Student>> predicates){
    return students.stream()
        .filter(s -> predicates.stream().allMatch(p -> p.test(s)))
        .collect(Collectors.toList());
}
```

여기서 predicates은 다음과 같이 생성하여 사용할 수 있다.

```
List<Predicate<Student>> predicates = Arrays.<Predicate<Student>>asList(
    s -> s.getYear() == 2, s -> s.getDepartment().equals("컴퓨터공학부"));
```

이 경우 학생 목록 중에 학년이 2학년이고, 소속이 컴퓨터공학부인 학생들의 목록을 반환하게 된다.

3.4 Stream의 최종 연산

최종 연산인 max와 min을 통해 최댓값 또는 최솟값을 다음과 같이 구할 수 있다.

```
String[] aList = {"monkey", "tiger", "lion", "elephant"};
Optional<String> largest = Stream.of(aList)
    .max(Comparator.comparing(String::length));
// if(largest.isPresent()) System.out.println(largest.get());
largest.ifPresent(System.out::println);
```

Stream 라이브러리에서 최종 연산의 결과로 어떤 값을 찾을 때 찾고자 하는 값이 없을 수 있다. 이를 위해 자바 8부터는 null을 반환하는 대신에 Optional 타입을 사용한다. Optional 타입의 경우 isPresent를 이용하여 유효한 값이 있는지 검사할 수 있으며, 있으면 get를 이용하여 해당 객체를 얻을 수 있다. 하지만 5장에서 설명한 바와 같이 이 방법 대신에 보통 함수형 프로그래밍을 이용하여 조건문을 사용하지 않고 간결하게 작성한다.

정수 배열에 경우에는 다음과 같이 최댓값을 구할 수 있다.

```
int[] nums = {1, 6, 3, 9, 2, 8, 4};
int max = IntStream.of(nums).max().getAsInt();
```

이 예에서 max는 OptionalInt 타입을 반환한다. 스트림의 입력으로 사용한 배열의 용량이 0인 경우처럼 최댓값이 존재하지 않으면 예외가 발생한다. 따라서 강건성을 위해 getAsInt 대신에 orElse를 활용할 수 있다.

최종 연산인 findFirst, findAny, anyMatch, allMatch을 통해 특정 조건을 충족하는 값이 있는지 다음과 같이 검사할 수 있다.

```
String[] aList = {"monkey", "tiger", "lion", "elephant"};
Optional<String> startsWithL = Stream.of(aList)
```

```
    .filter(s -> s.startsWith("l")).findFirst();
startsWithL.ifPresent(System.out::println);
```

최종 연산인 reduce를 통해 최종적으로 남은 요소들에 대해 반복적으로 특정 연산을 계산할 수 있다. reduce는 초기값과 이항 함수를 받아 초기값과 첫 번째 요소를 계산하고, 이전 연산의 결과와 다음 요소를 마지막 요소까지 차례대로 계산하여 준다. 다음은 정수 리스트에 있는 요소들의 합계를 계산하여 주는 코드이다.

```
List<Integer> values = Arrays.asList(1, 5, 3, 9);
int sum = values.stream().reduce(0, integer::sum);
```

reduce는 초기값을 주지 않으면 첫 요소와 두 번째 요소를 가장 먼저 계산한다. 하지만 이 경우에는 다음과 같이 Optional 타입을 반환한다.

```
List<Integer> list = Arrays.asList(1, 5, 3, 7, 2);
Optional<Integer> sum = list.stream()
    .filter(n -> (n & 1) == 1).reduce(Integer::sum);
sum.ifPresent(System.out::println);
```

병렬 스트림의 reduce는 일반적으로 초깃값, accumulator, combiner 3가지를 인자로 받는다.

```
List<Integer> values = Arrays.asList(1, 5, 3, 9);
int prod = values.parallelStream().reduce(1, (a, b) -> a * b, (a, b) -> a * b);
```

위 예에서는 accumulator와 combiner가 동일하다. 각 파티션을 통해 얻어지는 부분 값을 계산할 때 사용하는 것이 accumulator이고, 부분 값들을 결합하여 최종 값을 계산할 때 사용하는 것이 combiner이다.

실제 원시 타입의 단순 합계는 해당 Stream의 최종 연산 sum을 사용할 수 있다.

```
int[] list = {1, 5, 3, 7, 2};
```

```
int sum = IntStream.of(list).filter(n -> (n & 1) == 1).sum();
System.out.println(sum);
```

좋은 방법은 아니지만 다음과 같이 count 대신에 sum을 사용하여 조건에 만족하는 요소의 개수를 계산할 수 있다. 이 예에서 students는 학생 리스트이며, 해당 학생 객체는 isFemale이라는 boolean를 반환하는 메소드가 있다고 가정한다.

```
long numberOfFemaleStudents = students.stream()
    .filter(Student::isFemale).mapToLong(s -> 1L).sum();
```

3.5 결과 모으기

Stream을 이용하여 중간 연산의 결과를 포함한 리스트나 집합을 만들 수 있다. 이를 위해 toArray나 collect 최종 연산을 사용한다. 다음은 길이가 4보다 큰 문자열들만 골라 새 배열을 생성하고 있다.

```
List<String> list = Arrays.asList("lion", "tiger", "zebra", "elephant");
String[] result = list.stream()
    .filter(s -> s.length() > 4).toArray(String[]::new);
```

위에서 toArray의 인자를 제거하면 타입 변환이 필요하다는 오류가 발생한다. 하지만 Object[] 배열을 String[] 배열로 타입 변환할 수 없으므로(배열의 모든 요소가 목표 타입인지 알 수 없기 때문) 객체 타입의 배열을 얻고 싶을 때에는 위 예제처럼 생성자 참조를 사용해야 한다.

배열 대신에 리스트를 만들고자 하면 다음과 같이 할 수 있다.

```
List<String> result = list.stream()
    .map(s -> s.toUpperCase()).collect(Collectors.toList());
```

이때 collect를 이용하지 않고 다음과 같이 toList를 이용할 수 있다.

```
List<String> result = list.stream().map(s -> s.toUpperCase()).toList();
```

하지만 toList를 이용하면 그 결과는 수정불가 리스트(unmodifiableList)가 된다.

다음 예는 정수 배열에서 홀수만 추출하여 새로운 정수 배열을 만들어 주고 있다.

```
int[] array = {3, 2, 5, 4, 8, 10, 11, 6, 13};
array = IntStream.of(array).filter(x -> (x & 1) == 1).toArray();
```

Collectors.toMap을 이용하여 맵을 다음과 같이 생성할 수 있다.

```
List<Student> list = Arrays.asList(
    new Student("홍길동",1), new Student("장길산",2),
    new Student("장보고",4), new Student("임꺽정",1));
Map<String, Student> studentMap = list.stream()
    .collect(Collectors.toMap(Student::getName, Function.identity()));
```

여기서 Function.identity()는 s -> s를 대신하는 것이다. 생성된 맵은 기본적으로 해시맵이다. 트리맵으로 모으고 싶으면 다음을 이용할 수 있다.

```
Map<String, Student> studentMap = list.stream()
    .collect(Collectors.toMap(Student::getName, Function.identity(),
        (oldV, newV) -> oldV, TreeMap<String, Student>::new));
```

여기서 3번째 인자는 중복된 키를 만났을 때 어떤 조치를 하는지 결정하게 해주는 요소이다. 위 예의 경우에는 이미 저장된 키와 동일한 키를 만나면 관련 값으로 대체하지 않는다. 반면에 (oldV,newV) -> newV를 사용하면 새로운 값을 대체한다.

collect에 Collectors를 인자로 전달하지 않고, 목표 collection 타입, 모을 때 사용하는 방법, 결합할 때 사용하는 방법을 제공하여 데이터를 모을 수 있다. 예를 들어 다음은 연결구조로 스트림의 결과를 모아준다.

```
LinkedList<String> fruit5 = fruits.stream()
    .filter(s -> s.length() == 5)
```

```
        .collect(LinkedList<String>::new, LinkedList<String>::push,
            LinkedList<String>::addAll);
```

여기서 nums는 과일 이름을 유지하는 문자열 리스트이며, 위 스트림 연산을 통해 이 리스트에서 길이가 5인 과일 이름만 추출하여 이중 연결구조 리스트로 만들어 준다.

문자열을 유지하는 자료구조에 있는 모든 문자열을 Collectors.joining을 이용하여 하나의 문자열로 모을 수 있다. 이때 구분자를 주어 모을 수 있다.

```
List<String> list = Arrays.asList("lion", "tiger", "zebra", "elephant");
String result = list.stream().collect(Collectors.joining(", "));
```

보통 프로그래밍 경시대회에서 일련의 정수를 공백으로 구분하여 출력해야 하는 경우가 많다. 이것을 반복문을 이용하여 출력할 수 있지만 다음과 같이 결합하여 출력하면 훨씬 효과적이다.

```
System.out.println(IntStream.of(nums).mapToObj(String::valueOf)
    .collect(Collectors.joining(" ")));
```

여기서 nums는 int 배열이다.

방금 살펴본 예제는 프로그래밍 경시대회에서 출력의 효율을 높이는 예이고, 입력을 효과적으로 처리하고 싶으면 다음과 같이 할 수 있다.

```
int[] nums = Arrays.stream(in.nextLine().split(" "))
    .mapToInt(Integer::parseInt).toArray( ) ;
```

여기서 in은 BufferedReader 또는 Scanner이다. 이 예는 일련의 정수를 줄단위로 한 번에 읽은 후에 split을 이용하여 문자열 배열로 만들고, 이 배열을 이용하여 스트림을 생성한 다음 정수 배열로 모으고 있다. 각 정수에 대응되는 문자열을 정수로 바꾸어야 하고, 이를 바탕으로 정수 배열을 생성하지만 입력 받아야 하는 정수가 많으면 정수를 하나씩 읽는 것보다 이렇게 하는 것이 더 효율적이다.

효과적인 방법은 아니지만 정수 배열을 내림차순으로 정렬하고 싶으면 다음과 같이 할 수 있다. 두 번째 방법은 원시 타입을 객체로, 객체를 다시 원시 타입으로 바꿀 필요가 없어, 더 효과적이다.

```
int[] sorted = IntStream.of(nums)
    .boxed().sorted(Comparator.reverseOrder())
    .mapToInt(Integer::intValue).toArray();
int[] sorted = IntStream.of(nums)
    .map(a -> -a).sorted().map(a -> -a).toArray();
```

Stream 결과에 대한 합계, 평균, 최댓값, 최솟값과 같은 통계 정보가 필요하면 summarizing(Int|Long|Double) 메소드 중 하나를 사용하면 된다. 이 메소드는 (Int|Long|Double)SummaryStatistics 타입 결과를 돌려주며, 이 타입으로부터 각종 통계 정보는 다음과 같이 얻을 수 있다.

```
List<Integer> list = Arrays.asList(1, 7, 3, 5, 11);
IntSummaryStatistics summary = list.stream()
    .collect(Collectors.summarizingInt(x -> x));
System.out.printf("합계: %d, 평균: %.2f, 최대값: %d, 최소값: %d%n",
    summary.getSum(), summary.getAverage(),
    summary.getMax(), summary.getMin());
```

결과를 모을 때 groupingBy를 이용하여 다음과 같이 데이터를 분류할 수 있다.

```
List<Player> list = Arrays.asList(
    new Player("허경민", "두산"),
    new Player("이정후", "키움"),
    new Player("김재환", "두산"));
Map<String, List<Player>> teamList = list.stream()
    .collect(Collectors.groupingBy(Player::getTeam));
List<Player> doosan = teamList.get("두산");
doosan.forEach(System.out::println);
```

groupingBy로 생성된 맵도 기본은 해시맵이다.

또 다른 예로 문자열 배열에서 독특한 문자열들이 키가 되고, 해당 문자열의 개수가 값이 되는 맵을 다음과 같이 생성할 수 있다.

```
List<String> animals = Arrays.asList("lion", "tiger", "lion", "zebra",
    "elephant", "tiger");
Map<String, Long> animalCountMap = animals.stream()
    .collect(Collectors.groupingBy(Function.identity(), Collectors.counting()));
```

데이터를 여러 개로 분류하는 것이 아니라 두 개로 나누고자 할 경우에는 groupingBy 대신에 다음과 같이 partitioningBy를 이용할 수 있다. partitioningBy는 분류한 데이터를 리스트에 담아 준다.

```
Map<Boolean, List<Player>> pitcherBatterList = list.stream()
    .collect(Collectors.partitioningBy(
        p -> p.getPlayerType() == PlayerType.BATTER));
List<Player> batters = pitcherBatterList.get(true);
```

groupingBy를 이용하여 결과를 모을 때 Collectors.counting(), Collectors.summingInt() 등을 이용하여 모은 데이터에 대한 계산을 수행할 수 있다.

```
List<Player> list = Arrays.asList(
    new Player("허경민", "두산"),
    new Player("이정후", "키움"),
    new Player("김재환", "두산"));
Map<String, Long> playerCount = list.stream()
    .collect(Collectors.groupingBy(Player::getTeam, Collectors.counting()));
System.out.println(playerCount.get("두산"));
```

퀴즈

1. 람다 표현식 문법과 관련된 다음 설명 중 틀린 것은?

   ① 반환 타입을 서술하지 않지만 매개 변수 타입은 서술할 수 있다. 서술할 경우 일부만 서술할 수 없다.

   ② 일반 함수와 달리 예외를 공표할 수 없다.

   ③ 람다 표현식의 몸체를 서술할 때 외부에 있는 변수를 이용할 수 있고 해당 변수를 수정할 수 있다.

   ④ 람다 표현식은 새 함수를 정의하는 것이지만 람다 표현식이 정의된 블록 가시영역에 포함된다. 따라서 람다 표현식의 매개 변수 이름은 이 영역에 정의된 변수와 충돌하면 문법 오류가 된다.

2. 다음과 같은 클래스가 정의되어 있다.

```
public class Student{
    //
    public String getName(){ /* 생략 */ }
    public int getYear(){ /* 생략 */ }
}
```

List〈Student〉 students에 여러 학생 객체가 유지되고 있다고 가정하자. 다음을 이용하여 students 정렬하고자 한다.

```
Collections.sort(students, 람다표현식)}
```

학생 이름으로 오름차순으로 정렬하고 이름이 같을 경우 학년이 높은 순으로 정렬하고자 한다. 이때 사용할 람다 표현식은?

①
```
Comparator.comparing(Student::getName)
    .thenComparingInt(Student::getYear).reversed()
```

②
```
Comparator.comparing(Student::getName)
    .thenComparing(Comparator.comparingInt(Student::getYear).reversed())
```

③
```
Comparator.comparing(Student::getName)
    .thenComparingInt(Student::getYear)
```

④
```
Comparator.comparing(Student::getName, Comparator.reverseOrder())
    .thenComparingInt(Student::getYear)
```

3. 다음 중 문자열 word의 짝수 색인에 위치한 문자들로 구성한 문자열을 만들어주는 것 중 잘못된 것은?

①
```
IntStream.iterate(0, n -> n < word.length(), n -> n + 2)
    .mapToObj(word::charAt).map(String::valueOf)
    .collect(Collectors.joining());
```

②
```
IntStream.iterate(0, n -> n + 2).limit((word.length() + 1) / 2)
    .map(word::charAt).mapToObj(String::valueOf)
    .collect(Collectors.joining());
```

③
```
IntStream.iterate(0, n -> n + 2).limit((word.length() + 1) / 2)
    .mapToObj(i -> "" + word.charAt(i)
    .collect(Collectors.joining());
```

④
```
IntStream.iterate(0, n -> n < word.length(), n -> n + 2)
    .mapToObj(word::charAt)
    .collect(StringBuilder::new, StringBuilder::append,
        StringBuilder::append).toString();
```

4. 주어진 다음 반복문과 동일한 기능을 하지 않는 것은?

```
void foo(int[] nums){
    int ret = 0;
    for(var n: nums){
        if((n & 1) == 1) ret += n * n;
    }
    return ret;
}
```

①
```
Arrays.stream(nums).filter(n -> (n & 1) == 1).map(n -> n * n).sum();
```

②
```
IntStream.of(nums).filter(n -> (n & 1) == 1).map(n -> n * n).sum();
```

③
```
IntStream.of(nums).filter(n -> (n & 1) == 1)
    .map(n -> n * n).reduce(Integer::sum);
```

④
```
Arrays.stream(nums).filter(n -> (n & 1) == 1)
    .map(n -> n * n).reduce(0, Integer::sum);
```

연습문제

1. 다음과 같은 함수형 인터페이스를 정의하였다.

```
public interface IntOperator{
    int apply(int left, int right);
}
```

이 함수형 인터페이스는 두 개의 정수를 받아 정수를 반환하여 주는 함수의 타입으로 활용할 수 있다. 여기에 기본 메소드 abs를 추가하여 다음과 같이 사용하고자 한다.

```
IntOperator mult = (a, b) -> a * b;
int ret = mult.abs().apply(2, -6);
```

abs는 IntOperator의 결과가 음수이면 양수로 바꾸어 준다. 기본 메소드 abs를 정의하라.

2. 다음과 같은 클래스가 있다고 하자.

```
public class SoccerPlayer{
    private String name;
    private int rating;
}
```

기본적인 getter와 setter가 정의되어 있다고 가정하고, 다음 메소드들을 stream을 이용하여 완성하라. findPlayers는 주어진 이름의 선수를 찾는 메소드이며, 이때 "Cristiano Ronaldo"가 name으로 설정되어 있는 선수가 있을 때, "Ronaldo"가 주어져도 찾을 수 있어야 한다. findPlayers는 주어진 rating보다 같거나 큰 모든 선수를 리스트로 받는 다음 메소드이며, findHighestRatedPlayer는 rating이 가장 높은 선수를 찾는 메소드이다.

```
Optional<SoccerPlayer> findPlayer(List<SoccerPlayer> players, String name){}
List<SoccerPlayer> findPlayers(List<SoccerPlayer> players, int rating){}
Optional<SoccerPlayer> findHighestRatedPlayer(List<SoccerPlayer> players){}
```

3. 다음과 같이 학생 리스트에서 특정 이름을 가진 학생을 찾아주는 메소드가 제시되어 있다. 내부적으로 반복문을 사용하고 있는 이를 stream을 이용하도록 수정하라.

```
Optional<Student> getStudentByName(List<Student> students, String name){
    for(Student student: students)
        if(student.getName().equals(name))
            return Optional.<Student>of(student);
    return Optional.<Student>empty();
}
```

4. 정수 배열이 주어졌을 때, 주어진 조건을 만족하는 요소의 합계를 계산하는 다음과 같은 sumif 함수를 만들고 싶다. 이 함수는 정수 배열과 조건을 검사하여 주는 함수(int를 받아 boolean을 반환하여 주는 함수)를 인자로 받아야 한다.

```
public class Util{
    public static long sumif(int[] nums, IntPredicate predicate) {
    }
}
```

이와 관련하여 다음 각각에 대해 답변하라.

① sumif를 구현하라. 만족하는 것이 하나도 없으면 0을 반환해야 한다.

② ①에서 만족하는 것이 하나도 없을 때 0을 반환하고 있다. 하지만 실제 이를 통해서는 만족하는 것이 하나도 없었는지 알 수 없다. 이와 같은 함수를 어떻게 구현하는 것이 바람직한지 그 방법을 제시하라.

제15장

파일 처리

제 15장 파일 처리

1. 텍스트 파일과 이진 파일

프로그램을 종료한 후 다시 실행하였을 때 이전 프로그램 실행에서 생성한 데이터를 사용하기 위해서는 해당 데이터를 비휘발성 저장 장치에 저장해야 한다. 간단하게는 파일에 데이터를 저장할 수 있고, 데이터 양이 많거나 검색을 효과적으로 해야 할 경우에는 데이터베이스를 사용할 수 있다. 파일은 크게 텍스트 파일과 이진 파일로 구분한다. 텍스트 파일은 사람이 읽을 수 있는 형태로 저장하는 방식이고, 이진 파일은 컴퓨터가 이해할 수 있는 형태로 저장하는 방식이다. 물론 사람이 읽을 수 있는 형태라고 하는 것은 오해 소지가 있다. 실제 텍스트 파일은 데이터를 모두 문자열로 변환하여 해당 문자열의 각 문자에 해당하는 코드를 차례로 저장하는 방식이고, 이진 파일은 해당 데이터를 내부 메모리에 표현된 그대로 파일에 저장하는 것이다. 따라서 텍스트 파일에 저장된 데이터는 간단한 텍스트 편집기를 통해 그것의 내용을 살펴볼 수 있다.

예를 들어 12,345라는 정수 값을 저장할 경우 텍스트 파일에는 문자 '1', '2', '3', '4', '5'를 차례로 저장하게 되며, 이진 파일은 12345가 32비트 정수에 유지되어 있다면 그것의 비트 값을 저장하게 된다. 따라서 자바에서 각 문자가 2바이트이면 12345를 저장하기 위해서는 10바이트가 필요하지만 이진 파일로 저장하면 4바이트만 필요하다. 보통 텍스트 파일은 시스템마다 저장 방식에 차이가 없으나 이진 파일은 시스템마다 차이가 있을 수 있다. 빅 엔디언(big endian), 리틀 엔디언(little endian)이라는 개념이 있는데, 0x12345678를 저장할 때, 빅 엔디언은 12 34 56 78 순으로 저장하고, 리틀 엔디언은 78 56 34 12 순으로 저장한다. 이진 방식을 이용하여 텍스트 파일을 처리할 수 있지만 텍스트 방식을 이용하여 이진 파일을 처리할 수는 없다. 텍스트 파일도 저장할 때 다양한 인코딩 방법을 사용할 수 있기 때문에 저장할 때와 다른 인코딩 방법을 사용하여 열면 데이터가 깨진 상태로 표현될 수 있다. 자바 18부터 인코딩을 지정하지 않으면 자바는 기본 인코딩 방식으로 UTF8을 사용한다. 자바 18 이전에는 시스템에서 사용하는 기본 인코딩 방식을 사용하였다.

1.1 자바 파일 입출력 라이브러리

자바는 초기부터 java.io 패키지를 통해 파일 관련 입출력을 할 수 있는 다양한 클래스를 제공하였다. 자바 1.4부터는 java.nio 패키지가 추가되었으며, 두 라이브러리의 파일 입출력 방식이 다르다. java.io 입출력 라이브러리는 스트림(stream) 기반이고, java.nio는 버퍼 기반이며 채널(channel)이라는 개념을 사용한다. 스트림은 정보의 생성 또는 소비하는 것을 추상해주며, 항상 물리적 장치와 연결된다. 예를 들어 입력 스트림은 파일, 키보드, 네트워크 소켓 등과 연결될 수 있다. 이렇게 연결된 스트림은 해당 물리적 장치와 프로그램 간의 데이터 흐름을 처리해준다. 스트림은 크게 바이트 스트림, 문자 스트림 두 종류가 존재한다. 바이트 스트림은 기본 처리 단위가 바이트이고, 스트림은 문자이다.

스트림 기반은 기본적으로는 버퍼를 사용하지 않는다. 연속된 흐름이기 때문에 추가적 조처를 하지 않으면 뒤로 갈 수 없다. 하지만 스트림 기반에서도 버퍼를 활용하여 뒤로 이동할 수 있다. 보통 기본 스트림을 다른 스트림으로 포장하여 필요한 추가 가능을 제공하는 스트림을 사용하여 입출력을 한다. 두 라이브러리의 또 다른 차이점은 데이터를 읽고 쓸 때 쓰레드의 중지 여부(blocking vs. non-blocking)이다. java.io는 읽을 데이터나 쓸 데이터가 준비될 때까지 대기하는 방식이고, java.nio는 대기하지 않는다.

2. 텍스트 파일 처리

2.1 Scanner, PrintWriter 이용

```
PrintWriter out = new PrintWriter(new File("datafile"));
int age1 = 20;
String name1 = "홍길동";
out.printf("%s %d%n", name, age);
out.close();

Scanner in = new Scanner(new File("datafile"));
String name2 = in.next();
int age2 = in.nextInt();
System.out.printf("age = %d, name = %s", age2, name2);
in.close();
```

〈그림 15.1〉 Scanner와 PrintWriter를 이용한 파일 입출력

자바에서 텍스트 파일을 처리하는 가장 쉬운 방법은 Scanner와 PrintWriter 클래스를 이용하는 것이다. 그림 15.1은 파일명이 datafile인 파일에 PrintWriter를 이용하여 데이터를 저장한 후에 해당 데이터를 Scanner를 이용하여 다시 읽고 있다. 파일 열 때 보통 다음과 같이 문자 인코딩 방식을 지정할 수 있다.

```
PrintWriter out = new PrintWriter(new File("datafile"), StandardCharsets.UTF_8);
```

자바 18부터는 지정하지 않으면 기본 인코딩으로 UTF8을 사용하기 때문에 자바 18 이후에는 위처럼 지정하는 것은 무의미하다.

이 예에서 알 수 있듯이 항상 파일을 개방하면 다 사용한 후에는 닫아 주어야 한다. 파일의 개방은 별도 메소드를 사용하지 않고 해당 객체를 생성하게 되면 내부적으로 파일을 개방하게 된다. 이 예에서 첫 줄처럼 out 객체를 생성하면 같은 이름의 기존 파일 내용은 모두 사라지게 된다. 또 파일을 사용할 때 다양한 입출력 예외가 발생할 수 있다. 입출력 예외는 대부분 극복 가능한 것이기 때문에 이에 대한 처리를 반드시 포함하는 것이 필요하다.

```
try(
    Scanner reader = new Scanner(Path.of("input.txt"));
    PrintWriter writer = new PrintWriter(new File("output.txt"));
){
    while(reader.hasNextLine()){
        String s = reader.nextLine();
        writer.println(s);
    }
}
catch(FileNotFoundException e) {
    throw e;
}
```

〈그림 15.2〉 Scanner와 PrintWriter를 이용한 파일 복사

자바 7부터는 파일 닫기를 자동적으로 해주는 try-resource 구문을 제공하고 있다. 이에 자바 7이전과 같이 파일을 닫기 위해 try-catch의 finally 절을 사용하지 않아도 된다. 그림 15.2는 try-resource 구문을 이용한 텍스트 파일 복사 프로그램의 예이다. 파일을 여는 문장들을 try 키워드 다음에 괄호 안에 포함하면 된다. 더 정확하게는

AutoCloseable interface를 구현하고 있는 클래스 객체를 try-resource 구문에서 생성할 수 있으며, 이와 같이 생성한 객체는 try 절이 끝나면 자동으로 close 메소드가 호출된다. 여러 파일을 열 경우에는 close가 호출되는 순서는 연 순서의 반대이다. 참고로 이와 같이 try-resource 구문에 생성된 객체 변수는 실질적 final 변수가 되며, 가시영역은 try 문 내부로 제한되고, try 문 내에서 수정할 수 없다.

그림 15.2의 경우 input.txt 파일을 여는 데 실패하면 writer의 생성을 시도하지 않으며 try 몸체도 실행하지 않는다. input.txt 파일을 성공적으로 열었지만 output.txt 파일을 생성하는데 실패하였다면 try 몸체를 실행하지 않고 input.txt는 자동으로 닫아준다. 둘 다 성공하면 try 몸체가 실행되며, 성공적으로 끝나거나 문제가 발생하면 두 파일은 모두 자동으로 닫아준다. 이 예에서 FileNotFoundException는 input.txt 파일이 없으면 발생할 수 있다. 실제 응용에서는 이와 같은 경우에는 이것을 극복할 수 있도록 프로그램을 구현해야 한다. 보통 파일을 열 때 가장 흔하게 발생하는 예외가 FileNotFoundException과 SecurityException이다. 후자는 접근 권한이 없는 파일을 열고자 할 때 발생할 수 있다.

그림 15.2에서 File 생성자에 인자로 파일명만 주고 있다. 즉, 절대 경로 대신에 상대적 경로를 제시하고 있으며, 이 경우에는 현재 작업 폴더를 의미한다. 하지만 개발환경에 따라 그것의 위치가 다를 수 있기 때문에 개발 과정에서는 이 점을 주의해야 한다. Scanner는 java.nio의 Path를 이용하여 파일을 열 수 있지만 PrintWriter는 Path를 이용하는 생성자가 없다. 일반적으로 java.io 라이브러리는 Path를 이용하도록 되어 있지 않지만 toFile 메소드를 이용하여 Path 타입의 객체를 File 타입으로 변환할 수 있다.

2.2 FileReader, FileWriter

```
try(
    FileReader reader = new FileReader("input.txt");
    FileWriter writer = new FileWriter("output.txt");
){
    while(true){
        int data = reader.read();
        if(data == -1) break;
        writer.write((char)data);
    }
```

```
}
catch(IOException e) {
    e.printStackTrace();
}
```

〈그림 15.3〉 FileReader와 FileWriter를 이용한 파일 복사

FileReader와 FileWriter는 기본적으로 문자 단위로 입출력을 한다. 이때 char 대신에 int 단위를 사용하기 때문에 그림 15.3처럼 타입 변환이 필요하다. 파일을 열 때 그림 15.2에 제시된 File 객체를 생성하여 열 수 있고, 그림 15.3처럼 파일 이름만 제시하여 열 수 있다. 이 예에서도 그림 15.2와 마찬가지로 상대 경로를 사용하고 있다. 보통 파일 끝 이후에 입출력에서 사용하는 read 메소드를 이용하여 문자를 읽으면 -1을 반환한다.

2.3 BufferedReader, BufferedWriter

```
try(
    BufferedReader in = new BufferedReader(new FileReader("input.txt"));
    BufferedWriter out = new BufferedWriter(new FileWriter("output.txt"));
){
    while(true){
        String nextLine = in.readLine();
        if(nextLine == null) break;
        out.write(nextLine, 0, nextLine.length());
        out.newLine();
    }
}
catch(IOException e) {
    e.printStackTrace();
}
```

〈그림 15.4〉 BufferedReader와 BufferedWriter를 이용한 파일 복사

```
BufferedReader in = null;
BufferedWriter out = null;
try{
    in = new BufferedReader(new FileReader("input.txt"));
    out = new BufferedWriter(new FileWriter("output.txt"));
}
catch(FileNotFoundException e){
    System.out.println("cannot find input.txt");
    return;
}
catch(IOException e){
    System.out.println("Cannot create output.txt");
    try{ if(in != null) in.close(); }
    catch(IOException e){ System.out.println("Cannot close input.txt"); }
    return;
}
try{
    while(true){
        String nextLine = in.readLine();
        if(nextLine == null) break;
        out.write(nextLine, 0, nextLine.length());
        out.newLine();
    }
}
catch(IOException e){
    System.out.println("File IO Error");
}
finally{
    try{ if(out != null) out.close(); }
    catch(IOException e){ System.out.println("Cannot close output.txt"); }
    finally{
        try { if(in != null) in.close(); }
        catch(IOException e){ System.out.println("Cannot close input.txt"); }
    }
}
```

〈그림 15.5〉 세부적인 예외 처리를 사용하는 파일 복사

그림 15.3에서 FileReader와 FileWriter는 문자 단위로 처리하기 때문에 효율성이 떨어진다. 이를 극복하기 위해 줄 단위 처리가 가능한 BufferedReader와 BufferedWriter를 그림 15.4처럼 사용할 수 있다. BufferedReader는 줄 단위로 입력받는 메소드가 있지만 BufferedWriter는 writeLine과 같은 메소드는 없고 문자열을 출력하여 주는 write 메소드를 가지고 있다. 참고로 BufferedReader와 BufferedWriter는 내부적으로 FileReader와 FileWriter를 이용하며, 이들의 처리를 버퍼링한 후에 줄 단위로 처리하여 준다.

그림 15.4의 경우 다음과 같은 예외가 발생할 수 있다.

- input.txt를 열 때 파일이 존재하지 않아 FileNotFoundException이 발생할 수 있다.
- output.txt를 열 때 존재하고, 해당 파일이 폴더이면 IOException이 발생할 수 있다.
- readLine, newLine, write 실행 과정에서 IOException이 발생할 수 있다.
- input.txt나 output.txt를 close할 때 IOException이 발생할 수 있다.

현재 구조에서는 catch 절에서 어떤 이유에서 예외가 발생하였는지 파악하기가 쉽지 않다. 이를 해결하기 위해 필요하면 그림 15.5처럼 좀 더 세부적으로 try-catch를 나누어 프로그래밍할 수 있다. 심지어 finally 절에서 close를 호출할 때 예외가 발생할 수 있기 때문에 finally에서 다시 try-catch를 할 수 있다.

2.4 NIO 라이브러리

```
try(
   Stream<String> lines = Files.lines(Path.of("input.txt"));
   PrintWriter writer = new PrintWriter(Path.of("output.txt").toFile());
){
   lines.forEach(writer::println);
}
catch(IOException e) {
   e.printStackTrace();
}
```

〈그림 15.6〉 Files.lines를 이용한 파일 복사

java.nio 라이브러리는 14장에서 살펴본 Stream을 활용할 수 있다. 특히, 텍스트 파일을 처리할 때는 Files의 lines를 이용할 수 있다. 예를 들어 그림 15.6처럼 Stream을 이용하여 간단하게 파일을 복사할 수 있다. java.nio는 기본적으로 채널이라는 개념을 이용하여 입출력을 처리한다. 채널은 직접 버퍼를 만들어 파일을 처리한다. 그림 15.7은 채널을 이용하여 파일을 복사하는 방법의 예이다. 보통 생성한 ByteBuffer를 이용하여 읽기를 수행하기 전에 rewind나 clear 메소드를 사용해야 하며, 주어진 예제처럼 읽은 다음 바로 출력할 경우에 flip을 사용하여 다시 처리 위치를 버퍼의 시작으로 옮겨야 한다.

```
ByteBuffer buffer = ByteBuffer.allocate(4096);
try(
   SeekableByteChannel inChannel
       = Files.newByteChannel(Path.of("input.txt"));
   SeekableByteChannel outChannel
       = Files.newByteChannel(Path.of("output.txt"),
           StandardOpenOption.WRITE, StandardOpenOption.CREATE);
){
   while(true) {
       buffer.rewind();
       if(inChannel.read(buffer) == -1) break;
       buffer.flip();
       outChannel.write(buffer);
   }
}
catch(Exception e) {
   System.out.println(e.getMessage());
}
```

〈그림 15.7〉 java.nio의 채널을 이용한 파일 복사

3. 이진 파일 처리

3.1 FileInputStream, FileOutputStream

```
try(
   FileInputStream in = new FileInputStream("input.txt");
   FileOutputStream out = new FileOutputStream("output.txt");
){
   while(true){
       int next = in.read();
       if(next == -1) break;
       out.write((byte)next);
   }
}
catch(IOException e) {
   e.printStackTrace();
}
```

〈그림 15.8〉 FileInputStream과 FileOutputStream을 이용한 파일 복사

FileInputStream과 FileOutputStream은 바이트 단위로 파일 입출력을 한다. 그림 15.8은 이들을 이용하여 파일 복사를 하는 코드이다. 이 예에서 알 수 있듯이 텍스트 데이터도 바이트 스트림을 이용하여 처리할 수 있다.

3.2 DataInputStream, DataOutputStream

```
DataOutputStream dout
   = new DataOutputStream(new FileOutputStream("datafile"));
int age1 = 20;
String name1 = "Sangjin Kim";
dout.writeInt(age1);
dout.writeUTF(name1);
dout.flush();
dout.close();
```

```java
DataInputStream din = new DataInputStream(new FileInputStream("datafile"));
int age2 = din.readInt();
String name2 = din.readUTF();
System.out.printf("age = %d, name = %s", age2, name2);
din.close();
```

〈그림 15.9〉 DataInputStream과 DataOutputStream을 이용한 입출력

FileInputStream과 FileOutputStream은 바이트 단위로만 입출력하기 때문에 사용하기가 불편하다. 이들 대신에 DataInputStream과 DataOutputStream을 사용하면 다양한 타입의 데이터를 이진 파일에 저장하고 읽을 수 있다. 예를 들어 DataInputStream은 readByte, readInt, readChar, readDouble 등의 메소드를 지원한다. 그림 15.9는 이들을 이용한 파일 입출력 예제이다. 그림 15.9을 통해 알 수 있듯이 DataInputStream과 DataOutputStream은 내부적으로 FileInputStream과 FileOutputStream을 이용한다.

4. 파일 관리

java.io.File 클래스는 파일을 열 때 열고자 하는 파일을 나타내기 위해 사용하지만 파일 자체를 조작해야 할 때도 사용한다. File 클래스에서 파일을 조작하기 위해 자주 사용하는 메소드는 다음과 같다.

- **boolean** createNewFile(): 주어진 이름의 빈 새 파일을 생성하여 준다.
- **boolean** delete(): 파일을 삭제한다. 이 파일이 폴더이면 폴더가 비어 있어야 한다.
- **boolean** exists(): 파일이 존재하는지 검사하여 준다.
- String getAbsolutePath(): 파일의 절대 경로를 반환하여 준다.
- String getName(): 파일 이름을 반환하여 준다.
- **boolean** isDirectory(): 파일이 폴더인지 검사하여 준다.
- **boolean** isFile(): 파일이 일반 파일(폴더가 아닌지)인지 검사하여 준다.
- String[] list(): 주어진 폴더의 모든 파일 목록을 반환하여 준다.
- String[] listFiles(): 주어진 폴더의 일반 파일들의 목록을 반환하여 준다.
- **boolean** mkdir(): 폴더를 생성하여 준다.

다음 코드는 주어진 폴더의 모든 파일들을 나열하여 준다.

```
if(dir.isDirectory()){
    File[] list = dir.listFiles();
    for(File f: list){
        System.out.println(f.getName());
    }
}
```

java.nio 라이브러리에는 이와 유사한 용도로 Path interface, Files와 FileSystem 클래스가 있다. 예를 들어 현재 작업 디렉토리는 java.io 라이브러리를 이용하면 다음과 같이 얻을 수 있고,

```
File currentDir = new File(System.getProperty("user.dir"));
System.out.println(currentDir.getAbsolutePath());
```

java.nio 라이브러리를 이용하면 다음과 같이 얻을 수 있다.

```
Path path = Path.of(System.getProperty("user.dir"));
System.out.println(path);
```

5. 객체 읽기와 쓰기

한 프로그램에서 생성한 데이터를 저장한 후에 다시 사용할 필요가 종종 있다. 자바는 모든 데이터가 객체로 관리되기 때문에 프로그램 실행동안 생명을 가진 객체를 파일 시스템에 저장하여 보통 데이터를 저장한다. 객체를 저장하는 방법은 크게 다음과 같은 두 가지 방법이 있다.

- 방법 1. 자바에서 제공하는 직렬화(serialization) 라이브러리를 이용하여 객체를 저장하는 방법

- 방법 2. 객체가 유지하고 있는 멤버 변수 데이터를 텍스트 파일이나 이진 파일에 직접 저장하는 방법

방법 1은 읽기 연산을 통해 기존 저장한 객체와 동일한 상태의 객체를 생성하여 주지만 방법 2에서는 데이터를 읽은 후, 이 데이터를 이용하여 객체를 직접 생성해야 한다. 이처럼 방법 2는 방법 1에 비해 번거롭지만 자바 프로그램 뿐만 아니라 일반 프로그램을 이용하여 데이터를 접근할 수 있다는 장점이 있다. 이 절에서는 자바 라이브러리를 이용하여 객체를 저장하고 읽는 방법을 설명한다.

5.1 ObjectInputStream, ObjectOutputStream

자바에서는 java.io.ObjectInputStream과 java.io.ObjectOutputStream을 이용하여 객체를 파일에 쓰고 읽을 수 있다. 이것을 자바에서는 직렬화라 한다. 이 두 개의 클래스를 활용하여 객체를 저장하고 읽기 위해서는 해당 객체 클래스가 Serializable interface를 구현하고 있어야 한다. 10장에서 설명한 바와 같이 Serializable interface는 표시 interface이다. 객체를 직렬화를 이용하여 저장하고 싶으면 Serializable interface를 구현하면 된다. 객체의 멤버 중에 Serializable interface를 구현하지 않는 멤버 변수가 존재하거나 저장할 필요가 없는 멤버 변수가 있으면 이 멤버 변수를 transient 키워드로 수식하여 저장할 때 제외할 수 있다.

클래스가 Serializable interface를 구체화하면 다음과 같은 클래스 변수를 추가해 주어야 한다.

```
private static final long serialVersionUID = 1L;
```

이 클래스 변수의 접근 권한은 중요하지 않다. 참고로 eclipse에서 자동 추가 기능을 사용하면 private으로 설정한다.

자바의 직렬화는 저장할 때 이 값을 객체와 함께 저장하며, 나중에 읽을 때 시스템에서 사용하는 클래스의 serialVersionUID 값과 비교하게 된다. 일치하지 않으면 예외를 발생한다. 보통 클래스는 정의한 후 고정되는 것이 아니라 계속 수정 및 보완될 수 있다. 이 때문제 저장할 때 사용한 클래스 버전과 객체를 읽을 때 현재 사용하고 있는 클래스 버전이 다르면 자바의 역직렬화가 오동작을 할 수 있다.

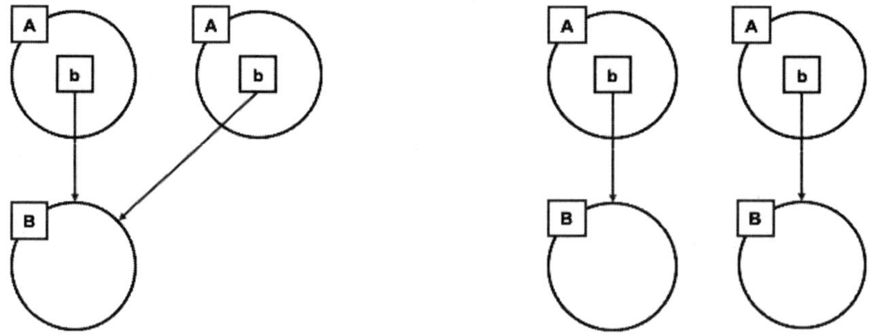

(1) 저장 전 모습 (2) 저장한 다음 다시 읽은 후 모습

〈그림 15.10〉 객체 쓰기와 읽기를 잘못한 경우

12장에서 객체 복제를 설명할 때 얕은 복사, 깊은 복사 문제를 설명하였다. 객체를 저장할 때는 이 문제의 반대 경우가 발생할 수 있다. 예를 들어 그림 15.10의 (1)처럼 두 객체의 참조 멤버가 동일 객체를 가리키고 있다고 가정하자. 이 두 객체를 저장한 후에 다시 읽으면 두 객체의 해당 참조 멤버는 동일 객체를 가리켜야 한다. 하지만 잘못 처리하면 그림 15.10의 (2)처럼 저장 전과 달리 객체가 하나 더 만들어질 수 있다. 자바의 직렬화는 이 문제를 해결하여 준다.

뿐만 아니라 ObjectInputStream과 ObjectOutputStream은 객체 그래프(object graph) 전체를 저장해 준다. 객체 그래프란 주어진 객체를 시작으로 해당 객체의 모든 참조 객체를 반복적으로 포함하여 구성하는 그래프를 말한다. 예를 들어 그림 15.11과 같은 클래스들이 정의되어 있을 때, A 타입의 객체 그래프는 그림 15.12와 같다. 하지만 자바 직렬화를 이용하여 A 타입의 객체를 저장하면 d 객체는 transient 수식어 때문에 함께 저장하지 않으며, 나중에 저장된 객체를 읽으면 d 변수는 null 값을 가진다.

```
class A implements Serializable{
   private static final long serialVersionUID = 1L;
   private B b;
   private C c;
   public A(B b, C c) {
      this.b = b; this.c = c;
   }
   public B getB() { return b; }
   public C getC() { return c; }
```

```
}
class B implements Serializable {
   private static final long serialVersionUID = 1L;
   private transient D d = new D();
}
class C implements Serializable {
   private static final long serialVersionUID = 1L;
   private E e = new E();
}
class D {}
class E implements Serializable{
   private static final long serialVersionUID = 1L;
}
```

〈그림 15.11〉 ObjectInputStream과 ObjectOutputStream을 이용하여 입출력할 클래스들의 정의

자바의 직렬화는 전부 아니면 전혀(all-or-nothing) 방식을 사용한다. 객체를 저장할 때 객체 그래프 전체를 저장하지 못하면 하나도 저장하지 않는다. 참고로 static 멤버 변수는 객체의 소유가 아니기 때문에 직렬화 과정에서 저장하지 않는다. 이 예에서 A의 멤버의 타입인 B와 C가 Serializable interface를 구현하고 있지 않으면 객체를 저장하지 않고 예외가 발생한다.

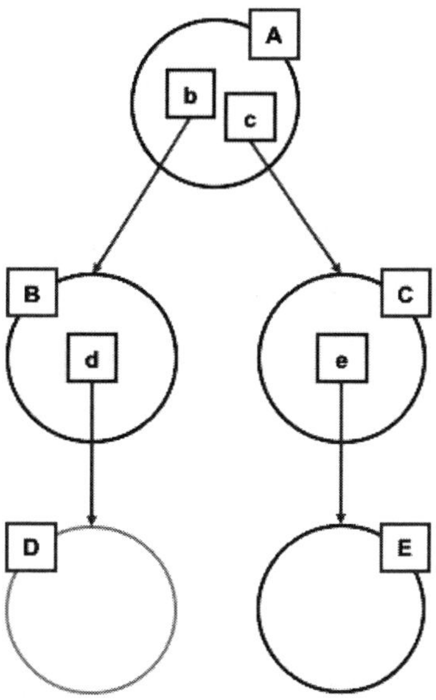

〈그림 15.12〉 객체 그래프

ObjectInputStream과 ObjectOutputStream을 이용하여 객체를 저장하고 읽는 방법은 그림 15.13과 같이 writeObject와 readObject 메소드를 이용한다. 그림 15.13에 주어진 코드를 실행하면 false와 true가 출력된다. 즉, a1과 a2 객체는 서로 c 멤버를 공유하고 있었는데, 저장하고 다시 읽은 후에도 계속 같은 객체를 공유하고 있다.

```
B b1 = new B();
B b2 = new B();
C c = new C();
A a1 = new A(b1, c);
A a2 = new A(b2, c);
ObjectOutputStream out
   = new ObjectOutputStream(new FileOutputStream("datafile"));
out.writeObject(a1);
out.writeObject(a2);
out.close();

ObjectInputStream in = new ObjectInputStream(new FileInputStream("datafile"));
A a3 = (A)in.readObject();
A a4 = (A)in.readObject();
in.close();

System.out.println(a3.getB() == a4.getB());
System.out.println(a3.getC() == a4.getC());
```

〈그림 15.13〉 ObjectInputStream과 ObjectOutputStream 예제

readObject의 반환 타입은 Object이므로 사용할 때 반환 값을 타입 변환하여야 한다. 자바에서 배열도 객체이므로 객체 배열도 writeObject와 readObject 메소드를 이용하여 간단하게 저장하고 읽을 수 있다. 예를 들어 accounts가 BankAccount 배열이고, out이 성공적으로 생성한 ObjectOutputStream이면 다음 한 문장을 통해 배열을 파일에 저장할 수 있다.

```
out.writeObject(accounts);
```

ObjectInputStream과 ObjectOutputStream의 writeObject와 readObject 메소드를 이용하지 않고 클래스에 readExternal과 writeExternal을 재정의함으로써 객체를 입출

력하는 방법을 직접 정의할 수 있다. 이 경우 Serializable이 아니라 Externalizable interface를 구현해야 한다. Serializable를 이용하면 reflection 라이브러리를 이용하여 객체의 입출력 처리하기 때문에 성능이 좋지 못하다. 또 같은 이유로 객체를 역직렬화하는 과정에서 생성자를 호출하지 않기 때문에 생성자에 있는 검사가 이루어지지 않아 보안 측면에서 문제가 될 수 있다. 따라서 이와 같은 이유로 자바의 직렬화 기능을 사용하지 않고 대신에 Externalizable를 사용할 수 있다.

Serializable를 구현하면서 writeObject와 readObject 메소드를 재정의하여 객체를 입출력하는 기본 방법을 바꿀 수 있다. 이때 일반적인 경우와 다르게 이들을 보통 private 메소드로 재정의한다. private 메소드로 재정의하는 이유는 이들 메소드가 일반적으로 호출하는 메소드가 아니기 때문이다. 더욱이 실제 Serializable는 표시 interface이며, 이와 같은 방식으로 동작하는 것은 매우 예외적인 경우이다.

조상이 Serializable이면 자동 Serializable이 되기 때문에 조상이 Serializable인 클래스를 정의하면서 Serializable하지 못하도록 하기 위해서는 예외를 발생하도록 두 메소드를 재정의하는 방법밖에 없다. 이 두 메소드 외에 Serializable에서 사용되는 writeReplace, readResolve 메소드를 재정의할 수 있다.

퀴즈

1. 파일 입출력과 관련된 다음 설명 중 틀린 것은?

① 같은 데이터를 저장하면 텍스트 파일이 이진 파일보다 용량이 적다.

② 이진 파일에 데이터를 저장할 경우에는 시스템마다 데이터를 구성하는 바이트를 저장하는 순서(빅 엔디언, 리틀 엔디언)가 다를 수 있다.

③ 텍스트 파일은 데이터를 저장하는 순서는 시스템마다 차이가 없지만 인코딩 방식에 따라 저장하는 데이터의 값이 다를 수 있다.

④ 파일에 입출력할 때 다양한 예외가 발생할 수 있다.

2. 파일 입출력할 때 사용하는 메소드와 관련된 다음 설명 중 틀린 것은?

① FileReader의 read 메소드는 더 이상 읽을 것이 없으면 -1을 반환한다.

② BufferedReader의 readLine 메소드는 더 이상 읽을 것이 없으면 null을 반환한다.

③ ObjectInputStream의 readObject의 반환 타입은 Object이기 때문에 반환된 객체를 타입 변환해야 한다.

④ FileInputStream의 read 메소드의 반환 타입은 byte이다.

연습문제

1. 텍스트 메모를 저장하는 응용을 만들고자 한다. 이를 위해 다음과 같은 클래스를 정의하였다.

```
class Memo{
    private String memo;
    //
    public void writeToFile(String filename){
    }
    public void openFromFile(String filename){
    }
}
```

writeToFile은 memo에 저장된 메모 내용을 인자로 주어진 텍스트 파일에 저장하는 메소드이고, openFromFile은 인자로 주어진 텍스트 파일에 있는 내용을 읽어 memo에 저장하는 메소드이다. 두 메소드를 완성하라.

2. 영단어 게임을 만들고자 한다. 이 게임을 만들기 위해 많은 영단어가 필요하다. 이를 위해 게임에서 사용할 영단어를 텍스트 파일에 저장하고, 새 게임을 시작할 때마다 필요한 수의 단어를 단어가 저장된 텍스트 파일에서 랜덤으로 선택하고자 한다. 이 파일을 어떻게 구성할지 결정한 다음, 다음 함수를 완성하라.

```
void getWords(List<String> words, int k){
}
```

이 함수는 단어가 저장된 텍스트 파일에서 랜덤하게 k개 단어를 추출하여 인자로 주어진 words에 저장해야 한다.

3. 게임의 명예의 전당 기능을 구현하기 위해 다음과 같은 구조체를 정의하여 이를 파일에 저장하고자 한다.

```
public class ScoreData{
    private String nickname;
    private int score;
    private LocalDateTime gameTime;
}
```

그런데 항상 가장 높은 점수 10명만 보여주면 된다. 따라서 파일에는 최대 지금까지 가장 높은 점수을 받은 10개 정보만 유지하면 된다. 점수 정보를 객체 형태로 유지하기 때문에 이진 파일을 이용하여 데이터를 저장하는 것이 유리하다. 이 파일을 어떻게 구성할지 결정하고, 그것을 바탕으로 다음 두 개의 함수를 완성하라.

```
List<ScoreData> getScoreData(File fileName);
void saveScoreData(File fileName, ScoreData scoreData);
```

getScoreData는 파일에 저장된 최대 10개 데이터를 읽고, 그것을 ArrayList에 저장해 반환해 준다. saveScoreData는 이번 게임 결과에 대한 점수 정보를 받아 필요하면 파일에 저장한다.

객체지향 중심 **자바 프로그래밍**

INDEX

저/자/소/개

1995년 한양대학교 전자계산학과 공학사

1997년 한양대학교 전자계산학과 공학석사

2002년 한양대학교 전자계산학과 공학박사

2003년 ~ 현재 한국기술교육대학교 컴퓨터공학부 교수

sangjin@koreatech.ac.kr

https://www.youtube.com/SangjinKim

도서출판 **그린**

객체지향 중심

자바 프로그래밍

Green Pub.

1판 1쇄 인쇄 ▶	2023년 8월 21일
1판 1쇄 발행 ▶	2023년 8월 23일
저 자 ▶	김 상 진
발행처 ▶	도서출판 **그린**
발행인 ▶	윤 덕 우
출판등록 ▶	제8-161호(1995. 5. 3.)
주소 ▶	경기 파주시 가람로116번길 107 운정한강듀클래스 411호 (우) 10896
전화 ▶	02) 333-2574, 2575
Fax ▶	02) 333-2561
E-mail ▶	greenpress@greenpress.co.kr
Homepage ▶	http://www.greenpress.co.kr

정가 : 28,000원

ISBN 978-89-5727-357-9